시인 체육교사로
산다는 것

체육교사의 시선으로 본 학교 그리고 삶에 대한 내러티브

시인 체육교사로 산다는 것

김재룡 지음

맘에 드림

**시인 체육교사로
산다는 것**

발행일 2020년 8월 21일 초판 1쇄 발행
지은이 김재룡
발행인 방득일
편 집 신윤철, 박현주, 정미정, 문지영
디자인 강수경
마케팅 김지훈

발행처 맘에드림
주 소 서울시 도봉구 노해로 379 대성빌딩 902호
전 화 02-2269-0425
팩 스 02-2269-0426
e-mail momdreampub@naver.com

ISBN 979-11-89404-37-6 93370

"인간은 생의 종말을 향해 간다. 아니다, 생 자체가 아니라,
무언가 다른 것, 그 생에서 가능한 모든 변화의 닫힘을 향해.
우리는 기나긴 휴지기를 부여받게 된다. 질문을 던질 시간적 여유를.
그 밖에 내가 잘못한 것은 무엇이었나?"

- 줄리언 반스(Julian Barnes) -

그 누구의 삶이든 바로 지금, 오늘의 삶의 모습이 어제가 되고 내일로 이어지면서 생애가 된다. 그렇게 지상에 존재하는 모든 생애는 그 자체로 역사가 되는 것이다. 누구든 자신의 생애를 '자기 이야기(Self-Narratives)'로 기록하면 일기, 연대기, 생애사가 된다. 사실일 수는 있겠으나 진실에 이르지 못할 수도 있다.

학교에서 주 5일 근무가 시행된 것은 2006년부터였다. 호주제가 폐지되고 새로운 민법이 시행되기 시작한 것은 2008년부터였다. 학교나 사회 모두 더 괜찮은 세상을 만들어 갈 발판이 마련된 것이다. 그러나 '보다 나은 세상이 있기나 할 것인가?'를 묻는, 많은 날을 더 견뎌야 했다. 2016년 가을부터 겨울이 갈 때까지 광장의 촛불 이후에야 그 희망이 헛되지 않았음을 알 수 있게 되었다. 내게는 사실이며 진실이다.

1985년, 중등 체육 교사로 첫 발령을 받았다. 서울시교육청 소속 교육공무원이 된 것이다. 그해 겨울에는 '등단'을 했다. 2004년 강원도교육청으로 전보 내신을 했고, 그렇게 35년 동안을 교육노동자로서 '체육선생'과 변방의 '시인'으로 살다가 작년 8월 정년퇴직했다. 남아 있는 날들은 전직 체육 교사로, 정년이란 것이 없는 시인으로 살아가게 될 것이다. 사실이며 진실이다. 새내기 체육 교사일 때부터 정년에 이르기까지 짧게는 1년, 길게는 3년을 학교에서 같이 부대낀 '아이들', 친구들이 증명할 것이다.

2009년 5월 3일부터 시작하는 이 책은 이러한 사실과 진실에 바탕을 두고 썼다. 교사로 첫발을 디딘 1985년부터 24년간의 날들이 2009년부터 오늘까지의 나를 밀어 올린 것이다. 학교에서 나는 그리 좋은 선생이 아니었다. 「나쁜 선생의 탄생[1]」이라는 글을 쓰기도 했다. 학교에서의 많은 순간에 아이들에게 더 친절해야 했고, 더 너그러웠어야 했고, 더 기다렸어야 했다. 먼저 다가갔어야 했다. 더 많은 이야기를 들어 주었어야 했다. 미안해해야 했다.

    정년퇴직 교사뿐 아니라 내 나이 1957년생 언저리의 누구든, 살아온 날들을 추억하며 남아 있는 날들을 살아갈 것이다. '지나간 것은 지나간 대로' 살 수 있을 것이었다. 다가올 날 또한, 어차피 지나갈 것이므로, 그렇게 다 지나간 일인 줄 알았다. 아니었다. 눈을 뜨고 밥을 먹을 때도, 자전거를 타고 음악을 듣거나 잠자리에 들 때, 모든 순간에 되살아나는 것들이 있었다. 그것을 '진실의 순간'이라고 해 두자.

    그랬다. 많은 날 분노와 슬픔에 사로잡혀 있는 동안, 지나간 이야기를 하다가 누군가에게 이런 이야기를 들으면, 나는 눈을 질끈 감고 말았다.

    "그때는 다 그랬지 뭐."

    내 몸 안에서는 피가 거꾸로 솟구쳤다. 쌍팔년도 군대 생활 이야기 같은 것. 그때는 다 그랬다는 것, 지금은 그때와 달라졌으니 지나간 일은 다 괜찮다는 말인지 막걸린지, 이렇게 이야기하는 것이다.

    "그때는 그럴 수밖에 없었지 뭐."

    라고 말하며 어떤 이들은 그것은 지나간 일이라고도, '역사'라고도 하는 것이다. 그쯤에서 나는 터지기 직전의 풍선처럼 부푼 분노와 슬픔을 삭여야 했다.

    "그래서 어쩌라고? 가만히 있으라고?"

    그렇게 나에게 먼저 물었다. 이제야 나는 나에게 정말 하고 싶은 이야기를 할 수 있는 나이에 닿았다. 그렇게 중얼거려 보는 것이다.

    "그때 그러면 안 되는 것이었다."

    늘 그랬던 것에 더해 세상은 코로나19로 요동쳤다. 자가격리하듯 첫 학교에서부터 새겨진 기억으로 살아온 날들을 정리했다. 사실과 진실을 이야기해야만 했다. 스스로 하는 이야기였다. 아이들과 지내는 동안의 부끄럽고 창피한 기억들에 머리를 쥐어뜯고 싶기도 했지만 결국, '몸의 기억'으로 새겨져 결코 지울 수 없는 것들이 되살아나는 것이었다.

내게는 몸을 부리는 일이었다. 몸이 기억한 사실과 진실을 대면하는 일이었다. 이것이 나에게 사실과 진실에 가깝다.

2014년 세월호 참사가 터진 그해에, 56년 전 내가 두 살 때 '군 의문사'한 아버지의 기록을 찾아냈다. 대통령소속의 국가기관에서 6년이 흐른 후에야 세월호 참사에 대한 진실규명 작업이 시작되었고, 60여 년 전 카빈소총에 스러진 한 국군장병의 죽음에 대한 진실규명이 진행되고 있다[2]. 내게는 '진실은 침몰하지 않는다'는 명제와 함께, 교직 생활을 마무리하면서 시작된 일이다.

이 책은 서른다섯 해 동안, 담임·교과·동아리·운동부 지도교사로 마주했던 친구들, '아이들'에게 보내는 반성문이어야 한다. 또한, 체육교사이자 시인으로 살아낼 수 있도록 곁을 지켜준 가족, 동료 교사들, 학회에서 만난 연구자들, 수작(酬酌)을 나눈 시인과 작가들에게 보내는 한 인간의 '생애 보고서'다. 그때 그대들이 마주한 한 인간이 왜 그런 모습을 보였는지, 무슨 생각으로 살았는지에 대한 이해를 구하는 것이다.

나는 기적이나 운명 같은 것들은 믿지 않는다고 여기며 살았다. 학교를 떠난 후에야 교사로 산다는 것, 시인으로 산다는 것이 대략 기적이 되기도 하고 운명이 될 수도 있다는 것을 알았다. 학교를 떠나면서 처음이자 마지막이 될 시집을 만들 수 있었다. 첫 학교에서 만난 '아이들', 친구들이 중년이 되어, 기적처럼 마지막 퇴근길을 함께해 주었다. 거기에 더해 마지막 날은 운명처럼 고교 3년을 오롯이 서로 지켜본 또 다른 '아이들', 친구들이 함께해 주었다. 한 시인체육교사의 생애가 완성된 것이다. 남아 있는 날들 또한, 하루하루 지나갈 오늘로 내일의 기적[3]이 될 것이다.

2020년 칠월 초순 봄내에서

김재룡

차례

진실의 순간

계속해서 허공을 딛고 허방을 짚으면서도, 기억하는 일을 멈추지 않는다. 인간에게는 분노할 권리, 슬퍼할 권리, 혁명할 권리가 있으므로. 그리하여 순간의 삶은 영원으로 이어진다.

2018년 5월 23일

2009.05.23.~2018.05.23. 노무현과의 10년. 3,650일. 87,600시간. 60년은 21,900일이고 525,600시간이다. 진실의 순간들이 축적되어 역사가 된다는 단순함. 삶이 축적되어 생애가 되는 것이었다. 그 삶의 지층을 뚫고 나오는 진실. 순간이 축적된, 바로 지금이 영원으로 이어진다.

2018년 5월 25일

국방부 〈군 의문사 조사·제도개선추진단〉 '영현관리심사제도팀' 현장 실사 면담. 팀장이라는 대령 한 명이 중위 한 명과 상사 한 명을 대동하고 학교를 찾아왔다. 많은 이야기를 했고 자료들을 건넸다. 대령은 건넨 자료를 대충 훑어보고는 자기 이야기를 훨씬 많이 했다. 한 시간 넘게 평정심을 유지했지만, 그들이 돌아간 후 한참을 학교 뒤켠에서 서성였다. 어정쩡하고 분명하지 않은 대답과 해명. 실망과 분노를 억누르기 힘들었다. 허망했다.

2018년 8월 1일

국방부에서 다녀가고, 두 달 닷새가 지나서야 컬러프린트된 사망 확인서가 든 사각봉투가 배달되었다. 무도하고 예의도 없는 것들. 60년 전 전 카빈총으로 죽어간 반공포로 출신 육군 일병. 56년 만에 병상일지로 사망일을 확인했고, 제대로 된 사망 통보를 받아 드는 데, 4년 걸렸다. 스물셋 새색시는 여든넷, 두 살 아들은 예순둘이 되어 폭염을 견딘다. 그런데 이걸 들고 어떻게 하라고?

2018년 8월 3일

폭염까지 새 역사를 쓰는 날들. 온갖 폭력의 언어들과 아비규환의 비통한 죽음이 널려 있는, 잊히고 지워진 전장. 사방거리를 지나고 비무장지대를 지난다. 어린 초병들에게 CU 얼음 컵과 레모네이드, 자몽, 유자, 달달한 커피 병들을 건넨다. '금성전투전적비'를 둘러본다. 어처구니없는 것도 역사다. 한 시간 내에 빠져나가야 한다. 오늘 목표는 58년 전, 6사단 7연대 수색대의 흔적을 스캔하는 것. 찾았다. 철원 두루미로 1316, 양지리.

2018년 11월 15일

국민권익위원회(서울출장소) 방문. 조사관들과의 면담은 늘 편치 않다. 영혼이 없는 듯이 뻔한 대답을 듣는 것. 어머니의 유족등록신청 권고. 안 될 걸 안다. 내 몸이 안다.

2018년 11월 23일

어머니와 인천지방보훈청 방문. 권익위 권고대로 어머니의 '유족등록 신청'을 한다. 사정을 들은 담당자는 이미 '기각'될 것이라고 이야기한다. 매뉴얼대로, 관행대로, 해 왔던 대로 즉각 반응하는 무감각한 공무원일 뿐. 그러거나 말거나 할 수 있는 건 다 해 봐야 한다.

2018년 11월 26일

58년 전 카빈총 탄환이 아버지 어깻죽지 겨드랑이를 관통한 날. 오늘부터 1월 3일까지 38일간은 정신 똑똑히 차리고 살아야 한다. 지난 3년간의 38일을 다시 냉정하게 되돌아보아야 한다.

〈군사상유가족협의회〉 회장과 전화 상담을 했다. 안타까워하며 공감해 주어 눈물이 났다. 대통령 소속 〈군 사망사고 진상규명위원회〉에 진정해 보라고 한다.

2018년 12월 1일

기억한다는 것은 마음대로 되는 것이 아니어서 시도 때도 없이 허공을 짚고 허방을 딛는 일이었다. 그때마다 분노에 사로잡혀 치를 떨었다. 그것이 너무 지겨워 한동안 담론이나 소통의 이름으로 재현하려 발버둥쳤다. 결국, 다시 짚은 허공은 넘사벽으로 숨통을 조여 오고 내디딘 허방이 천 길 낭떠러지다. 이제야 알겠다. 기억한다는 것은 멈출 수 있는 것이 아니므로 허공은 딛고, 허방은 짚어 내야 한다. 거꾸러질 때까지.

2018년 12월 4일

또 받아 든 국방부의 사각봉투, '순직자 병적확인에 따른 민원회신' 문건. 난독증 걸릴 것 같은, 상황파악이 전혀 되지 않는.

"위국헌신하신 부친의 애국충정에 존경과 경의를…."

무한 반복 60년! 냉정해져야 한다.

2018년 12월 6일

대통령 소속 〈군 사망사고 진상규명위원회〉에 진정서를 접수했다.

첫째, 국군장병 고 김응서의 총상·후송·사망·화장·국묘안장 전 과정
의 진상을 규명해 주실 것을 진정합니다.

둘째, 국군장병 고 김응서의 사망 직후 유족(배우자 및 자)의 존재를 배
제(제외)한 사실, 10년이 지연된 순직 통보의 진상을 규명해 주실
것을 진정합니다.

셋째, 1969년, 고 김응서의 순직 통보 또한 사망(순직)일자 오기 등 그 절
차가 정상적으로 이루어지지 않은 진상을 규명해 주실 것을 진정
합니다.

넷째, 국군장병 고 김응서 사후 60년이 경과하였으나, 2018년 7월 30일
자의 '사망(순직)확인서'를 근거로 고령에 이른 배우자 윤동춘의
기본권, 순직 국가유공자 배우자로서의 명예를 회복시켜 줄 것을
진정합니다.

2018년 12월 7일

어제 대통령 소속 〈군 사망사고 진상규명위원회〉에 12가지 Pdf 파일
증빙자료를 첨부해 메일 발송했다. 진정서. 논문 쓰기보다 훨씬 힘겨웠
다. 몇 번 울었다.

이번 겨울에는 참 할 일이 많다. 1월 중순 7박 8일 대만 라이딩. 처음
이자 끝이 될 시집 원고 정리. 퇴직 후 거처를 마련하는 일. 방북 사전
접촉 관련 일. 국방부 정보공개청구, 수정논문과 새 논문 쓰기. 스노우
타이어 장착, 보고 싶은 이들 보러 다니기, 매일 웃기 etc.

2018년 12월 23일

인천지방보훈지청장. '기등록 사실로 인한 국가유공자 유족 등록신청
기각처리 안내' 통보.

내 그럴 줄 알고 있었고 말고. 대통령 직속 기관에 진정서를 보냈으
니 기다려 봐야지.

2018년 12월 28일

봄이 올 때까지 겨울은 머물 것이다. 내일은 아버님 기일, 어머니에게

가야지. 어제는 대통령소속 〈군 사망사고 진상규명위원회〉의 '진정서 접수 증명원'을 송달 받았다. 또 다른 봄을 기다리는 일.

2019년 3월 4일
대통령소속 〈군 사망사고 진상규명위원회〉에서 보내온 '조사 개시 결정' 통보문을 받아 들었다.

2019년 4월 11일
조사개시 결정 한 달 반 만에 이루어진 일이었다. 대통령소속 〈군 사망사고 진상규명위원회〉 조사 2과 팀장과 조사관, 화천까지 찾아와 현장 실사 조사. '60년 만의 위로'라고 할 수 있을 것이었다.

2019년 5월 9일
며칠 전, 최성각 형에게 원고를 건네 드렸다. 오늘, 세심하게 살핀 원고를 받아 들었다. 시집 제목을 '개망초 연대기'로 하자 하셨다. 유레카! '슬픈'을 '개망초'로 바꾸고 연대기는 한자를 병기하기로 했다.
　발문을 박용하가 썼고, 그렇게 뒷표지 글은 최성각, 고광헌 두 분이 보내 주셨다.

2019년 5월 25일
간동면 '대붕호평화문화제[1]', 성각 형이 최진수 씨 볼 겸 가신다고 해, 간동에서 보기로 하고 다녀왔다. 정세현 전 통일부 장관의 특별강연을 경청했다. 유진규 선생님의 마임 퍼포먼스를 보는 내내 처연했다.

2019년 5월 30일
달래가 긴 모가지를 들어 올려 주먹만 한 꽃망울을 터트렸다. 옥수수밭엔 명아주가 잔뜩 돋았는데 뽑아 버리자니 푹 한숨이 나온다. 물싸리꽃 위로 개망초가 비집고 솟아 꽃망울을 키우고 있다. 책은 다음 주에는 제본에 들어간단다. 편집·인쇄·제본·판매 등 책 만드는 이들의 노고와 정성을 생각하면 책은 당연히 사서 읽어야 한다. 우선 내가 많이 샀다. 자랑할 곳이 많기도 하지만, 꼭 읽어 주십사 청할 이들에게 보낼 요량이다.

2019년 6월 2일

『개망초 연대기』는 편집자의 말대로 한 인간의 유골함이 맞다. 죽은 자와 산 자 모두 애도의 기회를 가질 수 없었다. 그런 비인간의 세월이 남긴 유골함이다. 당대, 바로 지금 살아 있는 자들이 가슴속에 품고 있는 유골함 중 하나일 뿐이다.

2019년 6월 4일

출판회사 유리창, 우일문 대표의 『시시한 역사, 아버지[2]』. 그리고 『개망초 연대기』의 아버지, 두 청년의 공통점은 '인민의용군', '반공포로' 출신이었다는 것이다. 명확하게 다른 점은, 청년 아버지는 '난민'이었다는 것.

2019년 6월 7일

종일 비 내렸다. 엊그제 여섯 상자의 책이 배달되어 온 날, 벗 둘이 세상을 떠났다. 애통하고 애통하다. 남은 자들은 어떻게든 살아갈 것이다. 미국, 캐나다, 일본, 중국, 대만 친구들에게 먼저 책을 보낸다. 많은 날 눈부셨던 이들이 그립고 고맙고 눈물 난다.

2019년 6월 12일

여름, 우체국 안에서 며칠째, 그립고 고마운 이들에게 책을 보낸다. EMS 하나, 일반등기 30, 일반우편 30. 더 천천히 해야지.

2019년 6월 14일

옥강규 야고보를 보내며

남지우 토마스

떠나보내는 사람들의 슬픔이 너무 깊다면 떠나는 사람의 발걸음도 그만큼 무거워질 것입니다. 그래서 저는 살짝 가벼운 고별사를 하고자 합니다. 보통의 고별사와는 다르게 조금은 엄숙하지 않을 수 있사오나 미리 여러분들의 넓은 양해를 구하는 바입니다.

학창시절부터 친구 사이였던 강규와 저는 대부분의 대화를 농담으로 하였습니다. 그래서 오늘 고별사도 친구와 대화를 나누듯이 하고자 합니다. 웃긴 이야기가 나오면 여러분들은 당황하지 마시고, 그냥 맘껏 웃어 주시면 되겠습니다. 다만 울다가 웃으면 몸에 변화가 생긴다는 이야기가 있지요. 이것은 미신이다라고 생각하시는 분들은 털 날 걱정 없이 웃어 주시고, 이것은 과학이다라고 생각하시는 분들도 오늘 댁에 가서서 확인 후 알려 주시면, 언제 타이베이에 왁싱 잘하는 집으로 모시고 가도록 하겠습니다.

옥강규 야고보와 저는 1987년 고등학교 2학년 때 같은 반 친구였습니다. 같은 반 친구였지만 교실 안에서보다는 교실 밖에서 친했는데, 군부독재에 맞선 민주화 투쟁으로 온 나라가 들끓던 당시, 우리는 학내 지하조직을 만들어 서울지역 고등학교 연합에 참여했습니다. 12월 24일엔 명동성당에서 노태우 부정선거 규탄 촛불집회를 열기도 하였습니다. 기록을 찾아보지는 않았습니다만, 아마도 우리 역사상 최초의 촛불집회가 아니었나 하는 생각이 듭니다. 서울의 모 여고 교장까지 역임하였던 강규 아버님이 들으시기엔 무척 당혹스러울 사실일 수 있으나, 어차피 이렇게 된 마당에, 과거사는 깨끗이 정리하고 가겠습니다.

1988년 어느 날, 명동성당에서 있었던 시위현장에서 강규와의 추억이 기억납니다. 어디서 치약을 바르면 최루탄을 쉽게 이겨 낼 수 있다는 소문을 들었는지 눈 밑에 치약을 발랐는데, 그 치약이 눈에 들어가 눈을 뜨지도 못하고 바닥에 쪼그리고 앉아 고통스러워하던 강규 앞에 짜자잔… 제가 나타났던 것입니다…. 구세주였던 저는 바로 화장실에 데리고 가 눈을 씻기고, 강규는 간신히 눈이 타들어 가는 고통에서 벗어날 수 있었습니다. 요즘도 명동성당 화장실에 갈 때면 그때가 생각납니다. 화장실에 바로 데리고 가지 않고 좀 뺑뺑이 좀 돌릴걸…. (중략)

당시 몇몇 친구들은 대학진학을 거부하고 고교졸업 후 노동현장에 투신하였습니다. 강규의 성격상 그렇게 노동운동의 선두에 나서거나 하지는 않았습니다만, 진학을 거부하고 노동을 하겠다고 했습니다. 학벌 지상주의의 부조리한 사회에 대한 강한 저항감을 가지고 있었고, 자기 또한 그 부조리의 한 부분이 될 수 없다는 강한 의지를 갖고 있었습니다. 하지만 집안의 장남으로서 부모님의 기대에 부응도 하여야 했기에 많은 고민을 할 수밖에 없었습니다. 스무 살 여름쯤에 결연한 의지로 대학진학 준비를 그만두었습니다. 그리곤 곧바로 기술 학원을 나가기 시작하였습니다. 자동차 운전, 자동차 정비, 지게차, 굴삭기 자격증을 놀라울 정도로 빠른 속도로 취득했습니다. 당시 친구들은 강규를 '굴삭기'라 부르곤 했었는데 그의 힘과 추진력을 두고 하는 말이었습니다.

직장이 있는 용인에서 아가씨를 만나 결혼을 하고, 작은 평수지만 아파트도 마련하고 수연이를 낳고, 건우를 낳았습니다. 그리고 얼마 후 호주로 이민을 갔습니다. 사실 이민 가는 것을 약간 주저했던 것이 사실입니다. 특히 지인들과 멀리 떨어져 살아야 한다는 사실을 매우 애석하게 생각하였습니다. 하지만 자기가 그토록 싫어했던 한국의 입시지옥에 아이들을 밀어 넣을 수 없다는 의지가 있었습니다. 호주로 넘어가 누구보다도 성실하게 일을 하고, 아이들을 훌륭하게 키워 냈습니다. 한국 있었다면 욕을 입에 달고 살았을 아이들이, 호주에서 착하게 자라고 있는 모습을 항상 뿌듯하게 생각하였습니다.(중략)

한 시인은 강규와 같이했던 시절을 '찬란했다'라고 표현했습니다. 찬란한 삶을 살고 돌아가는 자랑스러운 내 친구에게 마지막으로 전합니다. 수고 많았네, 이제 좀 쉬게나 친구. (from 남지우, in Brisbane)

2019년 6월 15일

아침 일찍 발문을 쓴 용하에게 책을 건네려 들렀다. 용하 옆지기와 딸 규은이에게도 한 권씩 건넸다. 어머니에게 가는 길이었다. 여든넷의 어머니에게 없는 능력의 값은 책을 읽을 수 없다는 것. 대략 나와 비슷하다. 어머니는 문맹은 아니나 책을 읽으실 일이 없기 때문이다. 그러므로 이 책은 어머니를 위해 쓴 것이 아니라 애오라지 나를 위해 썼다. 그까이꺼 시집이, 책이 뭐라고…

어머니와 점심에 국수나무 생면. 어머니에게 책값 달라고 할 요량이다. 참 못난 아들이다.

2019년 6월 27일

"선생님! 정말 오랜만입니다. 전혀 뜻밖의 우편물이 선생님의 시집인 것을 확인하곤 그 자리에서 딱 한 번 물을 마시러 일어났을 뿐 조금 전에서야 뒷장을 덮었습니다. 어떤 형태의 인쇄물이든 더욱이 책을, 단숨에 첫 장에서 끝 장까지 읽어 내기는 생전 처음인 것 같습니다.

스스로 물리적 정신적 노화 중이라고 자처하며 실종 중인 감성조차 찾을 생각도 못 하고 살았는데, 선생님의 글을 읽는 내내 숨어 있던 세포가 다시 살아남을 느꼈습니다. 선생님보다 다섯 해를 먼저 산 저에게 선생님의 아픈 가족사는 제게 또 다른 처연함이었습니다.

개망초는 제가 참 좋아하는 꽃입니다. 사람들에게 그저 흔한 잡초로 취급됨이 못내 안쓰럽고 애잔했는데 선생님의 시 중에 p.231 '개망초에게'는 꼭 제 마음 같아서 위로가 됩니다(그래도 제게는 귀한 꽃입니다).

선생님! 수고 많으셨습니다. 그리고 잘 건디어 내셨습니다. 아낌없는 박수를 보내 드립니다. 선생님의 지난했던 삶을 시로 풀어내시는 동안 정성으로 다소곳이 마름질하고 박아 내셨을 사모님의 고운 선물에 눈시울을 붉힙니다. 짙은 색은 남편이, 꽃무늬는 제가 갖기로 했습니다. 소중히 사용하겠습니다. 뵌 적은 없었지만 늘 제 마음에 사모님은 아름다우신 분으로 간직되어 있습니다. 리을이와 새하도 늘 행복하기를 기도 중에 기억하렵니다.

선생님은 제 아들에게 가장 소중한 스승이십니다. 감사합니다. 내내 건강하시고 평화로우시길 빕니다. ○○ 오시면 연락 주시길 기다리겠습니다."

2019년 7월 1일

열흘 전, 돌을 만지는 사람, 장인(匠人) 김주표의 메세지를 받고 어쩔 줄 몰라 했다. 얼른 만나고 싶었지만… 수업 중에 학교로 앙증맞은 전각(篆刻, 나무나 돌 혹은 옥에 인장을 새겨 제작한 것)을 들고 찾아왔다. 고맙고 너무 예뻐서 눈물도 나고… 우쒸, 차도 한 잔 같이 마시지 못하고 떠나보냈다.

2019년 7월 2일

"선생님 안녕하세요! 참 오랜만에 인사 드리는 ○○ 엄마입니다. 『개망초 연대기』 출간 축하드려요. 저에게까지 선물 보내 주셔서 감사드립니다. 지니고 다니며 틈틈이 짧게 짧게 잘 읽고 있답니다. 요즘 저는 집 한 채 지어 보겠다고 마음 한번 냈다가 혼쭐이 나고 있는 중입니다. 유독 속상하고 마음 고단한 날 저녁, 선생님의 시집을 만났습니다. 첫 장을 넘긴 순간 왜 울컥 눈물이 나던지요. 보드랍고 순한 세상과 멀어져 있다는 두려움. 잊고 살았던 소중한 것들에 대한 그리움. 아마 그런 것들이 왈칵 올라온 것 같습니다. 여름날이 되니 백담사가 참 그립습니다. 백담의 물소리와 빗속에서의 오세암 등반, 맛난 옥수수, 하늘의 별들. 선생님을 그곳에서 뵈어서 참 좋았습니다. 옆지기 님이 만드신 예쁜 손수건도 귀한 마음으로 잘 받았습니다. 감사 드려요. 선생님, 좋은 날에 문득 만날 수 있으면 좋겠어요.”

2019년 7월 12일

책을 만들면서 배송 봉투 주소를 어머니가 사시는 영종도로 해 놓았다. 9월부터는 당분간 어머니에게 가 있으면서 춘천집을 오고 갈 요량이다. 무엇보다 춘천 집은 이사할 생각이다. 주소가 어찌 될 줄 모르니 그렇게 된 것이다.

　김풍기 교수가 『한시의 품격』을 손글씨 편지와 함께 보내 주었다.

　최성수 시인이 『물골 그 집』을 보내 주었다.

　김흥기 중학교 동창, 한국사보협회장이 ‘화제의 신간’으로 소개해 주었다. 협회보와 함께 아주 예쁜 브로치 등 여러 가지를 보내 왔다.

　이철영 시인이 횡성군 지역신문 〈섬강의 물소리〉에 신간으로 소개를 해 주었고, 『풍수원 성당』 책을 함께 보내 왔다.

　권혁소 시인이 예의 붓글씨로 ‘개망초 연대기’를 적어 보내 왔다.

　윤용선, 최돈선 두 분 시인형님선생님이 전화를 주셨다.

　박기동 시인형님지도교수는 불편한 몸으로 운전해 학교로 찾아왔다.

2019년 7월 16일

기숙형 공립고뿐만 아니라 많은 일반계(자사고 특목고 포함) 고등학교는 조·중·석식을 하는 이른바 ‘삼식이 학교’다. 조리 실무사 일곱 분에게 연대의 마음을 담아 “수고로움을 기억합니다.”라고 적어 책과 손수건을 건넸다. 학교생활을 마치는 나름대로 이별의 인사였다. 모두 기뻐해 주셔서 얼굴이 붉어졌다.

2019년 7월 28일

충분히, 완벽하게 펌프질이 끝났네. 개망초꽃들이 지네. 굽이굽이 되돌아가야 하네.

2019년 8월 27일

어머니 집에 어마어마한 책이 도착해 있었다.

송명호, 『공자의 시작에 서다』, 먼날, 2017.

2019년 9월 19일

퇴직 이후, 적극적으로 아무것도 하지 않기 열여드레째. 첫 외출의 슬픔, 중앙로를 지나 춘천미술관으로 갔다. 짱돌 귀떼기 시인을 만나기로 했다. 무언가 불편함을 떨칠 수 없었던 전시회장을 나와, 옛 춘여고 앞 장안복집에 갔더니 영업 시작 전. 조양동 골목을 휘돌아 리모델링한 시청 옆, 고풍 창연한 장어집 회정으로 향했다. 둘이 마주 앉아 복분자 세 병을 비웠고, 방도 없이 짱돌에 맞았다. 이틀 밤을 보냈는데 아직도 얼얼하다.

류기택, 『짱돌』, 한결, 2019.

2019년 9월 23일

화약 냄새가 나지 않는 모든 전쟁[3]은 기억 투쟁으로 귀결된다[4]. 기억을 지우면서 현실을 긍정하며 바로 지금을 살아갈 것인가. 아니면 기억을 되살리며 살아온 어제처럼 오늘을 살 것인가. 나에게 새겨진 생생한 기억 중의 하나는, 검찰의 기소로 삼 년 동안 고통스러운 날들을 낭비했다는 것이다.

백남기 농민이 물대포에 쓰러진 날 현장에 있었다는 것만으로, 그 잘난 집시법과 도로교통방해죄로 엮은, 말도 되지 않는 기소였다. 항소심에서 무죄 판결을 받고 종결되었지만, 비슷비슷한 무리한 기소로 책임을 진 검사는 단 한 명도 없다. 자한당류들이 전유(專有, 혼자 독차지해 가짐)하고 있는 국가와 자본. 그 적폐들의 충실한 주구(走狗, 남의 사주를 받고 끄나풀 노릇을 하는 사람)로 생애를 다한 정치검찰의 민낯이다. 정치적 목적이 다분한 압수수색으로 결정적 증거를 발견했다는 예를 나는 모른다. 스모킹 건이 없을 때 각본에 의한 압색이 이루어지는 것이다. 조국 집 압색은 김경수의 예에서 보듯 정치검찰의 오래된 뻘짓 아닌가.

검찰총장은 애초에 기대할 만한 인물이 아니었다. 뼛속까지 검새스러운 인물일 뿐. 검찰에 대한 기억 투쟁은 일제강점기와 반민특위까지 거슬러 올라가는 것이다. 적폐의 정점에 있는 검찰은 오늘 레드라인[5]을 넘었다. 사악한 것들. 어떻게든 평화의 담대한 길을 가려는 대통령이 해외에 나가 있는 사이 다시 등 뒤에 칼을 꽂았다[6]. 나의 기억 투쟁 역시 레드라인을 넘어섰음을 선명하게 새긴다.

2019년 9월 25일

시작·시동·출발… 뭐랄까. 자유인? 자연인? 아무리 그래 봤자 그냥 퇴직교사, 전직 체육선생일 뿐이다. 출판회사 유리창, 우일문 대표를 찾아보겠다는 것은 오래된 일이었다. 오롯이 자연인으로서 처음 찾은 곳이다. 심학산 약천사 이호준 작가시인이 순대국을 냈다. 대략난감하게 환대의 시간을 가졌다. 우대표 공간에 잔잔히 흐르던 선율을 새겼다.

파주 출판단지에서 곧바로 영종도 어머니에게 왔다. 두 시경. 어머니는 고구마를 캐고 계셨다. 공한지 텃밭이란 그런 것이다. 조만간 밀어 버리겠다는 공지에 애가 마르셨겠지. 모기에 뜯기며 20kg 들이 다섯 박스를 캐고 주워 담았다. 절반도 캐지 못했다. 토요일이나 되어야 동생과 함께 마무리하겠다.

근 두어 달 만에 잠깐 비지땀을 흘린 하루였다. 조카 동화가 와 주어 어머니 모시고 오랜만에 달집 순두부로 저녁을 먹었다.

with 5 Days of War[7], watcha.

2019년 9월 26일

삼천동 5note, 책맞이에 가서 허영에게 책을 받고, 최돈선 형님선생님 시인에게 인사만 드리고 바로 나왔다.

"시베리아의 꿈을 소중히 함께 합니다." from 허영

최돈선 쓰고 허영 찍다, 『매혹과 슬픔 : 내 영혼의 시베리아』, 마음의숲, 2019.

2019년 9월 29일

어머니 고구마밭은 반도 캐지 못했는데 결국, 장비로 말끔하게 밀어 정리되었다. 으깨진 고구마들이 허옇게 드러나 있었다. 아파트 공사가 시작되었으니 어쩔 수 없는 일이다.

어제 촛불이 켜지기 전에는 중앙도서관 전시실에 들렀다. 조지아(그루지아) 문자의 둥글둥글함은 유려했다[8]. 한번 써 보고 싶다는 생각이 잠시 들기도 했다. 촛불 바다에서 둥둥 떠다니다 겨우 빠져나와 굴비정식에 막걸리.

고광헌 형님과 류태호 교수가 당도했을 때는 주방이 치워져 바로 앞의 족발집으로 옮겼다. 열한 시가 넘어 흩어졌고, 최백순과 김수하 두 친구가 기어이 보겠다고 해 결국 셋이 다시 뭉쳤다. 열두 시가 다 되었을 것이다. 새벽 세 시가 되어 택시를 불러 탔다. 두 친구가 어떻게 갈 것인지는 알 바 아니었던 것이 걸리기는 한다. 서울에서 택시로 춘천을 가자고 하는 것은 로망처럼 꼭 해 보고 싶은 일이었다. 네 시가 넘어 집에 들어오기는 했는데, 다시 그랬다간 필경 집에서 쫓겨날 것임은 자명하다.

  무슨 무슨 전시회를 품격 있게 다녀 보는 것도 일종의 로망 같은 것이었다. 10월이 오고 2일에는, 초대 글을 부탁해 온, 엄시문 형 전시회도 들러야 한다[9]. 오늘은 춘천 문화예술회관에 들렀다. 안진만, 최영식, 김춘배, 이상근 등 아는 얼굴들의 작품이 걸렸고, 최돈선 형님시인선생님께서 이사장이시니 뵐 요량이었다.

  어쨌든 별 시답잖은 로망이랍시고, 전시 오프닝을 보러 갔더니 김×태 ×××가 앞줄에 앉아 있는 게 아닌가. 뒤에다 차마 주먹은 먹이지 못하고, 벌떡 일어서 뒤도 돌아보지 않고 나와 버렸다. 에잇! 고추나 다듬어 갈무리해야지. 로망이 시시하다.

2019년 10월 4일

『개망초 연대기』가 2019년 2분기 아르코 '문학나눔' 도서로 선정되었다는 소식을 받았다. 누구나 맞는 정년, 누구나 내는 시집, 누구나 흘리는 눈물, 누구나 다녀오는 해외여행 같은 자랑질이다.

2019년 10월 10일

13일부터 24일까지 아르메니아와 조지아를 다녀오려고 오래 준비했다. 몇 년 전부터 정년을 맞는 날, 자전거로 판문점을 넘어 개성·해주·옹진을 돌아 나와, 개마고원에 가겠다고 호언했던 것을 이루지 못해 서글프다. 배낭에 내 시집 두 권과 읽을 책 세 권을 넣었다.

  레이첼 카슨, 이충호 옮김, 『우리를 둘러싼 바다』, 양철북, 2003.
  정상명, 『꽃짐』, 이루, 2009.
  최성각, 『달려라 냇물아』, 녹색평론사, 2007.

2019년 10월 12일

올훼의 땅. 내일 비행기 타야 하므로, 책맞이에 얼굴만 비치고 금방 나왔다. 은경이에게 책 배달시킨 것 같아 미안하기도 하고, 내가 할 말을 먼저 해 주네. 흥칫뽕!

"저에게 어마어마한 기회와 용기를 주셨던 고마운 분이십니다."
조현정, 『별다방 미쓰리』, 북인, 2019.

2019년 10월 24일

열흘 넘게 10,000km 가까이 떨어진 곳에 나가 있는 동안에도 자유롭지 못했다. 예감은 틀리지 않았다. 절박한 위기감, 불안감이 다시 내 영혼을 잠식한다. 촛불 들었던 이들은 다시 광장에서 서로를 곧추세워야 한다. 촛불의 주적이 자한당, 검새들과 그 시다바리 기레기들이라니[10]!

2019년 10월 27일

〈국제도서주간 릴레이〉 바톤 이어받아 올립니다! 릴레이 규칙은
   1. 지금 내 옆에 있는 책을 꺼내세요.
   2. 책 52쪽을 폅니다.
   3. 52쪽 5번째 문장을 쓰세요.
   단, 책 제목은 절대 알리지 마세요.
   지금 제 옆에 있는 책 52쪽 5번째 문장은
   이 산속의 나무 한 그루
   그루터기 하나의 바위로도 남지 못할
   아련한 인생살이
   모질게라도 살아남기 위해
   흔들렸다 거침없이 흔들리며
   거듭 쓰러지는 몸뚱어릴
   구차하게 지탱해야 했다
   from Taipei, 남지우.

2019년 11월 1일

어머니가 일터 길 건너 고물상 근처 한 귀퉁이를 얻어 심은 배추는 시원치 않았다. 밑동이 썩고 벌레가 다 파먹었다. 게다가 보청기 한쪽을

어쩌다 밟아 박살이 났고 한쪽은 시원치 않았다. 나흘 동안 어머니와 백운역 근처 병원을 두 번 드나들었고, 구월동시장에 들러 배추 무 알타리 등을 사다가 김장으로 버무렸다.

김장을 서두르며 어머니가 쇠약해지고 있는 것이 확연하게 보였다. 주무실 때 서너 차례의 잠꼬대에도 적응이 어렵다. 화요일에는 여름에 모친상을 당한 김선호 선생 장인상 조문을 했다. 모친상의 슬픔도 제대로 다스리지 못하고 일상에 내몰린 대통령이 애처롭다[11].

어머니의 시간, 남아 있는 날은 알 길이 없다. 여든다섯이니 구순을 넘기길 바랄 뿐이다. 여름에 혼인한 애들이 내년 유월 중순쯤 출산 예정이란다. 어머니는 증손을 보시게 될 것이다. 그렇게 어머니는 12월 말까지 청소노동자로 살아갈 것이다. 어머니의 시간은 결코 거꾸로 가지 않는다. 두렵고 슬프다.

어제 저녁 늦게 춘천으로 와 시월의 마지막 밤을 보냈다. 8시 10분 동서울행 버스를 탔다. 광화문 대한민국 역사박물관. 〈한국구술사학회〉, '추계학술대회 및 한국구술사네트워크 워크숍'. 오래 '감사' 일을 했다. 총회에서 감사패를 받았다.

2019년 11월 4일

남아공 럭비 우승 소식에 눈물이 난다. 〈인빅터스[12]〉가 아니더라도 세상은 변했다. 인종차별과 처참한 국가 폭력을 딛고 신세계를 살아가는 남아공 인민들. 아직도 레드 헌팅[13]에서 자유롭지 않은 국가보안법에 갇혀, 서초동과 여의도에서 촛불을 드는 나는, 우리는 누구인가?

2019년 11월 6일

십여 일 전만 해도 열흘 넘게 이국(異國) 땅에 있었다. 이국 땅이란 것은 내 앞의 산천을 생각하면 사실 아무런 의미도 없다. 이 땅은 워낙 사계가 분명하고 산천경개(山川景槪, 자연의 경치)가 뛰어나기 때문이다. 다만 그 크기에서 한 수 접는 버릇이 있기는 하다. 내 안의 그 허접스러움을 한 방에 날려 버린 것은 남극이나 아리조나 사막, 허환산 같은 곳에서 개고생을 마주한, 지우 같은 여행자가 옆에 있기 때문이다.

이국을 앞에 놓는다면 이방, 여행자라는 용어만 남는다. 어쨌든 누구나 다 한 생애를 여행하는 여행자 아닌가. 어쨌든 TV만 켜면 바로 나오는, 외국 여행 혹은 해당 국가에서의 '먹방'은 문화적 폭력이다. 성지순례, 관광의 틀을 벗어나지 못하는 해외여행은 관심 밖이다.

2019년 11월 12일

몇 년 전부터 퇴직을 앞두고 목표는 하나였다. 방북. 옹진반도 강령 땅에 발을 디딜 수 있을 것 같았다. 작년 이맘때만 해도 금방 이뤄질 것만 같았다. 오늘 현재, 그 방도가 전혀 보이지 않는다. 개인뿐 아니라 단체를 통한 교류조차 그 길이 보이지 않는다. 절망스럽다. 마음 둘 곳이 없다. 조금 더 기다리면 될 거라고 다독여 보지만 그것이 얼마나 허망한 일인가. 결국, 허공을 짚고 허방을 딛는 일이었다. 나름대로 난민의 생애를 끝장내겠다는 무모함에 대가를 치러야 할 것이다. 아직도 난민의 후예로 살아가는 이들이 어디 한 둘인가.

난민으로, 이산가족으로 살다가 큰아버지가 돌아가시고, 대통령 어머니도 돌아가셨다. 그 1세대들의 절박함이 내 몸에 새겨졌다. 추모하는 것으로 결코 대신할 수 있는 일이 아니다. 북녘의 어느 산모퉁이를 느릿느릿 자전거로 달리고픈 열망에 사로잡힌 초로의 한 인간, 어제는 시화방조제를 달렸다.

2019년 11월 13일

봉의산 가는 길. 형님과 점심 하려고 나왔는데, 봉노 커피 볶고 있다. 커피 안개 자욱하다. 봉노가 광치 해장국집으로 데리고 갔다. 형님이 막걸리 딱 한 숟갈 달라셨다. with 박기동 노정균.

2019년 11월 15일

히츠 블루를 끼워 아이코스 버튼을 누르고, 현관문을 열어 신문 집어들고 밖으로 나간다. 아직 이파리가 남아 있는 뽕나무에 내리는 빗소리가 달랐다. 싸락눈이었다. 몇 송이 함박눈이 맨발에 닿기도 했다. 몇 포기 남지 않은 가을 상추 둥근 화분을 보니 첫눈이었다. 단순히 첫눈 내린다. 단순해지기로 했다.

2019년 11월 18일

벼르다가 중앙도서관 통일부 북한 자료센터에 들렀다. 평화와 북한 문제로 청춘을 낭비하는 김정근의 도움으로 북한대학원대학교 도서관을 둘러본 후였다. 두 군데 모두 소장 전시자료, 공간, 운영에 있어 조악하고 성의 없다는 생각을 지울 수 없었다. 다시 찾고 싶지 않을 만큼 예의 없는 공간이었다. 그쪽에 사는 이들에게 업신여김을 당해도 싸고 싸다.

배춧국을 끓이고 박대 조림에 건땡초 튀각. 어머니, 오랜만에 국에 밥 말아 많이 드시고 만족해하셨다. 여동생과 조카 수연이도 느지막이 와서 맛있게 먹었다. 북쪽 사람들, 평양이나 해주의 도서관, 박물관에 닿고 싶다는 열망이 건땡초튀각인 양 얼얼하다.

2019년 11월 19일

일상이 사라지고 두 달 열아흐레. 아직 100일도 되지 않았는데 적극적으로 아무것도 하지 말자던 의지와 여유와 자만 같은 것들이 허물어진다. 오늘 하고 싶은 일들이 대략 별로 없다. 길이 사라졌다. 세상의 끝. 다시, 길을 잃었다.

"역사는 승리자의 기록이며 거기에 기록되지 못한 이들을 기록하는 것이 문학의 역할이다. 목소리를 갖지 않은 사람들을 드러내는 일[14]."

2019년 11월 20일

오랜만에 대통령 모습을 큰 화면으로 보았다[15]. 국대 A매치를 보면서 동시에 아이폰으론 베트남 태국전을 유튜브로 보았다. 세상에 어디에도 없을 대통령과 진행자 모두 난감해하는 모습은 탁현민이 제대로 짚었다[16]. 축구는 두 경기 모두 내내 밀리는 형국이었으니 답답하고 답답했다. 그 전에 '역사저널 그날'은 난감 답답이 목에 걸리고 분했다. 어쩌겠는가. 식은 배추전에 다시 막걸리 한 통 비우고 어머니 잠꼬대 소리에 밤이 깊다.

2019년 11월 21일

빠르게 겨울의 문턱을 넘고 있다. 어머니 LH 임대아파트. 옹색한 작은 방에 둥지를 틀었다. 이미 보름 전에 김장이랍시고 동치미며 배추 열 포기, 달랑무까지 버무려 갈무리했고, 어제 큰 방 커튼을 달았다. 책 몇 권 얹을 책상을 조립했다. 월동준비를 마쳤다. 겨울잠을 꿈꾸는 것이다.

2019년 11월 25일

배추와 무전을 부쳤다. 청국장 끓였고 두루치기에 무밥을 했다. 만들어 놓은 어리굴젓, 청양고추 넣어 무친 조개젓은 기본. 와인 일 병에 맹꽁이 배 되었다. 겨우내 어머니와 지낼 일상이 앞에 있다. 연말이면 모든 일 내려 놓으실 어머니. 한 두어 달, 지금의 나처럼 부디 적극적으로 아무것도 꾀하지 않기를, 벽력 같은 잠꼬대 무궁하기를. 민화투, 육백 같이 치고 오관떼기[17] 하며, 딱 두 달만 버텨 봅시다. 어무이 좋아하는 봄이 옵니다!

2019년 11월 26일

다시, 빙의의 시간을 맞는다. 1958년(단기 4291년) 11월 26일 22:00. 6사단 7연대 수색대 육군 일병 김응서, 아버지. 카빈총에 쓰러진 날. 단기 4292년(1959년) 1월 3일까지.

분노와 슬픔의 고통은 깊어가고 무거워질 뿐 결코 사라지는 것이 아니었다.

2019년 11월 29일

영덕, 대구대학교 연수원. 〈한국스포츠인류학회〉 동계학술대회에 왔다. 명색이 부회장이다. 박기동 회장은 이제 학술대회도 다니지 못하신다. 곽낙현 선생이 회장을 맡았다. 어쨌든 학회의 중심은 우리 연구실이 맞다.

2019년 12월 9일

퇴직 100일, 단 하루도 자유롭지 않았다. 적극적으로 아무것도 하지 않으리라던 다짐은 일찍이 깨졌다. 서초동에도 나가야 했고, 중앙도서관 같은 곳에서 북한 자료를 찾아보기도 했다. 의무방어전과도 같이 열흘이 넘는 해외여행이라는 것을 다녀오기도 했다. 마늘과 도라지 껍질을 벗겼고 한 사흘은 김장에 꽂혔고, 서너 번 어시장을 들락거렸다. 조기 한 짝을 염장해 반건조해 보기도 하고 박대며 새우젓을 쟁이다가, 오늘은 묵은쌀 반 가마니를 불려 가래떡 뽑아 달라고 방앗간에 맡기고 왔다.

여섯 시 전에 일어나 현관에서 서울신문을 챙기고, 뉴스 공장을 보거나 듣다가, 아침은 대략 거르고 점심에 짜장면에 고춧가루 확 뿌려 먹고 들어온 날은 고양이 똥 종이를 잘랐고, 저녁이면 때맞춰 쓰레기 분리수거를 했다. 넷플릭스로 시리즈 몇 편을 자빠져 때렸다. 1,000피스 퍼즐을 맞추고 천자문, 한시 등 한자 쓰기를 했다. 네댓 차례 혼사와 문상을 다녀왔고, 학술대회라는 곳을 기웃거렸다.

100일 동안 일어난 일들이었다. 퇴직자라면 누구나 겪을 법한 일들이겠다. 남아 있는 날들도 그렇겠다. 어쨌든 끊임없이 무엇인가 하려고 하면서 스스로 물었다. '내가 지금 무슨 짓을 하고 있지? 이런 거 왜 하지?' 자전거를 타지 못한 날들에 벌어진 일들이다.

2019년 12월 10일
영종도 어머니 집에, 셜록**18**에서 보낸 책이 도착했다.
이명선, 박상규, 박성철, 『거래된 정의』, 후마니타스, 2019.

2019년 12월 11일
혼자 겨울 해변을 찾는 인간이 되었다. 온전히 낯선 여행자 이방인 난민이 되었다. 혼자 아무 때 아무 데서나 찔끔거리는 어쩔 수 없는 인간이 되었다. 썰물에 뱃바닥을 드러내고 폐선이 되기를 기다리는 고깃배에서 내린 어부 같은 인간이 되었다. 비행기며 배들이며 흰 이마를 드러내며 몰려오는 잔파도 같은 것들. 황해의 경계 없는 해무 속으로 사라져 가는 것들의 행로가 궁금한 눈물이 지나갔다. 살아온 날들로 남아 있는 날들을 살아가야 할, 쓸쓸할 일이 없을 어부는 되지 못했다.

1991년 여름이 올 무렵 〈전국체육교사모임〉 첫 MT. 을왕리해수욕장 썰물로 빠져 나간, 단단한 해변에서 맨발로 공을 찼다. 서른넷이었다. 무슨 조기축구회 아저씨들을 가볍게 이기고 수박 한 통을 얻어먹은 일이 있었다. 같이 공을 찼던 아우들이 보고 싶어 겨울, 을왕리에서 한참을 울었다.

2019년 12월 18일
아무래도 창균이가 보고 싶어졌나 보다. 삼 년 전에 쓴 「외옹치에서」를 다시 적어 보았다.

2019년 12월 23일

춘천시외버스터미널까지 걷는다. 지금 사는 곳은 공지천이 가까운 구 터미널 부근이다. 데미안에 들러 책을 산다. 동서울 터미널까지 버스 안에서 심현서의 문장을 읽는다. 고속도로에 들어서 자주 마주치는 터 널도 열독을 방해하지 못한다. 동서울에서 서울역까지는 bts를 듣는다. 짧고 굵거나 길고 가늘면 어떤가. 지상의 모든 생애는 분노만 걷어내면 눈물로 환하다.

나는 모든 책을 생애사 아니면 여행기로 읽는다. 아직도 분노와 슬픔 에 사로잡혀 생애를 낭비하며 어쩔 줄 몰라 하는 한 인간이 버스와 전철 안에서 위로를 받았다. 작가는 한 학기 동안 학부모였다. 작품 속 인물 수현을 닮은 아들 은수의 체육선생이었다. 서울역에서 공항신도시 운서 역에 닿기 전에 작가의 말, 해설까지 완독.

"자야가 연애 한번 못 해 본 맹탕이 아니라 이렇게 준수한 아들을 낳 아 본 적이 있는 삶의 맹장임을 어렴풋이 알게 된다." 유성호, 해설 중 에서, 186쪽.

심현서, 『서른아홉 살 자야』, 달아실, 2019.

2019년 12월 24일

산타클로스가 오는 날. 파손주의[19]. 택배 일을 하는 큰아이 리을. 고맙 다. 미안하다.

2019년 12월 28일

"그때는 다 그랬어, 다 그랬지 뭐."

지상에서 들은 가장 슬픈 말이었다. 지상에서 '인간의 권리'라는 말, '인권'이라는 말이 생겨나고도 한참 후였다. 휴먼라이트. 그래서 어쩌라 고? '타인의 고통'이라는 용어를 알 일이 없겠지. 하여 슬퍼할 권리, 슬 픔의 권리, 슬픈 권리, 그런 것들을 모르고 너무 오래 살았다는 것을 자 복(自服, 저지른 죄를 자백하고 복종함)한다. 묻는다. 세상은 조금이라도 더 나아졌는지.

지구별에서 휴머니즘이라는, 인간만의 권리라는 것은 없다. 존재할 권리, 존재의 권리, 존재 권리만큼, 딱 그만큼. 분노라는 말이 겹친다. 그 모든 것들을 '한'이라는 말로 등치한 부류들에게 '이제는 꺼져 다오'

라고 핏대를 세워도 좋겠다.

　혁명이 보인다, 비로소 시인 나부랭이가 아닌 판수가 되어도 좋겠다. 스스로 '지존'이라는 어떤 부류들, 윤머시기라는 찌질이에게 똥침을 날리는 거다.

　"너희들 지금, 그러면 안 되는 거다!"

2019년 12월 30일

오늘도 점심을 배부르게 먹었다. 동서네 식구들 불러내 만천막국수 집에서 떡만두국, 회막국수로 배를 채웠다. 공수처법, 검경수사권조정, 유치원3법, 과거사법, 각종 민생법안들이 아직 많이 남았다. 기다리고 기다리는 날들. 어쨌든 한 해가 가고 있다. 눈 부릅뜨고 지키는 일밖에 남은 것 없으니, 배가 불러도 눈물 난다.

2019년 12월 31일

더 잃을 것이 없는 자, 2020년 새해에는 과연 두려움이 없는 인간이 될 수 있을까?

개망초에게

먼저 간 자들, 사라지는 모든 것들은 살아남은 자들에게는 별빛이 된다. 살아남기 위해
견디는, 아무것도 아닌 나날이 계절을 타고 흘러간다. 할 수 있는 것과 할 수 없는 것의
경계를 더듬어 가며 살고 있다.

2009년 5월 3일

"고통이야말로 정신의 최후의 해방자이며 그런 고통이 우릴 심오하게 한다." 160쪽.

고병권, 『니체의 위험한 책, 차라투스트라는 이렇게 말했다』, 그린비, 2003.

밑줄 그었던 몇 꼭지를 옮겨 적었다.

「개망초에게」를 썼다.

2009년 5월 6일

전교직원 연찬회. 화천댐 선착장에서 군 소유의 커다란 배를 탔다. 평화의 댐 아래 비수구미[1] 마을에 닿았다. 물이 빠지면 차가 드나들 수 있는 길이 물에 잠겨 있었다. 홀연히 길이 끊어진 것을 보았다. 세상의 끝이었다.

토종 벌집을 통째로 넣은, 담근 술을 내 왔는데 입에도 대지 않았다. 애벌레들이 가라앉아 있는 걸 흔들어 종이컵으로 떠 주는데 정나미가 떨어졌다. 서너 채 집들이 있는 마을 입구까지 물이 들어차 있었다.

2009년 5월 7일

「용서받지 못한 자[2]」를 썼다.

2009년 5월 8일

「청산별곡에 관한 안내서」를 썼다.

2009년 5월 10일

공항신도시에 혼자 사시는 어머니. 외롭겠지만 나름 좋다고 하신다. 혼자여서. 어머니를 다시 두고 떠나왔다. 단 하나의 사랑. 아무리 사랑한다고 해도 떨어져 바라보며 살 수도 있는 것이다. 그것만을 서러워할 수 있다면야.

2009년 5월 11일

「이소(離巢)[3]」, 「진실의 순간(Moment De La Verdad)[4]」

2009년 5월 12일

운동장에 들어서 있는 목백합 나무가 오락가락하는 비에 젖는다. 수학여행 발대식에 부장들 다 모인다고 나오란다. 아무것도 아닌 날들을 아무렇지도 않게 살아남기가 힘들다. 기지개 한 번 크게 켜고 주섬주섬 교문을 나섰다. 별 재미없는 회식 자리를 마치고 들어서니 강아지 비상이가 야단친다. 비상이와 함께 나는 나를 지키는 트랜스포머가 되어 있었다. 개도 변하는데 인간이라고 변하지 말란 법이 없겠는가. 이 개는 나의 개인가. 개의 개인가. 개의 나인가. '나'라는 이 트랜스포머는 아직 단련이 더 필요하다. 수리할 곳도 많고.

「이 비 그치면」, 「나의 멘토(Mentor)」 두 편을 썼다.

2009년 5월 14일

무언가 부질없다는 생각을 했다. 체념일까. 허무의 냄새일까. 아직 그 경지에까지 이르지 못했다는 자명함이 있다. 길이 펑퍼짐하고 말랑말랑하게 내게로 온 듯싶더니 저만치 달아나 버린다. 한 걸음 다가가면 그만큼 더 멀어지는. 한 걸음 물러서면 그만큼 무언가 다가온 것 같은데 또 아니다. 오묘하고 또 부질없다. 무심으로 갈 수 있을까. 아직 뒤쫓기에 정신없다. 이런 걸 홀망('정신이 흐릿하고 가물가물함'이라는 뜻인 혼몽昏懜의 강원도 사투리)이라는 것인지 모르겠다. 부질없음을 부질없게 하려면? 그냥 견디는 것 말고 방법이 없다는 것을 너무 잘 안다. 부질없어지려나? 홀망!

2009년 5월 15일

「각성(覺醒)」을 썼다.

2009년 5월 18일

「침묵의 눈물」, 「천장지구(天長地久)[5]」 두 편을 썼다.

2009년 5월 19일

국가인권위원회, 제2회 〈스포츠인권정책 포럼〉 5.21(목) 오후 2시. 국회 헌정기념관 1층 대강의실. 토론문 원고 「스포츠, 날아오를 수 있을까?」를 보냈다. with 류태호 교수[6]가 만든 일이다.

2009년 5월 20일

이기자 부대 자대 배치를 받은 지 얼마 되지 않은 작은 아이가 매일 전화를 한다. 다음 주에는 하루 동안 다림질이나 머리 깎는 사역을 해야 한단다. 우기고 우겨서, 다림질할 생각이란다. 다림질은 살아가면서 해야 할 것이지만 남의 머리 깎을 일은 없을 거란다. '다림쇠'와 '깍쇠'. 현실이 보일수록, 일상에 다가갈수록 진실에 다가선다는 것을 일찍 알아차린 모양이다. 짧았지만 나의 군 생활은 끔찍했다. 청춘의 한 귀퉁이, 한 줌의 눈부심도 없이 기억에서 지우려고 애썼다. 기억의 재발견 혹은 소환을 생각했다.

2009년 5월 23일

사랑을 지키지 못한 위대한 영혼이 선택하는 것은 죽음이다. 죽음으로 완성하는 사랑. 운명적인 사랑에 맞설 때 비켜갈 수 없는 절망이다. 절망에 닿지 않기 위해 뜨거운 심장을 박동시켜 왔는데 세상은 그 심장에 세속의 칼날을 찔러 넣었다. 사랑에 무지한 한국사회의 역사를 끌어안고 죽음으로 뛰어들었다. 잘 가라. 위대한 영혼이여. 당신의 삶의 방식이 내 생과 함께하리라.
　「아직은 촛불을 켜지 말자」를 한겨레신문에 보냈다[7].

2009년 5월 24일

안녕. 홀로 자랑찼던 나여.
　「오늘」, 「감염(感染)」 두 편을 썼다

2009년 5월 25일

모든 것을 국가와 민족이라는 이름으로 의례와 행사로 묶어서 박제시키는 너희들의 대한민국. 혁명의 역사를 지연시키고 그가 사랑한 모든 것들을 너절하게 전유(專有)하는 너희들과는 창이든지 불이든지 물줄기로만 만나게 될 것이다. 살아남은 자의 슬픔이 남아 있는 나날들을 함께하겠다. 대한민국에서 자퇴한다. 사랑을 잃고 이름을 얻은들….

2009년 5월 26일

애도를 가로막는 무리들. 탐욕과 공포의 실체가 모습을 드러냈다. 신종

플루는 세상을 덮고 있는데 무도하기 그지없는 각다귀들. 지금은 자신 외에 모든 것에 귀 닫고 입술을 깨물고 울음을 감출 시간. 내 사랑을 팔 아먹었으므로….

2009년 5월 28일

「저 숭어」, 「모고해(冒告解)[8]」 두 편을 썼다.

2009년 5월 29일

오늘에야 비로소 상복을 입는다. 검은 양복과 넥타이를 목에 휘감는다. 발목에 운명의 닻줄을 동여매고 남아 있는 생에 뛰어든다. 너무 먼 길을 돌아왔으나 되돌아 나아가야 하는 길은 더 멀고 험하리라. 훨씬 더 힘차게 굽이치리라. 거침없고 당당하리라. 이제 촛불을 켠다. 조용히 타오르는 촛불은, 활활 타오르는 동화(온 마을을 비출 수 있는 규모의 큰 횃불)가 되리라.

2009년 5월 31일

소리 내 울지 못하고 어쩌지 못하고 울음을 삼키다 보니 벌어진 입에서 침이 줄줄 흐른다. 이건 아니다. 울음이 멈춘 줄 알았더니… 뚝. 그쳐야 한다. 노래밖에 남는 것이 없다 해도 미래의 나는 내가 아니다. 며칠간의 양식을 다시 얻었으니 너는 순간을 영원으로 살아라. 이른 아침부터 힘차게 치우고 정리하고 말끔히 청소하자. 가까운 길 멀리 돌더라도 아직은 앞발 이니, 손 내밀지 말고 혼자서 가라.

2009년 6월 1일

올해는 윤달이 들었다. 음력 오월 초아흐레. 다시 찾아오는 조부모 제사. 어김없이 야로 큰댁. 해인사 가는 길 고속도로 들머리인 야로장터 바로 옆. 쇠락해 가는 집에도 어김없이 제비가 날아들었다. 두 노인은 제비가 드나드는 것을 바라보며 위안 삼고 계셨다. 새끼가 다섯 마리나 되었다. 한날한시의 부모 제사를 지내야 하는 비극. 늙은 모습이 확연한 큰아버지와 큰어머니. 옛집은 변함이 없다. 형수는 늘 밝고 싹싹하다.

　남쪽에서 유일한 혈육인 큰아버지. 사촌 형은 나와 동갑이었다. 생일이 두 달 빨라 형이 되었다. 1983년 이산가족 찾기로 만날 때 나는 스물일

곱에 대학 3학년이었다. 이듬해 큰아버지는 면사무소와 장터에 붙어 있는 도로 쪽으로 2층 건물을 지었다. 중철 형은 2003년, 누이동생 현숙이는 2005년에 위암 판정을 받고 입원 두 달, 똑같은 모습으로 세상을 떠났다. 둘 다 마흔여섯에 그렇게 갔다.

미주가 고3. 성욱이가 고1. 팔순이 다 되어 가는 두 노인을 모시고 살아가는 형수에게 미안하고 미안했다. 돌아오는 길. 선산 휴게소에 내렸을 때 연두색 펜스 너머로 흐드러진 망초꽃을 보았다. 어느새 개망초 꽃피는 유월이다.

2009년 6월 2일

점심 먹을 때부터 알아봤지. 홍합짬뽕에 얼얼하게 입맛 다시며 들어올 때부터 알아봤지. 후끈한 횡단보도 건널 때, 돌풍처럼 불어오던 바람을 만날 때부터 알아봤지. 소나기 내린다. 천둥과 번개는 멀리서 가까이서 천지를 흔든다. 복도에서 교실에서 아이들이 비명을 지른다. 부글부글 끓고 있는 가슴에 소나기 내린다. 하루에도 몇 번씩 폭발하는 영혼에 소나기 내린다. 가라앉히고 식히라고 소나기 내린다. 하루에도 몇 번씩 눈물의 소나기가 퍼붓는데, 소나기였는지 묻고파서 소나기 내린다. 어두워지는 천지를 뚫고 달려 나가라고 소나기 내린다.

2009년 6월 4일

눈을 떠보니 허섭스레기가 되어 있었다. 일상으로 돌아간다. 시에 목숨 걸 수 없고 사랑에 목숨 걸 수 없으니 목숨 걸 수 없는 비루한 생에 목숨을 걸어야 한다. 다만 서러울 뿐이다. 더 괜찮아지겠지.

「심장이 없어 폴짝 더 블루스」를 썼다.

2009년 6월 6일

폐허를 간직한 생은 어떠해야 할 것인가. 내릴 곳도 갈 곳도 모르기는 매 한가지고 분명한 것은 혼자라는 것이다. 혼자이고자 하는 욕망. 이제 이 욕망에 사로잡혀 세상의 많은 것들과 결별하게 될 것이다. 믿고 의지했던 나만의 자유의지가 아무것도 아니라는 엄연함. 진실의 순간. 나오는 것은 신음밖에 없다. 제발 나를 죽여 달라.

2009년 6월 8일

「휘어지는 눈물」을 썼다.

2009년 6월 9일

며칠 전, 최계선에게 임동헌[9] 선배가 폐암 말기라는 말을 들었지만 모든 이별은 뜻밖의 것이다. 갑자기 죽음이 넘치는 것 같지만, 기실 죽음은 늘 우리들 삶 곁에서 배회하고 있다. 그렇게 엊그제 '더 블루스'에서 명성이나 광재처럼 먼저 간 자들을 떠올렸는데 거기에 이름을 하나 더 얹는다. 휘어지는 시간 속에서 사라지는 모든 것들은 살아남은 자들에게는 별빛이 된다. 결국, 별빛을 향해 흘러가는 인생이다. 젊은 날 함께한 생들이 지고 있다. 메멘토 모리. 무연하게 견뎌야 하는 6월이다. 형님선생님께 전화를 했더니 서준섭 교수가 다녀오신단다.

2009년 6월 11일

박준상, 『빈 중심』, 그린비, 2009.

　빌려 온 책, 밑줄 그은 A4 두 장 분량을 옮겨 적었다.

　「a4 poem에게」, 「트집」을 썼다.

2009년 6월 13일

김광석, 윤도현 등의 노래들을 찾아 Taiyo Yuden CD 넉 장을 구웠다.

　「애련강을 찾아서」, 「백치(白痴)」 두 편을 썼다.

2009년 6월 17일

「귀신이 지나간다」, 「계란이 말했다」 두 편을 썼다.

2009년 6월 18일

「매실을 쪼개다」를 썼다.

2009년 6월 19일

박용하, 『견자』, 열림원, 2007.

　용하 시집을 다 꺼내 몇 장씩 넘겨보았다. 고등학교 일 학년 때 샀던 범우사의 문고판 한하운 『보리피리』는 없어졌다. 꽂혀 있는 책 한 권을 눈 흘기며 쳐다보았다.

　알프레드 알바레즈, 최승자 옮김, 『자살의 연구』, 청하, 1995.

　「앵커에게」를 썼다.

2009년 6월 20일

김도연 작가가 학교에 명사 초청 강연하러 온다. 교장에게 소개 글을 만들어 주었다.

2009년 6월 22일

8월, 중국 다롄에서 있을 〈동북아시아 체육사학회〉. 발표문 초록을 보냈다.

2009년 6월 24일

봉노 정균 형이 의기양양하게 1986년 11월호 심상 지(誌)를 건네준다. 내 시가 있어 버리지 않았다고. 젊은 시인의 소시집. 10편의 작품이 실려 있다. 다른 선배 시인들과 황지우, 기형도의 작품도 함께 실려 있다. 표지 그림은 이반 화백이 그렸다. 그때만 해도 『心象』, 괜찮은 시지(詩誌)였지. 아무렴 어떤가. 아무래도 상관없는 일이다.

　「이별이 말했다」, 「도무지가 말했다」 두 편을 썼다.

2009년 6월 25일

A4에서 몇 편의 시를 내렸다. 이유를 너무 길게 썼다. '시답잖아서' 한마디로 줄였어야 했다.

2009년 6월 26일

"비극은 인생의 한 부분이다. 죽음은 선도 아니요, 악도 아니다. 죽음은 무익한 것이거나 필요한 것이거나 둘 중 하나이다."

　김산, 장지락이 님 웨일즈에게 이 말을 했는지 다시 찾아봐야겠다.

　님 웨일즈, 송영인 옮김, 『아리랑』, 동녘, 2005.

　「망초 꽃 피었다」를 썼다.

2009년 6월 29일

「왜 눈물이 나는지」, 「꽃 피고지고 피고 지고」를 썼다.

2009년 7월 21일

해남에 왔다. 펜싱부 전국대회. 짬을 내 아이들과 땅끝에 닿았다. 오월에 만난 화천의 비수구미는 길의 끝. 세상의 끝 같았다. 칠월에 만나는 땅끝. 완성되는 것은 결국 맞닥뜨리고 싶지 않았던 그 지점. 사는 게 이렇게 빤하다면 모든 것이 무화(無化)되고, 절화(折化)된다면 이젠 맞서야 할 지점일까. 아니면 다시 도망쳐야 할까. 다시 스물 몇 해가 더 지나면, 살아 있다면 어머니처럼 그렇게 말하리라. 그때 내 인생은 끝났다고. 이런 생을 끌고 가야 하나 말아야 하나. 다시 뒤집어?

2009년 7월 22일

무위사를 다녀왔다. 무위가 당치도 않았다.

2009년 7월 24일

우수영, 운림산방을 들렀다. 대흥사 연리목을 보고 왔다.

2009년 7월 26일

땅끝에서 주변을 돌아다니며 엿새를 보냈다. 하루도 즐겁지 않았다. 완벽하게 일상으로 돌아왔다. 다시 우울이 찾아왔다. 이제 된 것이다. 집으로 돌아갈 일만 남았다. 집으로.

2009년 7월 28일

어느 때 어느 곳에서도 낯선 나를 느낀다. 내가 낯설다. 모든 것이 낯설다는 것과 같은 것이겠지. 익숙하고 자연스럽던 것들이 낯설고 생소한 듯 여겨지고, 새롭고 새삼스럽기만 하다면야. 낯선 나에게 또 이름을 달려고? 이름 붙이려고? 외로워도 괜찮아.

한국문화인류학회 편저, 『낯선 곳에서 나를 만나다』, 일조각, 2006.

내겐 교과서인데 제대로 읽지도 않았으니 인류학자가 되기는 글렀다.

2009년 7월 31일

아이들 셋과 명동 한 바퀴 돌고 와, 교문 앞 슈퍼에서 아이스크림 하나씩. 방학 중 보충수업 땡땡이치는 아이들과 바람 쐬러 돌아다니는 선생.

2009년 8월 7일

내일은 화천 이기자 부대, 새하 면회 가기로 했다. 다음 주에는 본격적으로 한상준 교수 인터뷰를 해야 한다. 12일, 만해 백일장에 다녀오고 13일부터는 학위논문을 쓰기 시작해야 한다. 입추가 내일이다. 누구든 나와 무관한 삶을 살고 있다고, 나도 그 누구와도 무관한 삶을 살고 있다는 것을 되돌아보아야 할 시간이다. 정답은 더 정직해져야 한다는 것이다. 정직의 궁극을 향해 달려가야 할 시간이다.

2009년 8월 10일

사람과 사람 사이의 거리는 기껏해야 한 뼘이나 두 뼘쯤의 차이다. 한두 뼘 모자라거나 한 뼘이나 두 뼘 정도가 넘치는 것이다. 개가 크거나 작거나 그 개가 어떤 경지에 닿아 있다고 해도 개의 경지일 뿐이다. 작거나 크거나 깨달음의 경계는 한 끗 차이. 깨달음을 얻은들 무슨 상관인가. 매일 죽든 매일 살아 있든 둘 중의 하나일 터. 영리한 개, 무지한 인간, 날개를 접은 부엉이, 굴을 파고 들어앉은 오소리나 미어캣은 무엇이 다른가. 덤으로 사는 생도 두리번거리기만 하다니! 사는 게 지겨울 때도 있다.

2009년 8월 13일

만해마을에 다녀왔다. 만해축전. 몇 년 동안 만해백일장 심사를 했다. 초등학교 5학년 때 처음 만난 성은이가 고2가 되어 장원에 이름을 올려 기뻤다. 성은이 엄마는 여전히 온화하고 화사한 웃음을 보였다. 일터의 아이는 문체부 장관상을 받았다. 현관 앞에 놓인 탁자를 앞에 두고 오현 스님과 오탁번 선생님 둘이서 나란히 앉아 '시바스 리갈'을 마시고 있다. 두 분을 아는 이들은 곁에 얼씬도 하지 않고, 여느 방문객들만 신기하게 바라보며 지나갔다.

2009년 8월 16일

중국 다롄. 〈동북아체육사학회〉. 일행들이 거하게 생일잔치를 해 주었다. 술 몇 잔 더 얻어먹는 일이 아니라, 겁나게 퍼마셨고 부어 먹임을 당했다. 3박 4일 내내 형님선생님지도교수가 통풍으로 한쪽 발이 불편한 것이 마음에 걸렸다.

2009년 8월 24일

하얀 민들레 그리고 망초 꽃 지고 쑥부쟁이, 달맞이꽃, 옥잠화, 벌개미취…. 여름이 가기 전 하루, 양구에서 방산지나 평화의 댐에서 얼쩡거렸다. 비수구미 길이 끊어진 곳까지.

2009년 8월 27일

케이스 젠킨스, 최용찬 옮김, 『누구를 위한 역사인가』, 혜안, 1999.
　다시 꼼꼼하게 읽으면서 밑줄 긋고 옮겨 적었다.

2009년 8월 31일

만해마을. 강원문인대회 다음 날 아침에 노랑 하양 분홍 물봉선을 만났다. 여뀌, 취꽃, 개느삼, 쑥부쟁이, 벌개미취도 만났다. 한영숙, 김영희 누이들이 꽃 이름들을 가르쳐 줬다.
　데릭 젠슨, 이현정 옮김, 『거짓된 진실』, 아고라, 2008.

2009년 9월 4일

어쩌다 가을 하늘을 쳐다보는 모든 눈동자가 슬프다고 적는다. 나는 생에 감염되었다. 그러므로 아직 숨 쉬고 있다.

2009년 9월 7일

치과에 다녀왔다. 닥터는 아래턱 반쪽의 잇몸 여기저기에 마취 주사를 찔러 넣었다. 바늘이 뚫고 들어오는 아픔이야 그러려니 하지만 마취액에 욕지기가 나왔다. 잇몸과 이빨들을 손보기 시작하는데, 치과의사도 참 못해 먹을 일이란 생각. 마취될 때까지 기다리는 동안 눈물이 나왔다. 서글펐다. 상처투성이의 잇몸처럼 슬픔도 치유될 수 있을까.
　'시가 흐르는 서울' 사업에 쓰일 작품을 보내 달라는 청탁을 받았다.

망설이다가 「개망초에게」를 골랐다. 지하철 스크린도어와 택시 버스 승차장에 게시할 예정이란다. 1,000명 가까운 시인들에게 작품을 달란 모양이다. 혹시 내년 유월쯤에 이 작품이 서울 어딘가에서 지나가는 사람들 눈에 띌지도 모르겠다.

2009년 9월 28일

용화산 밑 너럭바위가 있는 어느 집. 동서네 식구들과 놀러 갔다. 풀어 키우는 열댓 마리의 닭들을 보고 있다. 그중 위풍당당한 수탉에게 눈이 간다. 무표정한데 감추고 있는 표정도 있다. 아무 일도 없는 듯 그렇게 살아가야 하는 일상도 있다. 몸에서 떠나 떠돌고 있는 눈물이 보였다.

2009년 9월 29일

우주 물리학자. 남극 박사 지우가 학교 명사 초청 강사로 춘천에 왔다[10]. 늘 해외에 나가 있는데 모처럼 국내에 있어 추천했다. 일곱 살 아들 수영이, 보영이와 함께 왔는데 세 식구가 함께 있는 걸 보고 눈물이 났다. 만천리 청국장집에서 점심 먹고 구봉산 쉼터에 올랐었다. 언젠가는 상원이와 강규네 아이들이 함께 모여 있는 것을 볼 수 있겠지.

2009년 10월 1일

자존심을 개에게 던져 준 지 오래되었다. 개는 물어뜯다가 버렸다. 안개가 그것을 먹어치웠다. 안개는 피똥을 싸게 될 것이다. 하여 매일 죽을 것이다. 안개 속으로 걸어 들어간다. 이제 지워질 수 있다.

2009년 10월 7일

작살나무 이파리가 진보랏빛 열매들과 함께 시들고 있다. 하룻밤 새에 맥없이 생기를 놓아 버렸다. 가을이 깊어가고 있다. 마당 수업을 하는 종일 바람이 불었다. 챙이 넓은 모자를 쓰다가 10년 전에 지우가 남극에서 보내온 South Pole 모자로 바꿔 썼다. 저녁에는 이화원이라는 중국집에서 운동부 아이들과 저녁을 먹기로 했다. 코치들과 고량주도 한잔할 것이다. 밝은 달도 단풍도 맛난 음식도 재밌는 볼거리도 모두 시답잖다. A4 모임도 또 다른 사람들 만나는 것도 예전 같지 않다. 열망이 시들고 열정이 소멸하는 것이 보인다. 산다는 것의 무엇을 부여잡고 무엇을 놓고 있는 것일까. 희망이나 꿈이란 것을 믿지 않기 시작했다. 저 밑바닥 깊은 곳에서 불씨처럼 뜨겁게 치미는 무엇이 있다. 그것을 운명이라고 해 두자. 겨울을 향해 깊어가는 가을, 아무것도 아닌 운명이 손짓하고 있다.

2009년 10월 8일

만해 백일장에서 아쉽게 문체부장관상을 받았던 아이가 김유정 백일장에서는 대상을 받았다.
　「안개에 젖어」, 「안개가 말했다」 두 편을 썼다.

2009년 10월 18일

전국체전 참가로 춘천을 비운다. 한 번 비우면 최소 이틀이나 사흘. 일주일이나 열흘씩 잡아먹고 온다. 시간이라든지 세월을 두세 배, 서너 배는 먹어치운다. 시간이 지워지고 세월이 지워지고 사는 게 조금씩 묵직해지기 시작한다. 먹먹한 무엇들이 켜켜이 쌓여 가고 있다는 것이다. 그런데 어떤 기억들은 순간순간 바늘이 찌르듯 뇌리를 후비고 지나간다. '폐부(肺腑, 마음의 깊은 속)를 찌른다는 말'이 그것이다.

2009년 10월 27일

춘천문화원에 아이들 몇 명 데리고 정현종 시인 강의를 듣고 왔다. 최계선 시인이 만든 행사다. 대학 3학년 때 남산 밑의 학교를 찾아가 〈바람문학회〉 행사에 와 주십사 말씀을 드렸고, 춘천에 와 주셨더랬다. 36년 전 일이었다. 춘천역에서 자리에 앉으시는 걸 보고 열차를 내려 배웅했던 기억이 생생하다. 선생님께 묻지 않았다. 선생의 「방문객」에 대해 김선굉 형이 쓴 글을 찾아냈다[11].

2009년 10월 31일

몸이 안 좋다는 신호를 보내고 있다. 학위논문 발표가 딱 열흘 남았는데. 신나게 써야 하는데. 나 아프면 안 되는데. 아스피린이나 한 알 먹고 푹 자 보자. 아프면 아픈 대로 슬프면 슬픈 대로 그렇게 서러우면 된다. 그런데 나 지금 아프면 안 되는데.

2009년 11월 3일

기껏 학위논문일 뿐이지만 글쓰기가 진행됨에 따라 어떻게 변하게 될지 모르는 질적 연구의 운명도 함께할 것이다. 나는 비로소 오랜 준비와 망설임을 벗어던지고 글쓰기의 여행을 시작한다.

2009년 11월 8일

기다림은 한 존재에게 부재하는 무엇이다. 열망하고 욕망하는 무엇인가의 부재. 살아 있다는 것은 기다리는 것이다. 내일을 기다리고 소풍가는 날을 기다리고 비와 눈을 버스를 기다린다. 편지를, 열차를 기다리고 열차를 타고 오는 사람을 기다린다. 결코, 돌아오지 않을 연인을 기다린다. 오늘은 학위논문 심사를 위해 춘천을 찾아 줄 나영일, 류태호 교수를 기다린다.

2009년 11월 16일

미쳤다. 학위논문을 완성했다. 그동안 책을 읽고 글을 쓴다는 것은 허공에 뜬 것과 같은 것이었다. 바람 · 들꽃 · 안개 · 별의 생애로 이어질 수 있을까. 비로소 시인이 된 기분이다.

2009년 11월 20일

눈물. 무엇에 전력투구한다는 것은 무엇일까. 그러한 것이 가능하기나 할까. 필요할까. 인간은 자기 그릇에 맞게 살게 마련. 할 수 있는 것과 할 수 없는 것의 경계를 알아가는 것이 산다는 것. 모른다. 알게 되는 것은 모두 지나가 봐야 한다는 것. 무지와 어리석음에서 얼마 정도는 벗어나게 되는 것. 모든 것을 다 할 수 있다는 자만, 모든 것을 다 견딜 수 있다는 무모함, 딱 그만큼 상처받고 괴로움 속에 던져질 것. 그것이 눈물이 될 것. 그럼에도 불구하고 마르지 않는 눈물. 전력투구한다해도 결국, 할 수 있는 일과 할 수 없는 그릇이 적음에 대한 자책. 시기를 놓친 아쉬움과 후회. 무언가 충만했던 순간들이 느닷없는 눈물로 반짝이는 것. 비례하거나 반비례하거나 불규칙 비례하거나 아무런 상관도 없는 것.

2009년 11월 21일

가을이 갔다. 안개와 지는 꽃과 눈물과 함께 한 시절이 갔다. 봄 여름 가을이 그렇게 갔다. 견뎌야 하는 겨울쯤은 아무것도 아니리라. 거의 완벽하다.

2009년 11월 28일

심상시인회 스물두 번째 사화집에서 선굉 형의 「길고 따뜻한 팔」이란 시를 읽고 한참을 울었었다. 형에게 메일을 보낸 어제, 허금주 시인에게 형수가 돌아가셨다는 연락을 받았다. 저녁에 박상옥 형이랑 통화했다. 조퇴하고 곧바로 박기동·윤용선 모시고 칠곡에 다녀올 요량이다.

2009년 12월 6일

김명기 시인이 강원작가회의 사무국장 일을 맡았을 때 처음 만났다. 「부러진 사다리가 있는 저녁」을 찾아 읽었다.

　　김명기, 『북평 장날 만난 체 게바라』, 문학의 전당, 2009.

2009년 12월 11일

「해후(邂逅)¹²」를 썼다.

2009년 12월 18일

몹시 추운 날. 예전에 숭례문이 불타는 것을, 용산 참사 현장을, 토끼몰이 당하는 쌍용차 노조원들을 실시간으로 지켜보며 아무것도 할 수 없었던 것처럼. 궁금해하면 안 되는 것이 있다. 떠나간 연인.

2009년 12월 22일

프리먼 하우스, 천샘 옮김, 『북태평양의 은빛 영혼 연어를 찾아서』, 돌베개, 2009.

　　읽고 밑줄 긋고 옮겨 적었다. 내 중심에 있는 것은 내가 아니었다!

민들레꽃이 말했다

이 땅에서 30년 전 5월의 광주가 아직도 계속되는 한, 하루하루가 5·18이고 5·23이다.
그렇게 외로움과 그리움으로 이어진 진창길을 건너며 사랑하는 이들과의 거리를 잰다.

2010년 1월 4일

강원일보 신춘문예 당선작 김현숙의 「산부인과 41병동에서」를 아프게 읽었다.

2010년 1월 15일

09.12.29. 논문심사 도장 받으러 고대 류태호 교수와 서울대 나영일 교수를 보고 왔다.

　09.12.30. 박기동 교수와 오빈리에 가서 용하와 셋이 하룻밤을 보내고 왔다. 다음 날 지평에서 막걸리 네 통을 싣고, 한상준 교수님 댁에 한 통 내려 놓고 왔다. 지평막걸리로 해거름 했다.

　1.1. 「포옹」을 적은 용하 메일을 늦게 열었다.

　1.7. 아버님 제사 지냈다.

　1.8. 졸업논문 납본했다. 박기동 교수를 따라 연곡에 다녀왔다.

　1.12~14. 한신대학교 참실대회에 다녀왔다. 〈전국체육교사모임〉 20년 만에 처음으로 연수다운 연수였다. 고인수 선생이 마작을 가르쳐 주었다.

　1.16. 〈한국스포츠인류학회〉 상임이사회가 있다.

　1.18~19. 김천 WKBL 농구대회 참관 예정.

　1.23~24. 부장 연수(강화도 일원).

　1.29. 강원중등체육교사 연수(속초 마레몬스).

2010년 2월 11일

며칠 전에는 다목리 감성마을에 다녀왔다. 사창리에서 최성각 형은 쌀 한 포대, 박기동 형님시인교수는 귤 한 박스를 샀다. 선생님이 식사를 마치자 객들이 둘러앉아 밥을 먹었다. 고깃국에 반찬도 풍성했다. 무말랭이무침이 맛있었다. 대학 시절 우두동과 교동 댁에서 몇 번 밥을 얻어먹은 일도 있다.

　감성마을 다녀온 다음 날인가 봉의산 가는 길에서 십수 년 만에 최준 시인을 만났다. 20년 만에 만난 최준 시인이 「문학의전당」에서 출간한 『뽈라부안라뚜 해안의 고양이』를 건네주었다. 이영춘·이무상 시인과 함께 소설을 쓰던 권혁수 시인도 있었다. 그날 봉의산 가는 길에 안개가 피어오르고 있었는지 모르겠다.

2010년 3월 5일

춘천에서 안개와의 일상적인 만남은 필연이다. 춘천의 안개는 철 따라 운행과 순환의 법칙을 고스란히 담아내며 강안(江岸)으로 피어오른다. 그리고 낮게 퍼져 나가 분지인 도시를 잠식한다. 고속도로로 원창고개를 넘어 춘천에 들어설 때면, 운해 속에 모가지를 내밀고 있는 봉의산이 드러나 신비스럽기까지 하다. 그렇게 제대로 안개에 덮인 도시에서, 안개는 나의 운명이 되었다. 아니다, 내 운명이 안개가 되었다.

2010년 3월 10일

나도 대필하고 있는 걸까. 로만 폴란스키 감독의 〈고스트 라이터(Ghostwriter)[1]〉를 다운받아 보았다.

2010년 3월 14일

언젠가 꽤 오랫동안 각성의 순간들을 경험한 일이 있다. 무어라고 설명하기 어려운 경험이었는데 그 순간이 찾아오면 머릿속으로 무언가 휙휙 혹은 쨍쨍 지나가는 것 같았다. 한참을 각성의 바다에서 표류했다고나 해야 할까. 술을 마셔도 별로 취하지 않았다. 무엇보다 새벽잠이 없어졌다. 한동안 일찍 일어나 신문을 뒤적인 다음 절 운동을 하는 날을 상당 기간 지속했었다. 사오일씩 출장을 갈 일이 있으면 아침저녁 모텔 방에서 전라로 절 운동을 하고는 했다.

　책을 읽거나 신문을 보면서도 가끔 각성 비슷한 순간이 찾아오기도 했다. 어떤 한 문장, 익숙하지 않은 단어 하나가 뇌리에 꽂히는 것이다. 그 순간의 광휘(光輝, 환하고 아름답게 눈이 부심)로 몇 줄의 글을 쓰기도 했다. 매일 각성의 순간들을 산다고 해서 겉으로 보이는 일상이 크게 달라질 것은 없었다. 긴 겨울을 견디고 메마른 나무에서 돋아나오는 새순이나, 여리고 쉬이 상하기 쉬울 것만 같은 꽃봉오리와 시드는 꽃잎들을 살피는 데 익숙해졌을 뿐이다.

2010년 3월 18일

혼자 먹는 밥. 서럽지만 않다면 다 거기서 거기다. 더 착하고 순한 소찬으로 많은 곳에 이르리라.

2010년 3월 26일

승림이가 등단 소식을 전해 왔다. 등단이란 것, 글을 쓴다는 것이 얼마만큼 대략 한심한 일이란 걸 잘 알면서, 늦깎이 등단이란 걸 해 봤자 기껏 무슨 문인회 정도에 이름 한 자 더 없는 것일 뿐이라는 걸 잘 아는 친구가 써 낸 글이라 더 맛깔나게 읽었다. 최근 거두리에 흙집도 지어 놨다는데 막걸리나 한잔하자고 불러 주면 서로 고맙겠다.

　양승림,「철학은 돼지다」,「자살의 한 형식」,「아웃사이더」,「피카소」,「노란 민들레」,『시와 세계』, 제29호, 2010.

2010년 4월 13일

아무도 모르는 곳에 격리되어 있다. 108배 절 운동 아흐레째.
　「사월이 가기 전에」를 썼다.

2010년 4월 14일

김진석,『더러운 철학』, 개마고원, 2010.
　꼼꼼히 읽었고 밑줄 그었고 옮겨 적었다.

2010년 4월 16일

검정고시 출제위원으로 열나흘 잠적했었다. 리조트에서 풀려나 버스 타기 직전 받아 든 전화기에 첫 문자가 뜬다. 학교 1학년 아이의 사망 소식. 지난 일요일 저녁이었다. 입학을 앞두고 세상을 뜬 친구를 따라간 것이란다. 그 아이가 하늘 가는 길을 인제 안식원까지 함께했다. 어제 또 2학년 한 아이가 아파트 14층에서 투신했다. 그 죽음들을 뒤로하고 어제 오후에 강릉에 닿아 지인의 부친상을 조문하고 돌아오니 자정이 넘었다. 그렇게 천안함 말고도[2], 저 티벳 지진 참사[3] 말고도 연일 죽음은 바로 내 앞에 놓여 있다. 꽃 피고 지고 피고 지는 봄날. 대략 한심하거나 뻔뻔하거나 더러움을 무릅쓰다가 결국 죽음까지 무릅써야 하는 것이 인간이다. 죽음이라는 오래되고 먼 미래와 살아가기.

2010년 4월 21일

한상준 교수님 내외분을 모시고 박기동, 김세환, 오수일 교수 내외분들이 지리산 온천 쪽으로 여행을 떠나신단다. 맛집을 추천해 달라서서 정리해 보내드렸다. 모시고 다닌 것이나 진배없다고 여기기로 했다. 익숙하고 그리운 지리산 둘레 그 길.

「나는 전교조 체육선생이다」를 썼다.

2010년 4월 30일

만 9년 나를 싣고 다닌 로시난테는 레조.27만km를 달렸다. 일 년에 예닐곱 번의 먼 출장이 있기도 하지만 워낙 돌아다니는 걸 좋아하는 것이다. 달리는 지도책은 달리는 내비게이션이 되어 있었다. 그러니 누구의 묘비명을 패러디하지 않아도 내 묘비명은 "허구한 날 돌아다니다 여기까지 왔구나."라고 쓰면 되겠다. 봄날에 쓰는 묘비명(墓碑銘). 며칠 동안 정신없이 노래들을 찾아 듣고 CD를 구웠다.

with 전경옥, Joan Baez, Neil Diamond, Paul mauriat-Love is blue, Ventures-piprline, Tom Jones-Delilah, Bob Dylan-Knocking on heavens door, King Crimson Epitaph, etc.

2010년 5월 1일

「오월 첫날 아침의 노래」를 썼다.

2010년 5월 9일

남이섬에 소풍 따라갔다가 타조를 만났다.

「타조에게 길을 묻다」를 썼다

2010년 5월 10일

양구에 지다[4]. 전국대회에 왔다. 펜싱 에페. 아이들은 찔리고 찌른다. 덩달아 나는 죽는다. 나만 죽었다. 아무 상관도 없다. 살거나 죽거나 이기거나 지는 거나 다 같은 것이다. 인간에게는 사는 것, 이기는 것만이 남았다. 끔찍한 일이다.

2010년 5월 19일

5·18에서 5·23까지. 내 생은 일 년 삼백육십오 일 하루하루가 오월이고 사월이어야 한다. 세상이 아무리 더러워도 아침에 한겨레를 받아 들 수밖에 없다. 대개가 더 울화통이 터지기도 하지만 웬만한 것들은 거의

무연한 슬픔에 가까운 세월이다. 그나마 최성각·김별아의 글들을 읽으며 위안 삼았는데, 엊그제는 정상명 선생님의 반가운 그림을 보고 눈물이 났다[5]. 봄이 오던 길목 언저리에 좋은 이들과 늦게까지 막걸리를 기울이고 순두부를 뜨던 날이 있었다. 선생님은 내게 '사랑은 윤리의 문제가 아니라 종교의 문제'라는 어려운 답을 주셨다. 문득 풀꽃세상[6] 사람들이 그립다. 나는 풀꽃세상에서 '꽃밭머리 풀'이었다.

30년 전 광주는 이 땅에서 아직 계속되고 있다. 저 삽질과 은폐에 맞서 오월의 햇살과 별빛을 받으며 전장으로 나아가야 하는가. 저 함성들을 거리로 내모는 저 한 줌도 되지 않는 무리는 누구인가. 아침부터 스펙터클로 압도하는 그림을 보고 충격과 분노에 사로잡혔다[7].

2010년 5월 21일

초파일 봉하마을. 집사람과 392km를 달려왔다. 조금 일찍 출발했어야 했다. 너무 많은 길을 굽이쳐 왔다. 돌아갈 길도 그럴 것이다. 화창한 날 인파로 붐볐지만 좁은 도로와 밀리는 차들이 이상하리만치 자연스러웠다. 운 좋게 주차장에 차를 댈 수 있었다. 마애불을 보고 부엉이바위에 올랐다가 정토원에 들렀다. 두 분 대통령의 영정 앞에서 아홉 배를 올렸다. 봉화산 정상 사자바위에도 올랐다. 한창 단장 중인 묘역도 한눈에 들어왔다. 왼편으로 한가롭게 열차도 지나갔다. 내려오는 길, 부엉이바위 하늘에 새털구름이 덮여 있었다. 부엉이바위 밑에서 그 사람에게 담배 한 대를 권해 드렸다. 잘 타들어 가는 담배. 내가 피운 담배를 옆에 나란히 놓고 한참을 울었다. 티끌만도 못한 한생이 나에게도 당도해 있었다. 사랑하는 이들과의 거리는 몇 킬로미터의 외로움과 그리움으로 이어진 진창길이던가. 5·18을 지나 녹수청산(綠水靑山, 푸른 산과 푸른 물 즉 산골짜기에 흐르는 맑은 물)의 화엄(華嚴)의 날.

2010년 5월 27일

종일 한 노래가 맴돌았다[8].

부용산 오리 길에/잔디만 푸르러 푸르러/솔밭 사이사이로/회오리바람 타고/간다는 말 한마디 없이/너는 가고 말았구나/피어나지 못한 채/병든 장미는 시들어지고/부용산 봉우리에/하늘만 푸르러 푸르러.

최성각, 『부용산』, 솔출판사, 1998.

2010년 5월 29일

전북대학교 〈2010년 한국문화인류학회 봄 학술대회〉에 다녀왔다. 유
철인 교수의 제안으로 패널 세션에서 「체육인 생애사 쓰기의 어려움」
을 발표했다. 인류학 공부의 문턱을 넘을 수 있을까는 모르겠다.

2010년 6월 23일

"오 나의 육체여, 나로 하여 항상 물음을 던지는 인간이 되게 하소서."
　　프란츠 파농, 이석호 옮김, 『검은 피부, 하얀 가면』, 인간사랑, 2003.

2010년 7월 7일

「장천 블루스」를 썼다.

2010년 7월 11일

일요일. 그냥 학교에 나와 있다. 비도 내리고 해야 할 일도 있고. 어렸
을 적 이렇게 비가 내리는 여름날이면 대가족이 모여 애호박 만두를 빚
어 편수국을 끓였다. with Fifa Viva Spain[9]!
　「구절초」를 썼다.

2010년 7월 12일

어제 〈한국체육사학회〉 학술대회, 충남대학교. 홍두깨 칼국수 집에서
아침을 먹는다. 밤새 뒤집힌 속인데 편육까지 시켰다. 지도교수와 연구
실 식구들은 경상대학교로 가야 했고 나는 춘천으로 돌아왔다. with 박
기동 김명권 윤대중 정현국 김지훈.
　「성북동 국숫집에서」를 썼다.

2010년 7월 18일

제65회 전국종별농구선수권대회. 김천. 베네치아 모텔. 간혹 비가 흩
뿌린다. 늦게 일어난다고 했는데 여덟 시가 되지 않았다. 오늘은 저녁
여덟 시 사십 분 게임. 군위 지보사에서 풀꽃상 선정 모임이 있단다. 어
차피 참여하지 못하니 먼저 다녀오기로 했다. 소신공양으로 스러진 문
수 스님 흔적을 보고 싶었다. 지보사. 텅 비어 있다. 대웅전 한편 스님
영정과 위패 앞에서 아홉 배 올리고 나왔다. 오고 가는 길가 자두밭에

자꾸만 눈길이 갔다. 김천 청과시장에서 실한 자두 한 상자 사 들고 주장 아이에게 건넸다.

2010년 7월 19일

경기 종료 2분 전. 볼을 다투다가 넘어진 목화에게 반칙이 주어진다. 5반칙 퇴장. 벤치에 들어오는 목화의 등을 두드려 주는 코치. 벤치에 주저앉는 목화의 얼굴이 일그러지며 운다. 눈물을 감추려고 하지만 울음을 참지만 결국, 서럽게 터져 나오는 눈물. 판정이 억울하기도 하지만 지고 있다는 것이 분할 것이다. 우는 아이. 앞에서 부장 선생님 혹은 감독님이라고 불리는 내가 할 수 있는 것은 아무것도 없다. 3쿼터 중반까지는 이기고 있던 경기였다.

　3쿼터 2분여를 남기고 동점. 아이들은 무너져 갔다. 경기는 끝났다. 62대 58, 두 골 차. 지난번 대통령기 한 경기에서는 종료 20초를 남기고 3점 슛 한 방으로 한 점 차의 짜릿한 승부를 연출한 경험도 있는 아이들. 엊그제 16점 차 대패에 이어 오늘은 넉 점 두 골 차로 지고 만다.

2010년 7월 22일

지난번 학회 발표 후 한참을 도그마에 대해 생각했다. 출장을 다녀오고 장마철로 접어들면서는 무기력에 빠져들었다. 다시 모든 것이 지리멸렬하다. 그렇게 다시 바닥을 치는 것인가. 먹고 싶은 것 보고 싶은 것 하고 싶은 것도 별로 없다. 별 볼 일 없고 별로인 것들을 재구성해야 할 시간.
　안현미, 『이별의 재구성』, 창비, 2009.

2010년 7월 27일

아이들 소란스럽게 급식소로 달려가는 소리가 잦아들었다. 며칠 혼자 점심을 먹어야 한다. 귀찮아서 거르기도 한다. 방학했지만 지난주 화요일 김천 출장에서 돌아온 이후 매일 학교에 나오고 있다. 출전비 정산, 방통고 성적처리 등 일들이 있기도 하지만 찜통 체육관에서 오전·오후·야간운동에 몸을 던지는 아이들을 들여다보는 것이 일상이다. 점심에 혼자 요선동 대화관 매운짜장면. 뜨겁기만 한 여름날. 금방 지나갈 것이다. 어제가 생일. 오(푬)! 여름은 나의 날들이다.
　박제영, 『뜻밖에』, 애지, 2008.

2010년 8월 1일

물랭[10]에 대한 그림들을 기어이 찾아냈다. 단순한 구멍일 뿐인데 이것에 열광하는 족속들이 꽤 많은 것 같다. 대단한 볼거리이면서 상상력을 자극하는 물랭. 찾아갈 때까지 거기 오래도록 잘 있거라.

2010년 9월 8일

디스크골프(원반 형태의 기구를 던지고 받는 플라잉디스크 경기의 한 종류) 수업을 시작했다. 마음이 가라앉아 있으니 수업 분위기도 무겁다. 슬리퍼를 끌고 전화기를 손에서 놓지 못하는 아이들이 유난히 눈에 거슬린다. 배제와 제외의 공포를 적절히 이용하는 범주화의 천국. 여지없이 꼰대가 되어 가는 나를 본다. 점심 먹으러 나가는 교장을 마주쳤는데 체육관 앞 화분들을 바라보며 한마디 한다.

"아니, 저 풀들은 왜 그냥 놔 두는 거지?"

커다란 화분들에서 웃자라 있는 쑥부쟁이들이 거슬리는 모양이었다.

"며칠 있다, 쟤네들 꽃피우면 아주 예쁩니다. 남궁 기사가 잘 키우고 있는 겁니다."

마음씨 좋은 교장이 머쓱해하며 한마디 하고 돌아선다.

"어 그래? 여학교인데 지저분해 보여서 말이지."

남궁 씨(氏)는 작년에 고3인 생떼 같은 사내아이를 잃었다. 여름방학 중 아르바이트하다가 쉬는 날 친구들과 물놀이 갔다가 사고를 당했단다. 한동안 그를 제대로 쳐다볼 수도 없었으나 일 년이 지난 지금은 아침에 만나면 서로 농담을 주고받으며 가끔 매운 짜장면도 먹으러 가기도 한다. 정원사 남궁 씨가 학교를 가꾸는 것을 보면서 그와 함께 꽃을 피워 내는 또 다른 학교 안의 존재들을 본다.

2010년 9월 10일

고3 한 아이, 수시 자기소개서와 포트폴리오 만드는 것을 도와주고 교사추천서를 써 주었다. 03학번 아이들 이후 진학과 관련된 일을 할 일이 없었다. 고3 담임을 하면서 아이들 진로에 애를 태우던 일도 이젠 남의 일 보듯 하는 것이다. 입학사정관제와 수시전형이 늘어나고 강화된 듯하나 큰 틀에서 대학 입시와 관련되어 별반 달라진 것이 없다. 달라질 수도 없을 것이다. 공공연히 서열화된 고교등급은 더욱 선명하게 드러날 터이고 대학들의 순위는 더욱 공고해져 갈 것이다.

지금 출발해 광주를 다녀와야 한다. 수피아여고에서 있는 농구부 전국대회. 자주 쿨럭쿨럭 하는 레조 로시난테를 집사람이 불안해하기도 하고 광주까지는 너무 멀다. 10월 초 전국체전 있는 삼천포에는 어떻게 가야 할지도 걱정이다.

2010년 9월 14일

철면피로 살아남는 법은 간단하다. 시키는 대로 주는 대로 아무 생각 없이 받아먹으며, 아이들을 가르친다고 착각하며 살면 되는 것이다. 수십 년 해 왔으니 그대로 아무 생각 없이 보충수업 자율학습도 모자라, 사교육의 사슬을 채우는 제도교육에 철저히 복무하면 된다. 그렇게 열심히 사는 게 진실이다.

「호랑가시나무를 찾아서」를 썼다.

2010년 9월 18일

인간의 삶이나 교육현장에서 체육이나 스포츠가 다른 것들보다 결코 대단하거나 특별한 것은 아니다. 그러나 비평준화 지역의 명문고라는 곳에서는 아이들도 교사들도 대단하지도 않고 특별하지도 않으려면 정말 특별해져야만 한다.

2010년 9월 26일

『체육교육』에 보낼 「우울한 스포츠」를 썼다.

2010년 11월 7일

전교조가 결성되기 전, 6·10 항쟁의 뜨겁던 어느 날. 백골단에 밀려 종로3가 한일관 뒷골목으로 도망치는데, 바로 머리 위에서 최루탄이 터져 온몸에 백색 가루를 뒤집어썼던 기억이 생생하다. 구멍이란 구멍으로는 몸속에 있는 수액들을 남김없이 밀어내던 콧물과 숨 막히는 기침의 격렬한 고통 속에 내동댕이쳐졌던 그 세월.

그 길거리를 벗어나 신촌의 뒷골목. 술잔을 기울이며 태어나지도 않은 둘째 아이 이름을 지었다. 김새하. '새가 하늘을 난다'라는 뜻으로 이름을 낸 상원이. 굳이 변방 '새(塞)', 여름 '하(夏)'로 출생신고를 했다. 참담한 여름을 전교조 탈퇴각서를 쓰고 살아남은, 해직을 면한 선생의 위안이었다.

상원이는 한라산 자락으로, 강규는 브리즈번으로, 지우는 결국 대만으로 떠나갈 줄은 꿈에도 생각지 못한 일이었다. 강원도로 전보 내신하고 한참이 지난 후, 상원이가 안부를 물어왔다. 나픈누무쉬키가트니라구!

"조폭처럼 노려보며 마구 허공을 가르던 막대기와 적군을 다루듯 감정 없는 발길질에서, 바닥 모를 슬픔을 느꼈고 더 이상의 미련을 버리고 툭 털고 떠나갔습니다. 참 많이 미워하고, 복수를 다짐했습니다. 참담한 교육 현실과 저질의 교사들을 향한 분노에 키만 한 배낭을 짊어지고 비틀거렸어도 처진 두 어깨가 힘든 줄 몰랐습니다. 떠나는 길에 배웅 나온 친구들에게 다시는 학교에 복귀하지 않겠다고 큰소리쳤지만, 같이 하지 못하는 미안함으로 서로 부둥켜안았을 때 서글픔과 서러움이 사무쳤습니다.

오월의 푸른 산하를 뒤로하면서 전라도 나른한 봄 들판과 울산의 산업노동자 숙소, 거제도 청명한 바다, 청평의 안개 속 호수에서 하염없이 흘러가는 저를 보았습니다. 자신과 세상과 화해해야지, 가족과 친구에게 돌아가야지. 두 눈이 짓물러지도록 보고 싶은 동무, 가족, 사람들에게로. 초여름 장마가 시작되기 전에 돌아왔습니다. 치기 어린 고삼 시절을 떠나가는 봄날과 함께 보내 버리고, 마주 서 있는 세상과 산다는 것, 그렇게 눈에 보이는 것 같은 하늘 아래 사랑하는 사람들, 살아 볼 만한 세상일 거라는… 잊었던 복수의 칼이 춤추는 꿈, 가끔 가위눌리다 깨어나면, 그 시절 세상을 향해 날 세웠던 칼을 가슴에서 꺼내 봅니다." from 이상원.

며칠 있으면 G20이라는 것이 열린단다[11]. 다시 '쥐 잡는 날'이라고 여기는 사람들을 위해, 이제는 물대포로도 모자라 음향대포와 고무탄을 발사하는 총과 같은 시위진압 장비가 동원된단다. 온 도시를 며칠씩 불야성을 만들고, 온갖 천박한 잔치들이 이어지고, 음식물 쓰레기도 없는 도시가 된다고 하는데, 왜 나는 아직 저들을 향해 돌을 던지고 싶은 열망에 휩싸이는가. 무엇이 20여 년 전의 젊은 날로 되돌아가고 싶게 만드는가. 나, 돌아갈래!

2010년 11월 24일

페이스북을 시작한다. 아직 스마트폰을 사용하지 않는다. 크게 필요를
느끼지도 않는다. 용하는 휴대폰을 아예 모른다. 그렇군. 어형종 선생 말
처럼, 누군가 지금 나를 필요로 하는 그 순간이 가장 행복한 순간이다.
　「무모함에게」를 썼다.

2010년 11월 29일

"선생님, 반갑습니다. 춘천 생활은 요즘 어떠신지요? 저는 박사논문 계
획을 마쳤고요. 내년쯤에 결과 발표 예정입니다. 늘 고향 같은 선생님
을 뵈올 날을 기원하며^^" from 박정준.

2010년 12월 1일

안개에 온통 점령당한 춘천은 연평도다[12]. 흰 눈 내리는 마가리('오막살
이'의 북한 사투리)다. 먼 곳에서 포성이 운다. 나타샤와 흰 당나귀. 슬픈
짐승들이 호숫가에서 추운 꽃잎들을 줍고 있다.
　「춘천은 연평도다」, 「동부시장에서」 두 편을 썼다.

2010년 12월 3일

수업 없이 3학년 수능 후 프로그램 들여다보느라 아무것도 못 하고 늦은
점심. 내일은 부산에서 있을 〈심상시인회〉 모임에 간다. 찬 바람 부는
데, 따뜻한 겨울 되라고 말하면 나쁜 놈이 될 것 같다.

2010년 12월 7일

발칙한 일이다. 리영희 선생님의 부음을 듣고 이 노래를 떠올리다니!
지상의 아침을 천상의 아침으로 바꾼 이들을 생각하며 노래를 들었다.
with Maysa 'Manhãde Carnaval', YouTube.

2010년 12월 8일

민고니 성이 꽁지머리를 몰라본다. 하긴 나도 내가 누군지 모르기는 마
찬가지.
　"반갑소. 근데 김 샘은 언제 서울을 떴나요? 담벼락 얼굴은 누굴꼬?"
from 김민곤.

"오늘 또다시 국회의 부끄러운 정치 자화상[13]을 이 나이(?) 되도록 보고 사네요. 20년 전 오늘은 학교 현장의 변화를 체육에서 찾고자 다짐했던 그날인데 말입니다. 술 한잔해야겠어요." from 이문표.

리영희 선생님 가시는 날[14]. 20년 전 12월 8일은 연세대학교 장기원 기념관에서 '체육교육문제 토론회'를 갖고 〈전국체육교사모임〉이 탄생한 날. 야만의 세월을 견디고 성년으로 성장한 스무 살 생일을 체육교육 동지들과 자축.

2010년 12월 10일

서울 모 사립대부속고 교사인데 입시전문가란다. 종합생활기록부 작성에 대한 특강을 한다. 말이 특강이지 교사들이 게으르다며 꾸짖는 거였다. 지방 메이저 인문계 여고 교사들은 긴장하고 두 시간 넘게 야단을 맞았다. 같잖아서 처음 몇 마디만 듣다가 나왔는데 어처구니가 없다. 진화를 거듭하는 종생부. 예닐곱 장도 모자라, 스무 장이 넘게 성실하게 기록해 주어야 한단다. 누구를 위해서? 아이들을 좋은 대학 보내기 위해서란다. 한심한 인간. 아이들이 좋은 대학 가는 거, 부모들이나 아이들만큼 교사들도 바라고 원한다. 그러나 선생이라고 모두 다 이 허접한 입시교육에 복무해야 하는 것이 아니다.

2010년 12월 14일

오마이뉴스에 '0교시 체육'을 다룬 기사가 있어 반론을 보냈다. 낚시성의 가벼움이 마땅치 않았다[15]. 시인이 존재하는 이유는 통증을 느끼지 못하는 인간들과 섞여 살기 위해서다. 딜레마는 아픔이 없는 인간이 없다는 것이고, 무뎌진 통증을 시인이 대신 견뎌야 한다는 것도 온당치도 가당치도 않다는 데 있다. 체육선생이 시인 코스프레 하고 자빠졌네.

2010년 12월 15일

기다리던 책이 나왔다. 대략 한심하고 눈물 많은 한생을 끼워 넣어 주어 고맙다. 세상이 아무리 허접해도 아이들을 눈물겹게 바라보며 살아가는 모든 이들과 기쁨을 나누고 싶다. 이 책은 그냥 책이 아니라 따뜻하거나 더 따뜻해지려는 이들의 반성적인 이야기로 받아들여졌으면 좋겠다. 글쓴이들과 함께 자축.

신현수 외, 『그래, 지금은 조금 흔들려도 괜찮아』, 작은숲, 2010.

with 이계삼·최은숙·김보일·신현수·박두규·조재도·김춘현·강병철·전병
철·김경윤·권혁소·고병태·이득우·이수석·오중렬.

2010년 12월 19일

엊그제 서울대학교. 〈한국체육사학회〉 총회에서 차기 회장에 박기동
교수가 추대되었다. 나는 총무이사가 되었다. 나영일 회장에 이어 한
국사회의 체육과 스포츠의 새로운 역사 쓰기가 이루어질까. 나영일, 박
기동 두 분과의 질긴 인연이 새삼스럽다. 학술대회를 마치고 서울대 역
부근에서 놀고 묵었다.

　오후 다섯 시, 홍대 앞에서 『그래, 지금은 조금 흔들려도 괜찮아』 출
판 기념회와 '작은숲' 개업식을 함께 했다. 신현수 선생, 혁소와 더 있고
싶었으나, 지우와 명은이가 찾아 주어 대구탕에 한 잔 더 하고 정릉 동
생 집으로 갔다. 위풍 심한 잠자리가 처연했다. 아침에 조카 데리고 콩
나물국에 막걸리 한 잔으로 해장. 동서울에서 버스 타고 춘천행. 방송
통신고 수업을 끝냈다.

　with 서명은 남지우.

2010년 12월 21일

전쟁을 들먹이는 자들과 함께 살아야 하는 것도 인간이다. 자신의 내부
에서 일어나는 진짜 전쟁에 대하여 죽었다 깨어나도 모를 족속들. 같은
하늘을 이고 있다고 다 살아 있는 것이 아니다. 너희들의 하늘과 나의
하늘이 어찌 이다지도 다르단 말이냐. 전쟁을 부르짖는 자들. 전쟁이
일어난다면 저 젊은 목숨들 대신에 기꺼이 총알받이가 되어 줄 것으로
믿을 것 같은가! 한강 다리를 폭파하고 줄행랑친 리성만의 후예들! 분
하다[16].

2010년 12월 23일

걱정되지요. 동방의 작은 나라에서 벌어지고 있는 어처구니없는 일들,
이 어처구니없는 정권에 창궐하는 구제역에 애먼 소들만 생매장을 당
하고 있는데[17].

방학했지만 다시, 시즌이 시작되고 있다. 아이들은 아침 눈길에 인천 인성여고로 출발했다. 내일 모레까지 전지훈련. 새해가 시작되면 WKBL총재배 경기가 빛고을, 광주에서 있다. 경기결과와 상관없이 아이들은 운동에 매진하고 있는 것인지, 사로잡혀 있는 것인지. 잘 모르겠다. 청주·선일·옥천과 예선 돌려 붙기. 구제역 살처분을 즉각 중단하라[18]!

은방울꽃을 위하여

모든 글쓰기는 결국 쓰는 이의 욕망과 존재감을 드러낸다. 다른 사람의 이야기가 아니라 나의 이야기를 쓴다. 그것이 내가 가장 잘할 수 있는 일이다.

2011년 1월 4일

신묘년. 앞으로는 불편한 것에 대하여 조금 더 불편했으면 좋겠다. 나에게 불편하고 싶다. 불편한 내가 더 불편해졌으면 좋겠다. 희망 사항이다.

2011년 1월 8일

국도로 횡성을 지나면서 구제역 방역 스프레이를 열 번쯤 맞았다. 생매장되는 돼지들이나 할복되어 매장 당하는 소 떼와 인간이나 다를 바가 무엇인가. 한심하기 짝이 없는 정권을 만들어 낸 결과다. 인간들의 탐욕과 공포로 스러져 가는 저 생명의 무덤 위에는 인간 수용소의 묘비명을 세우라.

"어둠은 결코 빛을 이기지 못한다[1]."

2011년 1월 10일

"너는 내가 모욕의 응어리를 쌓아 두리라 생각하는가! 내가 너의 화사하고 평화스러운 행복에 어두운 구름을 드리우게 할 것 같은가. 너를 신랄하게 비난하여 너의 심장에 우수의 칼을 꽂을 것 같은가. 아, 천만에! 너의 하늘이 청명하기를, 너의 사랑스러운 미소가 밝고 평화롭기를, 행복과 기쁨의 순간에 축복이 너와 함께하기를! 너는 감사하는 마음으로 가득 찬 어느 외로운 가슴에 행복과 기쁨을 주었으니까. 오, 하느님! 한순간 동안이나마 지속되었던 지극한 행복이여! 인간의 일생이 그것이면 족하지 않겠는가. 도스토옙스키, 『백야』 중에서". 24쪽.
　이희인, 『여행자의 독서』, 북노마드, 2010.

2011년 1월 13일

영종도 어머니에게 다녀오다가 공항철도로 서울역에서 내려 명동성당을 들렀다. 경건함이나 안온함은 내게 익숙하지 않다. 앞으로도 그럴 것이다.

2011년 1월 16일

흰 눈에 덮이고 있으나 뭇 축생들의 시즙(屍汁, 시체가 썩어서 흐르는 물)으로 온 천지에 핏물이 흐른다. 이 겨울 공화국을 견뎌야 하는 것이 벌

아닌가. 내려앉지 못하고 떠도는 눈발이 스치는 나라. 배회와 어슬렁거림에 익숙하게 오늘부터 엿새 동안 광주 출장이다. 빛고을 양림동 수피아여고 뒤 호랑가시나무 언덕을 헤매고 다니겠다.

　김도연, 『이별 전후사의 재인식』, 문학동네, 2010.

　앞 장에 '2011.01.16. 빛고을 충장로에서'라고 적었다.

2011년 1월 25일

"이미 겨울인데 봄이 멀겠는가? Oh, Wind, If winter comes, can spring be far behind?"

　찾아보니 셸리Percy Shelley의 「Ode to the West Wind」에 쓰인 말이었다[2].

2011년 1월 28일

이광재의 눈물을 본다[3].

　김진숙, 『소금꽃나무』, 후마니타스, 2007.

　박건웅 글그림, 『나는 공산주의자다』, 보리, 2010.

　김수박, 김성희, 앙꼬 글그림, 『내가 살던 용산』, 보리, 2010.

　단숨에 읽었다. 먹먹하고 묵직하다. 참담하다.

2011년 2월 4일

「입춘(立春)」, 「잔설(殘雪)처럼」을 다시 들여다보았다.

2011년 2월 11일

사랑한다는 것이 폭력이라면?

　슬라보예 지젝, 이현우·김희진·정일권 옮김, 『폭력이란 무엇인가』, 난장이, 2011.

　꼼꼼하게 읽고 밑줄 긋고 옮겨 적었다.

2011년 2월 18일

대구로 끓인 보름 떡국. 떡 점과 어우러져 시원하고 좋았다. 묵나물들, 고등어 조림, 홍어 무침, 오곡밥까지. 진수성찬으로 맑은 술 한 잔 비웠는데 창밖으로 달이 참 밝아서. 마냥 한참 바라보았다.

2011년 2월 26일

「낭만에 대하여」를 고쳐 썼다. 몇 번째인지도 모르겠다. '청산리 벽계수'라는 소주를 누가 기억하겠는가.

2011년 3월 1일

엄기호, 『이것이 왜 청춘이 아니란 말인가』, 푸른숲, 2010.

 이 땅의 모든 신입생. 새 학기를 맞는 학생이라는 이름의 중생들. 교사와 교수들의 밥줄. 학생으로 사는 모든 젊은 청춘들에게 주는 만가(挽歌, 상여꾼들이 상여를 메고 가면서 부르는 노래)로 읽었다.

2011년 3월 5일

『체육교육』봄호 칼럼 원고를 보냈다. 쓰기 싫었다. 올해 수업계획서를 손질한 것이었다. 「학교스포츠클럽 활동과 연계한 체육수업 컨설팅」.

2011년 3월 7일

새 학기가 시작되고 다시 새롭게 만나는 아이들. 학기 초에는 아이들을 잡아야 한다는 신념이 아무렇지도 않게 수십 년째 반복된다. 1교시 정규 교과 시간이 여덟 시 이십 분부터 시작. 여덟 시 십 분쯤 교문을 들어서면 학교는 고요하다. 정적. 아이들은 이미 일곱 시 삼십 분 전에 교실에 입실하여 자주 학습과 조례. 놀라운 집중력 달콤 살벌한 분위기 속에서 수십 년을 살아 온, 공부 많이 시키는 학교가 좋은 학교라는 오래된 믿음의 공부 공화국.

2011년 3월 15일

「Perfect Storm⁴」을 고쳐 썼다.

2011년 3월 17일

유튜브, Pyongyang Style⁵. 놀랍다. 잊고 있었던 연인이 속삭이는 듯 아, 몰래 속살을 훔쳐보는 듯 수상한 세월에 뜨끈한 무엇이 지나갔다.

2011년 3월 23일

예쁜 책 다섯 권을 받았다. 작년 봄 청탁을 받고 「개망초에게」를 보냈다. 잊고 있었는데 얼마 전 수록동의서를 보내와 그러마고 했다. 서울 시장은 마음에 들지 않지만, 전철을 타고 다닌 경험이 있어 재미있게 생각했다.

흠. 그런데 무슨, 시를 갖고 서바이벌 게임하듯 한 것 같아 조금 거시기하다. 어쨌든 한 꼭지의 표제어로 뽑혔으니 기분은 좋다.

풀과별 엮음, 『희망의 레시피』, 문화발전, 2011.

2011년 3월 25일
속초. 중앙시장 들머리 동해 순댓국집. 집사람은 비상이를 가방에 넣어 품에 안고 구석 자리에 앉는다.

"어른들 밥 먹을 때 너는 거기 들어가서 꼼짝 마!"

2011년 3월 28일
「절벽」을 썼다.

2011년 3월 29일
권용철·박미경·박인희 외, 『50 헌장』, 샘터사, 지도교수 연구실에서 가져다 가슴 저릿저릿하며 읽었다.

영화 〈Serendipity[6]〉를 보았다. 폴 뉴먼이 〈탈옥〉에서 삶은 달걀 50 개를 한 시간 안에 먹는 장면이 나온다는데 가능할까? 찾아보았다. with Cool Hand Luke-Eating the Eggs Scene, YouTube.

2011년 3월 30일
일어나는 아침마다 담배를 빼 물고 신문을 펼칠 수 있는 공간이 있다는 것만으로도 얼마나 큰 축복인가. 어떤 때는 자그마한 일상도 가당치 않음에 어깨에 힘이 빠지곤 하지만 괜찮다. 산다는 거 다 거기서 거기다. 사소하고도 어마어마하고 아무렇지도 않으며 상관없을 일상이란 것에 매몰되어 있다는 자각이 심장을 파고드는 순간들을 각성이라고 이름 붙였다. 오늘 아침 신문을 펼치고 화두는 한겨레 그림판의 '봉인'이라는 말과 김별아 칼럼 「얀테의 법칙」 두 가지였다. 각성의 순간이었다[7].

2011년 4월 1일

2교시 2학년 체육관 수업 출석 확인을 하는 순간. 갑자기 아이들이 뭐라 뭐라 외치더니 우르르 운동장으로 뛰어나가는 것이다. 열을 지어 박수를 치며 박자를 맞추어 목백합 나무를 한 바퀴 돌며 노래를 부른다. 남행열차! 저런! 교정이 떠나갈 듯 노래를 불러 젖히며 3학년 동 앞을 지나고 본관을 한 바퀴 돌아오는 요란 소란. 체육관으로 되돌아 들어와서는 둘러앉아 수건돌리기를 시작한다. 맹한 선생, 열외에서 앉아 있는 한 아이에게 다가가 묻는다.

"아까 뭐라고 하면서 나간 거니?"

"에이, 쌤~ '수·업·을·거·부·합·니·다'라고 한 거예여. 이제 재미 없어요. 1학년들이나 하는 거예요."

만우절이었다.

2011년 4월 14일

아이들로서는 처음 해 볼 동작으로 구성한 스트레칭 맨손 운동과 짝 운동 몇 가지를 해 본다. 대략 아이들이 재미있어하고 잘 따라하는데 한 아이가 장난스럽게 묻는다.

"쌤 이런 거 왜 해요오?"

"나도 몰라."

2011년 4월 15일

학교 뒤편 높은 담장 밑에 두릅 밭이 있다. 작년에 특강에서 작가 김도연은 고교 시절 수능을 앞두고 이 담을 넘어 여학생들의 방석을 훔쳐 갔는데 별 효과 없었다는 이야기를 했다. 수능 대박의 미신 같은 전설적인 이야기들이 떠도는 여고. 도연이 같은 남학생 늑대들에게 여학생 여우들을 보호하기 위해 저 가시 돋친 두릅나무를 심었는지도 모르겠다.

인간의 탐욕과 공포에 말라가는 자연의 눈물처럼 두릅 순을 똑 따 내면 찐득하고 말간 수액이 돈다. 순이 돋기 시작하면 정원사 주무관 남궁 씨(氏)는 가지 치기를 시작한다. 폐허를 사는 남궁 씨가 가지 치기 전에, 바라만 보아도 눈물이 돈는 녀석들을 똑똑 따 내야 한다. 자연의 눈물을 이슬처럼 받아먹고 살아가는 한생. 서글픈 봄날.

2011년 4월 17일

결국, 두릅을 땄다. 여리고 여린 것을. 눈물을 거두었다. 데쳐서 눈물과 함께 씹어 삼키리라. 지리멸렬한 한생의 한철 향기가 되리라. 무슨 영광을 보겠다고 입을 호사시키겠다는 것인지.

2011년 4월 23일

엊그제 연구실 식구들과 애막골 화천집에 저녁 먹으러 갔다. 두부에 막걸리 마시는 것이 목적이다. 들어서는데 반가운 얼굴이 식사를 마치고 나오고 있었다. 악수만 하고 헤어졌는데 담벼락에 인사를 남겼다.

"역시 예기치 않은 만남이 더욱 반가운 모양입니다. 제가 술을 못하는 탓에 막걸리집에서 아는 분을 만나기 어려운데, 그날 그렇게 만나다니 참 신기하죠? 역시 여러 군데를 자주 돌아다녀야 즐거운 일이 생기는 것 같습니다." from 김풍기.

2011년 4월 27일

두 동서 내외의 동반 드라이브. 배후령을 넘고 간동 지나 화천댐을 거쳐 해산터널을 지난다. 평화의 댐을 지나고 방산을 거쳐 양구 들어가는 도고터널 앞. 처음 양구에 들렀을 때 조성림 선생이 안내했던 곳에서 산채비빔밥을 맛있게 먹는다. 길서방이 운전하므로 인제 막걸리도 한 통. 돌산령을 넘어 해안을 지나고 서화를 지나 잠시 차를 세우고 강 건너 권혁소 집을 바라보았다. 깊은 산중의 길가 무리 지어 피어난 진달래에 눈길이 갔다. 진달래 산천에 비 내린다. 인제 원통 신남을 지나고 구성포에서 빠져 느랏재 넘어 춘천으로 돌아왔다.

2011년 4월 30일

「낙화(落花)」를 이리저리 고치고 다시 써 보아도 처음 썼던 것에 미치지 못한다. 마지막 문장이 마음에 들지 않는 것이다. 방법이 없다.

2011년 5월 5일

「각성(覺醒)」이라 이름 붙이고 전혀 다르게 써 보았다.

2011년 5월 11일

3학년 동 화단에 은방울꽃이 피었다. 화단 앞을 지나치는 그 누구도 들여다보지 않는다. 가까이 다가앉아야 겨우 모습을 보여 준다. 앙증맞기 그지없는 순백의 청초함. 오월에 피는 눈물 같은 꽃.

2011년 5월 12일

작년에 농구부는 권혁조 선생이 맡았다가 한 해 만에 강릉으로 전출했다. 올해는 연계학교 봉의여중에서 전출해 온 농구선수 출신 조양현 선생이 맡았다. 전국대회 협회장기에 아이들이 4강에 올랐다. 잘될 거야. 원주 치악체육관. 내일 숙명여고와 멋진 게임 하렴. 결승 가면 버스 몇 대로 단체 응원 갈 거다[8].

2011년 5월 16일

어김없이 스승의 날이 찾아왔다. 가장 많은 선물을 받았다. 부담임이라고 꽂아 준 카네이션, 펜싱부 아이들이 직접 만들었다는 케이크, 농구부 아이들이 손수건, 종교 동아리 아이들이 비타민 드링크, 교생이 건네준 떡, 동문회에서 빨간 지갑, 동기 응남이 딸내미 진아 엄마가 양말, 현진이가 한 번도 거르지 않고 보내오는 만화책, 백순이·혜영이·현석이 가족이 보낸 꽃바구니.

2011년 5월 18일

「오월에게」를 썼다.

2011년 5월 26일

올해는 봉하마을에 아직 가 보지 못했지만 좋은 날 반드시 찾아갈 터이다. 작년 정토사에서는 두 분에게 아홉 배를 올렸지만, 언제라도 찾게 되면 108배. 그다음 해엔 1,080배, 그리고 그다음 해엔 며칠이 걸리더라도 10,800배를 올리겠다는 생각을 해 보았다.

2011년 5월 27일

디스크골프 수업 중. 관심 있어 하는 아이들과 무관심한 아이들 반반. 실내골프연습장 만들어 골프수업할 때의 모습과 똑같다. 이런 거 왜 하냐고? 개인 기록지를 만들어 수행평가 하기가 수월하거든.

2011년 5월 28일

어머니 동생과 민둥산역 부근. 어머니 친구분 내외가 반기셨다. 하룻밤 낯선 집에서 묵었다. 환대라는 것이 어떤 것인지 오롯이 누렸다. 누리대 맛을 보기도 했고 민둥산 자락에서 곤드레나물을 뜯었다. 세 노인을 모시고 하이원 리조트 곤돌라도 타러 갔다. 어머니 무서우시다더니 좋아하신다. 대통 밥 정식집에서 점심을 드시게 하고 춘천에 도착했다. 동생은 어머니를 영종도에 모셔다드리고 정릉 집으로 다시 돌아갈 터이다.

2011년 5월 30일

3학년 동 춘천향교와 담장을 사이에 두고 쓰레기 버리는 컨테이너가 있는 공한지(空閑地). 두 고랑의 텃밭을 일구고 브로콜리, 케일, 참나물, 당귀, 쑥갓을 파종하고 배추 · 상추 서른 싹을 모종했다. 달포 동안 매일 물 주는 것이 일이었지만 나머지는 햇살과 바람의 일이다. 몇 번을 상추와 쑥갓의 성찬을 맛본다. 아이들이 버린 아크릴판 급훈, '내 인생에 열정을 더하라'를 주워 텃밭의 이름으로 삼았다.

2011년 6월 1일

도민체전으로 다 빠져나가고 혼자 수업을 다 떠맡았다. 혼자 우동 한 그릇 먹고 들어오는 길. 학교 담장을 아우성치며 넘는 담쟁이들.

2011년 6월 2일

도민체전에 참가한 농구, 펜싱 지도 두 선생님 체육수업 보강 발야구. 낯설어하던 아이들이 건네는 한마디가 대략 한심한 생을 견디게 한다. 선생님 멋져요. 아이들과 꽁지머리 인증샷.

2011년 6월 3일

인류학을 공부하는 것이 특별하다고 여기지 않는다. 지상의 모든 글쓰기는 결국 쓰는 이의 욕망과 존재감의 표현이다. 그것이 읽는 이들의 사유와 감성을 흔들어 낼 수 있다면 성공적인 글쓰기가 되겠지. 내가 가장 잘할 수 있는 일은, 다른 사람들의 이야기보다는 내 이야기를 쓰

는 것이다. 중구난방 지리멸렬할지언정 자기 이야기(Self Narrative)를 쓸
수밖에 없을 것이다.

2011년 6월 6일

고교동창 경우 모친상이 있어 원주에 다녀왔다. 졸업하고 삼십오 년 만
에 보는 아이들. 헤어지는데 날렵하며 육중한 스포츠카가 뻑뻑거린다.
고3 때 짝이었던 민정이가 끌고 온 거다.
"민정아. 이 차 이름이 뭐니?"
"머스탱."
"아, 무스탕~"
with 김경우 최선태 김민정 서장선 이석훈.

2011년 6월 7일

서울에서 열아홉 해 동안, 열두 번의 담임 중 고3 담임도 두 번 맡았었
다. 치마 길이로 시작해 화장·귀걸이·복장·지각·야자 등 생활과 근
태 문제는 늘 있었던 일. 지금 학교는 마치 전쟁을 치르는 듯한 분위기.
졸업을 지켜본 아이의 반가운 소식[9]이 무색한 날.

2011년 6월 10일

한라대학교. 〈한국스포츠인류학회〉 하계 학술대회. 변방에서 변방의
공부를 하는 즐거움. 좋은 스포츠맨들을 만나는 재미. 류태호 교수가
기조 강연으로 새로운 패러다임의 연행적(퍼포먼스) 연구방법을 이야기
했다. 만방의 호모 스포츠쿠스(Homo Sportsquus)[10]들에게 자유를.
　학술대회 끝나고 모처럼 류태호 교수와 길을 나섰다. 남원주 IC 근
방 넓게 조성된 치명적인 자태의 꽃양귀비밭에서 한참을 머물렀다. 오
빈리에 들러 박용하를 픽업해 길상사 둘러보고 성북동 손국시 집. 수육
문어 반 한 접시로 선주후면(先酒後麵, 먼저 술을 마시고 난 뒤에 국수를 먹
음). 한진중공업 85호 크레인 밑으로 희망 버스는 가는데.

2011년 6월 13일

「치명적 사랑」을 썼다.

2011년 6월 17일

민노당 후원교사 무더기 기소. 명단에 올랐다는 연락을 받았다. 강원도에서 93명. 전국적으로 천 명 가까이 된단다. 새하(塞夏)가 뱃속에 있던 스물세 해 전, 이즈음에 첫 학교에서 분회를 띄웠으니, 전교조 교사로 그만큼 살아왔다는 것일 뿐.

강원대학교. 〈한국구술사학회〉 하계학술대회. 이야기하고 듣는 재미에 빠진 사람들. 총회에서 윤택림 선생 추천으로 '감사'가 되었다.

2011년 6월 18일

삼 년 전까지 살았던 분당 야탑. 집사람 선배 아들 결혼식에 함께 다녀왔다. 오랜만에 홍초 화채로 만든 순채를 만났다. 무미한 매력의 순채. 이른 염천이 이어지고 있다.

2011년 6월 20일

배드민턴 수업이 끝나간다. 다음 주부터는 기말고사 모드. 환경이 따라주지 않는 공교육은 모두 공염불이고 한심하다.

2011년 6월 21일

봉길(봉의산 가는 길)에 다녀왔다. 아침에 비석군 옆 가파른 옹벽 아래로 고라니가 굴러떨어져 수습해 산으로 돌려보냈단다. 고라니 새끼와 어미, 내 꽁지머리의 역사와 생애를 이야기하며 한참 수다를 떨었다. 학교 외진 담장 밑 황매화가 익어간다. 며칠만 기다려 다오. 소금과 설탕에 절이겠다. 새콤달콤 아삭아삭 속삭여야지.

2011년 6월 23일

북상 중인 태풍 메아리. 착하게 살려고 발버둥 치는 중생들은 피해 온갖 삿된 것들은 쓸어가 버려라. 어차피 혁명적 삶을 완성할 수 없을 것이고, 이 별에 살아 있는 대가는 치러야만 한다. 남궁 씨(氏)가 양구로 발령을 받았다. 명동 회전초밥집에서 맛있는 이별을 했다.

2011년 6월 25일

"눈물 글썽거릴 때까지 살아라[11]."는 문장을 읽었다. 눈물 글썽거릴 일 없이 선생 일을 하며 6·25를 맞는다. 철밥통을 지키는 식충이가 되어 있었다.

2011년 6월 26일

어머니에게 가는 길. 새벽에 고속도로를 달리다 로드킬 짐승을 스치고 한참을 멈추지 않는 울음을 울었다. 그러거나 말거나 오후에는 동생이 키우는 스피츠 레이에게 피가 맺히게 팔뚝을 물렸다.

2011년 7월 2일

열렬하면서 조용하고 준엄하면서 소박하고, 온유하면서 자부심이 있고, 조심스러우면서 솔직하고 환하고 눈부신 그대. 텃밭 옆에 촛불처럼 무리 지어 흔들리는 개망초 꽃을 본다.

2011년 7월 4일

교장 지시로 기말고사 기간 중 교직원 활동 프로그래밍.
　일시 : 07.04 14:00~ / 장소 : 백합체육관 / 팀구성 : 전교직원. 1, 2, 3, 4학년부-4학년은 교장선생님·교감선생님·행정실·체육부로 구성 / 3식(윤식·원식·호식) 학년부장님과 행정실장님이 각 학년 반장 / 종목 : 협동게임(고리 풀기, 공 나르기 등), 장애물-복불복 릴레이(공 넣기, 훌라후프, 풍선 터트리기 등), 커플 피구, 배드민턴 등 / 예산 : 교직원 체육활동 지원 항목. 시상 및 경품 / 준비사항 : 간편복, 운동화

2011년 7월 5일

춘천지검 조사 받고 나왔다. 정당 후원 전교조 교사. "진술하지 않겠습니다."를 스무 번쯤 반복했다. 이래저래 거시기하고 거시기했다.

2011년 7월 6일

헬렌 켈러, 『헬렌 켈러 자서전』, 문예출판사, 2009.
　가슴 뛰며 읽고 밑줄 그었다. 머리를 쥐어박고 싶었다.

2011년 7월 7일

파블로 피카소의 본명은 '파블로 디에고 호세 프란시스코 데 파울라 후

안 네포무세노 마리아 데 로스 레메디오스 크리스핀 크리스피아노 데 라 산티시모 트리니다드 루이스 이 피카소'란다[12]. 한 인간의 이름만으로도 역사가 되는 것이다. 한 인간은 누구나 인간의 역사가 된다.

2011년 7월 9일

집사람과 석파령을 걸어 올라가며 기어 나온 거무튀튀한 민달팽이에 기겁하고, 내려오며 산딸기를 무지 따고 서면반점에서 짜장면에 막걸리 한잔하면서, 강 건너를 한참 바라보았다.

저녁에는 모처럼 네 식구, 대게 쪄서 쪽쪽 빨아대며 말 시키지 마! 손가락과 혓바닥과 입천장의 노동이 호사이나니 짭조름한 생애의 맛이 황홀할까 말까.

2011년 7월 10일

희망 버스. 48명 경찰 연행. 물대포 진압. 오후 해산…. 부마·광주민주화운동 때도 그랬다. 수구꼴통 언론들과 방송 3사는 국가와 자본의 프로파간다로 작동하는 나팔수였고 앞잡이들일 뿐이라는 것을 증거 한다. 나쁜 놈들. 너희들이 침묵하라고 놔두는 게 아니다. 쓰레기들[13].

박노영 형에게 토종오이 다섯 싹을 얻어 아래층인 반지하 방 베란다 대형 화분 세 개에 모종했다. 형은 몇 해 전 대학생 큰아들을 잃고 'jookenjot'이란 아이디를 쓴다. 둘째가 다시 작년에 교통사고로 생사를 넘나들다가 이제 겨우 손발을 움직일 수 있게 되었단다. 토종오이 이 녀석들. 잘 자라는가 싶더니 두 포기가 시들시들 한다. 결국, 내 탓이다. 장마철이지만 부산에서 바로 지금 일어나고 있는 일에도 애써 눈감으려는 내가 보인다. 토종오이들의 생애와 내 생이 다르지 않은 Gloomy Sunday.

2011년 7월 15일

강원작가회의 지회장 혁소의 하명, 받들고 말고다.

"내일 '청소년 문학캠프, 강원작가 임총, 만해마을' 참석하실 수 있지요? 학교에서 애들을 실어 날라야 해요. 가능하다면 13시 20분까지 원통고등학교로 오세요." from 권혁소.

2011년 7월 16일

솔밭 사이로 강물은 흐르고[14]. 창균이, 도연이, 영삼이, 영희·영숙, 시우·재연 누이들 만나는 날. 만해마을에서의 일박 이일.

2011년 7월 19일

체육·스포츠를 한다는 이들이 정말 모르고 있는 것들 몇 가지. 첫째, 사람들 대부분 스포츠와 체육에 대략 관심 없다는 것. 둘째, 별 볼 일 없고 무가치한 것에 죽자 사자 덤빈다는 것. 셋째, 사람들 대부분 면전에서만 대견스러워한다는 것. 넷째, 나처럼 체육·스포츠 제도에 안착해 먹고사는 치들이, 운동선수 아이들을 국민의 세금으로 가축 기르듯 사육하고 있다는 것. 이런 것들이 대개 교육이나 문학을 한다는 치들의 작동방식과 엇비슷하다는 것. 무엇보다 주체적이지 못하고 늘 명망가의 그늘에 숨거나 눈치를 본다는 것 등등. 바로 나였군. 밤을 새워도 되겠다.

2011년 7월 20일

작년 미황사에 들렀다가 사 들고 온 향. 여름밤에는 늘 향초와 번갈아 한 가닥 피워 놓고 잠을 청한다. 소신공양[15]하듯 잠에 빠져드는데 전화벨이 울린다. 두 번째 학교였던 시흥고에서 씨름선수로 졸업한 창길이가 "형님!" 한다. 옆에서 백순이 놈이 낄낄댄다. 부산에 가 있는데 모처럼 올라와 시흥사거리에서 한잔한단다. 개누무쉬키덜! 산다는 것이나 소신공양을 하는 것이나 거기서 거기다.

2011년 7월 24일

영종도. 밤새 빗소리와 어머니 잠꼬대 소리에 뒤척였다. 어느 곳에서는 산이 무너지기도 하고 배가 뒤집힐 일도 있으며 안데스산맥 어느 지점에서는 독수리가 날고 있을 것이다.

2011년 7월 27일

새하가 손목에 찬 시계를 보여 준다. 알바해 번 돈으로 아르마니 시계를 사고 좋아하는 종족을 바라보며, 허, 거 참, 사 주지 못하는 주제에 하 뭐라 그럴 수도 없고, 뭐 거 멋있다고 할 수도 없고, 그 애비에 그 아들 거 참 거시기하다.

2011년 7월 28일

십여 년 전 한 때 몇몇 아이들 이름 앞에 개 자를 붙여 호명한 것에 대하여 반성한다. 그것이 친근감을 가장하기 위한 것이었다고 해도 당시의 욕망에 복무한 지울 수 없는 생애의 낙인이 되었다. 일본 의원들의 울릉도 방문을 두고 시끄럽다[16]. 진짜 이름 앞에 개 자를 붙여야 할 딴나라당 국개의원들에게 제안한다. 후지산에 올라 정상에 태극기를 꽂아라. 개 자(字) 대신에 너희들이 좋아하는 애국, 혹은 구국 자를 붙여 주마.

2011년 7월 31일

연구실 식구들과 거두리 부영아파트 앞 먹자골목에서 장치찜으로 저녁을 먹었다. 불콰한데(얼굴빛이 술기운을 띠거나 혈기가 좋아 불그레한데) 그대 앞에 나는 서지 못하네. 그대 옆에 머물지 못하네. 그대와 같은 곳을 바라볼 뿐[17].

2011년 8월 2일

전화기에 범쾌 선생 이름이 뜬다. 셋이 천렵(川獵, 냇물에서 고기잡이하는 일) 왔단다. 동부시장 지하에서 머리 고기, 순대 사 들고 찾아갔는데 삼겹살 굽고 있었다. 가평천. 반갑고 말고다. 한참 천렵을 즐기고 수다를 떨었다. with 엄시문 박재현 이범규.

2011년 8월 3일

덩치가 산만 한 막내 동서가 술에 취해 시비를 벌이다가 결국 말리러 온 경찰에게까지 행패를 부리다 경찰서 유치장 신세를 지게 되었다. 유치인 면회 신청으로 보고 왔는데 풀이 많이 죽어 있다. 48시간은 어떤 식으로든 대가를 치르게 될 것이다. 경찰서장이 초등학교 동창인데, 사안이 마무리될 때까지 당연히 모르는 척할 것이다.

2011년 8월 10일

합천 야로면 큰댁에 왔다. 김훈 소설 『현의 노래』의 두 주인공 '우륵'과 대비되는 이름인 그 '야로'다. 큰아버지 큰어머니는 이제 완전히 노인이 되셨다. 예전 같지 않은 시골 장터의 장날. 날이 덥기도 하지만 한산하기 짝이 없다. 대동 트랙터를 픽업으로 개조해 끌고 나온 한 어르신만

당당하다. 노인들만 남아 있는 장터를 벗어나 향교·중학교·교회당·
양조장과 길 건너 앞동산을 한 바퀴 돌았다.

2011년 8월 17일

누구를 모욕한다면 그보다 몇 배의 모욕을 감당할 수 있어야 한다. 누
구를 무시하거나 욕을 했다고 하면, 어떠한 형태의 상처를 입혔다면 그
곱에 곱을 더한 비례의 대가를 치러야 할 것이다. 살아 있는 것이 모욕
이라고 느낄 때도 있다. 세상이 나를 모욕한 것이라고 여겨보는 것이
다. 그러면 세상도 모욕의 대가를 치러야 할까. 아니다. 세상은 그대로
있을 것이다. 모욕을 느낀 인간만이 모욕당하는 대가를 치러야 할 터이
다. 인간이므로. 굴욕과 모욕을 넘어 치욕이다. 부부싸움.

2011년 8월 20일

생애사를 공부하는 것은 자신을 공부한다는 것이다. 무궁무진한 생애
의 우주를 유영하는 즐거움. 21~25일 대만 대남대학교. 〈동북아시아
체육사학회〉 발표용 프레젠테이션을 완성했다.

2011년 8월 26일

어제 대만에서 돌아왔다. 사진들을 정리한다. 타이난 부근의 대만 국립
공원, 삼각주(Delta). 배를 타고 들어가 사구 지역을 가는 선착장에서,
아주 작은 모터보트로 아버지와 낚시를 하는 10살 정도의 아이를 보았
다. D40 디지털카메라 망원렌즈를 당겨 아이의 표정을 포착하는 순간
전율 같은 것이 있었다. 이런 발견의 매력 때문에 많은 이들이 떠도는
건 아닐까. 어떤 원형 본질을 발견하는 듯한 두근거림이 있었다. 아버
지를 따라온 아이가 미끼로 쓰는 새우를 건져내고 있었는데 정말 선수
조사(釣師, 낚시꾼)였다. 일제강점기에 조성된 염전도 돌아보고 맹그로
브 숲도 둘러보았다. 안산에 처음 가 살 때 수인선으로 소래를 오가며
보았던 군자염전 소금창고들을 생각했다.

2011년 8월 28일

김장용 불암 3호 100싹 모종하고 조금 늦었으나 무와 알타리를 파종했
다. 다시 태양과 바람의 힘을 믿는다. 잠깐 흘린 땀방울은 땅에 대한 최

소한의 경배.

2011년 9월 4일

개포고등학교에서 일할 때 1·2·3학년, 3년을 내리 담임으로 만난 혜영이 문자를 받았다.

"아부지 저 결혼해요. 조심스러워서 미리 말씀드리지 못해서 죄송해요. 그때 봤던 그 친구 맞구요ㅋㅋ 10월 23일에 합니당ㅋ 청첩장 나오면 함 찾아뵐께요^^ 다시 연락드리겠습니당." from 권혜영.

2011년 9월 5일

윤용선 시인형님교장선생님이 전화를 하셨다. 올해 〈표현시〉 사화집은 그림 하는 분들과 콜라보를 하시겠단다. 표현시는 윤용선·최돈선·임동윤·박민수 네 분 동인으로 만들어졌다. 활동을 접었다가 십수 년 지난 후 박기동·황미라·허문영이 합류해 복간했다. 이후 나와 김창균·김남극이 한 식구가 되었다. 최돈선 시인형님선생님은 올해 이외수 선생 감성마을 사단법인 〈격외선원〉 이사장을 맡으셨다. 좌장인 윤용선 형님이 표현 동인들 중심으로 그림 작업을 하는 이들의 작품을 시인이 시로 쓰는 것 같은 퍼포먼스로 기획하신 것이다. 열 명이 넘는 화가들이 함께 참여하게 되는 이 퍼포먼스에 현산 신대엽의 작품을 자청했다. 나가수처럼 서바이벌 게임을 하는 것 같아서 뒤통수가 당기는 일이다.

2011년 9월 11일

추석을 앞두고 미리 동작동 국립현충원 성묘 다녀왔다.

2011년 9월 13일

한가위. 보름달 월출을 기대하고 동서 내외 넷이 영을 넘었다. 기름진 음식과 술로 뒤집힌 속을 가진항 물회로 달랬다. 월출은 틀렸고, 송지호에 물고기 뛰는 것만을 바라보다 망망대해를 떠나왔다.

2011년 9월 16일

목백합 나무 그늘을 오가며 아이들과 넷볼(Netball, 7명의 선수가 백보드가 없는 골대에 드리블 없이 패스만으로 득점하는 변형 농구) 활동을 한다.

아이들과 함께하는 시간이 한 생애의 중심이고 가장 눈부시게 빛나는 순간임을 잊고 살고 있으니 나는 매일 죽는 것이다.

2011년 9월 22일

리을이가 3박 4일 출퇴근하는 첫 번째 동원 훈련 받으러 집에 왔다. 상호네 닭갈비 돼지갈비 굽고 된장 소면으로 저녁. 말아서 한잔하고 오자마자 곯아떨어졌다.

2011년 9월 23일

화단에 보랏빛 열매가 송골송골 다닥다닥 맺히는 나무 이름이 작살나무라는 것을 도무지 이해할 수 없다. 어떤 연유에서건 자연이나 사물에 이름을 붙여야 하고 그 이름에 의문을 갖지 않도록 규율화하는 것도 근대의 폭력이다. 모든 사물에 자신만의 이름을 부여한다는 시인들도 그 근대의 욕망에 포획된 노예 아닌가.

2011년 9월 24일

또 한 번의 결혼식 주례 자리에 섰다. 졸업해 나가고도 20년 넘게 친구처럼 지내는 사이였는데 선생님으로 호명되는 것이 영 거시기하다. 백순이 때처럼 주례라기보다는 주관이라고 강변하지만, 수사에 불과하다. 누가 누구의 멘토가 될 수 있다는 말인가. 종합병원 포닥인 충권이는 다음 달 새색시와 함께 시카고로 더 공부하러 간단다. 모처럼 뒤풀이 자리에 잠시 어울렸다. 수하 놈이야 그렇다 치고 몽달귀신을 면하지 못한 창길이 녀석이 자꾸 눈에 밟힌다. with 김충권 최백순 김창길 김수하 송원록 김무성.

2011년 9월 28일

한림성심대학 체육관. 제92회 전국체전 강원도 선수단 결단식. 작년에는 이광재 전 지사와 민 교육감이 한 자리에 서 있는 모습을 볼 수 있어서 좋았다. 문순C가 보이지 않는군. 의례와 의전이라는 것이 중요하기도 하지만 권위주의 시대의 방식 그대로 답습되는 것은 답답하다. 결단식을 마치고 교육감 소매를 잡아끌어 우리 학교 농구부 아이들과 기념 촬영을 한다. 같은 자리에 있었던 펜싱부 아이들을 소홀히 한, 참으로 한심한 체육선생이다.

2011년 9월 30일

비 온 다음 날 하늘은 높고 푸르다. 3학년 동 화단. 들국화 쑥부쟁이 맑은 바람에 흔들린다.

「흐르는 강물처럼[18]」을 썼다. '봉의산도(鳳儀山圖)[19]를 보며'라는 부제를 달았다.

2011년 10월 1일

「기우뚱 안개」를 썼다.

2011년 10월 2일

연휴를 맞아 집에 온 새하와, 영종도 어머니에게 가서 땅콩을 수확하고 고구마를 캤다. 익숙지 않은 일. 어머니에게는 오랜만에 식구들이 다 모였다. 동생 둘, 삼촌, 고모와 고모부, 새하와 조카 동해. 모두 아홉이다. 고구마는 제대로 들지 않았다. 어머니가 공들인 것에 비하면 보잘것없지만, 일찍 다 캤다. 몇 상자씩 트렁크에 싣고, 어머니에게는 남은 건 지치레기[20]뿐. 무의도 들어가는 연륙교 앞 소나무집에서 간재미 무침, 건도미 찜, 해물칼국수 먹으면서 만난 노을이 좋았다. 샤워하는데 종아리가 단단해졌다.

2011년 10월 3일

이른 아침 영종도 출발해 춘천 들어오느라 원창고개를 넘는데 안개 자욱하다. 세상이 산굽이 하나로 완전하게 변신한다. 아홉 시 전에 도착해 아침밥 먹고 잠시 쉬었다가 구미로 출발한다. 군위장터에 잠간 들렀다. 근 반년 만에 새하 원룸에 왔다. 원룸 울타리에 수세미 잘 자랐다. 구미 인동에서 시흥사거리 분이네만큼 깔끔한 돼지국밥을 만났다. 생탁 한 잔에 곤쟁이젓 두어 가닥 얹어 먹는 국밥에는 인이 박여도 좋겠다. 집사람이 세탁기에 이불과 함께 새하 아이폰을 함께 돌렸다.

2011년 10월 4일

중간고사 첫날. 이틀 연속 오전 네 시간씩 연속 시감을 해야 한다. 6일 아침부터 전국체전 출장이기에 몰아서 배정을 받았다. 시감 끝나자마자 급식소 밥을 먹고 전 교직원 연찬회. 다목리 감성마을 들러 학교 앞 밥집으로 돌아와 삼겹살 파티를 하는 이상한 연찬회. 이외수 선생님은 출타. 느닷없는 방문에 사모님이 무례한 사람들이라며 뜨악해한다. 졸지에 덩달아 '예의도 없는, 선생들이 다 그래.'라는 소리를 들었다. 막걸리에 소주 섞은 혼돈주 몇 잔 마시고 집에 들어와 곯아떨어지기 직전, 마나님께서 제법 길게 자란 머리를 묶어 상투를 틀어 놓았다. 이참에 망건 탕건 다 해 볼까.

2011년 10월 10일
전국체전. 수원에서 며칠 묵고 있다. 농구부와 펜싱부 아이들은 혹시나 했지만 1차전에서 모두 지고 말았다. 바로 짐 싸서 돌아가야 한다. 일요일 아침 일찍 경기체고 근대5종 경기장을 찾았다. 체고에 있을 때 근대5종부를 지도했다. 당시에 졸업한 아이들이 국가대표로 뛰면서 전국체전에도 참가하고 있었고, 지도자 송주식을 보고 싶었다. 아이들은 잘하고 있었다. 강원도 선발팀은 개인과 단체전을 휩쓸 것이다.

2011년 10월 16일
무망(無望). 아무것도 원하지 않는다. 헛된 욕망에 사로잡히지 않겠다는 뜻으로 쓴다. 희망이 없는 놈으로 여겨지고 쓰여도 상관없는 일이다.

2011년 10월 17일
속초 넘어갔다가 돌아오는 길. 구룡령을 넘어가려다 조침령을 넘었다. 짙어 가는 가을. 진동계곡을 지나다 만난 억새밭에 바람이 불었다.

2011년 10월 21일
운동장을 가로지를 때마다 부아가 치민다. 남학교 운동장이 아니기 천만다행이지. 아무리 학부모들이라도 사내들이었다면 보는 족족 나가드잡이를 하고 조인트를 깠을 거다. 학교공동체의 일원이 될 자격도 개념도 없는 몇! 비 오는 날 차를 몰고 운동장을 가로질러 3학년 동에 아이를 내려 주고 되돌아 나가는 것을 못 본 체했으니! 운동장 한가운데가 밭고랑처럼 골이 패어 말라붙어 있다.

2011년 10월 22일

놀토, 아침 다큐멘터리를 본다. 미국 서부 해발 삼천 미터 소나무는 오천 년을 산단다. 이파리 하나의 수명이 삼십 년이라는데.

"오래 살아 있다는 것은 오랫동안 죽는 것인지도 모른다[21]."

내레이션의 일부였다.

2011년 10월 24일

가을비 오락가락하는 찌뿌둥한 하루. 아침 일찍부터 목백합 나무는 잎을 거의 떨구고 은행나무들은 노랗게 잎을 수북하게 떨어내고 차가운 비에 젖고 있었다. 방송고 수업 두 시간을 당겨서 마친 후에 고속도로를 달려 강남, 혜영이 결혼식에 다녀왔다. 부모님이 반가워하셨다. 딸 시집보내는 기분이란 것이 이런 것이었군. with 백신영 진하나 권혜영.

김풍기, 『옛 시에 매혹되다』, 푸르메, 2011.

책장을 넘기다가 이응희의 「추우(秋雨)」를 찾아 적었다. 298쪽.

2011년 10월 25일

한때는 혁명 영웅이었던 인간[22]이 고깃덩이가 되어 구경거리가 된 것을 보며, 다시 인간에 대해 묻는다. 그 어떤 것도 바라지 말 것. 더는 그 무엇도 꾀하지 말 것. 애오라지 지금을 살 것.

어쨌거나 내일 서울 시민들은 콩'비지'백반에 탁주 한 잔으로 반주하고 쿡 눌러 찍을 것. 최악이 아닌 차선. 입 큰 악어 아니면 독사일지도 모르는, 국x이라는 상스러운 별칭보다는, 늘메기 정도로 만족하시길[23].

2011년 10월 26일

BMC 할인가 75만 원. 헬멧·상하의·장갑 등속 합쳐 131만 2천 원 질렀다. 그래도 고글과 신발을 챙기지 못했다. 3, 40만 원 더 눈치를 봐야 하겠다. 90만 원 카드 3개월. 나머지는 집사람에게 기대야 한다. 이제 정말 혼자 가는 거다. 석파령·배후령·해산령·광치령·곰배령을 넘거나 서울까지 다녀오는 것이 로망이다.

2011년 10월 29일

엊그제 자전거로 서면 뱃터로 나가 공지천을 휘돌아 강원체고에 들러 다시 학교로 돌아왔다. 이 도시에서는 시내에서 자전거를 타고 다니는 것은 매우 위험하다. 언덕배기 각오하고 골목길로 우회해야 한다. 오늘 아침은 비가 와서 포기했는데 자전거 출퇴근 사흘. 석 달도 금방, 지나갈 것이다.

2011년 10월 30일

첫 라이딩에 나섰다. 집에서 출발해 강원중고 앞 가산초를 지나 옥광산 길로 들어선다. 완만한 경사로 이어진 금옥골 마을 길을 넘어가면 바로 소양댐 밑 세월교에 닿는다. 13km. 한 시간이 채 걸리지 않는다. 아홉 시쯤 텀블러에 담아간 커피가 알맞게 식었다. 샘밭 장터 여우고개 신매 대교 방동리를 지나 덕두원. 돌아가려다 생각을 바꾸어 마을 길로 들어선다. 참새마당이 있는 덕두원2리 끝까지 왕복. 의암댐 송암동 어린이회관 공지천 소양 1, 2교를 지나 만천리 하주골에서의 업힐(Up Hill. 언덕을 오름). 50km 다섯 시간의 첫 라이딩. 동서네 김장 밥에 막걸리에 기분 좋게 취한 하루였다.

2011년 11월 7일

"샘님. 얼굴도 못 뵈고 이렇게 나가게 되어 죄송합니다. 여기는 나리타 공항이고 환승이어서 약 3시간 정도의 시간이 나서 이렇게 연락드립니다. 조금 두렵기도 하지만 기대가 되기도 합니다. 시카고에서 숙소가 정해지고 조금 안정되면 연락드리겠습니다. 항상 건강하시고 나중에 올 때 거하게 탁배기 한잔하러 가겠습니다. 가끔 춘천이 그리울 듯합니다. 충권 올림." from 김충권.

2011년 11월 10일

일단, 잘 내려왔으므로 고맙고, 정말 다행이다[24]. 아주 뜨거운 날일 때, 저 양반이 무사히 내려오지 못하면 삭발하겠다고 공언한 일이 있었다. 긴 머리를 잘라야 하나, 말아야 하나.

2011년 11월 11일

자전거를 타고 나가 서면 서상리 게스트하우스 나비야 안마당. 네팔 화가 Ratna Kaji Shakya의 전시회를 보고 왔다[25].

2011년 11월 13일

"내 담벼락에 개망초 꽃을 피게 한 시인 김재룡. 나는 어제하고도 오늘까지 기다렸네요. 그리고 제발 개망나니는 되지 마세요. 개망초 시인님." from 최돈선.

2011년 11월 18일

줄넘기 활동. 개인 줄넘기 연결 동작 활동을 끝내고 단체줄넘기 활동에 진력이 날 즈음 결국, 두 줄 넘기 활동을 시작한다. 어떻게든 성공해 내는 아가씨들이 몇 명은 나온다. 가르치려 들면 더디다. 기다려야 한다.

내일 '스포츠클럽 어울림 한마당'에서 사용될 상품과 경품. 짜장면 배달권, 학교 앞 슈퍼 이용권, 문화상품권 30장을 40여 명에게 나누어 줄 것이다.

2011년 11월 20일

심상시인회 1박 2일 가을 총회, 교육문화회관. 어젯밤 허림 시인이 가래를 잔뜩 싸 들고 와, 짝을 고르느라 재밌었다. 그것 빼고는 이것저것 모두 시답지 않았다. 아침 일찍 호텔 조식을 피해 빠져나왔다. 양재동 뒷골목에서 제대로 된 콩나물국밥과 모주를 만났으나, 혼자 먹는 국밥이 즐거울 리 없다.

2011년 11월 23일

첫눈이 내렸다. 「첫눈」을 썼다.

2011년 11월 26일

주대하 선생이 1인 시위를 하고 있었다[26]. 어제 대한육상경기연맹 홈페이지 게시판에 "대한육상경기연맹 오동진 회장은 주대하를 만나시오."라는 글을 남겼다. 신기하게 오늘, 대하가 농성을 끝냈다.

2011년 11월 28일

21년을 함께한 〈전국체육교사모임〉. 계간 『체육교육』에 연재하던 고정칼럼 마지막 회를 이경호 편집장에게 보냈다. 죽을 거 같아 멈추어 서고 싶을 때도 있는 것이다. 어쨌든 나는 오늘 '전체모'에서 죽었다. 호곡!

2011년 11월 30일

Wade Davis, 김훈 옮김, 『세상 끝 천 개의 얼굴』, 다빈치, 2011.
  드물게 밑줄 긋고 옮겨 적었다.

2011년 12월 1일

농구부 아이들이 '고운 말 쓰기 캠페인 학생 UCC'에 출품한 작품이 최
고상을 받았다. 예쁜 짓만 골라서 하는 녀석들이라니. 몇 번 만나지 않
았으나, 형님이라 부르고 싶은 고광헌 전 한겨레 사장이 새 시집을 내
셨다[27].

2011년 12월 5일

나에게 이름을 불러 주고 눈물 나게 만드는 시인형님선생님에게 술 처
먹고 난리를 떨었다. 창균이와 정균 형이 측은하게 바라본다. 눈물이
난다. 용서하세요. 그랬는데.
  "댓글이 안 되어 담벼락 글로 쓰네. 허허, 올훼에 시집 있으니 가져가
서. 언제 한번 만나 속 풀어야지, 안 그래?" from 최돈선.
  최돈선, 이외수 그림, 『나는 사랑이란 말을 하지 않았다』, 해냄,
2011년.

2011년 12월 12일

시인형님선생님이 「개망초에게」를 적어 주셨다.
  "개망초 시인. 그대의 '개망초에게' 시를 외수 옹에게 이야기했더니
자기가 '개망초를 위하여'를 작곡한 게 있다네. 그래서 들어봤지. 좋아.
외수옹이 그 시에 붙일 곡으로 자기가 작곡한 컴퓨터 음악을 그대 시에
다 헌사하겠대요. 시디에 구워 주겠다니까 언제 한번 만나게 되면 드리
리다." from 최돈선.

2011년 12월 15일

내일 모레. 스물넷에 육 사단 칠 연대 수색대에서 흉부관통상 의문사한 아
버지 기일이다. 합천 야로 큰아버지가 쌀가마니를 선불 택배로 보내셨다.
  "천지는 어질지 않아 만물을 추구(芻狗)[28]와 같이 여긴다."
  존 그레이, 김승진 옮김, 『하찮은 인간, 호모 라피엔스』, 이후, 2010.

거의 모든 페이지에 밑줄을 그었다. 우주 만물 중에 인간이라고 특별하지 않다는 것, 내가 하찮은 존재라는데 어찌 놀랍지 않겠는가.

2011년 12월 17일

뭘 하려고 이런 것들을 자꾸 들춰보게 되는지 모를 일이다. 누렇게 바랜 28년 전 신문 조각을 들여다보았다.

「아버지 유언·유품만으로 큰아버지 상봉」, 김재룡(金在龍)군(강원대), TV화면 통해 큰아버지와 감격의 재회(再會), 『강원일보』, 1983년 7월 14일.

2011년 12월 19일

'애막골' 오름길을 지난다. 내리막길이나 내림길이 있겠다. 아니, 반드시 있어야 한다.

2011년 12월 21일

고입 선발 고사일. 눈이 살짝 내렸다. 20년 싸움의 고교평준화 무풍지대. 전통 좋아하는 전통이 있는 좋은 학교. 목백합나무 가지에 눈 내려 쌓였다.

강신주, 『철학적 시읽기의 즐거움』, 동녘, 2010.

프롤로그에서 결국 나 또한 장사꾼에 불과했음을 자복(自服)해야 했다. 공감하기도 했으나 밑줄 긋지는 않았다.

2011년 12월 23일

형님이 훨 더 멋지고 그리워욧!

"멋진 당신 그립군요." from 이상철.

2011년 12월 30일

김근태 선생이 별이 되셨다[29]. 그 누구의 죽음보다 통증이 크다. 그렇게 승천하는 것도 인간이다. 용의 해가 밝아 오는데.

안녕, 목백합 그늘

아이들이 모두 들어가 쉴 수 있도록 큰 그늘을 만드는 목백합 나무는 기품 있는 꽃을 피워 낸다. 아이들이 모르게. 살아 있다는 것은, 허공을 흔드는 것인지도 모른다. 바람 한 올 불어오지 않는 허공이 가득한 날들. 미치지 않고 어떻게 생을 견디겠는가.

2012년 1월 11일

영광에 와 있는 농구부 아이들을 보고 법성포에서 하룻밤을 묵었다. 이른 아침 백수해안도로를 간다. 겨울 바다. 바람이 거세다. 떠도는 눈 눈발. 대략 인간의 삶이라는 것이 대략 찰나이듯 저, 가없는 바다의 잔물결 같은 것이다.

2012년 1월 25일

아현중학교. 〈전국체육교사모임〉 겨울 연수. 70여 명의 각지에서 모인 체육 선생님들을 상대로 특강이란 것을 했다. 네 시간 가까이 연속 강의를 끝내고, 강의료를 받아 돌아오면서 급 우울했다. 대략 무례한 인간이었다는 생각이 들었다. 아니면 너무 예의 바른 모범생으로 살아왔는지도 모른다는 생각이 서늘하게 지나갔을 것이다. 타인에게도 나의 예의 바름만을 똑같이 강요하거나 바라며 살았다는 생각을 하게 된 것이다. 가르치려 드는 퇴물 선생에 가까워졌다는 것이다. 무례한 인간 (Homo Rude), 꼰대가 되어 있다는 것을 인정해야 했다.

2012년 1월 28일

그예 평창동계올림픽 중봉슬로프 건설을 밀어붙이는 부류들. 성각 형님의 절박한 질타가 서글프다[1].
「수란을 뜨다」를 썼다.

2012년 2월 2일

엊그제 응급실을 통해 결국 입원. 게실염[2]인지 맹장염인지 단순한 복합 장염인지 췌장염인지 통증의 근원을 명백히 알지 못하고 주기적으로 찾아오는 동통(疼痛, 몸이 쑤시고 아픔)을 견딘다. 현대과학의 초절정 분야인 의학에서 정확한 진단율이 60%대를 넘지 못한다는 말을 실감한다. 오른쪽 하복부 염증을 말리기 위해 금식 중. 뜨끈한 순대국에 생탁 한 잔이 크게 절실하지 않은 거 보니 내장 쪽에서 생애 최대의 치열한 전투가 진행 중인가 보다. 통증이 클수록 그 자각이 각성에 이르지는 못하지만, 통증 앞에서 나는 기꺼이 노예가 되련다. 스스로 폐차시킬 수 없지 않은가.
　영하 22도를 찍었다는 최대 한파. 물 한 모금 마시지 않으면서도 집사람 눈을 피해 링거 거치대를 질질 끌고 나가 담배 한 대를 피웠다. 순식간에 늘어진 관이 얼었겠다. 링거와 항생제와 무슨 완화제가 동시에 멈춘다. 현관 앞 히터에 서 보지만 소용없다. 결국, 시치미 떼고 간호사에게 도움을 청한다. 왼쪽 팔에서 오른쪽 손목 위로 옮겨 다시 찔렸다. 자업자득. 에스프레소 더블이 그립다.

　　김별아, 『가미가제 독고다이』, 해냄, 2010.

2012년 2월 7일

문인수, 『적막 소리』, 창비, 2012.

　　형님시인과 대구 형님들이 보고 싶었다.

　　최재천, 『위험한 권력』, 유리창, 2011.

　　이미 알려진 사실들. 보다 심층적인 통찰이 아쉬웠다.

　　볼프 슈나이더, 박종대 옮김, 『만들어진 승리자들』, 을유문화사, 2011.

　　전작 『위대한 패배자들』만큼 재미있게 읽기는 했다.

　　이덕일, 『윤휴와 침묵의 제국』, 다산북스, 2011.

　　입원 중일 때 어형종 선생이 건네주고 갔다. 단숨에 읽었다.

　　브루스 H. 립턴, 이창희 옮김, 『당신의 주인은 DNA가 아니다』, 두레, 2011.

　　꼼꼼히 읽고 밑줄 긋고 옮겨 적었다.

2012년 2월 8일

나는 이런 부류도 나와 같은 60억 중의 한 개체라고 생각한다[3]. 단 이 개체는 인간의 영역이 아닌 사라진 행성에서 변이되어 지구를 오염시키는 바이러스를 전파시키는 에일리언일 것이다.

2012년 2월 15일

"들뢰즈는 '저항하는 것은 창조하는 것'이라고 말했다. 여기서 '저항'이란 일반적 통념, 기초과학 연구에 대한 정치적 무관심, 쉽게 순응해 버리는 태도, 허술할 뿐더러 해악적이기까지 한 신용평가사들의 난립, 기괴한 형상을 한 관료주의의 팽창, 실패가 예정된 자유주의적 독트린(Doctrine, 국제 사회에서 한 나라가 공식적으로 표방하는 정책상의 원칙) 유입, 지성의 발전을 억압하는 시스템을 창출하는 불안정 고용의 일반화에 저항하는 것을 뜻한다[4]."

내가 생각하는 '저항'에 대하여 '저항에 거리 두기'가 있었는지를, 먼저 스스로 물어야 한다.

2012년 2월 17일

가리왕산 슬로프 건설 반대를 외치던 목소리들은 어디에 갔을까. 이탈리아도 2020 올림픽유치를 포기했다는데 2018 이후의 강원도를 걱정해야 하는 이유는 평창이나 강원도는 지구의 소중한 한 귀퉁이기에 그렇다. 스포츠뿐만 아니라 당대를 살아가는 인간들은 충분히 게임을 즐기고 있지 않은가!

2012년 2월 20일

"선생님, 반갑게 맞이해 주셔서 고맙습니다. 제가 공감할 수 있는 말씀을 주셔서 많이 끄덕였습니다. 나중에 소주 한잔 부탁드립니다." from 허영.

2012년 2월 24일

"삶은 경이롭습니다. 경이로 가득 차 있지요. 저는 천사가 잠을 깨우더라도 소스라치게 놀라지는 않을 것입니다. 카프카의 소설에서 그레고르는 큰 벌레가 된 채 잠에서 깨어납니다. 그는 즉시 그것을 사실로 받아들이고 이렇게 생각합니다. '나는 벌레다. 그 점에 대해서는 별 유감이 없어. 하지만 침대에서 어떻게 빠져나가지?'"

데이비드 로텐버그, 박준식 옮김, 『생각하는 것이 왜 고통스러운가요?』, 낮은산, 2011.

꼼꼼하게 읽고 밑줄 그었다. 읽는 동안에도 밑줄 그은 문장들을 옮기는 중에도, 무지와 어리석음에 고통스러웠다.

2012년 3월 7일

[성실·순결·봉사(誠實·純潔·奉仕)], 학교의 교훈이다. 본관 입구에 음각으로 새긴 현판으로 걸려 있다. 다른 말로 표현할 길이 없다. 시대착오적. 이 시대착오적인 것들이 전면적으로 학교에서 작동한다. 신입생 오리엔테이션. 사교육 없는 학교인지, 에듀토피아인지, 창의경영학교

인지, 예산을 받아 남는 돈으로 아이들을 아침부터 점심 먹여 가며, 오후 다섯 시까지 붙들어 놓고, 대학을 어떻게 가야 하는지, 공부를 어떻게 해야 하는지 등을 주입시켰겠다. 아이들 말로는 종일 공부하라는 이야기를 귀가 따갑게 들었단다. 본교 출신 학생부장이 일 년 내내 아이들과 치마 길이, 파마, 염색, 슬리퍼와 전쟁을 벌인다는 것을 잠시 잊었다.

2012년 3월 9일

학교에서는 새 학기가 시작되었고 아이들의 웃음소리와 함께 봄이 성큼성큼 다가오고 있는 것을 느낀다. 봄이 오면 나와 만남을 나누고 있는 봄처녀들의 이름을 지어 부르기도 한다. '봄자', '봄숙이'는 조금 그렇지만 새봄이, 봄빛나, 봄나래, 보미야, 봄이슬, 봄섭섭, 봄샛별…. 남학생들 이름을 지어 보기도 한다. 봄빠름. 봄굳센. 봄힘찬. 봄누리. 봄이군. 봄한샘. 봄불똥…. 춘천시내 열두 개 고등학교의 이름을 바꾸어 지어 보기도 했다. 봄내고, 봄내여고, 봄봄사대부고, 늦봄고, 봄봄고, 봄빛여고, 새봄고, 봄봄체고, 봄내기공고, 봄내농공고, 봄내실업고….

2012년 3월 10일

댐투어 한다고 배터에 왔는데 함박눈이 펄펄 내린다. 의암댐쯤 가니 완전히 멋었다. 신매대교로 돌아 처음 의암호 한 바퀴.

2012년 3월 11일

지난달 업무분장 때 학교 부설 방송통신고 담임을 지원했었다. 교육개발원에서 시행하는 창의적체험활동 연구학교 운영계획서를 만들어 선정되기도 했다. 막상 진행하려 하는데 담임 배정도 하지 않으려는 괴랄한 일을 겪었다. 어쨌든 1학년 담임을 맡았고 입학식을 했다. 스물두 명 중 십대 두명, 이십대 두 명, 삼십대 한 명은 아기를 안고 왔다. 육십대 두 분, 열다섯 분은 사오십대. 다음에 〈개망초에게〉 카페를 만들었다.

2012년 3월 14일

책을 읽는다는 것이, 정신없이 하루가 가는 것과 같다. 다른 방도가 없기 때문이다. 무식하게 통다지로 읽고 베끼는 것이다.[5] 그것이 즐겁다. 방도가 없으므로. 당분간 내가 할 일은 이런 것들이다. 대략 무엇인지 어떤 것들이 문틈으로 쬐끔, 아주 쬐끔 보이는데 슬프다. 망설이다가 무식을 덜어 내는 일.

2012년 3월 15일
우울하다고 우울해하면 안 되는데, 「우울한 선생」이 되고 말았다[6].

2012년 3월 17일
자전거로 처음으로 소양댐을 올랐다. 괜히 쫄았다. 괜히 겁먹었다. 슬슬 자신감이 생긴다. 더 착해지고 겸손해질 수 있을까.

2012년 4월 4일
"오랜만입니다. '시의 버림'을 받으니 만날 기회가 거의 없군요. 언제 기회가 있겠지요. 하여튼 무지하게 반갑습니다." from 구중회[7].

2012년 4월 10일
양평 산수유마을에 다녀왔다. 일신의 욕망에 충실한 것을 무어라고 할 수 없을 것이다. 자연이나 다른 이들에게 돌려주어야 할 것들을 전유(專有)하는 자들은 경멸받아 마땅하다. 경멸이나 능멸 같은 것들도 인간만의 일이다. 어쨌거나 4년을 기다렸다. 내일 총선 투표율이 70% 넘으면 나도 정말 머리를 짧게 자를까를 생각해 본다. 바랄 걸 바라야지! 쾌락이 있을 것이다.

2012년 4월 16일
개교기념일. 초임 발령지였던 면목고. 다시 부임한 보람이 아빠 범쾌 선생은 삼십 년 전 체육수업 모습을 똑같이 재현해 보여 주었다. 경이로웠다. 교육부·교육청·평가원·개발원·연구원·과학원… 죽었다 깨도 모르는 현장!

2012년 4월 19일
그만하겠다고 다짐을 했어도 결국, 첫 꼭지를 '도살자들과 스포츠'라고 하여 「됐거든!」을 『체육교육』 여름호 원고로 보냈다. 제목이 맘에 들지 않았다.

첫 학교 졸업생인 '맘에드림' 방득일 대표가 춘천까지 찾아와 주었다. 후평동 광장서적 뒷골목 평화불고기에서 제비추리 구워 저녁 먹었다. 지난번엔 열 권을 택배로 보냈는데, 또 혁신학교 책 몇 권을 놓고 갔다.

2012년 4월 24일

한동안 괜찮았다. 그랬는데 다시 여러 가지로 혼란스럽고 지리멸렬하다. 그렇게 흘러가는 생이 새삼스럽다. 책이나 붙들고 앉아 있는 것이 한심스럽기만 하다. 다른 방도가 없기 때문이다.

『아리랑』을 다시 읽었다. 몇 번째 되는데 새롭고 놀랍다. 며칠 동안 광저우로 날아가서 중경-서안-연안-무한-상해-남경-북경-심양-연길로 이어지는 철도여행을 꿈꾸다 접는다. 자기 혁명을 꿈꾸지 않는다면 시체나 좀비와 다를 것이 없을 것이므로.

토머스 페인, 박광순 옮김, 『상식론』, 범우사. 2007.

폴 콜린스, 홍한별 옮김, 『토머스 페인 유골 분실 사건』, 양철북. 2011.

두 책을 함께 읽었다. 이 땅에서는 상식이 절멸되었다. 견고한 지역주의와 개발독재의 망령은 한참 더 떠돌 것이다. 변화를 꿈꾼다는 자들이, 경멸해 마지않던 부류들에게 한 방 크게 얻어터지고 깨갱하는 모습을 목도(目睹, 눈으로 직접 봄)했지 않은가. 뼈도 추리지 못한 토마스 페인처럼 뭐 됐다.

프랑수아 플라스, 윤정임 옮김, 『마지막 거인』, 디자인하우스, 2002.

끝 페이지까지 손을 놓을 수 없었다. 회한이라는 것이 이런 것인가. 나에게서 사라졌고 절멸된 것들을 불러본다. 초가집·맑은 시냇물·새 둥지·아침이슬에 젖는 등교 길·화롯불·원두막·자치기·여물 썰기·타작마당…. 울었다.

피터 케이브, 김한영 옮김, 『사람을 먹으면 왜 안 되는가』, 마젤란, 2009.

고이데 히로아키, 김원식 옮김, 『은폐된 원자력 핵의 진실』, 녹색평론. 2011.

이언 레슬리, 김옥진 옮김, 『타고난 거짓말쟁이들』, 북로드. 2012.

정태일, 『바이시클 다이어리』, 지식노마드. 2008.

보리스 파우스투, 최해성 옮김, 『브라질의 역사』, 그린비, 2012.

2012년 4월 26일

알피 콘, 이영노 옮김, 『경쟁에 반대한다』, 산눈, 2009.

　많은 부분이 가슴을 친다. 내 몸이 아는 일, 꼼꼼하게 읽고 많은 부분을 밑줄 긋고 옮겨 적었다. 번역이 아쉬웠다.

　"스포츠는 개인의 인격을 키우는 것이 아니라 사회구조에 가장 유용한 사람을 키우기 위해 존재한다. 우리 사회와 경제 제도의 관점에서 보면, 사람들을 서로 경쟁자로 여기게끔 만드는 것은 매우 유용하다. 스포츠 참여자들은 단결이나 집단적 노력 대신 서로를 적대하는 것을 자연스럽게 받아들인다. 어떤 팀의 선수가 되면 그는 협력을 오직 승리의 수단으로만 생각하며, 적대감과 공격성도 정당하다고 여기고, 승리를 위해 권위주의에 복종한다." 120쪽.

2012년 4월 27일

줄리언 반스, 최세희 옮김, 『예감은 틀리지 않는다』, 다산책방, 2012.

　기억이라는 것이 이렇게 맹랑한 것인가. 무지와 어리석음과 치기는 내 생애 전반을 관통한다. 기억을 불러내어 역사를 서술하거나 공부하려는 이들이 읽음직하다. 이별의 상처에 고통받는 이들도.

2012년 4월 30일

어김없이 3학년 동 앞에 은방울꽃 방울방울 맺혔다. 쓰레기 컨테이너 뒤 공한지. 남새밭을 일궈 놓아도 아무도 관심 없다. 고추·곤드레·토마토·감자·가지·호박·파·상추·파프리카 등을 심었고 그만큼의 자리가 더 있지만 힘이 달려 그냥, 풀밭이다.

2012년 5월 3일

춘천시 13개 고교 모두가 참가하는 고교 친선 체육대회. 모두 '연체'라 부른다. 학교 간 연합, 특히 봄내고와 봄봄여고, 봄봄고와 봄내여고가 짝을 이뤄 응원전을 펼친다[8]. 시작 무렵엔 비가 내렸고, 이제부턴 따가운 햇볕과 싸움.

2012년 5월 4일

동아리 체육대회. 나는 심장이 없어 폴짝 더 블루스. 줄넘기 경기. 맨 앞에 짱 나영이가 뛴 문학동아리 〈눈늪나루〉가 우승.

2012년 5월 12일

이제는 치렁치렁 길게 자란 머리. 어쩌다 집사람이 디스코 머리로 땋아 색색의 밴드로 묶어 주며 즐거워한다. 일상을 획득한 것이다.

2012년 5월 18일

수학여행을 간다. 출산 휴직 중인 담임선생님을 대신해 부담임으로 따라 가게 된 것이다. 호반체육관 출발 직전 민병희 교육감이 배웅하러 왔다. 해직되어 길거리로 내몰렸던 학교에 교육감으로 아이들 수학여행을 배웅한다. 남궁경호 교장과 동기여서만은 아닐 것이다.

　마라도 다녀오며 선미(船尾, 배 끝자락)에서 물보라를 한참 바라보았다. 심연에서 용솟음치던 것들의 종말. 늘 거기서 그 타령인 것들도 있을 것이다. 사흘째 밤 새벽 두 시쯤 아이들의 다급한 부름을 받고 달려갔다. 응급상황일수록 침착하게 대처해야 한다. 숨을 쉬지 않는 아이의 호흡을 살렸다. 위급상황을 넘긴 후에 119가 도착했다.

　용두암을 끝으로 3박 4일 수학여행 마무리. 수학여행 무리와 다른 동물무리의 집단이동은 같을까? 다를까?

2012년 5월 19일

5·18을 모르는 아이들. 4·19나 6·25를 모를 것도 당연하다. 큰 그늘을 드리우는 목백합 나무를 기억하고 추억으로 간직하지만, 그 나무가 기품 있는 꽃을 피워 낸다는 것도 모르는 졸업생들. 나쁜 학교의 전형과 나의 자화상을 생각한다. 어쨌든 나무 그늘로 이끌어, 목백합 꽃을 보여 주면 경탄하는 아가씨들. 봄날이 간다.

　이른 아침에 남새밭에 북을 주고 서울해장국 내장탕 포장해 늦은 아침 거하게 해장. 늘어지게 한잠 자고 춘삼이⁹, 소양댐 올라갔는데, 진짜 음유시인인 녹우 김성호가 공연을 하고 있었다.

2012년 5월 23일

운동장에, 안에 학급 아이들이 다 들어가 쉴 수 있는 그늘을 만들어 내는 목백합. 아가씨들에게 넷볼(Netball) 활동을 만들어 준다. 여학생 스포츠활동에서 갑 중의 갑.

2012년 5월 26일

두 해 동안 머리를 길러 치렁치렁 묶고 다녔다. 어제 점심으로 한어울
에서 메밀국수 먹고 올라오다가 교문 바로 옆 준미용실에서 싹둑. 기분
까지 환해졌다. 교장실 문을 열고 들어가, 남궁경호 교장 샘에게 보여
주니 술 사 준단다. 몇몇 아이들이 경악을 금치 못하고 비명을 지른다.
퇴근하니 집사람이 잠시 알아보지 못한다.

2012년 5월 28일

어제 어머니에게 가서 고구마 1,500싹 모종하고 왔다. 아침 일찍 춘삼
이와 오월이[10] 첫 커플 라이딩. 가평까지 내달려 가평 칼국수집. 힘들
어 남춘천까지 전철로 점프.

2012년 5월 29일

김춘배 화실은 오늘도 불 꺼진 채 잠겨 있다. 그 옆 뭉텅찌개집 동래식
당에서 연구실 식구들과 오랜만에 밥을 먹었다. 최돈선 형님시인선생
님은 만주에 가시고, 창균이와 용하는 제 살기에 바빠 전화도 없다. 심
신이 고단한 내가 보인다. 새삼 사위(四圍) 적막하다. 시인들이 그립다.

2012년 5월 30일

분명 아무에게나 기회가 주어지지 않는다. 스스로 만들어 낸 것이 아니
라 만들어져 있는 것에 복무하는 것과 상관없이. 캐나다 애드먼턴으로
교환경기 떠나는 농구부 아이들을 배웅했다. 8박 9일의 Serendipity[11]!

2012년 5월 31일

교사 뒤편 후미진 흡연장. 붉은 글씨의 No Smoking과 함께 학기 초부
터 특징을 잘 잡아낸 캐리커처가 붙어 있다. 내 몰골이 끼어들지 않아
다행이다. with 박노영·함호식·조윤식·박윤식.

2012년 6월 3일

스스로를 극한으로 밀어 올리는 일. 영혼이 폭발하는 한가운데에 있든

소멸하여 암혹 속으로 사라지든 상관없는 일. 사랑을 알지 못하는 것에 비하면 죽음 따위도 아무것도 아닌 일. 그 쓰러짐에 익숙한 생이여. 아직 숨이 붙어 있으니 생애를 일으켜 세우라. 춘삼이 힘내라. 처음인데, 자전거로 석파령을 쉼 없이 올랐다.

디안, 문현선 옮김 『시췌의 겨울』, 자음과모음, 2011.

2012년 6월 4일

원주고등학교 운동장. 강원연합 방송통신고등학교 체육대회. 민병회 교육감 행사 사진은 여러 장 얻었지만, 우리 반과 단체 사진 촬영에 스스럼없이 다가와 쪼그려 앉는다. 낮춤의 당당함, 배려의 따뜻함, 나눔의 기쁨 같은 것들을 생각했다.

2012년 6월 6일

춘삼이와 오월이 삼포 지나 원창고개 넘어 돌아왔다. 작년 가을 강릉 이종린 형 집 화단에서 몇 알 얻어온 마 씨앗, 싹을 틔우고 쑥쑥 벋어 올라간다. 코 골면서 잠에 빠지는 강아지, 어엿한 여덟 살 비상이. 꿈속에서 비상(飛翔)하고 있나 보다.

2012년 6월 7일

"책 나왔어. 주려고…"

남새밭과 씨름하고 있는데 070 전화다.

"어데고?"

"올훼의 땅…."

"담배 한 대 피우고 바로 갈게."

엎어지면 코 닿을 거리. 보고 싶었던 족속들 다 모였다. 건네주는 책을 받아 펼쳐본다. 도연이가 뒷표지를 썼다.

"시로 여는 세상에 시인일기를 쓰고 있어. 가장 애착이 가는 거는 이거야."

내 손에 있던 책을 가져가 펼쳐서 다시 건네준다.

박용하, 「강릉」, 『한 남자』, 시로여는세상, 2012.

2012년 6월 10일

툇골. 시냇물 아닌 계곡물에 발 담그고. 어제 85km, 오늘도 그만큼, 임도(林道, 산림에 연결된 차도) 20여km 포함, 달려라! 춘삼이.

2012년 6월 14일

2주 연속 토요일과 일요일 자전거 연수를 받았다. 이제 사람이 일상적으로 자동차를 타거나 걸어서 오고 가는 길은 웬만큼 자전거로 갈 수 있겠다. 춘천 주변의 동서남북 높은 고개들을 느리지만 쉬지 않고 넘었다. 배후령·원창고개·홍지고개를 넘었고, 느랏재와 석파령 임도(林道)를 다녀왔다. 반년 전만 해도 꿈도 꾸지 못할 일이었다. 점점 욕심이 생기는데 경계해야 할 지점이겠다. 호박이 덩굴을 벋으라고 섶을 만들었다. 내 몸의 시스템은 꿈지럭거리며 마냥 무엇인가를 해야만 한다. 대개의 짓거리는 대략 부질없는 것들이다. 자전거 타는 것 빼고.

2012년 6월 16일

화천 문학 축전에 아이들 아홉을 참가시켰다[12]. 아이들은 시외버스, 나는 앞바퀴 분리해 춘삼이를 레조 로시난테에 싣고 왔다. 붕어섬에서 참가자 확인을 받고 버스로 평화의 댐 공원으로 이동하는 동안, 자전거를 내려 원천리를 다녀왔다. 해산령을 넘어 평화의 댐에 도착해서는 아이들 도시락 점심을 받아 드는 것 보고 자전거로 비수구미, 포크레인 작업으로 더는 들어갈 수 없는 곳까지. 돌아 나오는데 좁은 길에 멈춰 비켜섰으나 트럭 기사에게 미안했다. 평화의 댐 경사면을 올라 되돌아올 때는 소양댐에 오르는 것보다 힘들었고 말고다. 어제 저녁 체육사학회 학술대회와 총회 마치고 달린 후유증이 크다. 언젠가는 배후령을 넘어와 해산령도 넘으리라.

2012년 6월 17일

이틀째 자전거를 타고 나와 문학축전에 참가하는 아이들이 버스 타는 것을 지켰다. 오늘은 공연과 시상식만 있어 네 명만 간단다. 방송통신고 중도 소풍날. 속초에서 두 해. 봄내에서 세 해의 방송통신고 수업. 그중 소풍과 광역 연합체육대회는 가장 중요한 행사다. 1, 2, 3학년 여섯 학급이 경쟁하듯 바리바리 싸 들고 온 음식을, 굽고 데우고 펼쳐 놓고 놀이도 하고. 담임 챙기는 것도 경쟁하듯 한다. 생애 최고의 날을 마냥 즐겼다.

2012년 6월 19일

햇볕을 피해 체육관으로 수업이 몰린 지 오래다. 두 학급이 몰리면 활동이 난감하지만 어쩔 수 없는 일이다. 절반을 나누어 다른 학급은 라인댄스를 하고 넷볼(Netball)은 간이경기로 돌려 붙기를 한다. 아이들에게 어떤 몸의 기억과 경험을 더해 주는 것이 바람직한지에 대한 판단은 온전히 교사 몫이다.

2012년 6월 21일

오뉴월 뙤약볕 아래에서의 디스크골프 활동. 넉넉한 목백합 그늘이 있어 가능하다. 도처 청산 화엄. 무성하게 흔들리는구나. 무성하게 죽어가겠구나. 나는 나대로 흔들릴 것이다. 한 방에 혹 가면 더 좋겠으되, 나는 나대로 무성 시들 죽어 가겠구나. 개망초.

2012년 6월 22일

새 학기 시작 무렵, 강원도교육연구원의 '현장교원위탁연구'에 이인범 장학사와 어형종 선생을 공동연구자로 응모하여 선정되었다. 〈학교교육 현장에 나타난 교육 불만에 관한 연구〉, 25일(월), 학교에서 공개세미나를 만들었다. 자문역으로 찾아 줄 류태호 교수 만날 생각에 벅차다.

2012년 6월 26일

마 씨앗 열둘에서 시작한 초록의 이파리들이 베란다 창문을 덮어 간다. 뜨거운 햇볕 아래 반지하 베란다 화분에서부터 덩굴을 벋어 올라 오르고 있다. 연립주택 유리 창호와 벽돌벽에는 부여잡을 것 없어 허공으로 손짓하는 모습이 애처롭다. 대략 살아 있다는 것은, 허공을 흔드는 것인지도 모른다. 바람 한 올 불어오지 않는 허공이 가득한 날들.

2012년 6월 28일

가뭄이 길다. 세상의 모든 희망과 믿음이 사라진다 해도 남아 있는 것이 있을 것이다. 죽음과 맞바꿀 수도 있겠으되 필경 무덤 속으로나 가져가야 할 기원 같은 것. 내일 아침 눈 떴을 때 비가 오고 있다면 얼마나 좋을까.

가르친다는 것은 함께한다는 것과 동의어임을 확인한다. 마음을 연결하는 것, 함께 공감한다는 것이다. 설리번 선생은 그 청맹과니[13] 아이가 깨우쳐 나가는 순간들을 함께할 수 있어 행복했을 것이다. 내 생의 순간들에 함께하는 모든 이들이 나의 멘토들임을 늦게 알았다.

"사랑은 햇살이 비추기 전 끼어 있던 구름 같은 것이란다. 우리는 구름을 만질 수는 없단다. 그러나 비를 만질 수는 있지. 한낮의 무더위에 시달려 목마른 대지와 꽃들이 이 단비를 받아 마시고 얼마나 좋아하는지 너도 알잖니? 손에 잡히지는 않지만 모든 것 위에 부어지는 그 달콤함만은 느낄 수 있지. 사랑이 없다면 행복하지도 뭘 하고 싶지도 않을 거야." 56쪽.

헬렌 켈러, 박에스더 옮김, 『헬렌 켈러 자서전』, 산해, 2008.

2012년 6월 29일

운동과 건강생활 기말고사 지필 평가 키워드를 알려 준다. 이렇게 알려 주어도 퍼펙트는 드물다. 조양현 선생이 심혈을 기울여 출제한 문항. 입시나 성적순과는 상관없는 과목. 그러나 삶이나 생명과 직접 연결된 내용. 너무나 당연한 것이 외면당하는 현실. 상식이 배척당하는 욕망의 도가니. 토마스 페인의 '상식'[14]은 이 땅에서 아직도 그의 유골처럼 떠돌고 있다. 일제고사 폐지! 도교육청 농성장에 얼굴만 비치고 온 한심한 교사의 변명이다.

2012년 7월 4일

기말고사 첫날. 전교직원 연찬회. 덕두원 명월촌. 자전거로 갈 때는 칠전동 의암댐. 돌아올 때는 서면 쪽 미스타페오를 들렀다. 왕복 46km.

2012년 7월 21일

춘삼이·오월이·유월이 대성리 목표 라이딩. 돌아오는 길 오뉴월이 힘들어해 상천에서 전철로 점프. 49km.

2012년 7월 25일

오월이와 댐투어. 콧구멍다리-춘천댐-나비야-의암댐-연화마을을 넘어 김유정역에서 짜장면 먹고 들어왔다. 허벅지가 완전히 익었다. 폭염 라이딩은 미친 짓이다. 미치지 않고 어떻게 생을 건디겠는가.

2012년 7월 26일

홀로 라이딩. 만천리-춘여고 신축공사장-구봉산-신천리-공지천-소양 2·3교-강고 앞-집으로.

2012년 7월 29일

엊그제부터 농구부 아이들 전국대회 경기가 있어 들여다보는 길에 춘삼이를 레조 로시난테에 실었다. 대구 동인네거리 모텔에서 묵었는데 아침부터 덥다. 남국의 아침이라 생각하기로 했다. 툰드라에서 한반도는 남국 아닌가. 금호대교까지 강변길을 달렸다. 오늘은 구미, 옥련동 새하 원룸에서 자고 일어나 남구미대교까지 갔다가 돌아왔다. 춘천에서 자전거 타는 이들은 4대강 자전거길 별로 좋아하지 않는다.

　농구부 아이들은 준우승에 머물렀다. 뭐 어때서? 우승했다고 인생이 달라지겠나. 충분히 잘했고 아름답다. 전국체전 끝날 때까지는 한시도 맘 편할 일 없을 것은 마찬가지. 괜찮아, 잘했어, 울지 마.

2012년 8월 3일

어제 아침 일곱 시쯤 출발. 강촌-가평-현리-포천을 거쳐 동두천 모텔 방에 춘삼이를 모셔 놓고, 국밥에 막걸리 한 통 마시고 곯아떨어졌다. 아침에 일어나 가마소와 구암리에 아주 잠깐 들러 형들 형수들 얼굴만 보고 바로 내뺐다. 점심 전에 미선이 효순이 추모공원에 쉬고 있는데 전화를 받는다. 애초에는 임진각에 갔다가 통일로를 달려 한강 길로 해서 팔당쯤에서 하루 더 묵어 돌아올 예정이었다. 교육연구원에 제출한 중간보고서에 문제가 있다는 것. 되돌아가 처리해야만 했다. 의정부까지는 익숙한 길이었지만 짜증 나는 일에 재미도 없고 힘이 빠졌다. 양주역에서 춘천까지 전철로 점프. 어쨌든 생일을 자축했다.

2012년 8월 28일

태풍 볼라벤. 전국적으로 만 몇천 개 학교 휴교. 공부 많이 시키는 우리들의 좋은 학교는 정상 수업. 팝스 측정을 하며 아이들에게 빨리 집에 보내 달라는 지청구(남을 탓하고 원망함) 듣는다. 8교시 보충 전. 바람이 엄청나게 불어 대고 텃밭에 있는데, 몇몇 아이들이 스탠드에 나와 목백합 나무를 바라보며 걱정하고 있는 것을 본다. 바람이 심하면 삭정이와 잔가지들이 부러져 내려 쌓이는 걸 보았기 때문일 터이다.

2012년 8월 31일

런던패럴림픽개막. 전형성의 시대를 살면서 "인간에게 표준은 없다"라는 스티븐 호킹의 이야기는 가슴을 뛰게 만든다[15]. 그러나 오늘은 몸이 부들부들 떨릴 정도로 분노에 사로잡혔었다[16]. 표준화된 인간들이 인간을 살육한 것이었다. 절판되어 지도교수에게 가져다 복사해 가지고 있던 책을 꺼내 보았다.

　나폴레옹 샤뇽, 양은주 역, 『야노마모. 에덴의 마지막 날들』, 파스칼북스. 2003.

2012년 9월 9일

메밀밭에 앉아 사진을 찍는 나를 찍은 사진을 보냈다.

　"문인대회 마치고 이효석문학관을 떠나며, 흔들이는 메밀꽃 무더기와 찾아준 벌들을 찍는 중. 시집 한 권 냅시다요." from 권혁소.

　임병도, 『아이엠피터의 놈.놈.놈』, 책으로여는세상, 2012.

2012년 9월 13일

오랜만에 춘삼이를 끌고 나갔다. 김유정역-삼포-새술막-원창고개. 금병산 자락을 한 바퀴 도는 셈. 쑥부쟁이며 벌개미취, 여뀌, 가을꽃들 지천이다. 잠시 노란 물봉선과도 눈 맞췄다. 삼포 마을 길가에 심심찮게 심어진 대추나무. 몇 알 따고 싶은 치명적 유혹이다. 밤송이들도 조만간 벌어지겠다.

2012년 9월 16일

텃밭 배추들이 더풀더풀 잘 자란다. 너무 배게(일정 면적에 적절한 수보다 더 많이 심게) 심었나 보다. 부대끼면서 크도록 내버려 둘 밖에. 어제는 방송고 수업하며 틈틈이 열무를 솎았다. 더 자라 자리 잡으면 한 번 더 솎아 열무김치 담가야겠다. 섶을 타고 올라간 맷돌 호박. 버려진 의자 하나 주워와 앉아 늙어 갈 자리를 마련해 주었다. 비 내리는 날 마음의 텃밭은 텅텅 비어 간다.

2012년 9월 19일

한동안 아이들과 매우 정적인 활동을 했다. 요가·명상·스트레칭·기체조 등 그 무엇으로 불러도 상관없을 느리고 유연하며 부드러움을 추구하는 활동. 그런데 아가씨들 몇은 자신에게만 오롯이 집중하는 단 3분의 기회도 힘들어한다. 마뜩하지 않은 활동이라 그럴 것. '이런 거 왜 해요?'라고 대들지 않으니 고마울 뿐.

2012년 9월 21일

그동안 무수하게 학생운동선수들을 인솔하여 각종 대회를 다녔다. 육상·농구·볼링·트라이애슬론·야구·펜싱·근대5종 등에 더해 씨름·하키·역도·사격을 육성하는 학교에서 일했고 결국, 체고에서도 일했다. 속초에서 열리는 2012 강원도학교스포츠클럽 대회에 배드민턴 클럽 아이들을 인솔한다. 참가경비는 전액 교육청에서 지원.

참가자 여섯 명의 학부모들에게 잘 인솔하겠노라는 장문의 문자를 보냈다. 출발하기 전 교장 선생님에게 인사하는 장면을 폰으로 찍어 부모들에게 전송도 했다. 그런데. 가만히 생각해 보니 너무 한심했다. 너무 당연한 일을 한 것인데, 왜 운동부 아이들을 데리고 다닐 때는 이렇게 하지 못했던가 하는 생각에 머리를 쥐어박고 싶었다. 못난 놈. 나쁜 놈. 나쁜 체육선생이었다. 지금도 그렇다.

2012년 9월 23일

먼저 나왔다가 김유정역-팔미리-연화마을-의암댐-서면 돌아 샘밭 사거리에서 오월이와 합류. 30km 넘게 더 탔지만 옥광산 길과 구봉산길 업힐에서, 분명히 오월이에게 졌다. 헥헥거리며 힘들게 올라오는 꼬락서니를 찍혔다.

2012년 9월 26일

쓸쓸하지 않다고, 바로 지금이 내 생애의 절정이라고 우겼다. 그래 봤자 천년을 기약할 수 없으니 바로 지금 쓸쓸 장려(壯麗)하다. 오늘도 저녁 먹고 나온 아이들 웃음과 재잘거림 속에서 주차장을 지나 노을 속으로 장렬(壯烈)하게 침몰한다. 퇴근.

2012년 9월 30일

오월이와 강촌 지나 소주 고개를 넘어 장인·장모 합장묘가 있는 가정리. 덕만이 고개를 넘어 돌아오는 성묘라이딩. 76km. 벅차고 말고다.

2012년 10월 2일

강촌에서 돌아오는 깨길 가려고 나왔는데 오월이가 송암동에서 벌에 쏘여 되돌아왔다. 아쉬움에 혼자 구봉산 전망대. 춘천? 춘천! 춘천에 사는 내가 좋다.

2012년 10월 5일

서울 구경을 한 것이 언제였던가. 아직도 서울 귀경이라는 것도 있을까. 동대문 종로 광화문 서대문 통을 누비며 중고시절을 보낸 베이비붐 세대의 늙어 가는 선생이 거의 동년배들이 대부분인 방송고 학생들과 서울을 간다. 창체 활동 프로그램 중 하나. itx 청춘열차 탈 거다. 인사동 한옥마을 경복궁을 헤집고 다녀야지. 나는 낙원동 국밥집에 앉아 막걸리나 마셔야지. 개망초반 학생 누이들이 내 팔을 잡아끌 것이다. 못 이기는 척 끌려가며 주절댈 것이다. 아, 좋은 날이에요! 돌아오는 길에는 1호선을 타고 열차에 오르기 전 청량리 영양센터에서 모두 함께 전기구이 통닭을 뜯어야지. 누이들과 나는 그렇게 청춘열차를 타고 서울 구경을 하겠다. 그러면서 문득 속절없음에 딱 한 번만 찔끔거려야지.

2012년 10월 6일

두 번째 배후령 업힐. 쉬지 않고 오르겠다고 다짐했지만 한 번 쉬었다. 끌바(자전거에서 내려서 끌고 올라감)하지 않은 것이 다행.

2012년 10월 11일

오늘도 종일 교육문제를 검색하며 하루를 보냈다. 한심했다. 체육 시간이면 아이들이 교실에서 체육복을 갈아입는, 수십 년 동안 변하지 않고 있는 일. 교과교실제가 시행되면서 일부 학교들에 탈의실이 생기기 시작했지만 미안하다. 얘들아. 무심코 교실 문을 열고 들어갔을 때 너희들 옷 갈아입는 걸 보고 못 본 채 외면한 순간들이 있었음을. 돌려가며 체육복 갈아입는 월남치마 하나 장만해 주지 못했던 딸들아. 정말 미안하다. 교실 문을 열다 허공으로 눈길을 옮기던 한생이 결국 허공에 닿는다.

2012년 10월 13일

중앙고속도로를 달리다 제천에서 잠시 빠져나왔다. 봉양. YB '박하사탕'이 흐른다. 닿을 기약도 없는데 너무 멀리 왔구나, 로시난테여. 345,678km. 구미에서 새하 픽업, 김해와 부산을 대구를 스쳤다. 봉하마을에서 팔짱 끼고 삐딱하게 서서 한참 묘석을 내려다보던 새하는, 저녁에 회전초밥집에서 스무 접시를 해치웠다. 해운대 금수복국, 대구 칠성시장 돼지숯불구이도 맛나게 먹었다.

2012년 10월 25일

교육연구원 현장 논문을 완성했다. 출력과정에서 저장이 잘못되어 30쪽 이상의 분량을 날렸다. 천만다행으로 인쇄되어 나온 것은 정상. 파일에 인쇄본을 보고 재작업해야 한다. 내일까지 제출이니 오늘 잠 다 잤다. 논문 수준은? 내 마음대로 썼다. 누가 뭐래도 상관없는 일이다. 내 생에 다시 쓸 일 없겠다. 이인범 장학사, 어형종 선생이 공동연구자로 이름을 올렸다.

2012년 10월 26일

이십여 년 동안 교사들이 고통과 함께 희망과 열정으로, 당시에는 미래였던 바로 오늘의 학교를 만들어 냈다. 그렇지만 안타깝도다. 오늘을 이해하지 못하거나 무지한 이들은 불확실함의 공포를 확대 재생산하기를 멈추지 않는다. 학생들의 미래를 끊임없이 유보시킨다. 그들의 집합체가 국가장치고 제도교육이다. 삼월부터 매달려 온 어떤 생각의 결과다. 강원교육. 밝혀진 촛불. 주먹 쥐고 일어서 묵묵히 가면 된다. 우울한 선생의 운명이다.

2012년 10월 27일

오랜만의 여유로운 아침. 띄운 비지 뚝배기에 떡 점을 넣어 끓였다. 자반 고등어 한 토막 가자미식해 파김치 멸치볶음 비름나물. 반주가 없으면 생에 대한 모욕이라 여긴다. 밥 먹고 엄마 보러 갈 거다. 어머니는 나를 보면 웃는다. 지난 일들을 이야기할 때 눈물짓기도 하지만 표정이 어두울 때도 있지만 화내는 모습은 별로 본 일이 없다.

　어머니 보러 왔다가 천 이백 싹이나 심어 놓은 고구마밭으로 간다. 비가 내려 완전 진흙 구덩이다. 캐기 글렀다. 도대체 팔아먹을 것도 아닌데 왜 이렇게 많이 심어 자식들 고생시키는지 지청구해대며.

　「눈물에 대하여」를 썼다.

2012년 10월 30일

고구마 순, 고구마 줄거리, 다 적당치 않다. 고구마 잎줄기라야 하겠지만 상관없는 일이다. 김치 담그려 이틀 동안 껍질 벗기는 일이 심상치 않았다. 큼큼하게 익으면 몇 번 입이 호사를 누리겠다.

2012년 11월 4일

큰 병은 아니나 집사람을 수술실에 들여보내고 길 건너 국수집을 간다. 가을비는 내리는데 누군가 생살을 찢고 생살이 돋고 생살이 썩어도 배는 고프구나. 썩을 놈.

2012년 11월 9일

또 모든 걸 접고 교육개발원으로 출발이다. 몇 마디 지껄이고 오면 되는 일. 창의적 체험활동 연구학교 집중작업. 어쨌든 내가 좋아서 하는 일이고, 방송고 학생들 즐거워하는 거 보고 여기까지 끌고 왔다. 형식과 틀에 맞춰 중간보고서를 쓰는 일. 따위로 '일'이 되는 것은 지겹다는 말이 절로 나오는 것이다.

2012년 11월 11일

작별·고별·이별. 대개 이별의 순간은 예비되어 있기 마련이다. 오래 준비한 학교 이전(移轉)이라는 또 다른 이별을 맞는다. 자전거를 타고 나와 이전 준비가 완료된 신축학교에 다녀왔다. 백목련 다섯·좀작살나무 둘·무궁화 열·향나무 둘·목백합 한 그루는 봄에 미리 옮겨 심었다. 텃밭을 가꾸면서부터 늘 시선이 닿아 있던 나무들. 봄날 환하게 교정을 밝히다 꽃이 지기도 전에 옮겨진 백목련 다섯 그루가 모두 죽어 있었다. 눈물이 났다. 체육관 옆 키 큰 목백합을 옮기는 모습은 처참했다. 포크레인이 동원되고 가지와 뿌리들이 잘려 나간 모습은 차마 지켜보기 어려웠다. 버팀목에 의지해 이파리 몇 개 겨우 붙이고 있는 목백합은 겨울을 넘기고 살아남기 어려워 보인다. 옮겨진 나무들 말고 운동장 담벼락을 지키는 이십여 그루 수수꽃다리들만이라도 부디 안녕하길.

2012년 11월 13일

텃밭 옆 은행나무 잎 수북한 자리에 무를 뽑아 쌓았다. 동치미 담기 알맞다. 알타리무도 자잘하니 한입에 딱이겠다. 다듬어 갈무리하는 재미만 남았는데 담이 걸리네.

2012년 11월 14일

배추를 뽑았다. 다듬어 싣고 와 거실로 옮겨 쪼개 쌓는다. 벌거지들이 먼저 잡수셨지만 노란 속살을 드러냈다. 집사람이 절일 것이다. 몇 번 더 죽어 몇 생을 살리려느냐. 한철 한생이 눈부시게 쪼개졌어도 어쨌거나 모아 놓으니 한 무더기 한 몸이다.

2012년 11월 16일

현장연구 발표용 프레젠테이션 완성해 보냈다. 11월의 비 내린다. 공교롭게 내린다. 자유도 당당함도 두려움도 모두 공교롭다. 그렇게 왜 이리 당당한가? 자유로운가? 두려움이 없는가? 고로 나는 매일 죽어 마땅하다. 굽이치며 끌고 온 생이 굽이치며 돌아갈 길이 보였다. 세상이 시작되고 끝나는 모든 곳에서 눈물의 정수리가 환하다.

2012년 11월 20일

신축 이전 학교. 설계 단계부터 시공 준공까지의 전 과정을 옆에서 지켜보았다. 상상력의 빈곤과 토건 공화국의 욕망이 뒤섞여 탄생하는 대한민국의 특징 없는 학교. 그러거나 말거나 외양이 번지르르하니 건축대상 받으려나. 부실한 체육관에 실망하는 체육선생의 푸념.

　두 달 사이에 대형 논문 두 편을 썼고 일주일 간격으로 두 번의 발표를 해야 한다. 결단코 내가 아니다. 폭격에 사람들이 죽어 나가고 철탑에 오르는 노동자들. 나는 허접한 논문이나 시 나부랭이로 생을 버틴다. 곧 지나가리라. 방도가 없으므로.

2012년 11월 21일

현장연구 발표. 40분 시간을 초과하며 무슨 말을 했는지 모르겠다. 다만 많은 이들을 불편하게 한 것 같다. 내 불편이 전해졌겠지. 졌다. 그러나 만족스럽다.

2012년 11월 26일

비로소 거의 모든 일을 마무리하는 단계. 방송고 연구학교 발표용 프레젠테이션 완성 송부. 내 이럴 줄 알았지. 곧 지나갈 줄 알았지.

2012년 11월 29일

이제, 정녕 이별의 시간이다. 너와의 인연은 여기까지다. 불멸이나 영원을 광휘나 생명을 이야기하는 호사도 부질없고 헛되구나. 세상의 끝도 시작도 어쩌지 못할 것들. 못된 것들의 무리에서 안녕. 그대여 안녕. 부디 안녕히. 수목장도 허락되지 않는 지구에서 태어난 죄. 로시난테여. 결국, 고속도로 남춘천 톨게이트 부근에서 숨을 멈춘 레조, 그대 무덤의 이름에 영광 있으라.

　교육개발원에 교감 교무부장과 연구학교 운영 발표회 가는 길이었다. 레카 불러 시내로 들어가 교감 차로 바꿔 타고 다녀왔다.

2012년 11월 30일

진보교육감 집무실 앞에서 단결 투쟁! 붉은 바탕의 흰 글씨 머리띠를 다시 묶었다. 정말 오랜만이다. 대개의 싸움은 이기고 지는 문제가 아니다. 또는 서로의 밥그릇을 지키자는 것도 아니다. 신뢰와 믿음이 깨지면 바닥을 칠 때까지 진흙탕에서 뒹굴게 되는 것이다. 어쨌거나 내생에 이러한 싸움도 끝내 겪어야만 한다면 기꺼이 뛰어들겠다. 해직 첫날부터 달려와 준 송원재 선생은 서울 남부지회장 시절부터 나의 캡틴이었다. 원영만 선생은 자리에 없었지만 김효문·권혁소·문태호 캡틴들을 비롯 동지들 힘내시라.

2012년 12월 3일

학교 이전을 마친 다음 날 눈 내린다. 새로 이름을 얻은 춘천시 동면 만천양지길 95. 교장실 바로 옆에 붙은 체육부실 창밖으로 눈 내리는 풍경을 본다. 눈 내린다. 괜찮다고 괜찮다며 눈 내린다.

2012년 12월 8일

양평에 용하 보러 다녀왔다. 도루묵이랑 양미리 사러 가자 했는데, 차를 폐차하느라 약속을 지키지 못한 것. 집사람 모닝을 끌고 오후에 잠깐 들렀다. 개군 산수유 마을 들어가는 삼거리에서 홍합짬뽕, 읍내에서 차 한잔 마시고 왔다. 용문 쪽에서 오빈리로 이사한 후 한번 가 보자 했던 터. 용하가 동영상 이야기를 했다. 난 이 사람 목소리만 들어도 아프다. 눈물이 난다. with '미공개영상' 「노무현, 문재인 지지 나서다」, YouTube.

2012년 12월 10일

아침에 새 교정의 상고대 사이를 한참 머물렀다. 교육감이 고3 수능 후 프로그램으로 특강을 하러 왔다. 수능을 끝낸 아이들 대부분은 별 관심 없는 모습을 보였다. 특강이 끝나고 교사들과 만남에서 교육감은 경쟁에 찌들 대로 찌든 아이들 모습에 안타까움을 토로했다. 그러거나 말거나 교감 책상 위에 전보희망원을 놓고 나왔다.

2012년 12월 13일

마가리는 눈에 덮였겠다. 덕석(추울 때 소의 등을 덮어 주는 멍석)을 두르고 콧김을 내뿜으며 응앙응앙 울고 있는 너는 누구냐. 한 삼백 개 만두를 빚어 뒤꼍 눈밭에 던져 꽝꽝 얼렸을 것이다. 동지 그믐까지는 황태 두들겨 푹 삶아 국을 끓이면서 몇 번은 속이 뜨거웠을 것이다.

2012년 12월 14일

삼십 년 전, 대학 3학년과 4학년 때 각각 한 장. 김춘배 시인 화백이 스케치북에 그려 준 캐리커처. 리을이 돌 무렵 그려 준 것과 함께 돌돌 말려 있는 것을 꺼내 보았다. 시화전 할 때 그린 것일 터이다. 잘 그려 놓고 괴발개발 덧댄 말. 화내거나 욕을 하는 걸 본 일이 없는데, 스물 일고여덟 그때, 우리는 그냥 시정잡배였지.

"제길, 하필 폼은 어렵게 잡고 그림 망쳐! 누깔이나 치뜨구 폼을 잡든지. 순 실패작이잖아."

이젠 '폼생폼사'할 일도 없다. 돌아갈 수도 없지만 돌아갈 일도 없는 시절. 나는 무엇을 바라 아직 살아 있는 걸까. with 김춘배.

2012년 12월 17일

교감이 조심스럽게 부른다. 작년에 이어 올해에도 교원평가에서 최하점을 받았다고 알려 준다. 이의신청할 수 있단다. 그냥 두라고 했다[17]. 그건 그렇고, 역겹고 욕 나오는데 참아야만 한다. 한심하고 허접함에 울화가 치미는데, 참고 기다려야만 한다. 맞는 말이다. 먼저 욕하고 짜증 내면 이미 진 거다. 빨간 옷을 입은 무리들의 종말을 보는 것이 유쾌하지 않은 이유다. 그러나 즐겁고 유쾌하게 투표하면 된다. 바꿔야 산다는 것을 받아들이면 조금 더 겸손해질 수 있겠지. 마침내 자신에게 기댈 수 있겠지. 그렇게 두려움 없이 자유로워지겠지. 사흘 후 아침이면 환하고 마음 편하게 출근할 것을 예감한다. 그런데 그것이 불안 불안하다[18].

2012년 12월 22일

매일이 세상의 끝임을 잊고 살았다. 앞으로는 뇌의 반쪽만을 쓰면서 살아야겠다고 다짐한다. 깨부수지도 못하면 늘 조롱하고 욕을 해댔지. 비겁한 일이었다. 그에 대한 대가는 참혹하리라. 찌그러져 있지만 않겠다. 새 신발도 사고 따뜻한 새 점퍼도 얻어 걸쳤다. 할부로 새 차도 사야겠다. 하늘은 조롱이라는 것을 알 리 없으니 용서도 모르리라.

"먹고 살기 힘드네요. 또 남극에 왔습니다. 극점은 벌써 9년 만이네요. 한국 분위기 쌀쌀하겠네요. 여기는 아주 쌀쌀합니다. 천하태평 만수무강 하십시오." from 남지우.

2012년 12월 28일

열없게도(좀 겸연쩍고 부끄럽게도) 맵지 않은 고추를 만나면 신경질이 난다. 캡사이신 홀릭이다. 좌뇌를 요리해 삼킬 수 없는 자의 운명이다. 키워 수확하고 갈무리해 두었던 청량고추 튀각을 만들었다. 어쨌든 겨울을 건뎌야 한다.

담쟁이를 위하여

사물이든 인간이든 이름 붙여지고 불리는 순간, 한 존재로서 제 몫을 감당하게 된다. 그 몫은 이름 부르는 자의 것일까, 이름 불린 자의 것일까? 세상이란 서로에게 이름을 붙이고 불러내는 것이었다.

2013년 1월 9일

정초부터, 속초에서 고교야구부장을 맡았을 때 몇 번 대면했던 이의 죽음에 마음이 무겁다[1]. 정기 전보를 앞두고 비로소 백척간두[2]에 닿았음을 고한다. 자본의 세상을 살아남을 힘을 축적하는 중이다. 집사람과 남대문시장, 평양냉면과 닭무침이 오늘의 나를 깨운다.

2013년 1월 11일

집사람과 한계령, 저 산은 내게 그만 징징대라고 한다.

2013년 1월 16일

"너무 늦은 새해 인사입니다. 샘. 2월부터는 노스웨스턴 메디컬 센터(Northwestern Medical Center)에서 일하게 되었습니다. 자세한 넋두리는 다시 만나 뵙는 날 풀어 놓겠습니다. 시카고보다 한국이 훨씬 추운 듯합니다. 건강 유의하시고 평안하시길 멀리서 기원합니다. 주원이는 잘 자라고 있네요. 할부지 샘 만날 땐 뛰어다닐 듯합니다." from 김충권.

2013년 1월 20일

자전거 대신 순정마루, 명봉을 지나는 대룡산행. 어리석음과 무모함의 일상. 방도가 없기도 하다. 목포에서 부산까지 남도 천리 길 가겠다는 몸 만들기.

2013년 1월 29일 · 남도 천 이백 리

1일 차(24일) 23일 저녁 여덟 시 강남터미널 출발. 새벽 세 시 반 목포 도착. 새벽밥 대충 때우고 다섯 시부터 라이딩 시작. 땅끝 마을 들러 완도 들머리까지. 숙소 찾아 헤매다 뷔페기사식당 늦은 저녁.

2일 차(25일) 아침 여섯 시 반 출발. 아직 어둡다. 강진, 장흥, 보성(차밭) 들러 벌교까지. 다산초당 앞 아침 인생 라면. 점심 보성 짜장면. 나는 보성에서 벌교로 점프 숙소 식당 탐색. 꼬막정식.

3일 차(26일) 일곱 시 벌교 출발. 순천에서 손영갑 선생 먼저 올라가고 광양 거쳐 남해까지. 점심은 순천만 짱뚱어탕. 저녁은 남해 읍내에서 순대와 머리 고기.

4일 차(27일) 일곱 시 남해 출발. 창선대교, 삼천포항, 사천, 진주 거처 함안까지. 늦은 아침으로 삼천포에서 물메기탕. 진주에서 함안으로 넘어가는 국도변, 최악의 점심 짬뽕. 저녁 아구찜은 너무 매웠고.

5일 차(28일) 김영섭 선생 컨디션 난조, 4인이 일곱 시 넘어 먼저 출발했으나 마산 소머리국밥 아침 먹는 중 따라붙음. 점심은 국도변 어탕국수. 진해 거쳐 을숙도에서 라이딩 마무리. 나는 김영섭 선생과 화물트럭 불러 자전거 싣고 탑승. 셋은 전철로 자갈치 들렀다 노포동 터미널 합류.

목포에서 부산까지 5일 동안 500km. 남도 천 이백 리를 달렸다. 많은 날이 함께한 이들과 벅차겠다. 일곱 시 반 부산발 버스는 열한 시 이십 분 춘천 도착. 장안해장국. 자전거를 끌고 집에 들어오니 한 시 반. 식구들이 반겨 주었다. 퉁퉁 부은 얼굴로 일어난 아침. 다시 일상으로 돌아왔다.

with 이창성, 신덕철, 김영섭, 정순관, 손영갑.

2013년 2월 14일

며칠 후에는 오 년간의 일터를 떠난다. 어렵고 난해한 시간이 지난 지금, 잘못 살아왔다는 결론을 얻었다. 당분간 그럴 것이다. 30년 가까운 선생 일을 하루라도 빨리 그만두는 것이 스스로는 물론, 다른 이들에게도 바람직하겠다는 생각을 한다. 어찌 억하심정이 없겠는가만 무엇인가를 자꾸만 꾀하며 자신을 더 망가뜨리거나 다른 이들을 더 불편하게 할 수는 없는 일이다.

그 끝자락에서 아이들의 글들을 모아 문예동아리 〈눈늪나루〉의 첫 사화집 『문을 열다』를 만들었다. 2학년 다섯, 1학년 열 명이 시와 엽편산문을 신국판 120여 쪽에 담았다. 권혁소 시인의 붓글씨로 얻은 제호가 도드라지지는 않지만, 이 책을 기억하는 이들과 함께할 것이다.

원주 지역의 한 중학교로 발령이 날 것 같은데, 자전거로 착임계(교사가 전임할 때 제출하는 서류)를 내려 갈 수 있으면 좋겠다. 어느 곳을 가든 춘삼이는 함께 가겠다. 오늘 졸업식. 공식적으로 봄내여고 생활은 이틀 남았다. 다시, 시작이다.

2013년 2월 17일

방송통신고 졸업식. 2학년이 되는 스물넷 개망초님들 안녕. 오래 행복했습니다.

2013년 2월 22일

함박눈이 퍼부어 봤자 금방 녹아드는 봄눈이다. 10년 전 속초에 닿아 만난 엄청난 눈의 위력. 7년 전 다시 춘천에 닿았을 때 만났던 눈. 봄눈. 원주의 한 중학교로 간다. 위태롭거나 벅차거나 새롭게 만나게 될 아이들이 궁금하다. 공식적인 첫 업무. 부장을 맡으라는 건 그렇다 치고 새내기 교사와 두 해째의 기간제 둘, 태권도와 레슬링 지도자 셋, 스포츠 강사가 다섯. 학교는 말하자면 시에서 일진이란다. 재미와 활력이 차고 넘치겠다. 나두야 간다. 스쿨링의 세계로!

2013년 2월 25일

정기 전보 철이면 공립학교 교사들은 그야말로 파리 목숨이라는 것을 실감한다. 오 년 동안 월 이천 원씩 불입 해, 스무 명 가까운 이들과 함께 전별금이라고 받아든, 십이만 원짜리 봉투에는 정나미가 떨어졌다. 그나마 일곱 명 방송통신고 담당교사들끼리 일 년 동안 월 오만 원씩 모아, 수업일에 점심 사 먹고 이것저것 쓰고도 남은 비용을 나눴는데 이십만 원이 넘는다. 평소 지갑에 만 원짜리 한두 장이라도 들어 있으면 다행인 신세이니 게 탔다.

2013년 3월 1일

난해하다. 들여다봐야 할 혼사가 두 건이나 있어 서울 간다. 밥 먹을 자리도 없어 인근에서 해장 겸 점심 겸 혼자 국수집을 갔다. 돌아오는 길은 더 가관이다. 사흘 연휴를 빠져나가는 차들로 여기도 저기도 꽉 막혔지만 결국 아홉 시에 나가 다섯 시에 집 앞 2km 순댓국집. 잔치 음식도 못 얻어먹고 혼자 국밥에 소주 한 병을 비운다. 만 원짜리 한 장으로 계산하며 돌아서려는데 서글서글한 안 사장님.

"혹시 여고 체육선생님 아니세요?"

"아니, 어떻게?"

"우리 아이가 이번에 3학년 올라가요."

"아. 예. 혹시 몇 반인지?"

"8반이었어요."

"아, 예. 안녕히 계세요."

꿰맞출 필요도 없을 터이지만. 난해하다. 일상적으로 같이 지내는 사람들이 150명 넘으면 헷갈리기 시작한다는데, 매년 300명 정도의 아이들과 함께해 온 세월. 참 난해하고 난해하다. 비로소 교사의 종말에 가까이 왔다.

2013년 3월 2일

두 동서 내외가 춘천역에서 청춘열차를 탄다. 용산역에서 택시로 회현역. 남대문시장 둘러보고 사내들은 진주집 꼬리토막으로 배 채우고 불과하다. 케이블카로 남산 올라가는 중. 봄내 촌것들이 호사를 누린다. 남산타워에서 자매는 기어이 자물쇠를 벽에다 채우고야 만다. 장충단공원으로 내려오는 길에 있는 석호정³을 지난다. 시위를 당기는 이들을 이끄는 양반. 관중이오! 나영일 교수 아닌가. 삼백 몇 회의 삭회란다. 장용영⁴의 훈련장이 있었다던가. 일행이 있으니 손만 잡아보고 바로 안녕.

2013년 3월 6일

엊그제, 첫 출근해 체육부실에 들어서자 학부모가 기다리고 있었다. 3학년이 되는 자기 아이가 훈련장에서 코치에게 맞아 피투성이가 되었다며, 자르라는 것이다. 흥분한 상태의 아버지를 진정시켜 돌려보내고 코치를 불러 자초지종을 들었다. 어이없는 일이 벌어졌다. 서울의 다른 학교 아이들이 전지훈련을 와, 겨루기 연습경기를 하던 중, 코치가 아이를 엎드려뻗쳐 시켜 놓고 '빠따'를 때린 것도 모자라, 엎드린 아이의 안면을 걷어차 코피를 터뜨린 것이다. 이에 격분한 아버지가 코치에게 달려들어 주먹을 날린 것. 아이들 40여 명, 학부모들 10여 명의 중인환시(衆人環視, 여럿이 둘러싸고 지켜봄)에 벌어진 일이었다. 아이고.

교감 교장과 상의해 일단, 코치에게 태권도부 전체 아이들에게 접근 금지를 지시했다. 그런데 일주일 후 큰 대회가 있다. 허 거 참. 곧바로 어제 교감 학생부장 수석교사와 회의를 열고 코치에게 잠정적으로 14일 간의 근신조치.

첫날부터 사흘째 경험해 보지 않은 빡빡한 일과를 마치고, 몇 모아 한잔 걸치고 골목을 휘돌아 터미널로 향한다. 막차를 타야지. 다음 주까지 계속이겠다. 만고강산(萬古江山, 오랜 세월 변함이 없는 산천)!

체 게바라 딸의 인터뷰⁵ 기사를 보며, 혁명과 혁명가와 스스로의 혁명도 생각해 본다. 모든 혁명가, 풍운아들은 최후의 인간들이 아니었는지를.

2013년 3월 18일

무량청정(無量淸淨). 가 닿지 못하면 또 어떠리. 바로 지금 내 주먹 안에 쥐고 있을 수도 놓아 버릴 수도 있는 것.

　조은, 『침묵으로 지은 집』, 문학동네, 2003.

　오래 꽂혀 있던 책을 꺼내 읽었다. 한 베이비붐 세대를 묵직하지 않게 유년의 기억 속으로 데리고 갔다. 덤도 있었고.

2013년 3월 30일

봄날, 주말 휴일 전체를 반납하고 산다. 두 주는 교통사고로, 이번 주와 다음 주는 강원도 소년체전. 태권도 사전경기차 철원에 와 있다. 어제 최종 선발전에서 도대표 다섯 명이 선발되었다. 남녀 스물두 체급 중 열일곱 개 시군에서 다섯 명은 대단한 일이다. 그러나 나는 묻는다.

　"도대체 이 학교 태권도부는 아이들에게 무슨 짓을 한 거지?"

2013년 4월 1일

늦게 깨달았다고 그 깨달음이 어디 가겠는가. 당당함에 이르는 길은 멀고 멀다. 그러거나 말거나 오늘도 나는 바쁘게 살았다. 시외버스에 몸을 싣고 느지막이 집으로 향하는 내가 즐겁다.

2013년 4월 6일

"1995년 2월. 재두루미 한 쌍이 자연에 방사된다. 그러나 그 재두루미한테 하늘은 까마득히 높기만 했다."

　4일 간의 외출.[6] 철원에 닿지 않았어도 이 가슴 아픈 이야기를 늘 품고 살아갈 것이었다.

2013년 4월 9일

인간이 유일하게 꼬리 내리고 도망칠 수밖에 없는, 어찌할 수 없는 것의 총합, 총체. 이것에 맞선 인간들의 최후는 필패·완패·참패·대패하고 무릎을 꿇는다. 우주를 먹어 치우는 블랙홀과 동격. 이 못된 것을 이겨 먹는 유일한 방법은 선언뿐이다. 내가 시간이다!

2013년 4월 10일

세속적인 욕망이라는 것들을 굳이 피해야만 하는 이유. 자명하지 않은가. 피해야만 이유를 욕망한다는 것. 비우고 벗어던지고 훌훌 자유로우려고 하는 욕망을 도발시키는 것은 봄인가. 봄날의 나일까. 세속적인 욕망에 대하여 그것 중 하나라도 잃을까 전전긍긍하는 내가 설핏 지나간다. 화사한 산수유나무 꽃그늘 아래에서.

2013년 4월 12일

운동장 농구 골대에 걸려 있는 고무 동력 글라이더. 봄바람 같은 것들이 느닷없이 불시착하기도 하는 것이다. 그렇게 빠져나가는 바람을 잡으려 발버둥 치기도 하는 것이다. 나는 신세계에 불시착해 있는 것이다.

2013년 4월 13일

공룡 선생의 이름을 기억하는 이들이 그의 아들 두루 결혼식을 보러 모였다. 생물 선생님인 한현 형님은 경기상고·구로고·압구정고·잠신고 등 가는 곳마다 선생님들을 모아 공을 찼다. 구로고에서 형에게 엮여 주구발(일주일에 한 번 축구를 하지 않으면 발바닥에 가시가 돋는 선생들)의 일원이 되었다. 그렇게 축구에 미친(구에미) 선생들이었지만 당시나 지금이나 미친 경쟁교육과 스쿨링을 견디는 방도였겠다. 형에게 배워 개포고에서는 김남주 선생과 함께 차돌이를 만들기도 했다. 공만 찬 것은 아니었다. 일주일에 한 번 공은 차지 못해도, 4면 이상의 소식지를 만들었다. 매주 한 편의 시를 골라 싣는 '여는 시'를 첫 면에 배치했음은 물론이다. 100호가 넘기고 합본하여 나눠 갖는 호사를 누리기도 했다. 그 호사가 여전한 봄날이었다.

2013년 4월 16일

「사월에」를 썼다.

2013년 4월 17일

강원도체육회 이사에 선임되었다.[7] 자신의 이름이 아닌 어떤 것에도 기대지 않고 살아갈 수만 있다면 얼마나 좋을까. 16개 시도체육회에서 평교사를 이사로 선임한 예는 강원도가 처음이겠다. 체육 교사로 이름값이나 할 수 있을지 모르겠다.

2013년 4월 18일

한 아이가 은근슬쩍 느닷없이 눙치듯 물었다.

"선생님은 사모님하고 사이가 좋으세요?"

그냥 못 들은 체했다. 그게 지금 걸리는 거다. 그때는 그랬을 거다.

'얘가 무슨 뜻으로 이렇게 묻는 거지?' 잠깐이지만 궁금했을 것이다.
집사람과 다투고 난 지금, 이제야 알겠다. 아이의 말 한마디에도 대가
리 굴리며 계산에 열중해 있었다는 것을. 집사람에게도 그랬을 것이다.
미안해해야 한다.

2013년 4월 21일

itx 청춘 08:10, 2006호. 춘삼이 오월이 용산역에서 내려 한강 길을 달
렸다. 팔당-양수리-대성리-전철로 점프 춘천. 결혼 27주년.

2013년 4월 23일

사물이든 인간이든 이름 붙여지고 불리는 순간 한 존재로 제 몫을 감당
하게 될 것이다. 그 몫은 이름 부르는 자의 것일까, 이름 불린 자의 것
일까? 세상이란 것은 서로에게 이름을 붙이고 불러내는 것이었다. 그
목소리가 한없이 부드럽고 달콤한 속삭임이기도 했다. 그러다 어느 한
순간 심장을 꿰뚫는 화살이 되어 박혔다.

　그 이름을 불렀을 때 그 이름이 꽃이기만을 바란 것은 무지하고 어리
석은 짓이었다. 봄이면 꽃을 피워 내는 나무가 겨울을 견뎌 온 것을 잊
은 것이었다. 벚꽃 그늘 아래 선다. 초속 5cm가 아니라 휙 날려 가 버린
들 또 어떻겠는가[8]. 버려진 이름 따위, 꽃잎처럼 나뒹구는 학교 담벼락
옆 키 큰 나무 꽃그늘. 비로소 눈앞에 신세계가 펼쳐졌다.

2013년 4월 24일

언제나 나만 바라보면서 편안하고 행복해하기를. 혼자 있을 때 불안에
떨지 않기를. 낯선 곳에서도 두려워하지 않기를. 비바람 불고 눈보라
치는 곳을 방황하지 않기를. 화약 냄새 풍기며 으르렁거리는 무리 틈에
섞이지 않기를. 행여 같은 종족들과 함께 있을 때도 너만은 내 눈에 콩

깍지가 끼어 눈부시게 빛나기를. 그리고 기쁨만큼의 눈물이 있기를. 바라고 또 바라는 것이다. 결코, 사람이 되고 싶어 하지 않을 요크서테리어 비상이. 나는 네가 언제나 강아지였으면 좋겠다. 인간들은 너를 애완견, 반려견 혹은 똥개라 하는구나.

2013년 4월 26일

처음부터 너는 자격이 없었어. 우리 사이는 운명이었을 뿐. 다 주었잖아. 자존심도 몸도 주고 눈물까지. 그런데 너는 만족할 줄 몰라. 나를 가지려고 해. 소유하고 지배하려고 하잖아. 여기까지야. 너는 자격이 없어. 나는 너와 달라. 완전히 달라. 나는 당신의 세컨드가 아니야. 아직도 끝난 걸 모르겠어. 안녕. 침묵⁹의 이름.

2013년 4월 30일

「낙화(落花)」를 네 번째 다시 썼다.

2013년 5월 1일

노동자도 되지 못하면서 출근하는 전교조 선생. 춘천휴게소 쪽 경사면을 오르는 버스 창 아래로 춘천이 가득 들어온다. 멀고 가까운 높고 낮은 구름의 그림자와 아침 햇살에 빛나는 춘천 분지 풍경이 모처럼 눈물겹다. 만국의 노동자여 단결하라!

2013년 5월 2일

한잔하고 퇴근길. 고기범 선생이 어김없이 배웅한다. 버스터미널에 들어서면 늘 홍섭이를 생각한다. 승차장까지 따라온 고 선생은 버스 탈 때까지 돌아서지 않는다. 줄을 서려는데.

"선생님, 안녕하세요?"

"아. 미안해요. 누구?"

"아. 저 봄내여고."

"아! 그래 몇 반이었더라. 이름이?"

"아. 예. 8반 늦봄이에요."

"아. 그래. 반갑다. 먼저 타."

알 길이 없다. 몇 번 머리 굴려 매치시켜야 한다. 고개를 푹 숙이고 버스에 올랐다. 산다는 것이 그런 것이다. 한생이 한심 찬란하구나.

　이홍섭, 『터미널』, 문학동네, 2011.

2013년 5월 12일

산다는 것에 방도가 있을 것 같기도 하다. 담쟁이들이 나날이 학교 담 벼락을 덮어가고 있지 않은가. 무엇보다 연이틀 자전거를 탔지 않은가!

2013년 5월 15일

행정실장과 주무관 둘이 어제 축구 골대 구령대에 이어 오늘은 현관 들 머리(들어가는 맨 첫머리) 도색작업을 하고 있다. 늘 그렇지만 아이들이 중심인 학교에서, 투명인간이 되어 땀 흘리고 있는 조리 실무사들과 미화원 아주머니 곁을 스쳤다. 스승의 날 꽃을 달고 있는 교장, 교감, 몇 선생들. 스승의 날? 개뿔!

2013년 5월 17일

엊그제 지부 동지들을 포함한 여럿이서 길고 빡센 라이딩을 즐겼다. 강촌 지나, 자라섬과 남이섬이 건너다보이는 방하리를 지났고, 가정리, 소주고개를 넘어 다시, 의암댐에서 팔미리 연화마을을 거쳐 김유정역을 지나오는 코스. 총 96km를 탔다.

2013년 5월 19일

아! 용기형. 두 번째 학교에서 만난 최용기 형님이 돌아가셨단다. 해방둥이. ROTC 상이군인. 공병 장교로 가평 현리에서 폭발사고로 한쪽 눈을 잃고 불편한 다리로 평생을 홀로 사셨다. 시흥(금천)고에서 만난 형은 명퇴하기 전까지 서울 남부와 관악·동작 지회의 멘토였다. 평생 홀로 사신 형의 죽음을 석 달이나 지난 뒤에 알게 되었다. 군 장성 출신 매형을 중심으로 가족들의 전교조에 대한 거부감이 워낙 커, 가깝게 지내던 후배들의 조문과 발인 참관도 꺼렸단다. 2004년 전보 내신 하던 해 겨울. 속초로 찾아와 장천산방에서 하룻밤 묵기도 했고 작년에 춘천에도 찾아 주셨다.

　엊그제 라이딩 후 뒤풀이를 벅차게 하다가 찾아준 김용대 선생에게 용기형 소식을 전해 들은 것이다. 숙연하게 초파일과 5·18 연휴를 보냈다. 형님이 좋아하시던 강정규, 정병희 선생에게도 소식을 전해야겠다. 비 내리는 5·19. '임을 위한 행진곡'이 사무친다. 원통하다. 그렇게 외롭고 쓸쓸하게 생의 굽이를 넘어가시다니!

2013년 5월 24일
황원교 선배가 시집을 냈다[10]!
　황원교, 『오래된 신발』, 문학의전당, 2013.

2013년 5월 29일
세상을 살아간다는 것은 험하고 힘든 일이다. 온당하지 않다고 여기던 세상에 대하여, 어떤 때는 저항과 항의, 조롱과 투쟁 그리고 응징의 열망으로 살아왔다. 무거움과 진지함이 무기였다. 그것이 내 칼이고 총이었다. 내려놓겠다. 다시, 시작이다.

　아이들에게는 무엇보다 관심과 이해, 배려와 신뢰, 존경과 사랑이 절실하다는 것을 늦게 깨닫는다. 이제 내 칼과 총은 '인간의 표준은 없다'는 스티븐 호킹의 직설이다. 두려움이 없으면 대박 인생이다.

　"이반 일리치가 죽음의 고통 속에서 소리 내어 울고 싶고, 누군가가 그런 그를 어린아이처럼 쓰다듬고 어루만지며 같이 울어 주는 것, 그것만이 오직 바라는 것이라는 대목에서 나는 그만 쏟아지는 눈물을 억제하지 못했다… 이반 일리치의 그 절실한 심정에 대해 통렬한 아픔과 공감이 몰려 왔던 것이다." 옮긴이 작품해설 중.
　톨스토이, 이강은 옮김, 『이반 일리치의 죽음』, 창비, 2012.

2013년 6월 7일
강원도 창의·공감 교육과정 개발에 참여했다. 체육과 팀을 꾸려 2박 3일 워크숍을 하면서 체육과 교육과정을 만들었다. 핵심역량이라는 용어를 가지고 총론과 함께 전체 틀이 만들어진 상황이었으므로, 우리 팀은 체육과에 맞게 꿰맞추기만 하는 것이었다. 처음부터 역량이라는 용어에서 실용주의 내지는 신자유주의 이데올로기가 솔솔 풍겼으므로 개발팀에 끼어든 걸 후회하기도 했다. 어쨌든 노량진 조교 출신으로 교육과정에 빠삭한 새내기 고기범 선생의 눈부신 활약으로 우리 팀은 1박 2일로 일정을 줄였다. 브라보! with 어형종 조양현 고기범.

김성천 외 5인 공저, 『혁신교육 미래를 말한다』, 맘에드림, 2013.

"학생들에게는 '존엄하게 살아갈 자유(Freedom with Honor)'가 보장되고, 교사들에게는 '직업적 존엄'이 실현되는 학교를 상상하면 좋겠다." 이수광 이우학교장 추천사 중.

맘에드림 방득일 대표가 보내온 책이다[11]. 득일아, 나 책 많이 읽는 선생 아니다. 머리 쥐 난다. 그만 보내라.

2013년 6월 9일

강원지부 특수분야 직무연수. '환경과 건강을 위한 자전거' 중급 과정. 가락재 임도(林道). 이런 것이 교사 연수라는 것이지!

2013년 6월 11일

눈물이 난다. 그 뜨거웠던 여름. 종로 바닥, 시청 앞, 을지로, 신촌. 그리운 얼굴들. 살아남았으므로 오늘을 산다는 것을 잊고 산다. with 이상원 옥강규 남지우.

최규석, 『100℃ - 뜨거운 기억, 6월 민주항쟁』, 창비, 2009.

2013년 6월 19일

중앙 현관 앞에서는 교감이 주관하는 런치 페스티벌 행사로 북적이고 있다. 남쪽 대로변 담장엔 교감이 섭외한 군부대 몇 명 장병들이 벽화 작업을 하고 있었다. 학교 북쪽과 서쪽을 두르고 있는 높은 담장을 완벽하게 덮어 가는 담쟁이는 학교의 상징 같은 것이었다. 새순이 돋고 줄기가 벋어 가며 연두색의 잎들이 초록으로 담장 전체를 덮어 가는 것을 경이롭게 바라보며 오갔다. 봄날의 체육대회 명칭도 '아이비리그'로 했다.

경악. 하루아침에 울창하게 담장을 덮었던 담쟁이가 참혹하게 말라 있었다. 누군가 담장 밑 몇 걸음 간격으로 뿌리를 내리고 있는 수십 그루 담쟁이 밑둥을 잘라냈다. 톱질해 어긋나게 한 것으로도 모자라 뿌리까지 마르도록 그라목손을 부어 놓은 것 같았다. 아. 누가 왜!

with 고기범.

2013년 6월 20일

유월의 최루탄과 죽음의 저항들은 역사가 되고 민족이나 국가를 이야기하던 큰 사람들이 사라졌어도 대학가에선 다시 시국선언이 잇따르고 있다. 그 와중에 대한체육회에서는 '스포츠 영웅 만들기'에 여념이 없다. 올림피언 구술채록 사업에 뛰어들고 있다. 국민의 세금을 눈 먼 돈으로 만드는 작태들. 구술사(口述史, 동시대 사람들이 경험 따위를 구술한 것을 기록한 역사)는 그렇게 써먹는 것이 아니다. 학생운동선수 아이들의 현실을 외면하고 스포츠 판타지를 부추기는 혐의가 짙다. 체육선생인 내가 마주하는 운동선수뿐 아니라, 내가 마주하는 모든 아이가 영웅들이다.

2013년 6월 22일

당림리에서 석파령 넘어 계관산 임도(林道). 명월리로 넘어오는 짜릿한 라이딩. 뒤처지기는 했으나 낙오는 없다. 임도 포함 60km. with 신덕철 변기인 김원만 김영섭.

2013년 6월 24일

춘삼이, 브레이크 소리가 요란. 바이크샵에 맡겼는데 소리가 더 커졌다. 어제는 오월이 앞세워 공지천으로 나가 의암호반, 유포리 돌아오는 40km 가벼운 라이딩.

2013년 6월 28일

농사를 짓고 가축을 키우던 정착민의 유전자가 내 생을 지배한다. 그렇게 학교와 공장 군대 병원 같은 시스템의 한 분자 내지 세포로 살아왔다. 감옥이나 수용소에 갇히지 않았더라도 한생이 머리카락 빠지듯 한 지점을 향해 순항하고 있다. 한생이 어떤 지점에 머무는 것을 본다. 종양이니 암 같은 말들은 죽음을 떠올리게 한다. 작은 종양을 제거하기 위해 아내를 수술실에 들여보내 놓고 망연해하는 것도 곧 지나가겠다.

2013년 6월 29일

슬라보예 지젝, 정일권·김희진·이현우 옮김, 『폭력이란 무엇인가』, 난장이, 2011.

다시 읽었다. 서문이 끝나는 부분 케빈 카터[12]의 유언을 적어 놓았던 것을 옮긴다.

"정말 진심으로 미안하다. 삶의 고통이 기쁨이 존재하지 않는 지점을 넘어섰다… I'm really, really sorry. The pain of life overrides the joy to the point that joy does not exist…." 33쪽.

연구실에서 질적 연구를 접하며, 가장 먼저 만난 것이 케빈 카터의 '독수리와 소녀' 사진이었다. 사진 한 장의 위력, 질적 연구의 마력에 빠져드는 순간이었다[13].

2013년 6월 30일

그러니 어떻게 무엇을 할 수 있겠는가. 교사들은 아이들과 함께 하루하루를 견디며 방학을 기다린다.

폴 윌리스, 김찬호·김영훈 옮김, 『학교와 계급재생산(Learning to Labour)』, 이매진, 2004.

다시 들춰보았다.

"흔히 교육에서 크게 잘못 생각하고 있는 것이 있다. 사회진출의 기회가 교육에 의해 만들어질 수 있다든지 상승 이동은 기본적으로 개인적인 노력의 문제라든지, 또 무슨 자격만 얻으면 길이 저절로 열린다는 착각 등이 그것이다." 270쪽.

2013년 7월 3일

저녁 먹고, 에스프레소 더블을 마신 후유증이라고 여기겠다. 아픈 사람들이 너무 많다. 나도 아프다. 잠들지 못한다. 선생인 주제에 한 가장을 해고해야 한다. 물론 잘못을 저질렀고 대가를 치러야 한다. 참으로 고약하다. 가는 곳곳 운동부 코치를 내쳐야 하는 일을 반복하다니! 이 한심한 나라의 폭력적이고 전근대적인 시스템을 깨부수지 않는 한 학교폭력이나 학생운동선수들에 대한 비인간적이고 반교육적인 행태들은 순화되지 않을 것이다. 삼진 아웃이 마땅한 코치는 악명 높은 연맹의 대리 희생자가 될지도 모른다.

2013년 7월 7일

어제 원창고개 삼포로 이어지는 길에 이어 오늘은 춘천호반 댐투어

를 완성했다. 옥광산 길·소양댐·고탄고개·춘천댐·애니박물관·덕두
원·의암댐·칠전동·호반체육관 돌아오는 70km. 악명의 고탄 고개. 다
운힐에서 63km를 찍었다. 부르르르!

2013년 7월 9일

내가 일하고 있는 학교공동체에서의 내가 배제와 제외의 중심에 섰다.
나에게 직접 운동부 관련 고충 민원이 들어왔고, 관리자들은 상식적인
수준에서 처리 절차와 방법에 대한 논의조차 없이, 운동부 지도교사에
체육부장인 나를 배제한 것이다. 민원을 넣은 학부모를 알아내려는 시
도와 부끄럽기 짝이 없는 파렴치한 행위들을 계속하고 있다.

　민원을 넣은 학부모들. 그리고 어린 운동선수 아이들의 불안함과 애
절함이 반짝이는 눈빛이 내 등을 덮고 있다. 관리자들이 먼지만도 못한
권위를 앞세워 자신들이 얼마나 부끄러운 짓을 저지르고 있는지도 모
른다. 체육 교사로 일해 오면서, 이러한 현실에 많은 날을 눈감고 살아
온 대가를 치러야 한다.

　학교공동체에서 섬처럼 존재하는 학교 운동부. 그러니 관리자들
과 지도자들이 무소불위로 학생운동선수들의 모든 것을 전유(專有)
하기 쉬운 것이다. 나는 이 일이 어떻게 전개될지를 너무 잘 알고 있
다. 배제와 제외의 법칙이 작동한다는 것. 운동선수 아이들을 서발턴
(Subaltern)[14]으로 여기며 체육선생 일을 해 온, 나를 학교공동체에서 배
제하고 제외할 수 있는 것은 나뿐이다.

　시간이 별로 없다. 안간힘을 쓰고 있다. 서발턴은 말할 수 있는가? 아
이들의 슬픈 눈망울을 지켜내지 못하면 필경 나는 나를 고발하게 되겠
다. 슬프다. 분노한다. 고통스럽다.

　가야트리 스피박 외, 로절린드 C. 모리스 엮음, 태혜숙 옮김, 『서발
턴은 말할 수 있는가?』, 그린비, 2013.

　가야트리 스피박, 문화이론연구회 옮김, 『경계선 넘기』, 인간사랑.
2008.

2013년 7월 10일

교장실에 불러서 갔더니 교육지원청 체육 담당과 인사담당 장학사 둘
이 교감과 함께 앉아 있다. 앉자마자 문답서를 들이민다. 교육청과 학

교장이 교사를 징계하기 위한 최초의 절차가 문답서를 작성하는 것이다. 경찰이나 검찰의 조서와 같은 것이다. 적반하장도 유분수지! 학교장의 조치는 어이없는 것이었다. 지역사회 개신교와 연결된 아프리카 봉사활동으로 대통령상을 받은, 체육과 출신 교감의 장난질이었다. 지원청 장학사와 한 몸.

순간 피가 거꾸로 솟구쳤다. 자리를 박차고 나와 한참을 서성거렸다. 본청에 전화로 상의한 후, 사안과 관련된 십여 건의 문건 자료들을 교육청에 메일로 보냈다. 머리를 짧게 혹은 남김없이 말끔하게 밀어 버려야겠다. 매일 매일의 일상이 절벽이다.

「절벽(絶壁)」을 들여다보았다.

2013년 7월 18일

메일을 보낸 사흘 후 감사관실에서, 보내준 자료들을 잘 살폈다는 전화를 받았다. 감사를 나가기 전 만나자는 말과 함께. 춘천에서 출퇴근하는 나를 배려해 춘천의 예상치 못한 장소에서 만나 한참 이야기를 나누었다. 많이 홀가분해졌다. 일단 학교에서 피할 수 없었던 일 중 하나가 내 손을 떠난 것이다.

2013년 7월 21일

에릭 호퍼, 정지호 옮김, 『시작과 변화를 바라보며』, 동녘, 2012.
꼼꼼히 읽었고 밑줄 긋고 옮겨 적었다.

2013년 7월 24일

내 마음대로 기획한 강원도 체육 교사들의 〈체육수업 혁신사례 발표회〉를 마쳤다. 고광헌 시인형님선생님을 초청 강연에 모시려 만들었다고 해도 당연하다. 체육선생으로, 몸으로 때워야 하는 일을 해낸 것이 뿌듯하다.

"교육은 속도가 아니라 방향입니다. 맹목적인 달리기 대열에 내몰린 학생들에게는 친구들과 어울려 노는 것을 경험할 시간이 없습니다. 이 해타산에서 벗어난 관계 속에서 맘 놓고 몸을 던져 뛰어놀아 볼 때에만 우리 아이들이 대화와 소통, 타협과 양보, 희생과 봉사 같은 더불어 살아가는 것에 대한 가치를 내면화할 수 있다고 생각합니다…. 이곳은 도

내 일선 학교 현장에서 추진해 온 혁신 체육 사례를 발표하고 공유하는 자리입니다. 강원도교육청이 전국 시도 가운데 처음으로, 그것도 현장 교사들이 자발적으로 여는 연수(발표회)여서 남다른 감명을 받습니다. 그리고 자리에 함께해 영광입니다." with 고광헌 이인범 고기범 이상준 이광우.

2013년 7월 30일

배후령 넘어 간동 지나 화천 강변, 평양막국수집 초계탕 시원하게 먹고. 돌아올 때는 원천리 막다른 길에서 몇 번 자전거를 둘러메기도 했고, 말고개 넘어 춘천댐으로 돌아오는 빡쎈 라이딩. with 신덕철 이훈희 이건학 이창성 김영섭 남궁두.

2013년 8월 1일

오늘도 젖은 짚단 태우듯 또 하루를 보냈다. 아니다. 점심에 집에서 가쓰오부시 장국 우려 메밀국수 만들어 먹었다. 새하는 청주 근방 CC에서 알바 중이다. 네 시 반 버스. 터미널에 데려다주고 돌아와 사흘 동안 매달렸던 논문 한 편을 심사해 보냈다. 열대야에도 에어컨이 필요 없는 반지하 서재 겸 내방이 있다는 것만으로도 벅찬 일이다. 세 번째 향을 피운다. 윤용선 교장형님시인이 학위선물로 건네준 황효창 선생님 삐에로 액자가 삐딱하다.

2013년 8월 3일

염천의 휴가철. 북적대는 시외버스터미널에서 아이들 아버지 또래 버스노동자들의 어려움을 본다. 이인철 지회장이 피켓을 들고 있다. 경찰들이 비닐 천막을 철거하려던 잔해도 보인다. 방학이지만 태백 문광부장관기 대회에 참가하려 훈련 중인 아이들 얼굴이 보고 싶어 학교로 가는 길. 이 땅 운동선수 아이들과 노동 현실에 부글부글 끓는 여름날.

태권도부 운영 감사는 소리 없이 진행되었다. 지역 TV 방송에도 크게 보도되었고, 문제를 일으킨 지도자는 업무를 정지당했으나, 보조코치를 내세워 아직 모든 것을 지휘하고 있었다. 오후 두 시. 아이들이 열을 지어 운동장을 돌고 있다. 체육부실 창밖으로 내려다보며 아이들을 지켜 내지 못한 것을 자책한다.

태백경기는 학교장이 승인하지 않아 체험학습 계획서를 내고 개인 자격으로 참가하도록 조치할 수밖에 없었다. 교장실에 들러 조치 내용을 간단하게 알렸다. 투척 전공의 덩치 큰 붉은 얼굴 교감과 행정실장이 소파에 마주 앉아 있다. 교장은 알았다고 짧게 말했다. 빈 교무실을 행정사와 지키고 있는 교무부장을 보러 갔다. 요즘 교감이 '스트레스받아 죽을 것 같다'고 한단다. 그러거나 말거나. 자업자득.

2013년 8월 4일
빡세다. 이 염천에! 오월이와 원창고개 모래재 넘어 팔봉산을 찍고, 덕만이 고개 넘어 김유정문학촌 앞 가마솥보리밥. 기막힌 피서법. 업힐 셋. 휘돌아 온 길 55km. 〈체육시민연대〉 반전·반핵·평화 마라톤 길잡이 자청, 몸 만드는 중.

2013년 8월 11일
내일 모레 충북 영동 노근리에서 출발해 판문점까지 가는 반전·반핵·평화마라톤 300km. 어형종 선생과 마라톤 54구간을 레이스 패트롤 혹은, 레이스 가디언 역할. 내가 할 수 있는 연대.

2013년 8월 15일
1일 차(12일). 어형종 선생과 춘천발 대전행 10:10 버스에 자전거를 실었다. 대전에서 영동까지 다시 자전거를 실었다. 노근리 평화공원. 〈체육시민연대〉, '국제스포츠평화포럼', 류태호 교수가 정용철 교수를 첫 대면시킨다.

2일 차(13일). 노근리 평화공원 앞에서 출발. 임진각 평화누리를 향해 출발. 사흘 동안 300km 북상한다. 대전 시내를 가로지르면서 몸이 적응하는 것을 느낀다. 세종시를 지나 오송역에서 조치원으로 방향을 틀어 천안 단국대학교 체육관에서 대충 샤워 후 저녁식사. 다시 한참을 이동해 모텔 배정.

3일 차(14일). 여섯 시에 콩나물국밥 먹고 분당 거쳐 양재동 교육문화회관까지 10시간 동안 안장에 앉아 페달링. 어제에 이어 오늘도 110km. 수원 들어서기 전 일행을 놓쳐 신갈 부근에서 결국, 이범규 선생에게 픽업을 부탁, 양재동 초입까지 점프, 일행과 손 흔들며 재회하기도 했다.

4일 차(15일). 양재동에서 출발 잠수교 용산 서울역 광화문 서대문 수색을 지나고 통일로를 달려 임진각 평화누리공원까지 80km. 꿈 같이 사흘 동안 300km를 달렸다.

어형종 선생과 매운탕으로 점심을 먹고 문산에서 15:55분 전철. 서울역에서 용산역으로. 춘천행 19:00 itx에 자전거를 실었다. 집 도착 시간 20:50. 집사람 볶아준 삼겹살에 막걸리 한 통 비우고 나니 딱 좋다.

2013년 8월 18일

어제 시청 앞 촛불집회에 다녀왔다. 모욕과 굴욕이 깊다. 인간답게 산다는 것. 노동자로 살아간다는 것. 자유인으로 살아가는 것. 아무리 다른 삶을 산다고 해도 결국 답은 하나 아닌가. 자기가 자신의 주인이 되는 것. 주먹만 한 생골뱅이 몇 개 호일에 싸서 구워 마주앙 화이트 스페셜 한 병 비운다. 마신다. 한 잔의 추억. 마신다. 한 잔의 슬픔. 한 잔의 분노.

2013년 8월 25일

아침 일찍 집사람과 비상이를 데리고 뒷산 산책로로 돌아 번개시장을 간다. 동태·오징어·미나리·브로콜리를 샀고 선지해장국 5,000원어치를 포장했다. 세 식구가 해장국 뚝배기에 데워 아점을 먹고 늘어지게 쉰다. 저녁때는 집사람이 느닷없는 고기 타령. 샐러드 만들 동안 제비추리나 살치살 사 오란다. 그렇게 소고기 구워 먹었다. 내일은 일찍 퇴근해 동태찌개를 끓여야겠다. 힘내자. 굽고 끓이고 볶는 것이 일상이면 족하지 아니한가.

2013년 8월 31일

팔봉-반곡-단월-용문-양평-오빈리-두물머리-새터-대성리를 돌아오는 근 열두 시간. 두 시간은 오롯이 짜장면 먹고 쉬고, 두 시간은 용하랑 지평 막걸리 네 통을 비웠다. 오늘 하루도 춘삼이와 삼백 리를 함께했다. 끊임없이 물었다. 왜 나는 자전거를 타는가? 더 겸손해질 수 있을까. 자전거를 탄 이유는 두 가지밖에 되지 않는구나.

2013년 9월 1일

통진당 뉴스. 천안함 사건 때 통킹만을 떠올리기도 했으나 국가 폭력이 작동하는 방식이 오래된 레토릭(Rhetoric)에 기대고 있다는 걸 누구나 다 안다. 그러면서 애써 자신의 일이 아니라고 외면하고 싶어 한다. 자본과 국가는 무지와 어리석음으로 연명하는 실체 없는 괴물에 불과하다. 그 괴물에게 더없이 좋은 먹이감을 계속 몰아 주는 세상에 분노해야 할 것이다. 이석기는 이노센트맨[15]이 되기 어려울지 모른다. 어떤 생이든 대개 대가를 치르지 않으면 겸손한 삶을 살기 어렵다는 것을 배우는 요즘이다.

2013년 9월 10일

연가를 냈다. 이 핑계 저 핑계 댈 것 없이 학교관리자들에 대한 시위. 아침 맷바람(아주 이른 시간)에 춘여고를 간다. 옮겨 심은 목백합은 아직 멀었고 좀작살나무는 열매를 달았다.

2013년 9월 14일

서울해장국 집. 아래 동서 길서방과 봉의산을 바라보며 내장탕으로 해장한다. 부들부들 쫄깃쫄깃 내장토막들을 다진 절임 고추 양념에 찍어 나는 막걸리, 길서방은 소주를 털어 넣는다. 30년 넘게 굴삭기로 벌어먹고사는 동서. '선생질하는 나는 자네가 정말 부럽네'라면서 벌컥벌컥 막걸리를 비운다. 산만 한 덩치 투박한 손끝에 봉숭아 물을 들인 길서방이 사랑스럽다.

2013년 9월 16일

퇴근길 춘천휴게소. 청명한 날. 춘천은 맑음. 꽃 속에 꽃이 피는 산딸나무 그늘. 그 열매 떨어져 삭아간다. 감정도 분노도 이젠 스스로 통제한다. 굴욕도 비겁도 참는다. 시인이 되기는 글렀다.

2013년 9월 29일

학교 사안 처리결과 안내 전화를 받았다. 지도자는 당연히 인사조치 해야 하는데 수위 조정 중이고, 교장과 교감도 책임을 질 것이란다. 나에게도 책임을 물어야 한다고 했다. 아이들을 지키지 못한 책임.

2013년 10월 8일

비 오는 날 저녁 오랜만에 지도교수 연구실에 들르니 마침 세미나 중. 그랬다. 세미나니 학회니 논문이니 공부를 하던 때도 있었다. 글이란 걸 쓰던 때도 있었다. 그때는 서브 논문·학위·연구라는 목표가 있었고 목적이 있었다. 목적이 없는 글도 있을 것이다. 신변잡기 같은 것들. 괜찮지가 않다. 학군단 연구동 뒤편에 산수유며 아카시아 고목 몇 그루가 베여 비에 젖는다. 가지 잘린 채 쓰러져 수액을 뿌리며 뒹구는 산수유나무. 무성한 이파리들 사이에서 덜 익었지만 피 흘리듯 반짝이는 열매 한 줌을 얻었다. 화천집에서 소양강 막걸리에 취해 만고강산(萬古江山) 비틀 비척이며 현관문을 열었다.

2013년 10월 9일

집사람은 경미한 교통사고로 입원해 있는 큰애에게 하룻밤 보내러 인천에 갔다. 가끔 인력사무소나 기웃거리며 4학년 휴학 기간을 어정쩡하게 죽치고 있는 가여운 스물다섯의 청춘. 아침 먹으러 가자 꼬드긴다. 오랜만에 감미옥 가잔다. 돌솥설렁탕 한 그릇에 나는 다시 해장 한 병이다. 집이든 게임 방이든, 게임 좀 줄이고 춘삼이 데리고 자주 나가라. 제발 이놈아. 일주일이고 한 달이고 자전거 여행을 가든지 연애도 하고 사고도 쳐 주면 안 될까? 잔소리 같아서 말은 하지 않았다.

2013년 10월 18일

김춘배 화실에 들렀다. 판초 같은 걸 걸치고 있어서, 달라고 해 걸쳐 보았다. 환하게 웃어 준다. 춘배를 처음 보는 사람이면 알아듣지 못하는 말.
 "니가 훨씬 잘 어울린다."
 벗겨서 걸치고 올 걸 그랬다.

2013년 10월 22일

개교기념일을 맞은 학교를 떠올리면 여전히 마음이 무겁다. 춘배는 삼발이 잘 탈까. 도체육회 이사 자격으로 전국체전을 들여다본다고 출장비 없는 출장을 냈다. 원주와 춘천을 비우는 것이다. 핑계에 인천, 부평, 공항, 서강대, 시흥을 오간다. 시흥동 분이네 순댓국집, 부평에서 만난 프랜차이즈 현대옥은 위안이고 덤이다.

2013년 10월 23일

춘배가 전동 삼발이를 장만했다. 도로 주행 연습시켜 주겠다며 자전거로 앞장섰다. 삼천동 송암동을 지나, 칠전동 마루턱 사무실을 차린 계선이를 보고 왔다. 날씨도 호반 풍경도. 30여 년 전처럼, 한 자리에서 함께 웃는 모습을 보니 더 좋았다. 나를 보면 늘 웃어 주는 어머니처럼, 누구에게나 보기만 하면 웃어 주는 진격의 짜라투스투라[16]! 춘배가 참 좋다.

2013년 10월 26일

춘천버스터미널. 진흥고속 노동자의 고공농성[17]. 지난여름 터미널 입구에서 천막농성을 하다가 탑으로 올라갔다. 출퇴근길 처참한 농성장을 매일 스치면서 아무것도 할 수 없는 나 또한 노동자다. 법 밖으로 밀려난 전교조 조합원이다. 어떻게 연대할 것인가. 삶을 바꾸는 작은 용기는 어떤 것일까.

2013년 10월 28일

어제는 자전거로 해 질 무렵 온 천지 붉게 물드는 강촌 길을 달렸다. 오래전 당림리에 장만해 둔 땅에 명퇴하고 집을 짓기 시작한 친구 권오영을 보고 왔다. 프로야구와 단풍놀이로 즐겁게 돌아가는 세상. 황원교 시인이 청선문화상을 받았다.

2013년 10월 30일

태권도부 1학년 아이들 셋이 등교했다가 교실에도 들어가지 않고 곧바로 내 튀었다. 종일 학부모들은 시내 피시방을 이 잡듯이 뒤지고 다녔고 담임과 나는 맘을 졸였다. 종례 무렵 겨우 남아 있던 한 녀석에게 연락이 닿았다. 다행이다. 시내를 벗어나 외지로 튀지는 않은 것이 확인되었다. 어두워지면서 집으로 기어들어 갔을 게다. 이튿날 속이 상하고 안쓰러워 아이들을 부르지도 않았다.

　　학교 교육의 본질은 태생적으로 강압·강제·강요 아닌가. '교육은 속도가 아니라 기다리는 것'이라는 명제를 다시 새긴다. 그리고 늘 그것을 아이들은 어른들보다 먼저 간파한다. 스쿨링이라는 말로 포장해도 제도적 에듀케이션은 폭력적이라는 것을 인정해야만 한다. 무엇이든 가르치려 들지 말아야 한다. 인간은 죽을 때까지 배우고 깨우치는 존재

아니겠는가. 내 안의 목소리에 귀 기울여야 한다.

「가을 편지」를 고쳐 썼다.

2013년 11월 4일

내튀었던 아이들이 돌아오기로 했으나 후유증은 계속된다. 함께 실행하지 않은 네 아이. 교무실에 불러다 놓고 이야기를 한다. 집단 상담이라는 것을 하는 것이다. 탁자를 사이에 두고 건너편 똘망이를 가운데 두고 섭섭이와 담쟁이. 내 옆자리에는 새봄이가 앉았다. 한참을 이야기하는 와중에 똘망이가 나와 눈만 마주치면 웃음을 참지 못하고 킬킬댄다. 섭섭이가 옆구리를 치며 눈치를 주어도 웃음이 끊이지 않는다. 에라이!

"너 똘망이! 너 왜 자꾸 웃어. 뒤질래! 내가 그렇게 우습게 보이냐!"

협박을 해도 이 녀석이 웃음을 멈추지 않는다. 졌다. 그래, 그동안 많이 찔끔거렸으니 실컷 웃어라. 아이 웃음의 근원을 더는 궁금해하지 않기로 할 즈음. 똘망이가 실토한다.

"저 선생님~ 섭섭이가요~ 선생님 주름살이 몇 갠지 세 보재요."

어제가 '학생의 날'만 아니었어도 이 녀석들 반성문 석 장은 썼을 거다. 삼십 년 가까이 눈물을 내보이지 않으려 기를 쓰고 웃으려고만 하다 보니 주름살만 늘어가는구나[18].

2013년 11월 5일

지난 정권에 이은 미친 교육. 상식 밖의 부정선거로 그 권력을 재생산해 내는 국가와 자본은 나의 관심 밖이다. 그러므로 이미 대통령 아님과 미친 정권으로 판명된 국가폭력이 전교조를 법외노조로 내몬다고 해도 나는 전교조 조합원이다[19].

2013년 11월 8일

학교 일은 그냥저냥 맨 처음 생각대로 정리, 마무리되었다. 여섯 달 동안의 한심하기 짝이 없는 싸움의 결과라니! 지도자는 파면을 면하고 의원면직 처리되었다. 무자격의 보조코치가 새 코치가 올 때까지 아이들을 지도하기로 했다. 교장과 교감은 똑같이 경고를 받았다. 교장은 교육장의 꿈을 접어야 한다. 교감은 대통령상 받은 것으로 이 년 이내 교장 발령

제한을 상쇄할 수 있을지도 모른다. 나는 교무행정사가 들고 온 학교장의 '주의' 행정 봉투를 건네받았을 뿐이다. 주말을 반납하고 닷새 동안 양구에 출장 중이다. 태권도부 아이들을 추슬러 협회장기 양구대회를 인솔하고 있다. 국토 정중앙 양구. 그렇다. 바로 지금 내 생은 정중앙·중심에 머물러 있다.

2013년 11월 13일

전교조 노조 아님 통보의 효력 가처분 금지가 받아들여지기는 했는데 [20]. 현재를 당당하게 사는 자들이 미래를 만든다는 것을 믿는다면 오늘의 안심이 내일의 안심을 보장하지 않는다는 것을 안다. 익숙한 것들에게서 떨어져 살도록 강제되어 살아온 나날들. 회복해야 할 것들, 더 겸손해져야 하는 것들에 대하여.

2013년 11월 14일

집사람 친구 화삼이가 건네준 화천 해산 깊은 산중 물건. 해가 가기 전에 산삼주를 개봉해야겠다. 양지머리 푹 삶아 만둣국 끓여서.

2013년 11월 18일

아침 출근길마다 만나는 이 이 우울함의 근원. 날은 점점 추워지는데 고공농성은 이어진다. 내일 아침에도 만나겠다. 몰락하는 것들 가운데서 몰락하지 않는 것들. 자유나 평등·해방이나 통일 같은 말을 떠올리면 헌신·희생·연대 같은 말들이 따라오는 세상. 고공농성 조명탑. 아침의 달이 몰락하고 있다.

2013년 11월 20일

이제야 알겠다. 심장은 뛰는데 영혼이 없는 족속들과 한 하늘을 이고, 비루하게 살아 내야 하는 것이 필경 고통이고 지옥이라는 것을. 고양이 땅콩이 심장 뛰는 것을 쓰다듬으며 드는 생각.

2013년 11월 22일

겨우내 자전거나 타면서 만두나 빚을 수 있었으면 좋겠다. 집사람이 퇴근한 저녁상으로 차려 주는 만둣국. 만둣국이나 끓여 좋은 사람들과 나눌 수 있는 생을 꿈꾸지만. 늘 그렇듯 허공을 딛고 허방을 짚는 일.

2013년 11월 24일

이런저런 일들 다 뒤로 하고 영종도 어머니에게 가 김장을 했다. 전쟁을 치르듯 어마무시하게 버무렸다. 동생들과 마누라에게 잔소리해 대며 편육 삶고 바지락탕 끓이고 굴 편육 보쌈에 종일 막걸리를 마시고 늘어지게 한잠 자기도 했다. 비 내리는 올림픽대로를 달려 춘천으로 간다. 새하가 힘 좀 썼는데 운전도 차분하게 잘한다. 집에 닿으면 한잔 더 하고 곤드라져야겠다(피곤하거나 술에 취해 쓰러져 잠).

2013년 11월 26일

이외수 형님 할배가 기어이 총 맞으셨단다[21].

2013년 12월 5일

지독한 안개 도시. 지독한 나날들. 지독한 국가와 자본. 지워지는 희망. 사라진 민주주의. 그래도 진흥고속 노동자 고공농성의 깃발은 펄럭인다.

2013년 12월 7일

관권부정선거 박근혜정부 퇴진. 강정 해군기지 백지화. 공무원노조 탄압 분쇄. 밀양송전탑 건설을 즉각 중단하라. 삼척핵발전소 건설 획책을 중단하라. 너희들 정말 오래 못 간다.

2013년 12월 9일

장천 김성태 선생이 보내온 새해 달력을 받았다. 오마이뉴스 블로그와 페북에서 서로 살아가는 것을 들여다보는 사이. 요즘 TV로 어쩌다 보는 건 다큐프로그램이나 응사, 1박 2일. 그중 장천의 캘리그라피가 들어간 프로그램은 더 관심이 가는 것이다. 입춘첩[22]을 받고도 답례를 못했는데 고맙고 미안하다. 조만간 만나 수작질 한번 해야지.

2013년 12월 11일

출근길 버스터미널. 눈이 아예 퍼붓는다. 폭설. 대설주의보 내리겠다. 저 조명탑 비닐 천막에 쌓이는 눈 자주 털어 내야겠다. 1교시 시감인데 지각하겠다.

퇴근길 춘천 CGV. 당초에 티켓을 미리 받아 둘 생각은 하지도 않았다. 춘천시민으로 당연한 일이다. 많은 이들이 찾아 주어 고맙고 다행이다. 우종성 등 스태프들도 고맙다. 북적이는 시사회장에서 발을 돌렸다[23].

2013년 12월 13일

설레며 놀듯이 강원도교육청 대안 교육 2박 3일의 워크숍에 함께한다. 워크숍은 생각했던 대로 흘러가고 있다. 예견된 것처럼 생이 흘러간다는 것은 비극일 것이다. 느닷없는 것들에 길들여져 왔음을 인정해야 하기 때문이다. 과연 나는 꿈꾸던 학교에서 끝까지 밥값을 할 수 있을까?

2013년 12월 19일

버스 창밖으로 새벽달이 걸린 고공농성 조명탑을 바라본다. 날짜 세는 걸 잊었다. 책 읽는 것은 아무리 늦어도 괜찮을 것이다. 방학하면 고교 시절부터 읽었던 책들을 다시 펴들고 싶다. 도스토옙스키·토마스 만·카프카·카뮈·최인훈….

2013년 12월 20일

변호인을 보았다. 슬픈 카타르시스도 있구나. 최루탄가루를 뒤집어쓰던 날들이 오래전이 아니었다. 마누라 몰래 찔끔거렸다. 돌아오는 길에

"여보, 부탁이 하나 있는데, 국밥 먹지 않으면 잠 못 잘 거 같아요."

"떨궈 주고 갈 테니 새하랑 둘이서 먹고 걸어 들어와요."

애막골 뚱이네 부산 돼지국밥집. 막 문을 닫으려 하는데 사정해 자리를 잡는다. 새하와 국밥을 앞에 놓고 소주를 털어 넣는다. 지랄탄을 걸어차면서 백골단을 피해 다니다 신촌 어디쯤에서 태어나지도 않은 새하 이름이 지어졌다[24]. 아들은 집 앞까지 같이 와 주곤 게임방 간단다. 담배 한 갑 사 줬다. 그래도 변호인 보고 온 오늘 참 좋다.

2013년 12월 22일

진흥고속 공공운수 노조 총력결의대회. 자전거를 끌고 나와 문태호 캡틴과 한참 자리를 지켰다.

2013년 12월 23일

〈강원작가회의〉 총회를 마친 다음 날 아침. 자전거를 끌고 나가 삼천동에서 다슬기해장국으로 해장하고 헤어진다. 이제는 춘천에서 안부를 묻는 것을 그만둬야겠다. 돌아갈 마가리가 지워지고 있다. with 김도연 권혁소 박재연 강기희 한영숙 이서화 허림.

2013년 12월 24일

전교조 노조 아님, 통보가 팩스 한 장으로 날아들었단다. 내일은 아버지 55주기. 거룩한 밤이 서럽다.

2013년 12월 28일

itx 청량리행 11:20 두 장. 안녕치 못한 청춘 새하에게 서울 구경 가자고 꼬드겼다. 전교조는 탑골 공원 두 시 시작. 광화문광장이라더니 시청 앞. '응답하라 1228[25]'에 온몸으로 응답하는 사람들. 내 생애 가장 많은 저항과 항의의 군중들 속에 있었다. 광장은 가득 차고 신종 전자동 슬라이드 대형 차벽, 그네 산성으로 사위가 막혀 가고 있었다. 광장 안에 젊은이들은 많이 보이지 않는다. 혁명이 불가능한 시대임을 절감한다. 피어 보지도 못하고 노쇠해 가는 나라. 시민이 이 한심한 국가와 자본에 맞서야 하는 이유다. 엄청난 스펙터클에 감탄하면서 추위에 떠는 새하와 빠져나와 을지로 골뱅이 집을 간다. itx 춘천행 18:40.

2013년 12월 30일

쩐다. 철도노조 파업 철회[26].

2013년 12월 31일

한쪽 뇌만으로 살겠다며 일 년을 버텼는데 결국 여럿 망가뜨리고 말았구나. 아니지, 스스로 망가질 대로 망가지고 더 한심해졌구나. 갑오년에는 나머지 뇌도 작동하지 않도록 욕도 조롱도 말도 글도 노래도 지우거라. 주둥이는 꿰매고 자판 두드리는 검지는 장 짓든지 우적 씹어 삼키거라. 열외에서 너 혼자 잘 놀기 바란다. 다만 파업은 주욱 이어 가거라. 잘 가라 한심한 놈, 아웃. 세모(歲暮, 섣달그믐께)의 독백, 아듀.

이팝나무 아래

차가운 바람과 얼어 있거나 흐르거나 강물의 반짝이는 햇살을 받으며 페달을 밟는 일.
바람과 풍경과 눈 맞추며 한순간을 보냈던 그 순간만큼, 딱 그만큼의 기적. 지금 살아
있다는 것이 기적이다.

2014년 1월 1일

2014 첫날 오후, 홀로 라이딩. 언덕에서 춘천분지를 한눈에 볼 수 있는 신천리를 돌아오는 짧은 거리. 이것저것 다잡아가야지. 느낌 좋은 출발. 시동을 거는 것. 첫 번째 해야 할 일. 술 좀 줄이자. 잘될까?

2014년 1월 2일

눈감지 않겠다고 다짐한 일들에 매달려 컴퓨터 앞에서 놀았다. 내 일과 그들의 일이 다르지 않음에도 그 간극이 너무 큰 것에 화가 난다. 선생이나 교사라는 일이 철밥통이므로 가능한 일로 여기는데. 직업으로 사람이나 자연 같은 생명을 마주하며 살아가는 이들이, 자신들 내면의 외침에 귀 기울이지 않고 세속적 욕망, 편견과 독선, 권위적이고 위압적인 모습을 날 서게 드러내는 모습은 참으로 서글프다. 아니 분노를 억누르기 힘들다.

2014년 1월 4일

고공농성을 끝내고 내려오니, 조명탑을 아예 없애 버렸네. 동서울행 버스를 탔다. 의도하지 않았던 신년 모임이 만들어졌다. 시흥사거리 분이네. 2차 양꼬치구이에 죽엽청주, 3차 두부찌개에 닭똥집과 소주까지 마셨나 보다. with 최백순 선종호 김창길.

2014년 1월 6일

원주역. 무궁화호를 탔다. 봉양 제천을 지나는가 싶더니 영월을 지난다. 아이들 경기가 있어 태백으로 가는 중. 주니어대표 선발전. 숱하게 아이들 경기 참관 인솔을 했지만, 이토록 재미없고 우울한 적이 없다. 아이들에게 과운동은 학대라는 것을 모르는 저 저. 아이들을 망가뜨리는 줄도 모르고 헛된 욕망에 사로잡힌 학부모들이 더 설친다. 필경 대가를 치를 것이다.

2014년 1월 7일

태백역전 허름한 모텔에 들었다. 조금 걸어 조흥식당에서 생태국을 찾았으나 동태란다. 날이 바뀌어야 생태가 들어온단다. 이십 년 가까이 어쩌다 태백에 들리면 지나칠 수 없는 집. 말린 도루묵 조림이며 나물

무침 맛이 그대로다. 옥수수 동동주 반주하고 초저녁잠을 자다 깨어 책을 읽는다. 그나마 우울한 출장을 견디게 하는 것들도 있다.

유시민, 『청춘의 독서』, 웅진지식하우스, 2009.

베블런(Thorstein Bunde Veblen)의 유언에 대해 쓴 부분을 옮겨 적었다, 238쪽.

2014년 1월 8일

태백 고원체육관 뒷산. 발자국을 들킨 짐승들의 선명한 불안을 본다. 세 시간 이상을 기다려 아이들의 경기를 본다. 오늘 국가 대표 출신 지도자 김두산 코치의 데뷔 무대. 전임자의 위치를 회복하려니 마음고생이 크다. 개인종목이지만 팀은 풍비박산 직전. 아이들이 받은 상처는 어떻게 해 볼 수 있겠는데, 어른들의 무지와 어리석음. 지질한 욕망에는 대책이 없다. 방도가 없다. 부딪치는 수밖에.

2014년 1월 12일

어제 오후, 오월이 유월이와 의암호반 한 바퀴. 겨울이 깊어간다는 것은 봄이 멀지 않다는 것.

2014년 1월 13일

자전거로 미켈란젤로를 만나러 갔다[1]. 사실 미켈란젤로보다는 그를 이 강원도 소읍까지 데려온 남대현의 상상력에 눈 맞추고 싶었다. 깊은 겨울, 날은 차지만 햇살은 투명하다. 오월이와 춘삼이 서둘러 길을 나섰다. 부다리터널을 지나 화천으로 가는 깊은 겨울날의 라이딩이 만만치 않다. 이탈리아 피렌체의 미켈란젤로를 북한강 깊은 곳에 초대한 남 대표는 참 행복한 사람이다. 하긴 이 친구는 우안 최영식 화백의 소나무들을 로마로 가져갔던 사람이다[2].

2014년 1월 15일

앞산? 뒷산? 옆 산? 금병산 삼악산 계관산 북대산 오봉산 구봉산 안마산 봉의산. 모두 아무 말 없이 그 자리에서 우뚝하거늘 어느 산이 앞이고 동편 서편 뒤랄 것도 없을진저. 아침 먹고 오월이와 옆 산을 오르기로 한다. 대룡산(899m)에 올라 만둣국 끓여 먹고 왔다. 올 한 해 자전거로 세 번은 오르겠다고 생각했다.

2014년 1월 16일

아침 먹고 배후령 광치터널, 미시령 터널을 지나 속초. 내처 양양 무슨 리조트에 합동 전지훈련 중인 아이들 들여다본다. 에구 짠한 것들. 쌈박질시키는 스뽀츠는 정말 싫다. 우라질! 500여 명이 넘는 체육선생들 모인 연수장은 완전 냉장고. 땡땡이닷!

2014년 1월 17일

어제는 내가 참 좋아하는 야구 감독과 거하게 들이부었네. 각 세 병쯤은 했겠네.

연수도 땡땡이치고 해장을 하고 들어와, 세상을 눈물로 마무리하고 '별들의 고향'으로 가 버린 한 인간의 눈물에 젖네[3]. 그가 눈물로 쓴 글을 내 눈물로 바꾸어 보았네.

'그대를 떠나온 지 몇 해 지나지 않은 제 영혼은 스물아홉 살의 나이로 죽었음을 고백합니다. 좀비처럼 스무 몇 해를 살다가 돌아온 탕아처럼 그대를 다시 만나 부활하였음을 고백합니다. 이제 저는 이 세상에 태어난 지 겨우 다섯 살입니다. 그러므로 하고 싶은 말, 그대에게 전하고 싶은 말들이 하루하루 샘솟아 오릅니다. 그대를 다시 만난 한 달 동안 내 영혼 속에서 일어났던 놀라운 일들과 기적들을 그대에게 모두 털어 놓아, 얼마만큼 내가 그대에게 사랑받았는지를 뻐기고 자랑하고 싶지만, 그러나 아직 그때가 되지 않았음을 저는 압니다.'

최인호, 『눈물』, 여백, 2013.

2014년 1월 19일

춘삼이 오월이 애막골을 넘어 학곡리. 원창고개 못미처 쉼터에서 첫 번째 휴식. 전인고에서 쉬려다 중리 다 지나 삼포 전 새고개 마을에서 두 번째 휴식. 삼포 빠져나와 김유정역에서 빠져나오는 레일바이크 타는 이들을 곁눈질. 팔미리에서 연화마을 고개 넘기 전 정자나무 밑에서 커피 한 잔. 연화마을 빠져나와 의암댐에서 내처 칠전동 고개에서 사과 한 조각. 두 시경. 스포렉스 근방 큰길가 중식당 화정. 맛있네. 그나저나 마누라가 잔차('자전거'의 경상도 사투리) 타는 걸 더 좋아할까 봐 은근히 걱정되기도 하네. 강원대 연적지에서 운동장 옆으로 빠져 옛날 베토벤 산책로 가던 길. 의생대 쪽으로 빠지는 업힐에서 오월이가 한마디. "영감태기 마누라 잡네!" 금병산 남쪽을 휘돌아 다시 의암댐을 휘도는 길. 48km. 페달링 2시간 40분.

2014년 1월 21일

하루라도 술 한잔 걸치지 않으면 혓바닥에 가시가 돋는다. 하루라도 몸을 부리지 않으면 손 발바닥에 가시가 무성하다. 하루라도 책 바닥을 들여다보지 않으면 그 가시들이 눈알을 찌른다. 춘천 시내 남쪽을 병풍처럼 들어앉은 금병산. 눈 내린 다음 날, 두 동서 내외 금병산을 오른다. 산골나그네 길을 올라 정상에서 싸 가져간 만둣국 끓여 점심. 동백꽃 길로 내려왔다. 8부 능선쯤에서, 잠시 만났던 친구, 딱따구리. 참 반가웠는데, 날아가 버리자 아쉬운 한숨 소리. 탄식하는 길서방.

2014년 1월 25일

마지막 남은 깃털 같은 생니를 뽑아야 하는 엄마는 일하러 나갔다. 집에 두고 온 혼자 만둣국 짠지 막걸리에 홀쩍거리고 있을 박사 시인 선생 큰아들 생각에 맘이 설레겠다. 영종도 섬 집 아기는 엄마가 있다.

2014년 1월 27일

농경 인간의 피를 어쩌지 못해 하루라도 몸을 부리지 못하면 마음이 편치 못하다. 알싸한 겨울 날씨를 무릅쓰고, 어제는 세 개의 언덕을 넘는 백 리 길. 오늘은 북한강 벼룻길(아래가 강가나 바닷가로 통하는 벼랑길) 백 이십 리를 자전거로 달렸다. 자전거를 타는 모든 순간이 내게는 늘 기적이다. 차가운 바람과 얼어 있거나 흐르거나 강물의 반짝이는 햇살을 받으며 페달을 밟는 일. 바람과 풍경과 눈 맞추며 한순간을 보냈던 그 순간만큼, 딱 그만큼의 기적. 지금 살아 있다는 것이 기적이다.

2014년 2월 6일 · 포항 라이딩

1일 차(4일) 어젯밤 강남터미널 열한 시 삼십 분 고속버스. 새벽 세 시 반에 포항 도착. 여섯 시 반 도착한 호미곶은 체감온도 영하 십 도가 넘는다. 업 다운 연속인 해안도로. 캄캄한 새벽길을 우레 같은 파도 소리

들으며 달리는 라이딩. 동해의 파도는 장난이 아니었다. 잔잔한 바다보다는 들끓는 바다를 사랑한 대가는 반드시 치러야 한다. 몸을 부리는 일. 구룡포에서 아침 먹고 감포 도착, 점심으로 복국. 감은사지, 대왕암 바라보고 양남 주상절리 인근 허름한 모텔 앞에서 부대찌개로 저녁. 95km.

2일 차(5일) 주상절리에서 일출을 보고 울산으로 들어와 농수산시장 구내식당에서 아점. 몇 번 와 본 곳이지만 역시 시장이 반찬이고 모두가 만족. 40km 왔는데 50km 더 가야 한다. 간절곶을 휘돌아 기장에서 묵는다. 생선회와 별로 친하지 않아도 밥알을 섞으니 제법 먹을 만하다. 미역쌈에 막장 얹어서도 몇 쌈.

3일 차(6일) 아침에 일어나 콩나물국밥 먹고 나오니 진눈깨비가 날린다. 망했다. 해동용궁사에서 터미널까지 점프하려 용달차를 부른다. 자전거 여섯 대는 해운대 태종대 자갈치를 포기한다. 상관없는 일. 지금까지도 좋았으니 남은 날도 좋겠다. 구포터미널에서 두 시 반 차. 일곱 시 넘어 집에 들어와 오월이 차려 주는 만둣국으로 저녁. 꿈같은 2박 4일을 보내고 비로소 안심하는 나를 보았다. with 신덕철 이창성 금명근 김영섭 남궁두.

2014년 2월 7일

세 식구 11시 40분 명동 CGV, 〈또 하나의 약속⁴〉. 현실은 소설이나 영화보다 더 기이하고 저렴하지 않던가. 몰입도가 떨어졌지만, 새하가 한마디 한다.

"내가 그래서 공장 일이나 단순 반복 노동은 하고 싶지 않은 겨. 차라리 인력시장 잡부 일이 낫다니."

에미는 수긍 못하는 눈치.

"잡부일보다는 대기업에 취직하는 게 훨 낫지."

다 맞는 말이라 생각했다. 개봉 두 번째 날, 오전이지만 지방 소도시, 좌석은 우리 세 식구를 포함 열 명도 되지 않았다. 출구에 서서 엔딩 크레디트 올라가는 것을 한참 바라보았다. 많이 복잡했다.

2014년 2월 8일

치악산 자락. 앞산 첩첩 뒷산 첩첩 골짜기에 눈발이 날린다. 개학을 앞두고 1박 2일 지부 연수에 첫 참가.

2014년 2월 9일

창균이가 원암리 집에 믿어지지 않을 정도로 엄청나게 눈이 쌓인 사진을 보내온 것을 정균이 형이 보내왔다. 설국도 한 철이다.

2014년 2월 13일

십 년 세월을 도반(道伴, 함께 도를 닦는 벗)으로 공부랍시고 함께 한 사랑하는 친구를 사흘 동안 떠나보냈다. 나보다 그와 더 많은 세월을 함께했던 올림피언 진종오가 영정을 들고 운다. 명권아 안녕.

2014년 2월 14일

화천의 특성화고로 전보(轉補, 같은 직급 안에서 다른 관직으로 임명함)되었다. 원주 1년 동안 심상치 않은 일을 겪었던 터라 많은 이들이 걱정을 해주었다. 남은 날들 더 잘하고 밥값 제대로 해야겠지. 공지천-삼천동-의암댐-신매대교-샘밭- 강고 앞-만천리 호반라이딩. 국밥에 가볍게 반주. with 야리딩[5].

2014년 2월 16일

올림픽이나 월드컵 같은 메가스포츠 이벤트가 열리면 스포츠 내셔널리즘이나 스포츠문화 현상과 작동방식에 대해 열을 올리는 사람들이 많다. 그들은 평상시에는 2018 평창, 엘리트 운동선수들의 현실에 대해 발언하지 않는다. 늘 스포츠나 스포츠맨들을 타자화하는 데 익숙한 이들이 별별 관심이 너무 많다. 그렇다고 뭐 그들이 나쁘다는 건 아니다. 체육·스포츠 선생으로 당장 할 수 있는 것들에 대하여 눈감는 나는 참 나쁜 놈이다. 하지만 민족이나 국가를 들이대며 스포츠인들을 매도하거나 비난하며 타자화하는 그대들도 자격 없기는 마찬가지. 빅토르 안이라는 한 우주를 인정한다면, 그냥 냅두면 된다[6].

2014년 2월 21일

아이폰으로 갈아탔다. 돋보기와 함께 어설프지만 곧 익숙해지거나 지겨워지겠다.

2014년 2월 23일

집사람, 새하와 연안부두. 동생들이 어머니 모시고 나와 횟집에서 점심 먹고 차이나타운 신포동 자유공원 휘돌아 왔다. 아이들 어렸을 때 희망 비디오 가게를 하며 살았던, 주안을 돌아 나올 때 집사람이 한참 동안 눈가를 훔쳤다.

2014년 2월 25일

종각. 유아교육 정상화 촉구 전국교사대회. 나를 넘어선 싸움에는 늘 가슴이 뛴다.

2014년 2월 28일

2학년 담임을 맡기로 했다. 처음 만날 아이들에 설렌다. 돌보기, 스스로 돕기, 바라봐 주기, 들어 주기, 배려와 존중, 스스로 주체 되기… 이 것저것 할 일을 생각하며 머릿속이 분주하다.
　「봄밤」을 썼다.

2014년 3월 2일

오월이 유월이 앞세워 삼일절 라이딩. 김유정역-연화마을-의암댐-애니박물관-신매대교-샘밭-만천리를 돌아오는 봄내 일주 코스. 내일부터 출근 준비하느라 십 년 된 모닝을 카센터에 맡겼더니 미션을 통째로 갈아야 한단다. 120. 데미지가 크다.

2014년 3월 3일

다시 새 학교 첫날, 해빙기나 장마철이면 산사태 우려할 만한 가파른 학교 뒤편에 머잖아 무성할 나무들이 나체로 봄볕을 즐긴다. 강원도 군 읍 단위에서 가장 규모가 작을, 실고로 불렸던 특성화고교. 학교공동체, 민주적자치공동체, 거버넌스, 학교조직문화, 프로젝트학습, 통합학습, 평가혁신, 혁신학교, 행복 더하기 학교… 이러한 개념을 갖고 바라보면 조건과 환경은 거의 완벽. 62명의 신입생. 200여 명의 학생들과 40여 명의 교직원.
　스물여섯 명의 반 아이들. 조회 때 스물세 명. 점심 먹고 살펴보니 열여덟 명. 5교시 후 종례하러 들어가니 열네 명. 알려 준 번호로 자기

폰번호를 남겨 준 아이들 열 명. 사진 보내 준 아이들 셋. 욕망과 판타지에 의한 좋은 학교에 대해 제각각인 생각이나 기준을 생각한다.

2014년 3월 4일

오전 네 시간 전공 수업에 이어 5교시 1학년 정과 체육 세 학급 묶어 오십 명 한 시간. 곧바로 창체 두 시간 연속으로 일곱 시간을 풀로 뛴다. 서로를 탐색하는 간 보기. 금방 서로 본색을 드러내겠지. 산만하고 집중력 제로에 나대기 좋아하는 아이들, 너무 쉽게 목소리 톤이 오른다. 와락이고 찬란인 방년 십팔 세의 청춘들. 자만하지 않겠다. 아이들이 너무 빨리 예뻐지기 시작하는 것, 아이들이 담임을 너무 쉽게 믿어 주는 것에 거리 두기. 오락가락하는 마음이 한 이레는 가겠다.

2014년 3월 8일

새학기를 여는 첫 라이딩. 춘천역 전철. 상봉-뚝섬-강변북로-구리-팔당-양수리-운길산역-대성리에서 전철로 점프, 70km. with 야리딩 10인.

2014년 3월 9일

학교를 옮기고 꿈이 생겼다. 체육관 준비실에 몇 번 타지 않은 스캇 브랜드의 자전거, 비품 목록에는 10대로 잡혀 있는데 일곱 대만 씩씩하게 있었다. 아이들과 자전거로 땅끝이면 더 좋고 강릉이든 속초든 바다를 보러 갈 수 있겠다! 학급 아이들 스물여섯 중 운동부 열을 빼면 열여섯. 그중 셋은 아직 얼굴을 보지 못했다. 축구부 여덟 중 한 명은 발목 골절로 입원 중이고 두 명은 독감이라는 얘기만 들릴 뿐 교실에 들어오지 않았다. 다시 담임을 맡고 수업을 하면서 더 허용하고 더 기다려 줄 수 있어야 했는데, 더 친절하고 더 웃어 주었어야 했는데, 그러지 못했던 닷새를 생각했다.

2014년 3월 10일

조회하러 올라가니 반 아가씨들이 복도에서 빗자루와 칠판지우개를 들고 컬링 놀이를 한다. 마냥 즐겁기만 한 아이들 꿈같은 봄날 한생 한생들, 눈부신.

2014년 3월 13일

4학년 복학을 포기한 새하. 골프장 비정규직 취업 첫 출근.

2014년 3월 15일

자전거로 화천을 들어왔다. 일주일에 한 번은 자전거로 다닐 수 있을까? 왕복 80km. 가능하겠다. 강 건너 전용 인조구장으로 간다. 반 아이들 여덟 명이 있는 축구부 시축식. 정고(艇庫, 보트를 넣어두는 창고)에 나가 카누와 조정 훈련 모습도 처음 들여다보았다. 춘삼이에서 화삼이로 변신 중인 봄날.

2014년 3월 18일

이종형 형이 4.3 문학제 원고청탁서를 보내와 두 편을 보냈다[7]. 신현수 선생이 시집을 보내왔다. 뜨거운 어떤 것이 처진 눈두덩이에 움찔거리는 봄밤.

　　신현수, 『인천에 살기 위하여』, 다인아트, 2014.

　　「메멘토 모리」를 썼다.

2014년 3월 21일

새 학교 새로운 일에 치여 몰두하다 끼니를 놓쳤다. 방과 후 수업까지 마치고 퇴근길. 터미널 옆 읍내 시장 국밥집을 찾아가다 반 아이들을 만난다.

　　"순대국밥 젤 맛있는 데가 어디냐?"

　　사내 녀석들.

　　"조부자집요."

　　조금 가다가 만나는 여자애들에게 똑같이 물었다.

　　"예지네요."

　　예지네 옆, 화천식당. 내장중심 돼지국밥에 소주 한 병. 둘 셋 짝지어 다른 아이들이 문을 열어젖히며 한마디씩 하곤 지나갔다.

　　"맛있게 드세요!"

2014년 3월 23일

하찮은 한생 당당하게 머리통을 매어 걸던 거두리. 그쯤을 가지 않아도 봄이 오기도 전, 숫돌처럼 낡아 가는 고여 있는 눈물이었다. 형님시인 선생님 전화를 받고 샘밭 장터로 달려갔다. 삼악산 너머 히말라야에서 당도한 시인들의 이야기. 조림집, 두부집, 봉길까지 많이 마시고 듣고 걷기도 했다. 거두리에는 가지 않았다. 물빛 좋은 날의 호사였다. with 최돈선 김주대 최관용 정다운.

2014년 3월 25일

차부에서 기다리는 동안 기다리는 버스는 오지 않았지만, 봄기운 완연하지만, 읍은 몰락하지 않을 것이다. 멸망하지도 않을 것이다[8]. 아무렇지도 않은 하루를 지우고 있을 뿐 곧 만화방창(萬化方暢)[9]하겠다.

2014년 3월 28일

전국에서 하나밖에 없는 특성화고 학과 '레저경영과'. 학교의 모습은 암담했다. 학습이 사라진, 무너진 교실의 전형. 모든 논의에서 운동부 아이들은 완벽하게 소외. 모든 창의적 체험활동은 물론 수학여행 불참을 당연시. 교육과정은 10년 전 것으로, 학교 수준에 맞는 개정과 운영에 대한 지도 감독 전무. 막대한 비용을 들인 장비와 시설은 몇 번 사용되지도 않았고, 방치되고 노후되어 폐기하여야 할 것들의 천지. 무엇보다 지역사회 학교공동체는 동문회를 앞세운 지자체에 의해 좌지우지되고 있었다.

　과를 개설해 놓고 지도·감독·장학 등 전무. 아이들은 방치되고 혼란스러움을 겪는 악순환의 반복. 교과과정을 전면적·전체적으로 실행 가능한 활동으로 재구성해야 한다. 안전지도 및 안전사고 예방 교육이 전제되지 않은 활동 실행은 불가하다. 배려와 존중이 있는 활동, 흥미와 재미, 놀이와 유흥, 여가와 스포츠에 대한 참 의미를 탐색할 수 있어야 한다. 교사들은 과의 특성상 교과 구분 없이 교수·학습에서 개인별 프로젝트와 연계된 개별 프로젝트학습과 팀 프로젝트(협동학습)을 동시에 진행할 수 있어야 한다. 체험활동 중심으로 재편된 교육과정 긴급 컨설팅 제안서를 만들기로 했다.

2014년 3월 30일

그 꽃그늘에 죽어도 다가가지 않겠습니다, 산유화.

2014년 4월 5일

참고 견디기 어려운 순간들이 연결된 것이 우리들 산다는 것이다. 기쁨 만큼의 땀 그만큼의 슬픔이 그 시간 사이에서 나를 기다리고 있다. 그 순간을 찾아 춘삼이는 오늘도 달렸다. 댐투어 60km. with 야리딩.

2014년 4월 7일

오월이 유월이 길비 넷 춘천 북쪽 휘돌기. 애막골-공지천-용산리-지내 리-아침못-세월교-옥광산-만천리 40km.

2014년 4월 9일

더 느리게 더 천천히 더 못나게 더 겸손하게 더 많이 웃으며 더 조금 말 하고 더 기다리자. 다만 비겁하지 않게.
  「궁금함에 대하여」를 썼다.

2014년 4월 10일

죽어도 다가가지 않겠다던 그 꽃그늘 밑에서 다시 길을 잃었다. 재구성 한 교육과정을 실행하려면 본청의 컨설팅을 받아야 했는데, 교장이 깔 고 앉아 있었다. 나만 모르게 지자체와 짬짜미(남모르게 자기들끼리만 짜 고 하는 약속이나 수작)로 레저경영과를 폐과하고 행정정보과로 변경하 는 일이 진행되고 있었다. 축구부·카누부·조정부는 교육청의 지도 감독을 받지 않고, 지자체에 의해 좌지우지되는 이상한 시스템이었다. 게다가 우리 반 애들이 여덟 명이나 있는 축구부는! 감독에게 수시로 두들겨 맞는단다! 나는 다시 지옥으로 떨어진 것이었다.

2014년 4월 11일

수업하러 운동장 가로질러 체육관으로 가는데 다른 과 여학생이 다가 온다.
  "선생님, 같이 가요."
  몇 마디 나누다가 느닷없이
  "선생님, 많이 힘드시죠?"
  며칠 전에도 운동장을 가로지르던 키 큰 남학생이 해 주던 말이 아직 도 쟁쟁하다.

"선생님, 힘내세요!"

힘내야지. 주말 잘 쉬고 이 아이들 다시 보러 와야지.

2014년 4월 12일

「낙화(落花)」를 다르게 썼다.

2014년 4월 13일

할 일인지 해야 할 일인지 그것이 산다는 것인지, 아니면 아무것도 아닌 일인지 아무런 상관없는 일인지, 자격이 없는 일인지 모두 부질없는 일인지, 분명 끝이 있을 산다는 것의 무망함. 가마우지들을 바라보며 허공을 짚고 허방을 디디며 길을 잃는 생을 어쩔 수 없다. 느닷없이 서러운 봄날. 꽃 피고 지고 피고 지고.

2014년 4월 14일

정작 참고 견디기 어려운 것은 그 순간에 맞닥뜨리는 초라함이다. 바닥을 칠 것. 더 아무것도 잃을 것 없는 순간. 그것을 무망이라 해야 할까. 이 자식들이 다시 학부모들을 동원해 교사 망신 주기에 나섰다.

2014년 4월 16일

이 참담함을….

2014년 4월 17일

매일 매일 참혹한 날들을 살아야 한다. 세상의 끝.

2014년 4월 18일

스스로를 응시(凝視)하는 일 외에는 방도가 없다. 곧 오월이 오겠지만 그러거나 말거나 내 이름은 무망(無妄)이다. 헛된 희망에 사로잡히지 말자. 고통이 고통스럽다.

2014년 4월 20일

내 앞의 아이들 모두는 신세계다. 새로운 우주의 대면 아닌가. 그러므로 나는 가르치는 자가 아니다. 조언자조차 되지 못한다. 언감생심 선생님이란 소리도 기대하면 안 된다. 다만 내 앞의 아이들을 우러르고 받들다 졸(卒)하거나 거(去)할 수 있다면 좋겠다. 아이들에 대한 존경심을 회복해야 한다. 혼자 하지 말고 연대할 것.

2014년 4월 21일

손석희 앵커가 말을 제대로 잇지 못한다. 인터뷰하려던 학부모… 아이의 시신이 발견되었단다. 무연한 눈물 눈물뿐.

2014년 4월 22일

서면 들어가는 뱃터가 있었던 소양강처녀상 어깨너머 삼악산 너머로 어김없이 노을이 진다.

　"사람이 죽으면 노을에 묻히나요?[10]"

　그렇겠지요. 노을에만 묻히겠습니까. 모든 밝음은 까무룩 어둠 속으로 사라지겠지요. 그 암흑의 끝 따위는 궁금치도 않군요. 봄날 유난히 환하게 빛나던 아이의 이마를 눈부시게 바라보던 그 순간들이 다시는 오지 않겠지요. 그 이별의 순간이 세상의 끝이거늘 무엇을 더 바라겠어요. 두려움을 버린들 자유로워진들. 더는 그 아이 이마에 달빛 비추지 않을진대. 지금은 매일 촛불 켜 들고 귀 기울이는 일. 기다리는 일 지쳐 까무러칠 때까지 꽉 감은 눈 부르르 떨며. 그 아이 없이 내 안의 비명에만 오랫동안 소리 감추고 울음 삼키며 귀 기울이는 일만 남았지요. 그 아이가 속삭여 줄 때까지. 내가 죽을 때까지. 기다리고 기다려야 하겠지요.

2014년 4월 23일

당장 할 수 있는 일에, 단 한 명이라도, 더 살릴 수 있는 일에 눈감은 대한민국이라는 이름. 이곳에 살기 위하여[11]가 아니다. 슬픔을 살기 위해 같은 하늘을 이고 살아가야 한다. 살아남은 자의 슬픔[12]이다.

2014년 4월 24일

사랑한다는 것은 같은 곳을 바라보는 것이라는데 너희들은 없고, 살아남은 자들은 스스로의 심장에 비수를 꽂는다. 사랑한다는 것은 목숨을 거는 것이기에. 눈물로 읽었다.

　「껍데기의 나라를 떠나는 너희들에게」 ―세월호 참사 희생자에게 바침. from 권혁소.

2014년 4월 27일

새벽에 자전거로 길을 나섰다. 칠전동 언덕배기에서 어형종 선생을 만나 함께 달렸다. 엘리시안 강촌. 스포츠교육학회에 와 있는 친구들과 아침을 먹기로 한 것이다. 여덟 시, 발래골 식당에서 올갱이해장국과 빠가사리 매운탕을 시켰다. 반갑고 좋은 자리였는데, 모두 그랬는데 행복한데 자꾸 눈물이 났다. with 류태호 이병준 정용철.

친구들과 작별하고 어쌤과 당림리에 새집을 지은 친구를 보러 가기로 했다. 마침 의암댐이 방류를 멈춰 강바닥이 얕아 보였다. 어쌤이 그냥 건너잔다. 자전거를 들며 끌며 억센 갈대밭과 모래와 자갈길을 지나 강을 건넌다. 미끄러운 강바닥은 온통 골이 깊게 파인 단단한 바위다. 차갑고도 빠르게 흐르는 강물이 무릎 위까지 차오르며 상쾌했다. 강물을 건너와 잠시 숨을 고르며 어쌤, 내가 먼저 하고 싶은 말을 한다.

"강물 한가운데서 나오고 싶지 않던데요. 너무 좋아서."

젖은 발로 들어서니 텃밭 가꾸며 행복하다는 친구 권오영. 맥주 몇 병을 내왔고 한참 수다를 떨었다. 돌아오며 건너온 강가에 다시 섰을 때는 방류되어 수위가 높아진 강물이 도도하게 흐르고 있었다. 아무리 물이 빠져 있었다고 하지만 북한강을 자전거로 건넌 것은 큰 행운이었다.

"흐린 강물을 건너려면 흐린 강물이 되어야 하나요.[13]"

2014년 4월 30일

아침 일찍 대구행 고속버스에 자전거를 실었다. 선수가 한 명뿐이지만 감독을 맡고 있으므로 전국조정경기대회 출장을 낸 것이다. 사흘 전부터 코치와 아이가 머무는 모델에 짐을 풀고 자전거를 끌고 나갔다. 낙동강 둑길에 늘어선 이팝나무 꽃들이 만개해 있었다. 자꾸만 눈물이 났다. 얘들아, 그날 아침밥은 먹었니. 잔인하고 서러운 세월이 가는구나.

2014년 5월 1일

오전, 오후 경기를 들여다보러 낙동강 길을 달렸다. 이어폰에서 들려오는 레이먼드 카버의 단편 「별것 아닌 것 같지만, 도움이 되는」 낭독에 집중했다. 강정고령보에서 달성보까지. 성서공단을 지나 화원까지 일부러 차도를 오가면서 80km는 탔겠다. 위로가 절실한 날들이라고 한들. 누가 누구를 위로하겠는가. 먼저 스스로를 위로하기로 했다.

2014년 5월 3일
달성보에서 대구터미널까지 40km를 달렸다. 다시 버스 밑바닥에 춘 삼이를 싣고 춘천까지 갈 길이 멀다. 먹어야 살겠지. 칠성시장 정화네 집 오천 원짜리 돼지구이 백반을 소주잔과 털어 넣고 욱여넣는 내가 미웠다.

2014년 5월 4일
동생이 어머니 모시고 왔다. 느랏재 가락재 넘어 가리산 임도(林道) 들어가는 계곡. 몸이 가벼운 어머니는 순식간에 시야에서 사라지고. 나물 뜯는 것보다 어머니 찾는 것이 일. 어머니가 가르쳐 줘야 뜯죠! 모시대, 청머래, 오이순, 젓나물, 으아리, 매타리, 까막취, 나물취, 고춧잎, 다래 순, 할미망태, 활나물, 나비순, 광대살이… 두릅, 엄나무 순은 다 쉤고 곰취 겨우 다섯 잎, 잔대 두 뿌리. 더덕 다섯 뿌리. 막국수로 점심 하고 들어왔는데 어머니는 다시 동생 앞세워 더 뜯겠다며 나가신다. 오월이 나물 삶을 동안 더덕 껍질 벗겨 소주 한 병. 곯아떨어졌다가 어머니와 동생 돌아와서 나물 무쳐 한잔 더.

2014년 5월 6일
요즘 부쩍 분노를 삭이기 힘들다. 자전거로 도로를 갈 때는 늘 가장자리 로 다니며 교통흐름을 방해하지 않으려 조심한다. 그러나 불과 몇 미터 도 기다려 주지 못하는 성급하고 조급한 것들. 차도가 지들 꺼야! 엊그제 자전거로 2차선 가장자리에 멈춰 신호 대기 중 뒤에서 경적을 울리는 차 들을 향해 두 번이나 가운데 손가락을 곧추세웠다. 상스러운 짓이었다.

2014년 5월 10일
언제 갈아엎어지고 새 건물이 들어설지 모르는 공한지, 남의 땅에 어머니는 끝없이 밭을 일군다. 영종도 황토고구마 1,200싹 모종 완료. 잘 자란 양파밭에 동생은 물을 준다.

2014년 5월 11일

아침 일찍 자전거로 느랏재에 올랐다가 구봉산 전망대, 네이버 공사장 샛길로 춘여고. 방통고 수업 중. 3학년이 된 개망초들 보고 싶었지만. 옮겨 심은 목백합과 작살나무가 기어이 말라 죽어 있는 것이 너무 아렸다. 온통 마음은 진도 앞바다와 안산 광화문광장 같은 곳들에 닻을 내리고 있다.

2014년 5월 12일

"세월호 침몰과 구조 실패는 한국인의 트라우마로 영원히 남을 것이다**14**."

실천적 행동, 당장 할 수 있는 것들에 눈감지 않기. 주먹 쥐고 일어서**15**야 한다. 이젠 광장만이 답이다.

2014년 5월 13일

단원고는 학교가 아니란 말이냐! 매시간 출석 불러라! 아이들 이름을 불러라! 경기도교육청. 왜 밝히지 않는가. 사망자, 실종자 정확한 숫자 말이다. 이런!

2014년 5월 14일

한 달 가까이 눈물로 지낸 날들이 참혹하다. 아이들 앞에서 눈물을 보일 수는 없는 일, 그동안 교육과정 재구성 작업을 마무리했고 안전 최우선의 10차시 자전거 활동 수업안도 만들었다. 휠셋과 구동계, 브레이크 점검도 다 마치고 헬멧까지 구입했는데, 아직 활동을 실행할 근거가 없다. 학교장이 승인을 미루고 있다.

결국, 스승의 날인 내일 연가를 냈다. 소심한 저항이다. 출장이라고 이야기했으나 복도까지 따라 나와 서운해하는 몇 아이들. 미안하구나. 내일만큼은 정녕 너희들을 볼 면목이 없다. 나는 스승도 아니고 그냥 아무것도 아닌 선생이란다.

2014년 5월 15일

연가를 내고 학교에 나가지 않았으나 우울하고 불편할 것이 자명하다. 전교조 결성 당시 탈퇴각서를 쓰고 살아남은 참담함이 되살아나는 나날들.

'아이들 앞에서 부끄러운 모습을 보이는 것은, 아이들을 부끄러운 선생과 함께 사는 부끄러운 아이들로 만드는 것 아닌가.'라는 생각을 하고 있었다.

이 말을 수정해야겠다. 아이들을 들먹거리면 안 되는 것이었다. 아이들은 부끄러운 선생과 상관없이 성장한다. 그러므로 부끄러운 선생만 남는 것이다. 부끄럽고 우울하고 참담하며 못되고 나쁜 선생은 오로지 아무것도 아닌 존재로서 나일 뿐. 부끄러움에 아이들을 핑계 삼는다면 선생 쓰레기 아닌가.

2014년 5월 17일

춘천 KBS 뒤에서 지부에서 준비한 버스를 탔다. 서대문독립공원. 〈세월호참사 희생자 추모 및 참교육 사수 전국교사대회[16]〉 집회 끝나고 행진이 이어지고 가다 막히고 길바닥에 주저앉아 눈물 흘리고… 지부 버스 떠나는 것 보고, 십만 촛불 행진 대열을 더 지켜보다 영종도 어머니에게 왔다.

2014년 5월 18일

다시 스스로 물었다.

의문을 품은 인간이 될 수 있을까? 어떻게 살 것인가?

2014년 5월 24일

그 사람 가고 5년. 심장에 새긴 촛불로 살아온 시간, 남은 날들도 그렇겠다.

세월호 추모 행진 강제 해산[17]. 다음에는 필경 물대포 최루액이겠다. 그다음엔 테이저건, 헬기. 그 그다음엔 탱크 몇 대?! 길게 가야 한다.

2014년 5월 27일

다시 아드레날린이 솟구친다. 잊지 않겠다. 분노하겠다. 함께 울겠다. 아이들을 더 사랑하겠다. 가만히 잊지 않겠다. 행동하겠다는 교사들을 파면, 해임 운운하며 협박하고 있다. 내 눈물은 내 이미 국가와 대통령을 파면했다. 내 이름은 눈물이다.

2014년 5월 29일

스포츠에 열정과 감동이 있다면 더도 덜도 아닌 딱 그만큼의 추악하고 더러운 자본과 국가의 악취가 진동하기도 한다. 스포츠로 반전·반핵에 연대한다. 스포츠로 평화를 꿈꾼다[18]. 월드컵을 앞두고, 평창올림픽을 앞두고 참 할 일이 많다. 스포츠로 저항의 역사를 써 낼 수 있어야 한다. 기필코!

2014년 5월 31일

막장공화국인 이 나라에서는 스포츠에서의 정치적 행위를 금기시하는데, 그거 다 자기들을 위한 거다. 붉은악마 등 어떠한 조직이나 개인이 경기 시작 전과 경기 종료 후 반정부 또는 세월호 촛불시위로 연결되는 모습을 상상해 본다. 지난번 튀니지전 16분간의 침묵 수준에서 어떻게 안 될까[19]?

아침에 원창고개 올랐다가 정상에서 어쌤 연락 받고 곧바로 내려왔다. 전인고등학교 아이들 자전거 세이프가드 수행. 문 대장이 아이들 대하는 모습을 보고 부끄러웠다. 중등교사들이 초등교사들 따라가려면 아직 멀었다. with 문태호 강숙희 어형종.

2014년 6월 2일

불안이 영혼을 잠식하는 일요일, 두 접의 마늘을 까면서 강원도 선거판도가 골 때린다는 이야기를 접하곤 망연자실. 동표골뱅이 깡통 따 을지로 골뱅이 흉내를 낸다. 광화문, 청계천, 시청, 종로 바닥 헤매다 스며들었던 그 맛에 미치지는 못하나 괜찮다. 박근혜 퇴진을 내건 청와대 자유게시판 '선언2'에 이름을 올렸다.

2014년 6월 3일

오늘 밤 열두 시까지는 희망을 버리지 않겠다. 춘삼이가 할 일은 내일 아침 일찍 투표하고 자전거 타는 것. 배후령급 업힐 2개, 북한강 길 큰 다리 2개, 멀리 가면 점프하느라 전철표 2개, 술잔도 2개, 결론은 2번이군.

2014년 6월 4일

투표 마치고 이디오피아 탑 앞에서 오월이 팀에 붙어야 하나 야리딩에 붙어야 하나 고민하지 않았다. 오월이 팀과 강촌 지나 가평까지 가는 길에 오디 두 됫박 얻었다.

2014년 6월 7일

어머니는 콩이며 들깨 모종할 밭을 일구느라 끝없이 호미질. 나는 두 시간을 쪼그려 앉아 쪽파를 다듬었더니 고뱅이[20]가 저리고 허리가 묵직하다. 어머니 모시고 병원 다녀와 한 일이다. 왼쪽 머리에서부터 귀밑 볼까지 대상포진이 찾아온 어머니. 순전히 환갑을 바라보는 큰아들 탓이다. 달집 순두부집에서 점심 먹는데, 소식인 어머니가 덜어 주시니 막걸리까지 두 통에 배 터지겠다. 밤꽃 향기에 취해 잠들었다.

2014년 6월 10일

어제, 늘 무시당하고 버려진 아이들과 두 번째 꿈의 자전거 수업. 원천루 짜장면 먹고 학교 들어와 종례. 장감, 부장교사들, 운동부 감독 코치들 삼십여 명 도민체전 참가 전 회식 자리. 석 달 동안 참다가 드디어 폭발했다. 교장에게

"니가 뭔데! 니이가 뭔데에~?!"

벌떡 일어나 중인환시(衆人環視)리에 버럭버럭 소리를 질러 댄 나는 나쁜 선생이다. 교장에게 전쟁을 선포했다. 어디 가나 분란만 일으키는 원흉이 되었다.

오늘, 출장 겸 부다리 고개 넘어 자퇴, 자전거 퇴근 중. 에고 되다! 송암동 강원도민체육대회 개회식에 갔다가 지사 만찬. 재선에 성공한 문순C, 김경수 이사, 김금분 의원시인 등과 어울려 한잔했다.

2014년 6월 11일

"김재룡, 개망초꽃 시로 유명해져서 죄송합니다. 이 한 편으로 끝난 거 아니지?" from 최돈선.

2014년 6월 12일

교장에게 대든 다음 날 곧바로 찾아갔다. 어쨌든 중인환시리에 언성을 높인 것은 부적절한 것이었다고 사과는 했으나 그것으로 그칠 일이 아니었다. 담임과 조정부 감독 자리를 반납했다. 다른 학교로 전출시켜

달라고 했으나 자기가 할 수 없는 일이란다. 당연하다. 문제 삼았던 축구부 감독은 몇 아이들을 데리고 다른 곳으로 갈 기회를 노리고 있었고, 축구부 운영도 내년부터 지자체로부터 독립해 운영할 것이었다. 내가 할 수 있는 일은 거기까지였다. 아무짝에도 쓸모없이 분노에 치를 떨며 찔끔거리는 나여, 지질하기 그지없는 비겁한 놈 더러운 생[21].

2014년 6월 14일
한양대학교. 2014 〈한국구술사학회〉 하계 학술대회. 「사회적 소수자와 구술사」, 「북에서 온 여고생」을 발표했다.

2014년 6월 16일
자책골에의 환호는 적당히 해라. 단언컨대, 자책골 넣어 본 선수가 더 위대하다. 더 많은 것을 견뎌야 하기 때문이다[22].

2014년 6월 20일
민방위 훈련인지 국가재난훈련인지 군인들까지 나와 거대한 터널 방공호 속에 아이들을 몰아넣고 가만히 있으라 한다[23]. 조용히 해! 떠들지 마! 가만 있어! 아이들의 영혼들까지 유폐시키고 있다. 눈이 뻑뻑해지고 숨 쉬기 불쾌하게 미세먼지가 심한데! 세월호는 현재 진행 중이라는 걸 아직도 모르겠는가!

2014년 6월 21일
"박꽃이 하얗게 필 동안 밤은 세 걸음 이상 물러나지 않는다."
　고등학교 1학년 때의 국어 선생님, 신대철 시인의 「박꽃」을 보려고 조롱박일망정 화분에 몇 싹 심었는데 꽃이 피었다. 선생님, 물소리는 들리지 않습니다.
　재작년 춘여고 방송통신고 1학년 때의 담임과 학생들. 만천리 골짜기 개망초 모임에 초대되어 다녀왔다. 많이 보고 싶었고 그만큼 아무 때 아무 데서나 찔끔거리며 함께 지낸 날들을 생각하며 그만큼 웃으며 수다를 떨었다.

2014년 6월 23일

국가인권위원회. 〈스포츠분야 전문가 인권 워크숍〉. 스스로를 혁명하지 못하고 혁명을 꿈꿔 온 생. 을 뒤집어야 한다. with 류태호 정용철.

2014년 6월 25일

오마이뉴스 기사보고 섬짓[24]. 지난주 아이들과 자전거 타고 나갔을 때 산소길 화천호 물속에 있던, 거대한 유기체가 이끼벌레였다! 호수 가운데에서는 카누경기가 열리고 있었다.
    with "The World Must Stand Together[25]", YouTube.

2014년 6월 26일

배트맨[26]~! 저항 없이 얻어지는 평화는 없다. 효순이 미선이처럼, 세월호도 결코 월드컵에 묻히는 일은 없을 것이다. 이 땅에서도 스포츠로 저항의 역사를 써야만 한다.

2014년 6월 27일

전교조 탄압 규탄 집회. 서울역에서 종각까지 집회 끝나고 동지들은 itx로 춘천으로 향하고, 혼자 낙원동에서 2,000원 선지국에 막걸리 한 통 비우고 공항철도를 탄다. 어머니와 들깨 모종해야 한다.

2014년 6월 28일

나아갈 때와 물러설 때를 판단하는 것이 쉬운 일이 아님은 분명하다. 그러나 야만의 자본과 국가는 폭주를 멈추지 않는다. 저항은 유연하고 부드럽되 단호해야 하는 것, 무정부적[27] 폭력을 지지하는 이유다. 들깨 모종을 시작했으나 가물어 흙은 폭폭하고 날이 뜨거워 철수. 술타령이나 하다가 해가 서산에 걸리면 다시 시작해야지.

2014년 7월 2일

비 내린다. 한 사흘 퍼부어 주면 좋겠으되 그것이 싫은 이들에게는 저주다.

2014년 7월 3일

학교 앞 동네 쉼터 인공연못에 쇠로 된 산천어 조형물이 물에 잠겨 있다. 세월호 백일을 앞두고 박제된 국가와 자본은 꿈쩍하지 않는다. 쇠로 된 영혼 쇠가 된 역사 쇠가 된 사랑. 눈물 없는 국가와 자본을 수장시키는 일.

2014년 7월 4일

강원도교육청 옆 특성화고등학교. 도내 특성화고 교사들을 모아 놓고 무슨 연수를 한다고 해서 왔는데, 장학관인지 하는 이가 교사들을 야단친다. 늦게 온다고, 수업하지 않는 교사 명단이 있다는 등 위압적이고 고압적으로 교사들을 겁준다. 같잖아 한마디 했다.

"지금 선생님들 야단치는 거예요? 어서 연수나 진행하세요!"

자리를 박차고 나와 자료집을 등록대에 패대기쳤다. 바로 옆 교육청에 들러 이인범 장학사에게 커피 한 잔 얻어먹고 왔다.

2014년 7월 5일

이런~ 어이 돈는 청춘들[28]. 그대들 잘못만은 아니지. 또 다른 세월호에 승선했을 뿐.

어머니 모시고 동생들이 춘천으로 모였다. 50년 평양냉면집. 불고기, 빈대떡, 냉면에 배부르다. 해 떨어지면서 어머니 가자 하신다. 내일 아침 일찍 매야 할 콩밭에 마음이 바쁘시다.

2014년 7월 6일

오랜만에 오월이 유월이와 함께 자전거. 강촌까지 가서 전철로 대성리에서 두물머리, 세미원 연꽃 핀 거 보려고. 족자도[29] 바라보며 눈 흘기고 다시 대성리로. 새터 부근에서 쌀밥 정식을 시켜 놓고 막걸리부터 한잔. 세월이 간다.

2014년 7월 8일

나는 점잖거나 뭐 별로 좋은 선생이 되지 못한다. 선생 똥은 개도 안 먹는다는 말을 비로소 이해한다. 내가 화장실에 들어가 앉아 있으면, 강아지 비상이가 따라 들어와 똥을 같이 싸 준다.

2014년 7월 10일

달이 밝아서 달 따라 흐르는 구름도 세월에 희미하게 묻혀 가는 눈물도 기억도 무참하고 환하다.

2014년 7월 11일

변방의 특성화고 고3 둘, 고2 셋. 교육과정에 관심 없고 할 일도 갈 곳도 모르는 아이들. 수상 운동 대체활동으로, 염천에 자전거를 타기로 한다. 급식 대신 짜장면 먹고, 신대리 농막. 얘들아, 오늘은 조금만 타자. 그늘이 좋다. 너희들 그늘은 내려 놓으렴.

2014년 7월 12일

학교스포츠클럽, 지역 고교 넷의 디비전[30]. 넷볼(Netball) 클럽과 함께 강원도대회 참가자격 획득. 넷볼은 전국대회까지 가자! 오전 중 종료. 서둘러야 한다. 여의도공원. 전국교사대회. 전교조 탄압 저지! 노동기본법 쟁취! 잊지 않겠다! 행동하겠다!

2014년 7월 13일

민족·민주·인간화 교육에서 민족은 버리겠다는 선생 하나, 휴일에 자전거를 탄다. 슈즈 콤비네이션, 클릿 페달 장착. 좌삼삼 우삼삼 쓰러질 일만 남았다. 꽈당 춘삼이 가마우지 마을 한 바퀴 돌고 들어왔다. 가마우지는 강물 위에서 깃털을 말리고 가문 밭에 물 주려고 늙은 농부가 물을 긷고 있었다. 이스라엘 선민들은 팔레스타인 어린애들을 살육하고 브라질 삼바 축구는 종말을 맞았다. 세월호 아이들이 별이 되어 빛나는 마른장마. 여름밤 내 행동은 눈물뿐. 내일도 그것으로 이기리라. 크게 망하는 일, 차오른 달이 기울 때까지.
　인간에게는 두 가지의 은총이 있었다. 존엄과 평화. 그리고 두 가지의 저주가 함께 왔다. 국가와 자본.
　with Meen El Erhabi(Who's The Terrorist), YouTube.

2014년 7월 15일

아이들과 자전거 활동. 꺼먹다리까지 갔다가 위라리 칠층 석탑 앞에서 인증샷. 배 나온 춘삼이가 웃는데, 웃는 게 아닌가 보다.

2014년 7월 16일

세월호 특별법 촉구 단원고 학생 행진. 변방에서 너희들이 가는 길을 눈으로만 따라간다. 참혹한 여름날이다.

2014년 7월 19일

원록이 지원이 내외가 외동딸과 함께 춘천에 왔다. 라데나에서 생맥주. with 송원록 김지원.

2014년 7월 25일

두 번째 강원도 체육교사 혁신 연수 이틀째. 생각만 해도 눈물 나는 친구를 초청강연자로 불렀다. 점심도 안 먹고 손 흔들고 떠나갔다. with 정용철.

2014년 7월 26일

인사동 뒷골목. 〈유권자를 넘어 세월호 이후 시민의 직접행동과 전망[31]〉, 집담회 끝나고 국밥 먹고 광화문. 청와대로 가는 길은 막히고 이제 어디로 가야 하는지. 102일째. 세월호와 함께 길을 잃는다.

2014년 7월 31일 ~ 8월 3일 · 낙동강 라이딩

첫날, 동서지간, 오뉴월이와 춘삼이 길비, 넷. 춘천터미널 12:30 버스. 17:45 부산 노포동 종합터미널 도착. 양산 거쳐(35번국도) 구포 도착. 허름한 모텔 투숙. 구포시장 다대포회집, 넷이서 배 두드리며.

둘째 날, 을숙도 다 들어가서 또 한 번 자빠졌고 크게 무릎을 까였다. 흐름을 멈춘 강은 강이 아니라 호수 아닌가. 창녕함안보 지나 남지에서 여장을 풀었다.

셋째 날, 빗방울이 흩뿌린다. 남지 개비리 길 임도(林道)를 넘고, 박진 고개도 넘고 황강 다리를 건넜다. 대구 칠성시장이 목표. 신선놀음이 따로 없다. 땀 흘리는 것만큼 큰 즐거움이 없다. 그러나 비는 무심사 임도(林道)를 지나고 달성보, 강정고령보를 지나 계명대 앞 모텔촌까지 계속 퍼부어 댔다.

넷째 날, 칠성시장에서 돼지숯불구이로 늦은 아침을 먹고, 열두 시 우등 고속버스는 어느새 홍천을 지났다. 저녁에는 전문부장 부친상 조문하고

내일은 학교 들러야 한다. DMZ라이딩 연습을 마쳤다.

2014년 8월 6일

피가 거꾸로 솟구친다. 전국체전을 앞두고 체중감량? 이 아이는 굶어 죽었다[32]! 얼마나 더 아이들과 젊은이들이 비참하게 국가 폭력에 죽어야할까. 그중 윤 일병의 죽음[33]은 전근대적 국가 치욕의 결정판이다. 대한민국이라는 그 뿌리가 확연히 드러났지 않은가. 모든 것들은 생로병사를 겪는다. 나라가 썩고 병들어 죽어 가고 있다는 자명함. 보다 나은 인간이거나 삶에 대한 꿈은 글러 먹었다. 빌어먹을! 어떻게 살 것인가!

2014년 8월 6일 ~ 9일 · DMZ 라이딩

1일 차, 춘천시외버스터미널에 모여 속초행 시외버스에 춘삼이를 실었다. 속초 터미널 출발. 간성까지는 살짝 빗길. 정토 국밥집 점심 먹고, 권혁소 일하는 고성중학교에 들러 시인이 타 준 냉커피 한 잔 마시고 출발. 진부령 넘어 시인의 집에서 묵는다. 환대가 넘치는 시간이 가당치 않았다.

2일 차, 여산제 출발 서화에서 아침 식사. 해안을 향해 출발. 돌산령 터널 통과와 정상 도전 팀으로 나뉜다. 대암중 부근에서 점심으로 짬뽕. 평화의 댐 비수구미까지 45km 정도 남았다. 업 다운이 만만치 않았다. 달이 밝아 많은 별을 볼 수 없었으나 비수구미 민박집 1박. 학교에서 늘 마주치던 아이 셋이 일손을 돕고 있었다. 이종사촌이었다는 걸 알 일이 없었다. 비수구미가 더 친근하게 다가왔다.

3일 차, 비수구미에서 아침 먹고 정확히 여덟 시 정각 출발. 장쾌한 해산령 라이딩. 풍산리에서 읍내를 우회해 신읍리 노동리 파포리 봉오리 다목리를 지났다. 다목리에서 수피령을 넘을 때는 악 소리가 절로 나왔다. 수피령로를 하오고개를 잘못 생각해 수피령에 터널이 있는 줄 알았던 해프닝. 3일간 270km를 달려 김화 와수리.

4일 차, 아침 여섯 시에 국밥. 일곱 시 출발. 신철원 운천을 지나고 포천을 지나 내촌을 지나 퇴계원 방면으로 내달린다. 아쉽다. 도피안사 노동당사 들르려 했으나 춘천으로 돌아가는 최단 거리를 택한 것이다. 내촌 전, 돼지 불백 기사식당 점심. 내촌면사무소 느티나무 아래에서의 달콤한 휴식. 퇴계원에서 전철로 점프. 4일간 360km를 달렸다. with 신덕철 금명근 정순관 이건학 장동철 이창성 김홍민 김원만 (권혁소).

2014년 8월 12일

사랑한다는 것은 목숨을 거는 것이다. 로빈 윌리엄스의 자진(自盡, 스스로 자기 목숨을 끊음)이 프리모 레비, 들뢰즈의 죽음과 겹친다[34].

2014년 8월 13일

어제, 원주터미널에서 자전거를 내려 새하와 조카 승배를 앞세운다. 문막을 지나면서 섬강 자락을 달려 남한강 길. 여주보 이포보를 지나 어둑해서야 양평 도착 시장 근방 모텔에 든다. 도래창 구워 맛있는 저녁.
　　양평 모텔 출발. 오빈리 용하를 보러 간다. 400년 묵은 느티나무. 구판장 아주머니에게 라면을 부탁한다. 느닷없는 방문에도 아무렇지도 않은 용하와 지평막걸리 한 통 나누어 마시고 헤어진다. 갈 길이 멀다.
　　아들 녀석이 저질 체력이다. 힘들게 프로그램 짜면 다시는 같이 자전거 타지 않겠다고 으름장을 놓는다. 그래도 오전에만 50km 탔으니 성공이다. 양수리 지나 새터에서 게장백반에 전복 돌솥밥 먹고 대성리에서 점프.

2014년 8월 14일

방학하고 스무날. 3일 동안은 연수를 치렀고 7박 10일은 자전거를 탔다. 3일은 학교에 나가고 하루 세월호 관련 집담회에 다녀왔다. 또 하루는 좋은 사람을 만났고 순수하게 이틀을 쉬었다. 남아 있는 나날들도 그럴 수 있을까. 내일부터 남은 사흘 동안, 이틀은 광화문에서, 하루는 영종도 어머니와 보내게 될 것이다.

2014년 8월 15일

교황 방한과 무관하게 수사권 기소권을 보장하는 세월호참사 특별법 제정에 미온적인 이들에게 항의하려 국회의사당으로 간다. 광화문까지의 도보 행진에 머리 하나 보태는 일. 노동자 시민 대행진. 국회의사당에서 신촌 로터리 거쳐 광화문까지. 같이 살자는 것. 살려 달라는 것. 그뿐. 눈물 나는 이들과 재회, 을지로 골뱅이. itx로 춘천. with 고광헌 정용철.
　　「운서역(雲西驛)에서」를 썼다.

2014년 8월 17일

박꽃이 진다. 박꽃이 핀들 열지 않는다. 지금 그러하니 한 석삼년은 더 가겠다. 다시 석삼년보다 오랜 세월. 눈물 따위로 마른 심장을 적시겠다. 유민 아빠, 어쨌든 살아남아 해마다 박꽃 피워 봅시다.

2014년 8월 19일

늦여름 비가 추적추적. 체육시민연대 MT. 청평산장호텔. 한여름 밤의 꿈. 형님시인선생님 회갑 축하 케이크를 나누기도 했다.
　　with 고광헌 류태호 허정훈 오광진 나진균 심미진 김용호 정재영 어형종 김상범 김연형 김희정 정용철.

2014년 8월 20일

사이렌 소리가 멍멍하게 대피 훈련이 끝난 오후. FACT TV. 유민 아빠가 청와대로 대통령 면담 신청하러 가는 장면. 슬픔이 극에 달한다. 시일야방성대곡(是日也放聲大哭)[35]의 날들이 계속되고 있다.

2014년 8월 24일

올해도 어머니는 천 이백 싹 고구마 모종을 했고 그만큼의 콩과 들깨를 심었다. 어제 고구마순과 들깻잎을 따 담아 춘천으로 왔다. 아침 겸 점심 먹고 고구마순은 세 시간 껍질 벗겨 버무리고 깻잎 겉절이 만들었다. 일요일 다 갔다.

2014년 8월 25일

선생 주제에 침묵이 일상이 되도록 노력한다. 일터에서 점심을 거르는 것으로, 세상과 연대한다. 모처럼 비상이를 데리고 집사람과 공지천 산책. 별빛 축제로 휘황한 도시의 밤 풍경이 낯설다. 밤하늘에 별이 보이지 않는 곳은 변방이 아니다. 유민 아빠 단식 43일째.

2014년 8월 28일

유민 아빠가 단식을 중단했다. 고맙고 다행이지만 여전히 건강이 염려된다. 고3 담임으로 만난 김문선이 지목한 아이스버킷챌린지 실행 대신 4·16 이후 각종 집회 때마다 많은 영감을 준, 데모당 밥데모에 기금을 보태기로 했다. 거기에 더해 미루었던 FACT TV 정기후원.

2014년 8월 30일
새하랑 자전거를 전철에 싣는다. 대성리에서 한강길을 달려 용산역에서 itx 타고 오는 70km.

2014년 8월 31일
그냥 눈물이, 눈물만이….
　　with 미아와 알렉산드라(Twin Sisters)[36].

2014년 9월 7일
한가위를 맞는다. 슈퍼문은 밤새 그대 창가를 비추겠다.
　　강준만. 『싸가지 없는 진보』. 인물과 사상사. 2014.
　　설렁설렁 어쩌다 째려보다시피 읽으며 돌아보고 반성하고 생각했다. 내가 생각하는 'Now and here', 'Moment of truth'는 많이 달랐다. 대가 없이 얻을 수 있는 것은 아무것도 없다는 말을 책 한 권으로 만들 수도 있겠다는 생각을 해보았다. 바로 지금이 진실의 순간이었음 좋겠다.

2014년 9월 9일
오랜만에 동서지간 동반 라이딩. 유포리 아침못에서 한참을 머물다 연산골 막국수로 점심 먹고 들어왔다.

2014년 9월 10일
참, 생각이 많다. 이재오는 자전거로 4대강의 절멸을 정당화했다[37]. 조선일보는 뉴라시안 자전거 대장정(One Korea New-eurasia)을 만들어 통일문제를 전유(專有)하겠다는 의도를 노골적으로 드러내고 있다[38]. 4·16 이후의 삶이 어떠해야 할까는 각자의 몫이지만, 발 빠르게 출구전략을 만들어 실행하는 나쁜 국가와 자본의 민낯을 본다.

2014년 9월 16일
아시안게임 축구 예선에서 북한이 중국을 이긴 것이 뉴스도 되지 않는다. 소읍 화천에서 고교 여자축구 전국대회. 내 일터 아이들의 축구경기를 처음 보러 왔다. 명색이 체육선생이! 게다가 한 학기 동안 담임을 맡았던 아이들이 여덟 명이나 있는데. 처음부터 축구부는 학교공동체의 일원이 아닌 지자체의 소유였다. 어떻게든 되겠지.

교육부에서 학교 내에서 노란 리본을 금지한다는 공문을 내려보냈단다. 교육부 스스로 해체 수순을 밟고 있구나. 내 모자에 내 배낭에 내 팔찌에서, 내 가슴에서 노란 리본을 떼 봐라. 나를 해체시켜 봐라. 나는 노란 리본이다.

2014년 9월 19일

2014 강원도학교스포츠클럽대회 영월. 2학년 여자아이들 아홉과 1박 2일 여행. 넷볼클럽 리버파인즈. 작년 중학교에서 '그린 피카즈'를 만들었고 고기범 선생이 전국대회까지 인솔했다. 만만치 않은 시외버스 여행이 될 것이다. 화천을 출발, 춘천과 원주에서 갈아타고 영월에 갔다가 다음 날 늦게 역방향으로 돌아올 것이다. 여자축구부가 전용으로 쓰는 군청 운영 버스 이용은 이야기도 꺼내지 않았다. 어쨌든 조양현·고기범·김정규 선생을 비롯해 반가운 얼굴들을 만나보겠다. 세월호참사 157일. 가을을 타는 것이려니 하지만 마음이 너무 무겁다. 부쩍 많은 것들이 시답잖고 우울하다.

2014년 9월 28일

어제 어머니에게 와 땅콩을 수확했고 씻어 볶았다. 아침부터 소성주와 코코넛 럼주 몇 잔에 취했다. 온몸에 힘이 빠져나가는 나이에 닿았다. 공항철도로 나와 용산역에서 아이스아메리카노 한 잔 비우고 일곱 시 itx 기다린다.

2014년 9월 30일

비겁하지 않으려고, 비겁한 놈이라는 소리만은 듣지 않겠다고 생각하며 선생질로 늙어 온 시간이 참혹하다. 4·16 이후 하루하루 학교가 싫었다. 아이들만 바라보며 살면 된다고 여기며 견뎌 왔는데, 아이들을 세상이 바라는 대로 사랑하기에는 이제 힘이 달림을 인정해야 한다. 아니, 아이들보다는 나 스스로를 더 긍휼히 여기고 있음을 고백해야 한다. 명퇴를 신청했다. 민노당 후원교사 공판만 마무리되면 가능성이 있다.

근 20년 만에 잃어버렸다고 생각했던 아버지 유품이 나왔다. 집사람 사주단자 속에 들어 있었던 것. 대학 입학식에서 어머니와 찍은 사진, 단 석 장의 사진으로 남은 아버지의 모습, 이산가족 찾기의 결정적 증표가 되었던 수첩 속 아버지 펜글씨를 다시 만났다.

2014년 10월 5일

어제, itx에 자전거를 실었다. 영종도에 들어가 무의도-을왕리- 장봉도 선착장을 돌아 어머니와 하룻밤. 아침에 홍대 앞에서부터 서대문-광화문-종로-신설동-청량리까지 대로를 달렸다. 늘 그렇지만 세월호 광장에서는 길을 잃었다.

2014년 10월 9일

광화문, 데모당 깡통데모. 잠시 유쾌한 시간을 함께하고, 고광헌 형님 시인선생님, 류태호 교수와 막걸리 많이 마셨다. 내 가족사를 들은 형님이 국방부에 '병상일지'가 있는지 정보공개를 청구해 보라는 조언을 주셨다. 유레카!

2014년 10월 11일

시작이다. 낫으로 순을 걷고, 멀칭(농작물이 자란 땅을 짚이나 비닐 따위로 덮는 것)을 걷어 내고 과감한 호미질, 생채기를 드러내고 으깨어진 녀석들도 있다. 천 싹 이상을 캐야 한다. 고구마 전투다. 콩도 베어야 한다.

동생들 고모와 고모부까지 동원, 콩도 다 베긴 했는데, 터는 건 어머니 몫이다. 농사나 지으며 살겠다는 것이 얼마나 헛된 욕망인가. 어차피 글러 먹은 생이다.

2014년 10월 13일

국민신문고. 신청번호 1AA-1410-056347. "순직자 병상일지 발급 신청 및 사망기록 열람 가능 여부에 대한 청원."

지난주 만난 고광헌 형님시인선생님 조언대로 국방부에 아버지 병상 일지 정보공개 청구를 했다.

2014년 10월 15일

학교 뒤편 가파른 낮달 걸린 서화산. 점심을 국수나무 생면으로 때우고. 바라만 보다가 슬쩍 오른다. 서북 동쪽이 확 트였다. 깊어 가는 것들이 있다. 이어폰은 팟빵 백석 평전 이야기. 머잖아 푹푹 눈이 나려 쌓이겠지.

　안도현, 『백석 평전』, 다산책방, 2014.

2014년 10월 19일

호미질로만 일군 어머니의 밭에서 백태, 청태, 흑태 한말 가량씩 수확했다. 동생네와 콩 털다 점심은 황해칼국수. 밭에서 뽑은 실한 무. 양지머리 삶아 맑은장국을 끓이고 임연수어를 팬에 구워 저녁을 먹었다. 동생네 떠나고, 늦도록 어머니 이야기를 듣는다.

　오래전 은퇴하신 은사님, 부기원 교수님이 메시지를 남기셨다. "환절기에 건강 챙겨요." 어머니나 선생님에게 낼 모레 환갑인 나는 아직 애다. 인천대교를 건넌다. 건너편 신도시가 신기루처럼 떠오른다. 나도 다른 깊어 가는 것들과 깊어 갈 수 있을까. 높고 깊은 어떤 슬픔이 도진 치통과 함께 묵직한 가을날. 선생님의 안부가 글러 먹은 한생을 각성시킨다.

2014년 10월 20일

침대로 파고 들어와 가랑이 사이를 오가며 코 골며 자는 강아지, 비상이와 함께 고양이 땅콩이는 엄연한 식구다. 그렇게 같은 공간에서 함께 서식하고 있는 땅콩이가 혈뇨를 비친 모양이다. 집안이 초비상이다. 그러거나 말거나 된장찌개 끓이고 임연수어 구워 매실주 반주로 배부르게 저녁을 먹었다.

2014년 10월 22일

급성 심부전에 걸린 땅콩이는 수술 받고 관을 삽입 당했다. 식구 하나가 아프니 온 천지가 병색이 완연한 날들이다.

　어제, 비 내리는 오후. 한때 동료였던 친구의 친구, 동료 교사의 남편. 책으로만 만났으되 언젠간 꼭 만날 것으로 예감했던 김상욱 교수의 강의를 경청했다[39]. 저녁에는 좋은 사람들과 뒷고기 구워 맛난 저녁을 먹었다. with 고광헌 이인범 어형종.

오늘, 어제 너무 많이 마셨나 보다. 이십 분 늦은 버스 출근. 춘천에서 화천 들어가는 버스 차창 밖 호수의 물빛과 어우러지는, 카멜레온의 등 거죽처럼 변해 가는 산색을 혼자 즐기는 듯한 호사.

2014년 10월 24일

안개중독자[40]로 살아왔다는 것을 고백한다.

"사랑아 그대가 떠나고 세상의 모든 길들이 지워진다. 흐리게 지워지는 풍경 너머 어디쯤….."

이외수 형님선생님. 쾌차하시길요[41].

2014년 10월 25일

지부 밴에 자전거 다섯 대를 실었다. 원통에서부터 권혁소 탠덤과 함께 한계령을 올랐다. 필례약수 쪽으로 빠지는 원통-한계삼거리-한계령-은비령-귀둔-기린협[42]-인제-원통 출발지. 필례약수에서 산채비빔밥. 설악과 점봉산 자락 단풍이 붉다. 가을의 풍경이 되어 보았다. 세속에 물들어 울긋불긋한 래프팅 족들과 한 풍경으로 기린협을 달리는 호사를 누렸다. 미시령 진부령을 지나 한계령을 지났으니 조침령 구룡령 운두령 대관령 백봉령으로 이어 갈 수 있을까?

2014년 10월 27일 · 어머니의 나라

계룡대. 국방부를 직접 방문해 55년 만에 아버지의 병상일지, 사망과 화장기록을 받아 들었다.

- 쌍팔년도 군대라는 말을 실감했다. 현재진행형.
- 아버지 제삿날이 동지 스무사흘. 어머니 기억이 정확하다. 잔인하기 그지없는 무리들. 사망 통보를 6·25 당일인 10년 전에 돌아가신 할머니에게 한 것으로 기록되어 있다. 스물넷 어머니는 아버지가 **죽었을 때 애도의 기회를 가질 수 없었다!**
- 카빈총 흉부 관통상이 아닌, 좌박관통총창상이었다. 왼쪽 겨드랑이 위쪽. 총상을 입고도 38일을 살아 있었다. "뒤에서 앞으로 나왔다고 그러더라구." 어머니의 증언은 귀가 닳도록 들었다.
- 아버지 돌아가시기 사흘 전에야 어머니가 돌 지난 나를 업고 면회

를 다녀왔던 것이었다. 1969년 발급된 1월 1일 자 순직통지서는 엉터리였다. 사망진단서에는 1월 3일 숨진 것으로 되어있다.

- 11월 25일 총기 사고, 12월 9일 후송병원으로 이송. 보름 동안의 일은 오리무중. 병적기록을 폐기했을 것이고 사건을 사고로, 은폐·조작·축소하는 일들이 벌어졌겠지. 군대 내 카빈총 살상행위에 대해 아무도 책임지지 않았음을 추론하는 것은 어렵지 않았다.

- 의학전문 용어로 가득한 19쪽에 달하는 병상일지. 화장보고서를 근거로 국가를 '유해손괴'로 고발해야겠다. 어머니는 분명하게 유해 인수를 거부했는데, 허락 없이 동작동 현충원에 안장한 것.

- 공소시효 지난 십 년 후, 10·26으로 끝장난 김계원 육군 대장 명의의 순직통지서를 받았다. 내가 중학교 들어가기 직전이었다. 고1 때 군번 하나로 눈길 헤치고 동작동 아버지 묘소를 찾았다.

- 아버지는 총상으로 보름이 아닌, 한 달을 훨씬 넘게 고통스럽게 버티셨다. 상처에서 악취가 진동하였다는 기록이 남았다. **유품으로 인식표도 없이 '도장 1매' 기록이 남았다.** 아. 이걸 어머니에게 어떻게 전하나. 귀가 어두우셔서 다행이다.

- 어머니에게 아버지는 스물넷의 당당한 청년. 그 사람이 죽었을 때 내 인생도 끝났다고 이야기하는 어머니의 나라. 낼 모레 환갑인 추레한 중늙은이. 나는 그렇게 어머니의 나라로 오늘 현재 살아 있다.

2014년 10월 28일

아침에 육개장을 끓였다. 시간이 많이 지체. 아이들과 밥 먹고 12:10 itx. 겨우 김포에서 15:45 제주항공. 조금 일찍 예매했으면 왕복 십만 이하로도 가능했겠다. 십만 이천 원 저가 항공도 나름 괜찮다. 다섯 시 넘어 버스로 시내 들어오는데 벌써 어둡고 말고. 관덕정에서 내려 무작정 걷는다. 탑동공원 서부두 여객터미널까지 갔다가 다시 버스로 나온다. 동문시장. 오랜만에 왔으나 낯설지 않다.

동문시장을 두루 돌아 길 건너, 게스트하우스를 만났다. 4인 도미토리 3일 치 오만 육천 원을 일시불로 계산한다. 아직 방엔 아무도 없다. 씻고 시장통에서 내장 국밥에 막걸리 한 통. 세상의 모든 재미가 사라진, 막막하기 그지없는 제주행. 혼자라는 것은 그런 것이다. 이 섬 어디엔가 늘 그립고 보고 싶은 이들이 와 있지만 결국 나는 혼자다. 산다는 것이 그런 것이다. 95회 전국체전. 아무짝에도 쓸모없는 강원도체육회 이사로 어슬렁거리는 거다.

2014년 10월 29일

봄내여고 농구경기를 보러 갔을 때는, 이 년 전 떠난 학교지만 참 반갑게 맞아 준다. 여고부 축구 경기장으로 갔다. 먼발치에서 아이들 경기를 본다. 학교와 군체육회 관계자들과 학부모들을 만났지만, 나는 투명인간이 되어 있었다.

2014년 10월 30일

서울에서 세 번째 학교인 구로고에 있을 때 육상부를 맡았는데 전지훈련이 있어, 제주에 차를 갖고 들어와 근 한 달을 묵었다. 에스페로가 이천 킬로미터 이상을 달렸으니. 우연히 백조일손의 묘지를 만났고, 송악산 분화구가 홀연히 눈앞에 나타나던 순간이 각인되었다. 엄청난 눈이 내린 날 성판악으로 한라산 정상에 올라 백록담을 보았고, 동전만 하게 떠 있는 성산 일출봉과 우도의 모습. 이십 년 가까이 되었는데도 생생하다.

　재작년 수학여행을 오기도 했으나, 제주의 온갖 풍경을 차치하고 오로지 이종형 형만을 보고 싶었다. 묘하게 닮은 가족사뿐 아니라 글에서도 형에게 동질감 같은 것을 갖고 있었다.

　형이 순댓국집 '현경식당'으로 이끌었다. 현기영 선생님과 이 집에 들렀을 때, 현기영 선생이 자기를 빠르게 읽으면 현경이 된다고 하셨단다. 고기 접시에 된장국을 뜨며 형은 소주, 나는 막걸리를 마셨다. 나중에는 한라산 한 병을 더 비웠다. 응석 부리듯 형을 만났다.

2014년 10월 31일

두 주 전, 어머니에게 '유정천리'를 청해 들었다. 어머니는 젊었을 때 노래를 무척 잘했다. 아무 자리나 노래를 하지는 않았을 것이다. 국민학교 들어가기 전, 사람들이 여럿 있는 데에서 엄마가 노래를 부르면 기겁을 하고 울고불고했던 기억이 있다. 트라우마 같은 것인지도 모른다. 젖먹이와 함께 세상에 버려진 스물넷 젊은 여자. 다행인지 불행인지 엄마는 그 운명을 받아들였다. 천성이 밝고 잘 웃는 어머니는, 낼 모레 환갑인 큰아들을 보면, 늘 환하게 웃는다.

어머니의 십팔 번이 '유정천리'임은 두말할 나위 없다. '가련다 떠나
련다 어린 아들 손을 잡고… 눈물 어린 보따리에 황혼빛이 젖어드네.'
그러나 어머니에게는 돌아갈 고향이 없었다. 남편이 군대 나가서 오발
사고로 개죽음을 당한 불쌍한 과부였을 뿐. 뒤에서 앞으로 나온 관통상
을 자해로 처리하려 했던 짐승의 시간들.

제주에는 비가 내린다. 밤새 모기에게 뜯기다 일찍 길을 나선다. 국
수집들이 문을 열지 않았다. 한 시간가량 걸어 해장국집을 찾았다. 느
리게 아침을 먹고 공항에 왔는데 너무 이르다. 짊어진 배낭, 행세 보따
리부터 시작해 모두가 쓸쓸하고 외롭다. 그러거나 말거나 떠나왔던 자
리로 돌아가야 할 시간이다. 다시 노래를 들으러 어머니에게 간다. 유
정천리, 제주공항에 비 내린다.

2014년 11월 2일

나는 꿈은 이루어진다는 말은 믿지 않는다. 그 꿈도 희망도 하찮을 수
있다고 생각한다. 헛된 희망, 욕망을 품지 않겠다는 뜻에서 스스로를
무망이라 한 지 오래다. 그런데 로망이라는 말은 여전히 좋다. 투어링
자전거(Touring Bicycle) 장만하는 날까지는.

2014년 11월 4일

자신이든 타인이든 평화를 위하거나 꿈꾸며 자신만의 힘으로 걷거나
달리는 길거리에 내동댕이쳐 고공농성 표준화된 세상에서 내몰린 어떻
게 살 것인가 고통 슬픔과 분노 힘들어하는 청춘 교육노동에 내몰린 어
린 온갖 세상살이에 서글픈 존재들과 연대하는 흐르지 못하는 강물 지
렁이 뱀 모기 가마우지 염소 악어 까마귀 바다거북 라마 북극곰 앵무
새 제비나비 사막여우 아무런 일도 없었다는 바다 심해의 가오리 청상
아리 해파리 오징어 꼴뚜기 털게 참숭어 뭇 생명이 절멸되어 가는 국토
종주 가리왕산 원시의 숲 흘러가는 구름 아무 데서나 부딪는 바람과 연
대하는 일이 아니었다.

2014년 11월 8일

춘여고에서 네이버 신축지 소로길을 쳐 올라 구봉산 전망대. 내리 달려

느랏재 정상 셋 합류. 가을이 깊다. 홀딱 벗을 일만 남았다. 정상에서 내친김에 임도(林道)를 탄다. 길은 도처에 있으되 굽이쳐 온 길을 되돌아가는 것뿐이다. 연산골에서 메밀만두국. with 신덕철 이훈희 이건학.

2014년 11월 13일

특성화고등학교에서 수능에 응시하는 아이들은 극소수다. 수능일에도 등교한 고교생들. 체육관에 모아 놓고 레크레이션 활동을 만들어 한나절을 보냈다. 수능 거부 활동을 만들어 준 것 같았다. 30년 만에 학력고사나 수능 시험감독에서 놓여난 행복한 하루였다. 이제 정말 그만둘 때가 되었다.

2014년 11월 14일

쌍용차 판결[43]을 접하면서 분노한다. 피눈물을 흘리는 이들 앞에서 허접한 국가 폭력은 막장으로 치닫고 있으니 민노당 후원교사 공판도 시들해진다. 어차피 빚 가리고도 모자라는 명퇴금 퇴직금 따위에도 목을 매지 못하는 글러 먹은 생.

2014년 11월 15일

교정에 품위 있게 자리를 지키고 있는 소나무에 올라 솔잎에 찔리며 솔방울 몇 움큼 얻었다. 제법 큰데 옆으로 가지를 뻗은 오래된 소나무라서 가능했다. 수반에 담아 물을 부어 놓으면 쪼그라들었다가 말라 가면서 은은한 솔향을 풍긴다. 가습기 역할도 하겠다.

〈인터스텔라(Interstellar)[44]〉를 보았다. 스타워즈와 같이 서부영화의 다른 버전. 아이맥스였지만 화면이 성에 차지는 않았다. 은하철도 999, 천상열차분야지도(天象列次分野之圖)[45]를 생각했다. 후유증이 오래갈 것 같다.

2014년 11월 17일

퇴근길 버스 이어폰 파파이스. 성호 아빠 이야기. 가슴이 문드러진다. 인터스텔라 후유증이 깊어 간다. 숨 쉴 때마다 아프다는 성호 아빠. 인터스텔라의 블랙홀. 언젠가는 아이들에게 돌아가야 한다.

2014년 11월 22일

〈한국구술사학회〉 동계 학술대회. 오랜만에 열공 중. 구술사·집단기억·구술성·구술채록·내러티브·녹취록·텍스트·아카이브… 머릿속이 무수한 별들의 천체 같다. 실상은 오랜만에 반가운 사람들 만나는 일. 언니들 보는 일.

2014년 12월 4일

퇴근길 화천터미널.
　연배 지긋해 보이는 라이더 내외가 자전거를 싣는다.
　"어디서 오셨어요?"
　"서울여."
　"어디 다녀오셔요?"
　"평화의 댐요."
　"여기까지 싣고 와 해산령 넘어갔다 오신 거예요?"
　"아니요. 춘천역에서부터 타고 왔어요."
　"…댁이 어디신데요?"
　"영등포여."
　"아, itx로 용산에 내리시면 가깝네요. 연세가?"
　"예순여섯이오."
　이 추운 날! 이 양반들과 똑같이 살날이 멀지 않았다. 쫄지 말아야지.

2014년 12월 7일

서로 같은 방향을 바라보고 살고 있다고 여기는 친구들. 같이 만나는 것은 처음이겠다. 혜화동 뒷골목에서 저녁을 먹었다. 자전거로 히말라야 2,000km, 라다크[46]에 가자는 이야기를 했다. 규슈 가고시마 라이딩이 먼저일 듯. with 이홍섭 고인수.

2014년 12월 10일

정당 후원교사 공판은 마무리된 듯하다. 다시 세월호 관련 경찰 출석요구서를 받았다. 눈물이 맨 나중인 줄 알았는데 아닌 것 같다. 눈물보다 진한 피 흘림의 산과 강물을 지날 것을 예감한다. 명퇴는 글렀다! 괜찮다. 살아 있으므로 흘릴 피도 있겠다. 화천 산천어축제 불 밝히기 시작했다.

2014년 12월 11일

평창 분산개최 논란이 어떻게 될지 모르지만 이미 끝난 게임 같다. 결국 백두대간에 구멍을 뚫어 빨대를 꽂고 살겠다는 각다귀들을 물리칠 재간은커녕 언론 체육인 모두 앞장서서 밀어붙이고 있지 않은가. 절멸되어 가는 숲에 관심을 두고 있자니 그게 다 임자가 있었구나. 국유림 아니면 수용하거나 먹튀 잡것들에게 혈세를 들이붓는 허접한 나라. 평창은 사자방 놀음의 표층일 뿐 아닌가[47].

한상복, 『평창 두메산골 50년』, 눈빛, 2011.

"덕장; 건조대, 나무 기둥과 걸대라고 하는데, 길이는 3.6m이고, 옛날에는 소나무를 썼는데 요즘엔 값이 너무 비싸서 낙엽송을 쓰고 있다. 덕장에서 말린 누런 명태를 일반적으로 황태라고 하지만, 날씨가 지나치게 추워서 흰색을 띠면 백태라 하고, 날씨가 더워서 얼지 않고 마른 것을 흑태 또는 먹태라 하며, 불량품은 파태라 한다. 바람 또는 실수로 덕장에서 땅에 떨어진 것은 낙태라고 하여 깨끗하게 씻어 다시 덕장에 걸어 놓는다. 바닷가 생산지에서 말린 것은 바닥태, 어획량이 너무 많아 어선에서 머리를 잘라 바다에 버리고 몸통만 육지에 가지고 나와 말린 것을 모두태라고 한다. 크기에 따라서도 길이가 20cm 미만의 작은 것은 앵태, 30cm 안팎의 것은 소태, 40cm 안팎은 중태, 50cm 이상의 것은 왕태라고 한다." 225쪽.

2014년 12월 16일

폭설의 아침, 몇 날 며칠 밤낮으로 눈부시게 시릴 한 시절이 다시 왔다. 태양과 바람의 힘 따위 아무것도 아닌 귓불 간질이던 그대 속삭임처럼 차갑던 입맞춤처럼, 날 풀리면 서걱이는 강물로 흐를 것이 자취도 없이 심장에서 반짝일 것이.

2014년 12월 17일

쓸데없이 말을 많이 하는 것도 웃기는 일이지만, 어처구니없는 조서에 젊은 수사관 일 도와준답시고, "말씀드리지 않겠습니다."를 40번이나 되풀이했다. 묵비[48]. 맨 나중에 "이번 일로 처벌 받을 수도 있다는 걸 알고 있었는가?"라는 질문엔, 차마 같은 말을 되풀이할 수 없어 "그렇습니다."라고 답했다. 세월호 아이들 관련 성명서 일부를 들이대는데, 주책

없이 눈물이 나왔다. 이 엄동설한 아홉 명, 아직 저 바다 밑에 있는데, 조금만 둘러보면 도처 고공 노숙 천막농성으로 화약 연기 시너 냄새 없는 내전 중인데, 그 잘난 묵언, 묵비 하나 제대로 못 하고!

2014년 12월 19일

통진당 해산결정[49]. 『생각하는 것이 왜 고통스러운가요?』 리뷰해 놓았던 것을 찾아보았다. 그중 「전체성에 저항하라!RESIST TOTALITY!」에서 한 부분을 옮겨 적었다.

"몇 년 뒤 저는 제네바의 어떤 수준 높은 식자층의 학회로부터 '네스 교수님. 교수님이 민주주의 개념에 대한 전문가라고 알고 있습니다. 우리에게 그 말의 올바른 정의를 알려 주실 수 없을까요.'라는 전보를 하나 받았습니다. 저는 대답하지 않았습니다. 그 일은 저를 무척 우울하게 만들었습니다. 그들은 '민주주의' 같은 단일 슬로건이 수면제라는 것을 이해하지 못했습니다." 259쪽.

2014년 12월 23일

잘 살았다는 생각에 뒤꼭지(뒤통수의 한가운데라는 뜻인 '꼭뒤'의 전라도 사투리)가 당긴다. 지금 그러하였으니 앞으로도 그렇겠다. 참으로 운명처럼 만난 이들과 함께 앞으로도 그냥저냥 되는 대로 살겠다. 화천강 꽝꽝 얼어 가고 축제 준비가 한창이다. 학교 아이들도 부스 하나 갖고 커피를 판단다. 저 얼음 바닥이 와자지껄 사람들로 가득 찰 것이다. 일 년이 다 되어 가는 동안 한 번도 가 보지 못한 용암추어탕 집에, 마음먹고 몇 동료들과 점심을 함께 했다. 미꾸리 양식장은 눈에 덮여 있고. 언 강 눈 덮인 화천 얼음 나라. 오시나요?

2014년 12월 24일

내몰려 철탑에 굴뚝에 노숙 천막에 오체투지(五體投地, 먼저 두 무릎을 땅에 꿇고 두 팔을 땅에 댄 다음 머리가 땅에 닿도록 절하는 불교식 방법)로 길거리에 발가벗겨져 나뒹구는 이들을 생각한다. 아무것도 할 수 없이 칼퇴근을 기다리는 정규직 노동자. 밥벌이가 지겹다니!

강화. 학교 연찬회 후 돌아가는 길이다. 버스는 아침 해장술을 하고 초지대교를 건넌다. 눈물은 얼마나 짠가. 함민복 옆을 스친다. 그래, 내일은 다시 해가 뜰 거야. 버스는 갯벌 위 다리를 건넌다. 굴뚝에도 팽목항에도 없는 한 해. 한 생애. 인생. 참 하찮게 저문다.

거례리 사랑나무

내 생은 단 몇 시간 만에 끝났고 몇 달 울었고 몇 년 슬펐고 몇십 년 하찮았다. 앞으로도 그럴 것이다. 한 젊은 병사가 죽어 간 그해 겨울처럼 겨울이 간다. 오래된 미래가 시답 잖고 무연한 날들이다.

2015년 1월 2일

아침에 깨어, 어제저녁 인사불성이 되어 신포동에서 택시를 타고 왔다
는 것을 기억해 냈다. 새해 첫날은 무기력 그 자체. 지옥이 따로 없지.
그 와중에 너비아니 만들어 동생 조카들 먹게 하고 어머니 드시게 반건
조 농어와 도미를 졸였다. 어머니는 만두를 빚어 떡 점 넣은 국을 끓이
셨다.

둘째 날 아침 청소노동자로 출근하는 어머니와 새벽길을 나선다. 김
칫국에 밥 한술, 어머니는 아무도 안 먹는 굴국. 아침일 마치고 무시루,
찐고구마 한 쪽 드신단다. 팔순 어머니. 그러거나 말거나 '갈께요.' 한마
디로 운서역 공항철도를 탄다.

굳이 종각에서 내려 설렁탕집을 간다. 새해, 내게 주는 선물 세트. 이
문설렁탕 뜨끈한 국물에 막걸리 일 병. 종각 신화사에 들러 빠이롯트 만
년필, 잉크 한 병. 나여, 그대 올 한 해도 혼자 자랑 찬란하거나 말거나.

2015년 1월 3일

오리들만 남아 있는 가마우지마을 지나 샘밭에서 국밥 받아 왔다. 건귤
을 만든다. 귤향이 가득 퍼진다.

고미숙, 『낭송의 달인 호모 큐라스』, 북드라망, 2014.

2015년 1월 5일

춘천 명동 대화관. 드나든 것이 20년 되었다. 대략 매운 것이 매력적인
짜장면. 선생님과 나는 50%. 윤박사는 25%. 공부가주 작은 것 한 병 반
주. with 박기동 윤대중.

2015년 1월 9일

20쪽이 넘는 병상일지와 사망진단서, 사망 후 9일 만의 화장보고서를
들여다보는 일상이 참혹하다. 한 달 전, 고2 담임을 맡았던, 서울대병원
인턴으로 있는 종호에게 병상일지를 보여 주었다. 종호가 어둡게 이야
기하는 한마디로 모든 것을 이해했다.

"적극적인 조치가 없었네요."

엊그제는 아내와 〈수상한 그녀〉라는 영화를 보다, 한 장면에서 동시
에 북받쳐 잠시 어쩔 줄 몰랐다. 팔순이 되는 어머니는 오늘도 영종도

하늘도시에서 새벽길을 나섰을 것이다. 아버지가 죽고 세상이 끝에 섰던 어머니에게, 지금까지 끌고 온 생을 앞으로도 지속하게 한다는 것은 잔인한 일이다. 어쨌든 어머니대로 살다가 돌아갈 것이고 나도 그럴 것이다.

음력으로 지내는 아버지 기일이 다가오고 있다. 체구가 보통 이상이었다는 아버지 외에는 어떤 남자도 눈에 차지 않았다는 어머니, 그의 아들이 60 가까운 나이가 되어 그 생애를 이야기한다. 4·16은 그렇게 또 한 인간을 바꾸고 있다. 이것이 인간이다.

프리모 레비, 이현경 옮김, 『이것이 인간인가』, 돌베개, 2007.

2015년 1월 11일

「혜성 러브조이」[1]를 썼다.

2015년 1월 12일

두려움에 떠는 자들아. 그 누구도 자신이 아닌 타인에게, 그 누구에게도 그 어떤 잣대로도 재갈을 물리거나 돌을 던질 권리는 없다[2].

2015년 1월 15일

갑오년 동짓달, 아버지 56주기 제사를 지낸 다음 날. 브리즈번과 타이베이에서 온 지우와 강규 식구들을 용산역에서 만나 부대찌개 먹고 헤어졌다. 아이들에게 용돈을 주지 못해 마음이 아팠다.

나의 자전거 대장 이창성 선생이 창졸간[3]에 아내를 잃었다. 허망하기 그지없다. 대장은 이제 별을 품고 살아가야 한다. 사랑을 잃은 자는 모든 것을 잃은 것이다. 달리 방도가 없다. 그의 더 깊어질 슬프고 선한 눈빛을 바라보며 살게 될 것이다.

혜성 러브조이는 오래 멀어져 갈 것이다. 다시 이 지구별 가까이 다가오는 데 팔천 년 걸린다지. 내 생은 단 몇 시간 만에 끝났고 몇 달 울었고 몇 년 슬펐고 몇십 년 하찮았다. 앞으로도 그럴 것이다. 한 젊은 병사가 죽어 간 그해 겨울처럼 겨울이 간다. 오래된 미래가 시답잖고 무연한 날들이다.

2015년 1월 20일

4·16. 280일. 간신히 팽목항에 닿았다.

2015년 1월 22일

집사람과 둘이서 나흘 동안 이동 거리 1,600km. 이것저것 핑계거리 많은 동네 한 바퀴 나들이. 선운사 송악. 칠산 앞바다. 우수영 배추밭. 진도 팽목항 등대. 깡통시장. 풍천장어, 영광굴비, 진주냉면, 꼬막정식. 36만km 달리고 폐차된 레조에 이어, 나흘 동안 1,600km 달린 꼬맹이 모닝이 울산에서 결국 퍼졌다. 열두 살이니. 차? 별 관심 없다. 뭐 그렇다는 얘기다. 집사람이 사 주는 대로. 차 바꿔 주소!

2015년 1월 23일

간접세 중심의 허접한 국가, 지랄 같은 세법. 소득세 결정세액 지방소득세 포함 6,527,392원. 납부세액 4,415,221원. 차감징수세액 2,112,160원. 고혈을 빨아 삽질하는 잡것들. 2월엔 손가락 빨며 자전거나 타야겠다.

　　김훈, 이강빈 사진, 『자전거여행 2』, 문학동네, 2014.

2015년 1월 24일

오랜만에 토요일 오전을 뒹굴거린다. 소설책 한 권을 단숨에 읽는다. 싸하다. 내처 쌓아 놓았던 다른 책을 펼친다. 내일 모레 4박 5일 연수 동안 읽을거리를 생각한다. 방도가 없으니 계속 살아야 하고 계속 읽어야 하고 계속 먹어야 한다. 순두부찌개 끓이고, 침조기 구워 지평막걸리 한잔해야겠다.

　　황정은, 『계속해보겠습니다』, 창비, 2014.
　　나쓰메 소세키, 송태욱 옮김, 『나는 고양이로소이다』, 현암사, 2013.
　　공지영, 『수도원 기행2』, 분도출판사, 2014.

2015년 1월 26일

11월 25일, 밤 10시 3분. 등 뒤에서 격발된 카빈소총 탄환이 왼쪽 어깻죽지 겨드랑이 바로 위를 관통했다.
　　11월 26일. 02:15 MASH(이동외과병원) 이송. 출혈이 멈추지 않는다.

03:00 HF(야전병원)로 다시 이송.

　12월 7일. 아직 살아 있다. 좌상지동맥 손상으로 출혈이 여전하다. 상처부위가 흠뻑 젖는다. 왼쪽 팔을 전혀 쓸 수 없다. 쇠약해지고 있다. 철원 김화 야전병원 12일 만에, 양평 57후송병원으로 후송되었다. 나는 살아야 한다.

　12월 9일. 후송병원 첫 처치를 받는다. 야전(野戰, 산이나 들 따위의 야외에서 벌이는 전투)과 별반 다르지 않다. 살고 싶다. 죽으면 안 된다. 아내와 돌 지난 아이가 있다.

　12월 중하순. 아내가 아이를 업고 면회를 왔다. 아이는 아장아장 잘 논다. 아내를 안심시켜야 한다. 걱정 말라고 했다. 죽지도 않고 병신도 되지 않는다. 한 이십 일에서 한 달 있으면 집에 갈 테니 애만 잘 보고 있으라고 했다. 그들이 그렇게 말했으므로, 살 수 있다고. 마지막이었다.

　12월 27일. 관통상은 총창상이 되어 더 이상 손을 쓸 수 없게 되었다. 환부가 썩어 가는 냄새, 죽음의 냄새다. 동서 형님이 다녀갔다.

　1959년(단기 4292년) 1월 3일. 06:30. 스물네 살. 나는 죽었다.

2015년 2월 2일

국방부로부터 "순직자 병적확인 요청에 따른 민원회신", "병적기록부 3부(병적부, 확발대장, 순보철)"를 받아 들었다.

　정동 프란치스코 회관. 〈평창동계올림픽 분산개최 추진을 위한 토론회〉에 다녀왔다.

2015년 2월 6일

얼어붙어 있는 화천호. 웅 우릉 쩌어억, 간헐적인 얼음 갈라지는 소리가 광막(廣漠, 아득하게 넓음)하다. 봄은 어마어마한 소리로 오고 있었다. 얼음장 밑에서 호곡(號哭, 소리를 내어 슬피 욺)으로 뒤채고 있었다.

　「돌아오지 않는 강(江)」을 썼다.

2015년 2월 7일

가리왕산. 정윤수, 정희준 교수 일행과 풍혈을 보며 오르는 슬로프 공사장. 눈밭에 밑동이 잘리고 뿌리째 뽑혀 뒹굴고, 파헤쳐져 널려 있는 나뭇등걸의 무더기, 무더기. 참혹하다. 잔인하다. 말을 잃는다.

2015년 2월 9일

엊그제. 가리왕산에서 돌아오는 길 진부 2터널에서는 추돌사고로 길이 막혔고, 갑자기 가슴이 옥죄는 듯 아팠다. 장평휴게소에서 잠시 추슬렀으나, 새말에서 빠질 때 길을 잃어 한참을 돌아 춘천에 도착했다. 청국장과 두부조림에 지평막걸리로 한잔했는데 식은땀 흘리며 잠 못 들고 한참을 뒤챘다.

어제, 느지막이 일어나 멸치 다시 뚝배기 떡국과 해장. 집사람 나가고 뒹굴뒹굴. EBS, 위노나 라이더가 나오는 〈청춘스케치〉. 예나 지금이나 My name is nobody가 통하는구나.

오늘, 대구포 손질해 한 줌 무치고 양지머리 삶아 내고 무 맑은장국 끓여 저녁 먹고 났는데 마지막 정육점 도식 옥자 우연 은실… 이름들에, 다른 이름들이 겹친다.

김도연, 『마지막 정육점』, 문학동네, 2014.

2015년 2월 11일

두 달 동안 스키장 알바 끝내고 온 새하와 동작동 국립현충원에 들러 아버지 '국묘안장 확인서'를 발급받았다.

[1959년 1월 3일 사망. 12일 화장. 1960년 5.25일 국묘 안장]

스물 셋 새댁이던 어머니는 스물넷의 아버지가 어떻게 죽었는지도, 어떻게 화장되었는지도, 국묘 안장된 것도 모르고 60년을 살아온 것이었다. 새하가 운전해 돌아오는 길. 미사리 동래 복국집에서 늦은 점심을 하며 히레사케 한잔. 돌 지난 아이와 함께 버려졌던 새댁 어머니의 눈물을 마셨다.

2015년 2월 12일

「공무도하가(公無渡河歌) 외전(外傳)」을 썼다.

2015년 2월 13일

교대 앞 예부룩. 너무 오래 보지 못했다. 사는 것이 지리멸렬하다는 핑계를 댔다.

"사는 게 다 그렇지 뭐."

늘 그렇듯 앞머리를 쓸어 넘기며 한마디 한다, 이상문. 오래된 모카

포트가 뜨거운 만큼 반가웠다. 착하고 순수하게 산다는 것의 눈물이었다. 콧수염 친구 박명환이 들어선다. 반갑게 포옹했다.

2015년 2월 15일

담임을 맡았던 방송고 여고생, 개망초반 누이들 졸업식을 보고 왔다. 학교를 옮기고 헤어져, 많이 그리워하며 살았다. 종일 설렜고 반가웠고 기뻤다.

2015년 2월 16일

인사철에 교사들이 스스로를 비하하는 말이지만 직업에는 귀천이 없다는 말은 명제(命題, 참인지 거짓인지 판별할 수 있는 문장)다. 나는 장돌뱅이라는 말이 좋다. 「메밀꽃 필 무렵」의 허생원만큼 늙어서 그런가 보다. 무엇보다 교직의 사명감이나 소명 따위 운운하지 않으면서, 자연스럽게 꼰대 소리 들으며 한심하게 늙어 갈지라도, 어떤 존재들에게도 더는 가르치려 들지 않겠다고, 아이들 앞에서 더 자주 많이 웃겠다고 다짐하는, 장돌뱅이 소리를 들어도 지금의 내가 좋다. 같이 늙어 가는 강아지 비상이도 지금의 나를 좋아하는 거 같아 다행이다.

2015년 2월 18일

세밑에 2018평창동계올림픽 분산개최 문제가 모처럼 불을 뿜고 있다. 그러나 늘 그렇듯 저들은 모르쇠로 일관하겠지. 며칠 전 가리왕산을 다녀오고 기자회견이 끝난 자리. '평창동계올림픽의 발목을 잡는 것은 강원도 사람들'이라는 개드립을 떠는 D일보 모 기자 앞에서 얼굴만 붉히고 아무 말도 하지 않았다. 강원도의 힘은 무슨! 개뿔.

2015년 2월 21일

「강원도에서 보내는 편지」를 썼다.
〈2018 평창올림픽 분산개최〉 페이스북 페이지를 만들었다.

2015년 2월 22일

당초에 강원도의 힘이란 것은 없었습니다. 힘이란 것이 있고 없고는 상관없습니다. 그러나 세상은 온통 힘이 지배하고 있다는 느낌도 떨칠 수 없습니다. 아니면 나는 실체도 없는 힘을 너무 믿었거나 추종해 왔지 않았나 하는 부끄러움을 버리지 못합니다. 2018 평창을 걱정하는 교수들 모임에서.

"나는 비겁하기에 드릴 말씀이 없습니다."

라고 했다는 이야기를 듣고, 잘하셨다고 했으나 눈물이 났습니다. 나보다 잘난 구석이 하나도 없으니 원. 선생님보다 제가 더 비겁하다는 것을 알았습니다. 아직 죽었다 깨도 스스로 비겁하다고 이야기할 수 있는 인간에 이르지 못했으니까요. with 박기동.

「어떤 슬픔」을 썼다.

2015년 2월 23일

일 년 만에 강 건너로 학교를 옮긴다. 강원도로 전보 내신 해 첫 발령지 속초상고(현 설악고) 교감이던 노승룡 교장이 있었고, 관내 내신이 1순위라 가능했다. 1학기에 잠시 맡았던, 선수가 한 명뿐인 여고 조정부도 옮겨졌다. 중학교 육성종목과 연계하여 맡기로 했다.

교직원 송별연을 마치고 들어왔는데, 잔뜩 정든 아이들과 헤어지는 심사가 편치 않다. 아이들에게 미안한 마음은 실상 비겁함일 것이다. 못난 선생 마음 알아주던 강민아, 종복아 고맙다.

2015년 2월 25일

손 흔들어 주고 헤어졌지. 갈 길이 보이는 즈음 뒤돌아서는 것이 그냥 아쉬울 일 없을 즈음, 교대역에서 동서울터미널까지, 춘천행 버스를 기다리는 그 모든 즈음, 혼자 국수 한 그릇이 그리운 이 헛헛함은. with 고광헌 류태호 정용철.

2015년 2월 26일

문순C! 돌아와, 분산개최 논의의 장을 만드시라.

2015년 2월 27일

알펜시아. 횡계에 다녀왔다. NHK에서 무슨 인터뷰를 한다고 보자고 해, 2018평창 개폐회식장 건설예정부지를 둘러본다. 월정삼거리를 지나, 멀지 않은 곳인데 여 저 파헤쳐진 둔덕 아래 외딴집 한 채가 외롭다. 오래지 않아 지상에서 사라지겠다. 슬라이딩센터는 공사 강행으로 16% 공정에 이르고 있다. 개폐회식 할 곳은 공사 팻말도 보이지 않는다. 아무리 생각해 봐도 분산개최가 답인데, 문제는 대략 우리들 생이라는 것에 답이 없다는 것이겠지.

어리석음으로 한생을 마친다는 것 최악을 다하겠다는 것. 최선이란 건 없으므로 하여 상식도 경우도 하찮다는 것. 이제 물러나서 서성대면 된다. 개학이잖아. 그냥 밥벌이에 충실하면서 할 수 있는 일이나 하는 거야. 그들도 포기하지 않을 거다. 탐욕 앞에 상식은커녕 죽음조차 아무것도 아니지. 목숨을 걸 만한 일은 아니니깐. 그러면? 지금까지 무슨 짓을 한 거지? 어리석은 놈!

2015년 2월 28일

공식적인 첫 반응이다[4]. 그러나 우림(최삼경)이 십자가를 질 일은 아니다. 최문순 지사는 물론, 강원도의회, 새누리당, 새정치민주연합, 정의당에서도 입장을 밝혀야 한다. 논의도 하지 않고 그냥 묻어가거나, 이명박근혜 정권의 들러리나 2중대로 전락하는 옹졸함을 보이지 않기 바란다. 강원도민뿐만 아니라 온 국민을 갈등의 도가니에서 부글부글 끓게 할 일이 아니다.

2015년 3월 1일

내 몸 내 안의 식민지도 어쩌지 못하면서 독립 만세를 외쳐 온 지난날들을 반성합니다. 개나 소나 다 한다는 반성을 한다며 개들과 소들의 허락 없이 지껄였음을 반성합니다. 삼월 첫날에도 헛된 욕망과 희망을 버리지 못하여 무망에 이르지 못하고 하찮은 인간으로 머물러 있는, 가당찮음을 반성합니다. 허공 판이나 휘저으며 반성문이랍시고 주절댐을 반성합니다. 이상 반성문 끝.

미하엘 슈미트 살로몬, 김현정 옮김, 『어리석은 자들에게 권력을 주지마라』, 고즈원. 2012.

밑줄 그어 놓았던 것을 옮겨 적었다.

2015년 3월 6일

"이번 대보름달은 2015년 보름달 중 가장 작게 보이는 마이크로 문

Micro Moon입니다. 공전 궤도가 타원이라 가장 멀리 떨어진 곳에 있기 때문에 작게 보입니다. 가장 크게 보이는 수퍼 문(Super Moon)은 추석 날 달." from 두경택.

공들여 찍은 사진을 보고, 「달빛에게」를 썼다.

2015년 3월 8일

사대강 삽질이라는 스펙터클보다 더 큰 놈이 온다는 경고도 그냥 묻힐 것인가? 정녕, 2018평창동계올림픽과 관련해 강원도와 강원도 사람들은 동네북일까? 분산개최를 포기해야 할까? 정녕 기차는 떠났을까? 상식과 경우를 지키자고 안간힘을 다하는 이들이 그나마 슬픔을 누그러뜨려 준다[5].

우일문 대표에게 작년 여름, 춘천 팔호광장에 마련된 세월호 농성장에서 찍은 사진이 표지에 실릴 거라는 메시지를 받았다. 물집이 잡힌 김혜선의 발가락에 종성이가 반창고를 붙여 준 순간을 우연히 포착한 것이었다. with 김춘배 우종성 최진수 문태호 정현우 김혜선.

2015년 3월 11일

어머니를 여읜 이근태 아우에게 「봄눈」을 적어 보냈다.

2015년 3월 13일

오늘 이완구 총리는 2018평창동계올림픽 분산개최 논의에 종지부를 찍었다. 예견된 일이기도 하지만 그간 한국 사회에서 스포츠가 작동하는 방식이 어떠했는지를 여실히 보여준다. 한마디로 더럽다. 흔히 강원도를 감자에 빗대기도 하는데, 강원도 한쪽에 흠집이 나 있는지는 이미 오래다. 아니 온통 상처투성이다. 조금이라도 썩은 감자는 썩은 감자다. 강원도만 상처 입은 것이 아니다. 삼천리금수강산은 옛말일 뿐이다. 온 나라가 상처를 입고 환부가 썩어 드는 악취를 풍기는, 무감각한 청맹과니(靑盲과니)들의 땅이 된 지 오래다. 그래도 뒤편으로 눈을 돌리면 논밭이 있는 학교. 오늘 새벽에도 봄 눈. 오랜만에 아이들과 '신뢰의 그물' 활동을 했다.

2015년 3월 14일

2월 말 알펜시아리조트에서 현지에서 인터뷰했던 모습과 중얼거림이 공중파를 탔다[6]. 나로서는 군이 합리적이고 이성적인 것만을 찾아 나서 거나, 살아 낼 의지를 불태울 일은 없겠다. 그럴 여유도 자격도 없지만, 상식과 경우에서 벗어난 것들에 대한 혐오는 깊다. 평창동계올림픽 분 산개최 논의에서 비껴갈 수밖에 없는 이유 중 하나다. 그렇다고 뭐 어 떻게 뭘 하겠는가만.

2015년 3월 15일

일 년 만에 학교를 옮겼고 마지막 일터가 될 것이다. 처음으로 체육선 생이 하나뿐인 학교. 기숙형 공립인문계. 240명 중 60여 명이 기숙사 생활을 한다. 성적순으로 선발된 아이들 40명은 운동장 건너에 있는 학 습관에서 생활. 먼저 학교와 같이 지자체가 갑인 학교. 어차피 학교는 범주화의 천국 아닌가. 안 봐도 비디오. 이사 앞두고 100개도 넘는 비 디오테이프를 버리면서 드는 생각.

2015년 3월 20일

국립현충원에서 아버지 비문 교체 초안을 확인해 달라는 문자를 받았 다. 병사로 되어 있는 것을 순직으로 고치고 가족 사항을 새기겠다는 것이었다. 어머니는 돌아가신 후 화장되어 아버지와 합장을 원하신다. 불가능한 일이다. 대부분의 경우 국가란 국민 개인에게 얼마나 폭력적 이고 재앙인가. 나쁜 국가는 많은 이들에게 비극으로 작동한다. 답장을 보냈다.

> 비문의 순직일자가 고인의 59후송병원 〈병상일지와 사망진단서, 매 화장보고서〉에는 1월 1일이 아닌, 1월 3일입니다. 따라서 고인 사후 10년 후에 발급된 순직통지서 및 제적부는 명백한 오기이므로 바로 잡은 후에야 비석을 교체할 수 있을 것입니다. 정정해야 할 내용은
> 첫째, 처 윤동춘 누락.
> 둘째, 순직일 1959년 1월 1일이 아닌 3일.
> 아울러 국가기관인 현충원 측에서 순직 일자 판단 및 기록 권한이나 근거가 없으시다면, 유족 개인이 법령에 따른 판단을 구해야 할 것

이므로, 순직 일자 정정 후에 새로운 비석을 세울 수 있도록 하자는 것입니다. 고인 및 유족에 대한 예우에 최선을 다하시는 관계자분들께 머리 숙여 감사 드립니다. 순직자 김응서 자 김재룡 올림.

2015년 3월 24일

잘 지내시나요? 나는 봄 가뭄에 폭폭 먼지 날리고 있답니다. 작년 이맘때만 해도 내 갈비뼈 부근은 풍혈[7]이 있어 서늘했는데요. 봄인데 가슴은 아직 한겨울이네요. 작년 구월에 잘려 나간 수백 년 나무 밑둥치들도 제법 정리되고 있는데요. 그것이 내 뼈들이 드러나게 파헤쳐진 것이라 여겨 주셔요. 가리왕산에서 온 편지.

2015년 3월 25일

유리창 우일문 대표는 오마이뉴스 블로그에서 알게 되었다. 내가 찍은 사진이 표지에 실릴 줄 누가 알았겠는가. 며칠 전 배달되어 온 작가 사인의 책을 오늘에야 개봉했다.

　　이명수, 『그래야 사람이다』, 유리창, 2015.

2015년 3월 26일

자꾸만 눈물이 난다[8]. 봄 탓만은 아닐 것이다. 그러나 봄이기에 더 그럴 것이다. 슬픔의 심연이 보인다.

2015년 3월 27일

박태환의 눈물을 본다[9]. 박태환을 응원한다. 오늘 흘린 너의 눈물은 이 허접한 지상에서 가장 엿 같았던 국가스포츠, 스포츠내셔널리즘의 심장에 구멍을 낸 것이다.

2015년 3월 28일

여의도공원 문화마당. 공무원연금 개악 저지 싸움에 내 철밥통을 같이 묻어가려고 온 것은 아니다. 한 번도 싸움이라곤 해 본 일도 없는 교총 회원같이 보이는 이들로 가득 찼다. 이 허접한 국가를 만들어 온 앞잡이들. 아니다. 늦게라도 공무원노조를 만들어 함께하는 이들이라고 여겨야겠지. 전교조가 이 싸움에 연대하는 건 '세월호참사 책임 박근혜정권 퇴진하라!'는 구호를 외치기 위해서다. 세월호 가족 몇 분이 외롭게 피케팅[10]을 하고 있었다.

"세월호 속에 있는 아홉 명의 실종자를 꺼내 주세요."

산수유 활짝 피어 있고 봄바람 산들, 불어오는데 아, 아이의 명찰을 보고 말았다. 눈물은 멈추지 않는다. 세희 어머니, 끝까지 함께 갑니다.

2015년 3월 29일

우일문 대표가 만든 『그래야 사람이다』를 맞는 시간. 4월 11일. 오후 다섯 시부터 저자와 최돈선 형님시인선생님 모시고 우종성 '올훼의 땅' 에서 책 맞이 자리를 갖는다. 책 나오는데 뽐뿌질한 정다운. 특별손님 으로 모신다. 다음 분들은 내 맘대로 초대장 발기인으로 모신다.

김춘배 화백시인, 발가락주인공 김혜선, 발가락 아프게 한 최진수, 눈물 연대의 달인 문태호, 나의 멘토 어형종, 쓰리잡 염소애비시인 최 관용, 춘천시인 대표 류기택, 춘천 대표 미모 김금분 누이와 조현정 시 인, 넉넉하기 이를 데 없는 한승태, 원조 시인이 되어 버린 최계선, 설악 산 호랭이로 낡아 가는 권혁소, 막걸리 빚진 우림 최삼경.

2015년 4월 1일

비 온 뒤, 천지의 색이 달라졌다. 안구가 정화되는 느낌이었다. 그러나 이 글을 읽지 말았어야 했다. 눈앞이 흐려지더니 잠시 눈물이 멈추지 않는다. 그러나 단언컨대 오 분 이상 지속하는 슬픔은 없다.

"인간이 살 수 없는 하늘에 인간이 살면서 음식이 따라 올라왔다. 음 식이 출현하면서 음식을 먹는 곤충이 나타났다. 곤충이 생기면서 곤충 을 잡아먹는 거미가 줄을 타고 내려왔다. 굴뚝에서 생태계가 태동하고 있었다. 살아 있는 것들은 보고 있기만 해도 그리웠다[11]."

2015년 4월 2일

06~07년 체육고등학교라는 곳에서 일했다. 전국체전에서 메달 가능성 이 있는 아이들에게 저녁에 특식을 먹였다. 200여 명 되는 아이들 중 50명 정도가 그 혜택을 받았다. 같이 힘들게 오후 운동을 끝내고 다른 아이들은 학교 급식을 먹고, 선발된 아이들은 따로 지정된 음식점에서 보신탕이며 참치며 삼계탕을 먹었다.

참으로 한심하고 반교육적이며 비인간적인 처사였다. 경기력 향상이라는 명분으로 아이들을 먹는 것 갖고 차별한 것이다. 그때 교장을 하던 이는 정년퇴직을 했지만, 교감을 하던 이는 아직도 교장에서 장학관급으로 한자리 차지하고 있다. 대놓고 따돌림을 당하던 그 학교에서 2년을 버티다 도망치듯 빠져나왔다.

먼 동네 무상급식 폐지 전말을 지켜보면서 새삼스럽지도 않은 것이다 **12**. 박근혜정권이나 새누리당이 집권하고 있는 동안 나에게 국가는 없다. 일 년이 되어 가는 0416. 그날 나는 심장에서 국가를 지웠다. 이후 그나마 진보교육감, 새누리당 아닌 지사가 있는 동네에서, 하루하루를 지겨운 밥벌이에서 놓여날 날을 기다리며 4·16 일주기를 맞는 것이다.

2015년 4월 7일

2008년 호주제가 폐지되면서 예전의 '호적 등초본'이 사라지고 '기본증명서'로 바뀐 것도 모르고 살았다. 법원 창구공무원은 격무에 시달리는 것 같았다. 기본증명서도 모르는 민원인에게 보내는 시선이 곱지도 친절하지도 않았다. 국가폭력에 풍비박산이 났다는 생각을 접고, 아버지의 사망 일자를 바로잡는 절차를 밟았다. 3개월 걸린단다. 우라질 것들, 이라는 생각도 다시 다잡는다. 갈 길이 만만찮다.

2015년 4월 8일

4·16 1주기 D-8. 『눈먼 자들의 국가』, 『슬퍼할 권리』, 『416 민변의 기록』, 『금요일엔 돌아오렴』, 『팽목항에서 부는 바람』. 그리고 이 책도 읽어야겠지요. 『그래야 사람이다』.

2015년 4월 9일

아이들 부모들이 삭발하는 모습을 보고 한참을 울었다. 꼭 동조 삭발은 아니었다. 읍내 미용실에 나가 삭발을 했다. 무슨 이유나 치레가 있겠는가.

4·16 1주기 춘천 추모문화제. 강원대학교 〈가만히 있지 않는 교수 네트워크〉(가넷) 실사구시관. with '세월호 진상규명을 위한 춘천지역 카톨릭인들'의 합창. 정현우, 권혁소, 조현정, 한승태, 허문영, 원태경 시낭송. 고교생, 대학생, 유미 아빠 황상기씨, 수녀님의 이야기. 유진규

선생님 마임과 김진경의 무용. 녹우 김성호의 노래. 중집위 투쟁 삭발하고 내려와 추모 모임을 찾아 준 김원만 지부장과 시원한 사진 한 장 남겼다.

「세월호 일기초(抄, 필요한 부분만 뽑아 적은 기록)」를 낭송했다.

2015년 4월 10일

"세월호 속에 아직 사람이 있다! 진실을 인양하라!"

'세월호 시행령 폐기, 온전한 세월호 인양, 박근혜 정권 퇴진 교사 선언자' 명단에 이름을 올렸다[13].

with 강경표, 강미자, 강복현, 강석도, 고경현, 고재성, 권혁이, 권혜경, 김경호, 김남규, 김덕우, 김덕윤, 김미수, 김성보, 김소영, 김연오, 김영승, 김영주, 김윤희, 김은영, 김정연, 김정혜, 김재룡, 김주기, 김지선, 김지윤, 김 진, 김진명, 김진희, 김현옥, 김현진, 김효문, 남정아, 남정화, 남희정, 맹순도, 문석호, 박동호, 박만용, 박범성, 박슬기, 박용규, 박영림, 박은혜, 박정선, 박정아, 박태현, 박춘애, 박해영, 박호순, 배희철, 서지애, 손현일, 송경옥, 송송이, 송영미, 송정민, 송지선, 신선식, 안동수, 안상임, 안재형, 양운신, 오완근, 유승준, 유재수, 윤영백, 윤정희, 이건진, 이금래, 이길순, 이민숙, 이미애, 이민혜, 이병덕, 이상학, 이소현, 이영일, 이영주, 이윤승, 이은정, 이인범, 이정선, 이정윤, 이재성, 이주탁, 이철호, 이해평, 이현숙, 장경진, 장동철, 전봉일, 정귀란, 정맹자, 정애경, 정영미, 정영훈, 정원석, 제경희, 조수진, 조영선, 조원천, 조휘연, 조희주, 주양엽, 지혜복, 진영효, 최덕현, 최은숙, 한은수, 한효숙.

2015년 4월 12일

"어제 이명수님의 사회심리에세이 『그래야 사람이다』 출판기념 모임이 춘천 '올훼의 땅'에서 있었습니다. 이명수 선생님과 정혜신 박사가 함께 오셨습니다. 많은 문인, 화가, 음악가, 학교 선생님, 여행가 등이 오셨습니다. 서울에서 오셔서 뜻을 함께해 주신 여러분 남쪽지방에서 올라오신 분들께 감사합니다. 제가 주최한 것은 아니나 일일이 챙기지 못한 섬 미안합니다. 하룻밤 날 새우신 분들 잘들 올라가셨습니까. 아침 해장은 하시고 가셨는지 그냥 방바닥에 누워 천장 바라보고 걱정만 합니다. 이 책의 울림이 사람 사람마다의 가슴에 닿기를 간절히 소망합니다. 참 좋아요 도장 꾹 눌러 주고 싶은 책입니다. 고맙습니다. 이런 글을 저희에게 보여 주셔서. 그리고 이 자리를 기획하고 열어 주신 김재룡 시인께 가장 크게 감사드립니다. 정작 저자와 사진을 함께 찍지 못한 것이 천추의 한이 됩니다. 그리고 제자 염소시인 최관용 뒤풀이에 돈 많이 썼네." from 최돈선. with special thanks 김흥기 임철희.

2015년 4월 13일

며칠 전 직접 찾아가 면담을 했던 보훈지청장이 전화를 해 왔다. 간단히 말했다.

"현행법으로는 안 되는 거 아시죠?"

예견하기도 했지만 실망스러웠다. 국가폭력에 의해 희생된 젊은 목숨의 신원이나 명예회복은 결국 남겨진 피붙이 개인의 몫일 것이었다. 세월호 유가족들처럼 국가와 힘든 싸움을 시작해야 한다. 어제는 읍내 우체국에 가서 관할인 의정부지방법원에 1968년 발급된 '순직확인(통지)서' 복사본을 추가 소명자료로 보냈다. 석 달 걸린단다. 빌어먹을!

2015년 4월 15일

밤새 빗소리가 끊이지 않았고 잠을 설쳤다. 낸 소가 끊임없이 쫓아오기도 했다. 외딴집으로, 덤불이 있는 벼랑으로 도망 다녔다. 논으로 빠지기도 했다. 수학여행 가는 날이란 생각이 들었다. 그동안 열 번 넘게 수학여행을 인솔했다. 그러나 수학여행 갈 때는 언제나 까까머리 애였다. 오늘부터는 다시 하루하루를 복기하듯 살아갈 생각을 하니 울음이 터졌다. 압력밥솥 소리에 잠이 깼다.

2015년 4월 16일

종일 비가 내렸다. 동거차도 앞바다에도 비가 내릴 것이었다. 『그래야 사람이다』 책맞이에 찾아 준 이들의 방명록 한 사람 한 사람을 스캔하고 사진과 노래를 넣어 동영상을 만들었다.

with Tom Waits Broken Bicycles, 전경옥 민들레처럼, 한영애 부용산.

2015년 4월 20일

며칠 동안 쉬는 시간, 점심시간 아이들이 풀 방구리 드나들듯 리본을 받아 갔다. 100개들이 뭉치가 몇 개 남지 않았다. 첩첩산중 북한강 벼룻길 옆 학교. 늑대 여우 같은 고교생들 가슴과 가방에서 노란 리본 흔들린다. with 노란 리본, 공작소 공작원 손끝→정다운→그래야 사람이다 책맞이→우종성 보관→화천→아이들 가슴과 가방.

　「눈물은 힘이 없다」를 썼다.

2015년 4월 21일

하루 연가를 내고 집사람과 국민권익위와 문정동에 있는 한 법무법인을 들르는 길이었다. 다섯 해를 일한 학교를 십 년 만에 다시 찾았다. 개포 고등학교. 발령 받을 무렵 터 파기 공사를 하던 타워팰리스가 순식간에 거대한 벽이 되어 한쪽 하늘이 사라진 운동장을 다시 밟았다. 같이 있을 때, 교무부장이던 김응갑 형이 교장으로 와 있다. 행정실 수란 씨, 다시 왔다는 서화진 선생 외에는 아는 이 아무도 없는 학교. 경춘 가도, 오가는 길 곳곳 산 벚꽃 자지러지는 봄날의 절정, 결혼 30주년이 덧없는 날.

2015년 4월 23일

봄볕 좋은 날 운동장 수업을 한다. 내 앞의 아이들처럼 바람을 가르며 운동장을 달렸을 아이들을 생각한다. 어쨌든 봄, 출석 부를 일 없는 단원고의 교실을 생각한다.

2015년 4월 25일

새벽 찬 바람에 나는 운서역에서 내리고 어머니는 두어 정거장 더 가는 일터로 향한다. 손을 흔드는 어머니. 몸 어느 한쪽이 무너지는 듯. 아직은 아니다. 여름에 자전거로 라다크[14] 가야 하는데. 파파이스를 이어폰으로 들으며 서울역에서 내려 남대문시장 갈치골목에서 아침밥을 먹는다. 자꾸 목울대에 울컥하는 것이, 분노가 치미는 것이, 눈이 흐려지든 말든 혼자 밥숟가락 뜨며 우는 것이, 빌어먹을 일상이 되어 있었다. 가슴을 가진 자들에게 망각은 어렵다고[15]?

　시청광장 맨 앞자리에 앉아 계신 백기완 선생님을 가까이서 뵈었다. 아, 백발이 성성한 범접하기 어려운 풍모에 저절로 머리를 숙이게 만드는 사람. 꽃다발을 드렸어야 했다고 생각했다. 토요일 이른 아침의 광화문광장 기억의 문. 아이들 명찰 사진 앞에서는 기어이 주저앉는다. 선글라스를 끼는 이유가 이런 거였군. 슬픔의 삼십 초, 오 분은 그냥 간다.

2015년 4월 26일

심상 출신 시인으로 삼십 년을 살았다. 시집 한 권 만들지 않은 나는 비로소 시인이다. 비로소 박기동 형님선생님시인 따라쟁이가 되어 있었다. '빌어먹을! 나는 시인이 될 모양이다.' 시인들을 위한 나라는 없었다. 〈심상시인회〉 봄 총회에 다녀온 소회다.

2015년 4월 28일

[의정부지방법원 2015호기20 등록부정정 결정. 본적 경기도 양주시 남면 구암리 48번지 호주 김응서(金應瑞)의 제적부 중 사건본인 김응서(金應瑞)의 신분사항란에 기재된 "1959년 1월 1일 지구에서 사망(순직)"을 "1959년 1월 3일 지구에서 사망(순직)"으로 정정하는 것을 허가한다.]

　어머니가 옳았다는, 어머니의 기억이 정확하다는 판결(결정)문을 받아 들었다. 아버지의 병상일지를 받아 들고 반년 만에 사망 일자를 정정한 것이다. 공소시효가 한참 지난 10년 후 순직통지서를 만들어 주면서도 어머니는 배제되었다. 세월호 시행령이 그렇듯 국법이라는 것이 그들만의 것일 뿐이었던 것. 여럿이 이야기를 들어 주고 같이 아파해 주고 눈물겹게 도와주고 있다. 그렇지만 변호사 친구 하나 있었으면 참 좋겠다는 생각을 하는 세월이다.

2015년 4월 30일

중간고사 첫날. 꺼먹다리 아래 고개 넘기 전 어죽탕으로 점심. 간동, 오음, 배후령 넘어 자전거 퇴근. 아오, 되다. with 김선호.

2015년 5월 1일

박상규 기자의 뉴스펀딩에 참여했다. 잘한 일, 생각만 해도 벅찬 일[16].

2015년 5월 2일

강원 도청 시위도 5·1 노동자 대투쟁도 모두 뒤로하고 어머니에게 왔다. 소성주 한 잔의 연휴 첫날. TV 화면 네팔 지진. 밥숟가락 뜨다 멈칫하신다.

　"여기가 지진 나야 돼. 큰 지진 온다며?"

"왜요?"

"거기 못사는 나라라며? 거기 보담 이누무 나라엔 나쁜 사람들이 많잖아. 나라가 그냥 망해야 돼. 하늘하고 땅이 맷돌질을 해야 돼. 지진이 난다잖아?"

"에이, 그런 일 없으니 걱정 마셔여."

"어유~ 그새 머리 많이 자랐네. 나 그 사람들 머리 깎는 거 봤어. 머리 깎으면서 울드라. 그 사람들하고 같이 깎은 거야?"

"아녜요, 그냥 귀찮아서 그런 거예여. 자전거 탈 때 머리가 길면 귀찮아서요."

2015년 5월 3일

파퀴아오는 졌다[17]. 내심 그가 이기길 바랐다. 그게 요행이라는 걸 알면서도 본능에 충실했다. 늘 그렇다. 기대가 크면 결과에 따라 실망도 큰 법. 감성보다 이성이 다시 우위를 점하는 순간이다. 진실보다 찌라시가 지배하는 세상. 아니다. 파퀴아오는 판정 전 메이웨더의 허세에 졌다. 야유와 조롱이 자본 앞에서 얼마나 하찮은 것인지. 그런 것이 스포츠다. 스포츠는 스포츠일 뿐이라는 걸 늘 잊고 사는 것이다. 내가 원망스럽다.

2015년 5월 6일

세월호 시행령이 쓰레기가 된 날이다[18].

2015년 5월 8일

어머니 보러 가는 길. 세월호 참사로 아이를 잃은 아버지가 목을 맸다[19]. 신호 기다리다 속보에 뜨는 걸 보고 몸 한 귀퉁이가 쿵… 내게도 자살 충동이 있었던가를 생각했다. 있었던 것 같기도 했으나 아닌 것으로 하기로 했다. 아직 자살하지 않았으므로. 스무 살 중반, 그 어릴 적 자살론[20]이나 자살의 연구[21] 같은 것들을 접했기 때문이라 여긴다.

들뢰즈[22]도 프리모 레비[23]도 노짱도 삶과 죽음을 스스로 결정했다. 개처럼 총 맞아 죽은 체[24]도 있다. 인간에게 유일하게 경험되지 않는 죽음. 자살은 경험주의자가 아니더라도 충분히 매혹적인 엑스터시 아닐까 하는 생각을 해 본다. 나 같이 잘못 살아온 하찮은 인간에게 자살 충동이 있었던가를 묻게 하는, 대한민국. 슬픈 국가. 어쨌든 나는 아직 자살하기는 그른 것 같다. 어머니 살아 계실 동안은 내가 자살하는 일은 일어나지 않겠지.

천정환, 『자살론 - 고통과 해석 사이에서』, 문학동네, 2013.

2015년 5월 9일

주위를 돌아보니 부모님 여읜 이들이 너무 많다. 집사람도 그렇다. 장인 장모 다 가셨으니. 엄마는 아직 팔팔하신데. 그래도 좋다. 엄마가 미치게 좋다. 식구들 모여 밥을 먹는데 동생들 집사람 앞에서 눈물을 감추기 어렵다. 주책이다.

2015년 5월 12일

언제 왜인가는 접어 두고 무엇을 어떻게 할 것인가만을 묻자. 북한강 벼룻길을 가는 출근길. 버스 차창 밖은 녹수청산 화엄.

2015년 5월 13일

춘천 뒷고기 집에서 고광헌 형님시인선생님과 말아 한잔하고 손 흔들며 떠나가시는 거 보고 만고강산(萬古江山) 실실 웃으며 찔끔거리며 휘저어 저어 풍물시장 교각 밑을 걸어 집으로 스몄다.

2015년 5월 14일

침몰한 러시아 핵잠수함 쿠르스크호의 인양은 많은 논란 속에도 불구하고 노르웨이 잠수 지원선과 영국 전문가의 참여로 2001년 7월 착수하여 10월에 마무리되었단다[25]. 인양된 선체 내부에서는 48구의 시신이 수습되었고 블랙박스도 회수되었다는데. 이 슬픈 국가에서는 세월호 인양을 최대한 미루고 있다. 눈물 없는 정권이 몰락하길 기다리는 세월이 참혹하다. 눈물의 힘으로 세월호는 반드시 올라온다. 2000년, 심상 사화집에 실었던 「불발탄」을 들여다봤다.

2015년 5월 15일

봉의산 가는 길. 선생님과 점심이나 같이 하려고 일찍 나왔는데, 윤용선 교장형님시인 같이 계시네. 제자가 꽃바구니 들고 와 딱 걸렸다. 평양냉면집 들러 봉노 커피 한 잔의 여유. 점심값 굳었다.

자전거로 엘리시안 강촌. 연구실 젊은 친구들은 참 개념도 없고 무도하기 짝이 없다. 스승의 날이라고, 이러 저러 부담스러워하는 지도교수를 징발했다. 1박 2일 스승의 날 기념 스승착취 집중세미나라니! 엘리시안 강촌에 자전거 타고 갔다. with 박기동 윤대중 최승아 정현국, 보이지 않는 김지훈.

2015년 5월 16일

집중세미나 끝나고 아침 일찌감치 뿔뿔이 흩어진다. 굴봉산역 근처에서 자전거로 출발해 김유정문학촌. 정현우 시인화백 전시회 보러 왔다. 다른 방문객들 맞으시느라 바쁘신 전상국 선생님이 반기셨다. 현우 씨는 양구 혼사 참례했단다. 깜짝이야! 도연이가 있었다. 담장 바깥 막국수 집 평상에서 총떡과 국수 그릇을 앞에 놓고. 일생패궐(一生敗闕)[26]이란 말은 이 친구에게 배웠지. 망하거나 망해야만 하는 그대 그리고 나. 눈물이 난다. 누가 먼저랄 것 없이 용하와 창균이에게 전화질하는 슬픈 짐승 둘.

2015년 5월 18일

혼자 자전거를 탄다. 강촌 자전거길 시멘트 바닥을 기어가는 자벌레 무리를 만났다. 포월(匍越, 기어서 넘음). 몇 마리는 한갓 자전거 바퀴에 으깨어져 말라붙어 있었다. 온몸으로 가는 것이다. 그래 봤자 뱃바닥으로 기어가거나 바람에 실려 가는 것. 도무지 눈물이라곤 없는 세상이 싫어 다시 담장을 넘는다. 내가 할 수 있는 것은 몸을 꺾어 몸의 깊이를 재는 것뿐. 내가 구부러지고 부러진들 무슨 상관이겠는가. 잘못 든 인간의 길을 건너다 으깨어지는 일. 태양과 바람에 몸을 맡기고 미라처럼 말라가는 일. 흔적도 없이 사라지기 위해 기어가는 일. 휘어지는 눈물. 당림리에서 석파령을 넘었다. 다시는 혼자 자전거로 임도(林道)를 타지 않겠다고 다짐했다. 5·18이었다.

2015년 5월 22일

넷볼(Netball) 공이 림(rim)[27]에게 묻는다. 각인된 몸의 기억으로 지상에 안착할까? 잠시 통통 튀다가 떼구루루 구르기도 할 것이다. 그대가 잡아 줄 때까지는 어쨌든, 던져져도 팽개쳐져도 상관없음. 그대에게 빨려들어갈 때까지. 사내놈들은 자기들끼리 놀라고 하고 여자아이들과 농구장에서 넷볼(Netball) 활동을 했다. 퇴근길에 거례리 사랑나무 밑에서 한참을 머물렀다. 사진을 보고 고광헌 시인형님이 답했다.

"죽고 나서가 아니라, 한 번은 꼭 나무처럼 살자."

2015년 5월 23일

노무현 6주기. 노란 리본을 단 춘삼이. 그와 함께 달린다. 오늘은 느랏재 임도(林道). 녹수청산이 서럽다. with 이창성 신덕철 남궁두 김선호 김홍민.

2015년 5월 27일

41회 장보고기 전국 조정대회. 춘천터미널에서 부산행 버스에 춘삼이를 실었다. 노포동에서 춘삼이 내려 구포, 을숙도 지나 김해까지 가야 한다. 토요일, 5.30 전국교사대회에 춘삼이 끌고 결합할 수 있으면 좋겠다.

2015년 5월 28일

자전거를 부산행 버스에 실었다. 노포동 터미널에서 내려 김해까지. 점심을 놓쳐 경산을 지나면서 자전거길 봉고 포차에서 라면. 구포대교 건너고 조정경기장 보고 돌아서 왔으니 족히 50km는 달렸겠다. 시장통에 있는 모텔이 베이스캠프.

2015년 5월 29일

나는 왜 쓰지 않는가. 덜 익었다. 끝내 익지 않을 수도 있겠다. 먹고 사는 게 바쁘다. 주 21시간 수업, 밥값은 해야 하잖겠는가. 나는 노동자다. 슬프다. 슬픔의 근원을 파고들수록 슬프다. 예컨대 아직은 어머니나 아내보다 내가 슬프다. 답이 없다. 어떻게 살 것인가에 대한 물음에 시 따위가 무슨 소용이란 말인가. 불가능한 꿈, 꿈이 현실이 되는 개 같은 현상은 애당초 믿지 않았다. 헛된 욕망을 지워 나가기도 버겁기 때문이다. 고로 나는 무망이다.

자전거로 국도를 달려 봉하마을에 다녀왔다. 4차선 국도를 자전거로 달리는 건 참 목숨을 거는 일이었다. 세 번째 방문에 자전거로 다녀온 것에 만족.

2015년 5월 30일

춘삼이도 이제 조금 쉬어야 하겠지. 버스 밑바닥 짐짝이 되어도 상관 없는 거야. 쉴 때는 혼자가 좋잖아. 아무도 보아 주는 이 없는 광대무변(廣大無邊, 넓고 커서 끝이 없음)의 절대고독을 맛보겠다는 것도 아니잖아. 우등고속버스는 낙동강변에서 한강으로 달리고 있어. 여의도에서 광화문까지 더 달려야겠지. 다시 춘천까지 밤길을 달릴까? 싫다. 혼자인 것이 지긋지긋해. 내 한 몸 건사하기도 바빠 죽겠는데, 왜 자꾸만 어떻게 살 것인가를 물어야 해? 그냥 냅두면 안 되겠니. 나는 나대로 살거다. 빌어먹을 슬픈 국가.

2015년 5월 31일

아침에 상추 뜯고 아욱국 끓여 놓고, 파 한 단 임연수어 한 손 사러 중앙시장에 간다. 차를 대고 횡단보도 앞. 노란 리본 스티커를 붙인 승용차가 아침 햇살에 환하다. 눈물이 났다. 몹쓸 것들. 우라질 것들에게 세월호 인양을 맡길 수 없을 것 같다. 세월로 인양을 위한 나라를 하나 만들어야지 싶다. 우라질랜드! 찌질이가스나스탄!

〈슬픈 국가 : 한 순직 병사의 병상일지로 본 가족생애사〉, 기억을 되살리는 글쓰기의 얼개를 짰다. 가만히 있지 않겠다고 말만 하는 인간이될 수 없다. 지금 당장 할 수 있는 일에 눈감지 않는 인간이어야 한다.

「첫 문장」을 썼다.

2015년 6월 6일

현충일만 되면 검은 리본 하나와 7천 원짜리 식권 한 장이 날아든다. 이제 굴욕을 느끼지 않는 대신 새겨진 슬픔에 금이 간다. 슬픔이 혐오스럽기 시작하면 슬픈 국가의 민낯이 보인다. 다 접고 자전거 탄다. 원창고개-삼포-연화마을-의암댐-43번 북산집. 좋다. 허접한 정권 오래 못 간다. with 야리딩 열셋.

2015년 6월 7일

새벽 다섯 시부터 움직였다. 여덟 시 전에 어머니 호미질한 밭에 도착. 몇 년 붙박이 밭인데 일궈진 밭에 건물이 들어서기도 했고, 한 자락은 땅 주인 허락을 받았다며 자기네가 한다고 해 아무런 소리 못 하고 내

주었단다. 보기에도 척박하고 거친 터럭 밭을 일구고 있었다. 600개 이상 호미질로 구덩이를 팠고 물을 주었고 두 싹씩 모종을 했다. 동생이 도착해 역할분담. 다 끝내니 열두 시 가까이. 두부전골, 콩국수로 노역을 달랬다.

2015년 6월 8일

연구실 식구들과 저녁을 먹는다. 곰치국, 소라 한 접시, 가자미식해. 소소한 기쁨이라 쓴다. 산다는 것이 슬픈 만큼 더도 덜도 아닌 딱 그만큼 기쁨이 함께한다는 자명함을 확인한다. 몸으로 살아온 이들과 밥을 먹을 때는 몸이 기쁘다. with 박기동 윤대중 최승아 김지훈.

2015년 6월 9일

20쪽 분량의 발표문을 보내고, 아침에 다시 손봐 수정 완성본을 보냈다. 학술이사로부터 연락이 왔다. 메르스로 국외에 나가 있는 다른 발표자가 들어올 수 없게 되었고, 들어와도 격리되어야 한단다. 8, 9월로 미뤄진단다. 학술대회 연기. 그러거나 말거나 언니들 볼 기회가 미뤄져 눈물 난다. 슬픈 국가, 잠시 길을 잃는다.

2015년 6월 12일

강원도민체전에 와 있다. 2부 펜싱이 주력. 어쩌다 혼자 받아 드는 밥상 앞에서 궁상을 떠는 것도 호사다. 어머니에겐 일상 아닌가. 원주에서 사흘째, 하룻밤 더 묵는다.

2015년 6월 13일

예컨대 펜싱 경기와 같은 칼끝 승부. 결별의 시간이다. 같이 찔렀으되 그 찰나. 먼저 따위로 죽음을 피할 수 없다.

2015년 6월 14일

엄시문 형이 형수를 잃었다. 화석이 되어 간다.
　「첫 문장」을 「서시 2015」로 고쳐 썼다.
　만년필로 적어 향촉대(香燭代)[28]라 쓴 봉투에 같이 접어 넣었다.

2015년 6월 17일

국가는 실체가 없다. 공동체의 한 이름일 뿐이다. 국가를 전유(專有)하는 자들에 의해 슬픈 국가가 탄생되는 것이다. 0416 학살로 대한민국이라는 국가는 침몰하기 시작했고, 메르스로 완전히 가라앉고 있다. 슬픈 국가를 건져 올리는 것도 결국은 공동체의 힘이다. 국민의 명령이다. 세월호를 인양하라.

2015년 6월 19일

뚜껑 열리네[29]! 신경숙을 읽지 않은 지 오래다. 잘한 일이었다.
「표절」을 썼다.

2015년 6월 30일

발표문에 추가할 「디아스포라(Diaspora)의 기억[30]」 한 꼭지를 손봤다.
김귀옥, 『이산가족, '반공전사'도 '빨갱이'도 아닌…』, 역사비평사, 2004.

2015년 7월 6일

「그대의 강가」, 「바람이 지나간 자리-이상국」을 썼다.

2015년 7월 8일

식구들과 양념 삼겹살 몇 점 욱여넣고 말아 한잔하고 왔는데. 까무룩 잠이 들려는데 메시지가 뜬다.
"감독님 많이 힘들어요. 안 좋은 생각도 들고요."
곧바로 아무렇지도 않은 듯 답을 보냈고, 안정되고 안심할 수 있을 때까지 한참 문자를 주고받았다. 그래도 마음이 놓이지 않아 지역 생명의 전화에 전화를 걸었다. 읍내에서 학교를 오려면 건너야 하는 큰 다리가 생각에서 떠나질 않았다. 보건의료원 원장과 이야기를 나눴다. 이런저런 상의를 하고 다시 아이와 문자를 주고받았다. '안녕히 주무세요 선생님' 문자가 뜬 후, 아침에 만나기로 한 후에야 잠들 수 있었다.

2015년 7월 10일

우연히 이한열 사망 당시의 기록 일부를 확인했다. 한열이는 발사최루탄에 두개부를 맞고 근 한 달을 살았다. 뇌사 상태였다. 1987년. 27년 전이었다[31].

2015년 7월 11일

폭염, 장마, 슬픈 국가. 그런 것쯤은 따위들이다. 세월호 인양을 막고 있는 잡것들, 오래 못 간다.

공지천에서 퇴계동 대로. 이창성 대장 안장 꽁무니에 달아 준 노란 리본 보면서 달리는 라이딩. 내가 이빠, 정순관 삼빠다. 공지천 개망초도 비를 기다리는 무척 뜨거운 하루. 김유정역, 삼포, 원창고개 넘어 김선호 선생 사암리 텃밭에서 삼겹살 구웠다.

with 오랜만에 손영갑 포함 야리딩 11인.

2015년 7월 12일

오늘처럼 비 오는 날이면 애호박 편수를 빚던 풍경이 선명하다. 조부모 두 분, 출가 전 고모 셋, 삼촌 둘, 부모님과 열 살 무렵의 열 식구의 밥상. 그런 것이 가족공동체였다. 호박 편수에 칼국수를 더해 밖에 내건 화덕 커다란 양은솥에 끓여 내던 호박 편수국.

호박 만두 빚어 모처럼 네 식구 둘러앉아 저녁을 먹는다. 임연수어와 가자미도 구웠다. 지평막걸리 반주. 치우고 한 시간 지났는데 둘째 놈 피자 시키잔다. 그래, 마주앙 화이트 냉장시켜라.

「비 오는 날이면」을 다시 적어보았다.

2015년 7월 13일

봄내극장. 시 낭송 행사에 다녀왔다. 순서가 되어 낭송을 마치고 앞줄 자리에 돌아와 앉는데 옆에 김×태가 앉아 있다. 순간적으로 자리를 박차고 일어나 밖으로 나왔다. 이제는 정말 완전히 찌그러져야겠다. 더는 쪽팔리고 징징댈 일 없이, 자취도 흔적도 없이 사라져야겠다. 내 생애 마지막 시 낭송이래도 상관없는 일이었다.

2015년 7월 17일

작년 이맘때 자전거로 넘은 DMZ 길을 차로 간다. 풍산리에서 해산터널까지 10km 올라가는 동안 승용차 딱 한 대 만났다. 돌산령 넘어 강원 작가 열 번째 청소년 문학 캠프 가는 길. 인제 서화, DMZ 생명 평화 동산.

오랜만에 만난 인간들이 술은 뒤로하고 식탁을 쌓아 놓고 탁구만 친다. 탁구에 몰빵하고 있는 도연이, 체육선생인 김영삼은 기본, 허림과 권혁소는 원래 잡기에 능한 친구들이라 탁구도 제법이다. 지들끼리 복식을 바꿔 가며 난리를 치며 잘 놀아도 너무 잘 놀았다. 김창균이 늦게 도착할 때까지 심판을 봐 주었다. 이 인간들은 다음 날 아침에 해장 탁구까지 치느라 법석을 떨었다. 흥칫뿡!

2015년 7월 21일

사월이와 공지천 자전거길 따라 동네 한 바퀴 돌았다. 사암리 김선호 선생 텃밭을 들러 고은리 승림이 흙집에 들렀다. 옥수수 한 자루를 자전거 짐받이에 묶어 주네. 거두리에서 비상이 땅콩이 밥과 간식을 사고, 육림고개 바이크 숍에 들러 잡소리 나는 춘삼이를 손봤다. 근화동 골목 두부집에서 콩국수 맛있게 먹고 들어왔다. 저녁에는 옥수수 삶고, 앞다리살 쭈꾸미 볶음, 가지나물, 콩나물, 오이지무침, 치커리를 곁들인 겉절이로 모처럼 네 식구가 배를 두드렸다. 다음 주에는 어머니 모시고 합천 야로 큰댁에 다녀와야 한다.

2015년 7월 22일

사월이 유월이 앞세워 또 동네 한 바퀴. 소양강처녀상-샘밭장터-아침못-소양댐-코구멍다리-옥광산길-구봉산-애막골-공지천.

2015년 7월 23일

새벽에 공지천을 달려 거두리까지 다녀와 누룽지 끓여 한 순갈 뜨고 춘삼이를 화천행 버스에 실었다. 학교에 들러 이것저것 일 좀 보고 부다리 터널을 우회해 고개를 넘으려 했더니, 마침 공사 중. 비어 있는 한 차선 독차지의 행운. 나는 오늘도 자전거를 탔다.

2015년 7월 24일

아침밥 챙겨 먹고, 비 내리는 핑계 삼아 집사람과 02년식 꼬맹이 모닝 몰고 춘천댐을 지나 사내 쪽으로 들어간다. 곡운구곡(강원도 화천의 계곡). 큰비에 굽이굽이 된 꼬까리로 사납게 흐르는 물 구경. 간혹 구름

속에 고개를 내미는 큰 산봉우리들, 비와야 폭포. 실상은 추석 전에 휘돌아 올 라이딩 코스 답사. 도마치재를 넘어 가평 북면에서 다시 좌회전. 화악산 터널은 자전거로 통과하기 괜찮지만 6~7km 빡센 업힐. 터널을 넘는 가파른 길에서 꼬맹이 열 받는 거 같아 잠시 쉰다. 집사람이 바퀴를 툭툭 걷어찼다. 구박하지 마소. 열흘 후면 정말 구박 덩이 되겠다. 며칠 전 튼튼한 코뿔소 한 녀석 계약했다.

2015년 7월 26일

KBS에서 6·25 특집 생방송에 출연해 달라고 하더니, 몇 번씩 프로그램 방향이 바뀌었다. '유네스코 기록유산' 쪽으로 방향을 튼 모양이다. 코리안 디아스포라[32], 이산가족 찾기 8·15 특집 촬영일. 어제 어머니에게 왔고, 새벽에 동생 차로 바꿔 조카 동화가 운전해 어머니와 합천 야로 행. 망향 휴게소에서 촬영 팀을 만났다. 카메라 세 대 달라붙는 것은 처음. 야로 큰댁을 들렀다가 멀지 않은 해인사IC 초입 큰아버지 큰어머니 계시는 요양원. 거동을 못 하시는 큰아버지 별실에 따로 모셔 촬영 진행. 대여섯 시간의 VCR 촬영이 만만치 않다. 잘못이래도 할 수 없는 일. 드라마 찍는 것일 뿐. 어차피 슬픈 국가는 시시하게 늙어 갈 뿐. 내가 살아왔고 살아가는 각본을 PD, 작가들이 어떻게 각색하거나 해석하든 관심 밖이다. 슬픈 국가의 하루가 지난 것일 뿐.

2015년 7월 29일

아침에 새하 일 나가자마자 여섯 시 반부터 검색 주문[33]. 가지, 호박, 묵나물, 오이지와 노각 무침. 멸치볶음. 콩자반과 꽁치 무 조림, 미역국. 너무 여러 가지 만드느라 늦은 아침. 집사람에게 저녁에 검은콩국수 부탁. 살아 계셨으면 여든하나. 아버지 생신. 아침에 주문한 책이 오후 세 시 도착. 비 내리는 날, 이 책 저 책 뒤적이며 오롯이 내게 주는 선물. 밑줄 긋기. 내일은 더 큰 놈이 온다.

2015년 7월 30일

마침 생일이었다. 신차를 인수했다. 사륜구동 승용픽업에 자전거 싣고 다니려고 하드탑을 씌웠다. 자격이 있는지는 의문. 강아지 비상이, 비만 고양이 땅콩이와 같이 집사람이 차려 주는 생일상도 받았다.

2015년 8월 1일

어머니와 아침나절 후덥지근한 비가 살짝 내리는 자유로를 달렸다. 어유지리에서 혼자 시골집을 지키고 있는, 어머니보다 네 살 위, 이모를 보러 갔다. 이모가 먼 친척 아주머니 두 분과 가마솥에 옥수수를 삶고 있었다. 이 염천에! 옥수수는 맛있었으나 노인들 돌아가시면 이런 호사도 끝이다. 노인들의 눈물이 마르지 않는 슬픈 국가. 뜨거운 밥을 해 점심을 먹고, 유리문 내려 '이모 울지 마!' 한마디 남기고 서둘러 떠났다. 옥수수 잔뜩 싸 들고 나서는, 두 분을 도봉산역에 내려 드렸다. 영종도에 와서 어머니와 돌솥밥 정식.

2015년 8월 4일

사은품으로 조명등, 방석 같은 것들이 든 제법 큰 상자에 담겨 책이 도착했다. 가장 두꺼운 책을 먼저 펼쳤다. 표지 첫 장을 넘기는 순간, 아 이런 것이었구나. 전율! 3·8선으로 섬이 된 옹진반도의 지도가 가득 펼쳐져 있었다.

　　정병준, 『한국전쟁』, 돌베개, 2006.

2015년 8월 6일

민주화운동기념사업회 회의실. 〈한국구술사학회〉 상임이사회 가는 길에 광화문광장을 지난다. 폭염 속에도 유가족들과 함께 피켓을 드는 이들. 슬픈 국가의 눈물은 왜 짠가.

2015년 8월 8일

원창고개 넘어 한치고개 넘는 폭염 라이딩. 강촌에서 어탕국수로 점심. 그냥 헤어지기 싫어, 43번 교각 밑 북산집. with 야리딩 8인.

2015년 8월 9일

곧 지나갈 것이 까불고 있네. 오래 폭염과 열대야에 대면하며 투덜거렸다. 입추 지난 폭염은 처서 앞에서 꼼짝도 못 할 것이다. 저녁을 먹고 강아지를 데리고 내외가 공지천을 산책한다. 한여름 밤의 꿈 같은 풍경이 되어 보기도 했다. 가로등과 조명등으로 별을 볼 수 없는, 도시의 휘황한 불빛은 인간에게 재앙이라는 생각을 했다.

2015년 8월 12일

모처럼 춘천에서 전국체육교사모임 여름 연수. 대룡중학교. 정용철 교수가 잠시 머물다 떠나갔다.

「손 흔들어 주는 모든 것들은 눈물이다」를 썼다.

2015년 8월 17일

새하 생일. 일찍 퇴근해 흰쌀밥에 미역국 끓여야지.

2015년 8월 23일

포니브리지[34]를 건너 가마우지들이 왕버드나무 숲으로 스미는 강변길을 지났다. 한 여자가 자전거를 한쪽에 세워 놓고 강물을 바라보며 하모니카를 불고 있었다. 그냥 스쳐 지나왔으므로 자전거를 타는 걸 보지는 못했다.

「한 여자」를 썼다.

2015년 8월 29일

"경계를 넘은 사람들의 생활세계와 구술사", 〈한국구술사학회〉, 〈비교역사문화연구소〉 공동 학술대회, 한양대학교. 마지막 종합토론.

「슬픈 국가」 발표를 마쳤다. 언니들 셋, 한자리에 앉아 있다. 오랜만에 마주하고 활짝 웃어 주는 언니들. 눈물은 그럴 때 감추는 것이라는 걸 알아주는 언니들.

밀리는 강변북로를 달려 공항신도시. 엄마랑 저녁 먹는데 고광헌 형님시인 전화. 광화문이라신다. 힝.

2015년 9월 4일

학교스포츠클럽대회, 동해시. 어 달이 어 달 어달 어달리? 어달 해변. 한바탕 모두 지나간 해변 모텔에 들어 파도 소리 듣는다. 동거차도 해안 절벽에 오른 이들의 눈물을 생각한다[35].

2015년 9월 6일

맑고 투명하게 빛나는 잔잔한 바다보다 폭풍우로 들끓는 난(亂)바다를 더 사랑했다. 눈물 따위 두려움 따위 없을 것 같아서. 저 바다 잔잔해지면 그대 더 먼 곳으로 가 버릴 것 같아서. 밀려드는 파도에게 어쩌란 말이냐 소리치는 바다에게 어떻게 견디느냐고 묻지도 못하고 울지도 못하고 어달 해변을 떠난다. 어쩔 수 없는 일이다. 2009년 썼던 「Point Break**36**」 다시 들여다보았다.

2015년 9월 7일

학교 운동장. 전국여자고교축구대회 예선경기. 그라운드를 누비는 눈물이던 아이들. 경기를 보며 식어 있던 심장이 달뜬다. 지언 민희 성경 보미 지윤…. 작년, 잠시나마 이 아이들 담임이었다는 것이 믿어지지 않았다.

퇴근해 집에 오니 과분한 녀석이 왔다. 집사람 친구 화삼이가 타던 무츠(moots) 자전거**37**. 내가 지상에 없어도 한 십 년은 누군가에게 사랑받겠다.

with "Waiting for ATX(Andromeda Train Express). 안드로메다행 열차를 기다리며 2015.09.07. 20:25" from 두경택.

2015년 9월 9일

춘천 뒷고기집에서 송주식 근대5종 감독과 한잔 걸치고, 43번 교각 밑 북산집을 지나쳐 집으로 간다. 번개를 때렸는데 넷 중에 하나만 봤지만 개좋다. 개쓸쓸한 가을이 왔다.

2015년 9월 10일

JTBC 뉴스룸 손석희 사장과 배두나 인터뷰. 내내 즐겁다. 입꼬리가 저절로 올라간다. 산다는 것이, 살아간다는 것이 슬픔이 있으면 딱 그만큼의 즐거움이나 슬픔이 있는 것이다. 배두나에게 손 사장이 한 말이 묵직하다. "아직 멀었다." 그 말을 받아들이는 배두나도 유쾌하다. 배두나 데뷔 무렵 매니저를 했던 녀석이 궁금했다. 두 번째 학교 졸업생으로 공을 잘 차고 더풀더풀(자꾸 들떠서 침착하지 못하고 경솔하게 행동하는 모양을 가리키는 '더펄더펄'의 경남이나 전남 사투리)하던 녀석. 결혼식에도 갔는데 소식이 끊긴 지 오래다. 어쨌든 배두나, 손석희 사장 고맙시다.

2015년 9월 12일

덕만이 고개, 나가지 고개, 강촌, 깨길, 연화마을, 김유정역을 돌아오는 빡쎈 라이딩. with 야리딩.

2015년 9월 14일

따로 만날 일 없는 중딩 아이 자전거 타이어 펑크를 때워 주었다. 아이는 안도했고 기뻐했다. 내심 아이보다 더 뿌듯하고 대견했다. 삼십 년 넘게 체육선생으로 일했는데 처음으로 밥값 했다는 생각을 했다. with 김선호.

이십 년 전 「난 시인이 아니라고 우겼다」를 썼다. 혹시 오늘 시라는 걸 쓴다면 「오늘도 나는 시인이 아니라고 우긴다」가 되겠다. 핸드폰도 운전면허도 없는 이 시인 놈 페이지를 만들어야겠다.

박용하, 『시인일기』, 체온365, 2015.

"'지금'을 다른 말로 하면 '기억의 총량'일 것이다. '지금의 깊이'는 우리가 살았던 '기억의 깊이'일 것이다." 274쪽.

2015년 9월 17일

산다는 것에 의문을 던지며 산다는 것은 어떤 것일까. 데모당, 이은탁 당수에게선 시인을 보고 박용하의 글에선 혁명가를 발견한다. 이들의 공통점은 삶과 글쓰기의 경계가 없다는 것이다. 두려움이 없으므로 공교롭게도 자유로울지니. 내게 하는 말이다. 덤으로 살아갈 생. 죽음이 코앞에 닿을 때까지 이들과 생을 나누고 있어 다행이다.

이은탁, 『불온한 상상』, 디스커버리미디어, 2015.

2015년 9월 18일

itx 공항철도로 영종도. 동생과 어머니 모시고 다인병원, 보청기 알아보고 왔다. 햇땅콩을 고르고 껍질을 까면서 생각했다. 쓸 놈-종자로 살아남을 놈. 까이고 벗겨진 놈-먹어 치울 놈. 부실한 놈-껍데기와 같이 버려질 놈. 어차피 인간은 태생적으로 삶의 노예 아닌가. 그러면서 노예임을 거부하는 것도 또한, 인간이다.

89차 횃불시민연대 부정선거 규탄 집회 결합. 집회 때마다 만나는 이들이 스파르타쿠스[38] 아닌가. 공항철도로 나와 지부 버스로 춘천 도착.

2015년 9월 22일

화천평화배 전국조정경기대회. 산소길 붕어섬, 물빛 산빛 하늘빛 눈부시다. 이렇게 좋은 날 피니시타워 그늘에서 경기를 본다. 2km를 배와 한 몸으로 혼신의 힘을 다하는 경정(競艇, 정해진 거리에서 보트를 저어 속도를 겨루는 경기). 피니시라인 통과 신호음이 울리고 심장과 온몸이 폭발하는 격렬한 고통으로 비명을 토해 내는 아이들. 늘 그렇지만 아이들이 고통스러워하는 것은 지켜보기 힘들다. 고통스럽다.

2015년 9월 23일

화장실 갔다 와 집사람에게 한마디 들었다.

"남정네들, 제발 조준 좀 잘 하셔!"

개포고 시절, 응갑이 형과 화장실에 나란히 소변을 보며 장난스러운 말을 하다, 새삼스럽게 서서 오줌을 누는 인간이라는 것을 발견했던 때를 생각했다. 앉으나 서나 같은 것이니 잠시 이제부턴 앉아서 오줌을 눌 수도 있겠다는 생각을 해 보기도 했으나 그냥, 되는 대로 살기로 한다. 오줌 눌 때마다 생각은 나겠다. 니가 뭐가 다른데? 동서남북 상하좌우 남녀 흑백… 구별 짓기[39]가 신물이 날 즈음.

2015년 9월 24일

멧비둘기 떼 훅 지나간다. 그 자리에 몇 마리 참새들이 전선 위에서 아침을 쉬고 있다. 안개 걷히면 저 들판 가을볕에 다시 뜨거워지겠다. 전선 위의 참새[40]들처럼 나도 잠시 쉬었다 다시 갈 수 있으면 좋겠다.

「격렬함에 대하여」를 썼다.

2015년 9월 25일

서초동, 〈체육시민연대〉 포럼. 정희준 교수의 강의를 경청했다. 인생 별거 있나. 한잔하자. 버스 타고 가야지. 스스로에 갇혀 살지 않겠다는 다짐으로 뒤풀이 자리에 따라갔다. 결국, 동서울터미널 부근에서 형님시인과 한잔 더 기울이다가 새벽에야 쌍문동 동생 집으로 기어들어 갔다. with 고광헌 나영일 정윤수 정희준 정용철.

2015년 9월 27일

무망의 한가위 동네 한 바퀴. 물빛 하늘 산색 다 좋다. 언제부터 길을 텄는지, 봉황대 둘레 데크 길을 처음 갔다.

2015년 9월 28일

영종도에 가 어머니 모시고 합천 가야산 자락 요양병원에 누워 계시는 큰아버지 뵙고 왔다. 새벽 4시 반부터 14시간 운전. 1,000km 넘게 휘돌아 춘천 도착.

2015년 9월 29일

어머니와 95세 시어머니 모시고 있는 이종 사촌누이를 보러 갔다. 포천 가채리. 아버지가 반공포로 삼팔따라지로 집에 들고, 다시 군대 가서 총 맞아 죽은 것을, 어머니와 함께 유일하게 증언해 줄 수 있는 큰 누나. 눈물 바람만큼 유쾌한 자리였으나, '그때는 다 그랬지 뭐.' 한마디에 가슴이 미어졌다.

2015년 9월 30일

집단기억은 만들어진다. 만들어진 전통과도 같이 축적되면서 착종(錯綜)[41], 고착(固着)되기도 한다. 이와 달리 개인 기억은 살아 숨 쉰다. 기억하는 인간이 살아 있는 동안만이다. 기억하는 이들에게 망각은 죽음과 동의어이기 때문이다. 문턱을 넘는다. 인류학적 접근. 구술사(口述史)를 더 공부해야 하는 이유. 그러나 나는 Self Narrative, Life History를 쓸 수 있을까. 그러거나 말거나 바람이 대답해 주겠지.

에릭 홉스봄, 버나드 S. 콘, 데이비드 캐너다인, 프리스 모건, 테렌스 레인저, 휴 트레버-로퍼, 박지향 · 장문석 옮김, 『만들어진 전통』, 휴머니스트, 2004.

아트 슈피겔만, 권희종 · 권희섭 옮김, 『쥐 I · II』, 아름드리미디어, 1994.

조 사코, 함규진 옮김, 『팔레스타인』, 글논그림밭, 2002.

조 사코, 함규진 옮김, 『안전지대 고라즈데』, 글논그림밭, 2004.

조 사코, 정수란 옮김, 『팔레스타인 가자 지구 비망록』, 글논그림밭, 2012.

내게 구술사의 문턱을 넘게 한 책들을 펼쳐 보기도 하고 곁눈질해 보았다.

2015년 10월 2일

거레리 사랑나무 잎들이 가을로 물들고 있다. 아침저녁으로 지나치며 라벤더 밭에서 꽃순과 잎들을 슬쩍슬쩍 훑는다. 군에서 조성해 놓은 것인데 늘 뒤통수가 간지럽다. 혼자 쓰는 체육관 작은 사무실에 라벤더 향 가득하다. 문을 열고 들어서는 아가씨들이 향기에 웃는 모습이 이쁘다. 문득 무엇인가에 목숨을 걸지 않고도 멀쩡하게 살아 있다는 생각이 들었다.

2015년 10월 4일

내게 무슨 우울 따위가 있겠는가. 그리 가깝다고 여기지 않던 이의 부음을 듣고 우울해졌다. 가당찮은 깊은 우울을 털고 용하 보러 오빈리로 간다.

2015년 10월 6일

오늘도 강변에 닿아 또 라벤더와 소국, 구절초를 뜯고 꺾으며 가을을 훔쳤다. 매일 물의 나라에 혼자 잘 놀다 집으로 돌아가는 일상이 결국 깊어 가는 가을을 향해 질주하고 있다. 내 발꿈치에는 우울 따위만 홍건하다. 양승언 교감이 동생의 시집 두 권을 건네주었다.
　양승준, 『위스키를 마시고 저녁 산책을 나가다』, 문학의전당, 2013.
　양승준, 『슬픔을 다스리다』, 시인동네, 2015.
　「물의 나라」를 옮겨 적었다.

2015년 10월 8일

그렇군. 오늘이 바로 '이 시대의 가장 완벽한 인간'이라는 이가, 개처럼 들소처럼 코끼리처럼 총 맞아 죽은 날이군. JTBC에 나와 손사장과 인터뷰를 하며, 시선을 고정하지 못하고, 『라면을 끓이며』를 읽어 주는 김훈 선생이 참 안쓰러운 날이군. 벨라루스 작가가 노벨상을 타는 바람에 김주대 시인이 상금 타서 북으로 갈 일 없어져 아쉬운 날이군. 뭥미! 통합교꽈서? 슬픈 국가, 늙어 가는 선생이 대낮부터 빡친 날이군.

with YouTube, 'Che Guevara song' 검색으로 Buena Vista Social Club, Nathalie Cardone, Carlos Puebla, etc.

2015년 10월 10일

고구마 캐러 왔다. 엄마, 어무니랑 점심에 국수를 먹는다. 아침에는 콩나물국에 막걸리 일 병. 불친절한 하나로마트에 들렀다. 일생일대의 저녁을 만든다. 동생들에게 자랑할 갈비찜. 어머니와 같이 있는 날이, 내 일생의 날이다.

2015년 10월 12일

아이들이 자기들끼리 꿀잼 체육 시간. 짝피구, 일명 보디가드피구를 하는 것을 지켜보다가 들어왔다. 한국사 교과서 국정화[42] 기사가 뜬다. 역사까지 사물로 전유(專有)하려는 국가 폭력. 어떻게든 이, 이 짐승의 시간을 살아남아야 한다.
　수전 손택, 이재원 옮김. 『타인의 고통』. 이후. 2011.
　아프게 읽고 밑줄 긋고 옮겨 적는 중이었다.
　"폭력을 당하게 되면 그 사람은 숨을 쉬는 생생한 인간에서 사물로 변형되어 버린다." 30쪽.

2015년 10월 13일

다니엘 페나크, 조현실 옮김, 『몸의 일기』, 문지, 2015.
　76쪽. 책장을 넘기고 첫 줄을 읽으며 눈물이 터진다. '아줌마가 죽었다'라는 같은 말이 한 페이지 가득. 동거차도 앞바다 304인의 이름들을 만난 듯했다. 빈 들판을 바라보며 한동안 울었다.
　강원작가 18집에 실을 약력을 보내 달란다.
　'1957년 여름 양주(楊州) 출신. 1985년 심상 신인상으로 등단. 2015년 현재, 교육노동자의 지겨운 밥벌이를 하루빨리 끝내고 전업 시인 혹은 인류학자가 될 수 있을지 설레며 짐승의 시대를 견디고 있음'.
　보내기는 했는데 너무 길다. 그냥 '별 볼 일 없는 인간' 혹은 '아무것도 아닌 인간'으로 하고 싶었다.

2015년 10월 15일

3년째 도체육회 이사를 맡고 있어 강원도선수단 임원 아이디카드, 주차 스티커, 만찬 초대장, 점퍼 등이 배송되어 왔다. 올해 제96회는 강릉을 중심으로 강원도 각지에서 22일까지. 나를 포함한 그들만의 잔치, 페스티벌. 언제나 내 몸을 부려 온전하게 스스로에 몰입하는 동안만 두려움 없이 자유로웠다. 공을 차고 배드민턴을 하고 자전거를 타는 것과 같은 것들. 그것이 내가 스포츠를 미워하는 것만큼 사랑하는 이유다. 고로 내가 몸을 부리지 않고 체육선생이라는 일에 치일 때, 체육·스포츠와 관련하여 어떤 역할을 맡는다거나 발언을 하는 것이 부담스럽고 불편한 것이다.

2015년 10월 18일

미군이 캠프페이지에서 떠난 지 십 년[43]. 춘천역 앞을 지나는데 가설 광장에 수백 장병들이 인민군과 국방군 복장을 하고 전투장면을 재현하는 퍼포먼스를 하고 있다. 한쪽에 자주포와 전차들이 늘어서 있다. 색색의 연막탄이 피어오른다. 총소리와 함성이 흙먼지와 함께 날린다. 전국체전 축하 행사의 하나로 만들어진 모양이다. 체육대회에 군대까지 동원하는 나라. 저들은 저렇게 전쟁을 전유(專有)한다. 3.8선과 수복지구를 접(接)하고[44] 휴전 중임을 잊고 사는 소도시. 자칭 진보나 야당이 백전백패하는 이유다. 오늘 밤 불꽃놀이 요란하겠다.

2015년 10월 19일

아침 일찍 강원체고에 들러 근대5종 경기를 보았다. 곧바로 양구 용하중학교 역도경기장. 속초 들러 강릉 넘어가는 것은 포기.

2015년 10월 20일

지금까지는 '어떻게 살 것인가?'를 묻는 나날들이었다면 나머지 날들은 '어떻게 죽어 갈 것인가?'를 아침저녁으로 물어야 하는 것이 온당하다. 늙어 가는 것을 비켜설 수도 없는 것. 누구나 오래 살아온 만큼 오래 죽어 갈 자격이 있는 것 아닌가. 더 자주 웃으면서 오래 죽어 가는 방법에 익숙해져야 한다.

2015년 10월 21일

반지하 독립 세대주 삼 년. 팔순이 되어서야 전세 임대 자격을 얻어 낸 어머니. 15평 이하 팔천 이내. 각종 조건에 맞는 집을 도무지 구할 수 없었다. 선지불, 근저당 오천을 말소하는 조건으로 천신만고 끝에 11평 전세를 구했다. 얼마 되지 않는 이삿짐을 근처 가게 창고에 쌓아 놓고 있다가 열흘 만에 입주했다. 다 동생이 한 일이다. 백수 되면 빌붙어 살 곳 만들어 놓으신 어머니, 독립 만세!

2015년 10월 23일

아이폰 업데이트 중 메모와 연락처를 모두 날렸다. 클라우드를 제대로 쓰지 않았던 대가. 이 년 전 백업파일을 찾아 전화번호를 하나씩 다시 저장하고 있다. 그동안의 생을 지웠다고 여기기로 했다. 시간을 거스르는 짐승의 시대. 별 볼 일 없는 생애조차 거듭 초기화시키는구나.

2015년 10월 25일

전국체전이 끝난 후 연례행사로 지역을 돌며 강원도 체육교사들이 모여 체육대회를 연다. 17개 시군 중에 화천이 차례가 되었고 우리 학교에서 치르게 되었다. 별로 할 것도 없었지만 이것저것 뒤치다꺼리로 종일 분주했다. 가죽 잠바 입고 운동장에 나타난 문태호 선생이 가장 반가웠다.

2015년 10월 29일

관내 교직원 지역탐방 프로그램에 참가했다. 지역 초중등 교직원 40명이 토고미마을 들러 떡메를 쳐 보고, 다목리 생태농원에 들러 족욕하고 점심 먹고, 감성마을과 조경철 천문대를 들러 오는 하루 일정. 토고미마을 체험관 마당에서 한가롭게 놀고 있는 당나귀를 한참 바라보았다. 가까이 다가갔는데 무심하게 못 본 체한다. 당나귀, 너마저 외면하는구나. 교과서 국정화 반대! 이참에 모든 교과서를 없앨 절호의 기회 아닌가?

2015년 10월 30일

알싸한 아침 출근길. 고탄 들어서니 해가 들지 않는 주먹 밭 자락에 서리가 하얗게 내려 있다. 학교 뒤 안 텃밭에도 서리가 하얗게 내려앉았다. 햇살 퍼지면서 금방 사라지겠다. 그러나 한국사 교과서 국정화 반대의 서릿발은 장~ 계속되겠다.

2015년 10월 31일

클래식기타 연주 소품을 들으며 해산령을 넘는다. 돌산령 미시령 넘어 가려고. 강원작가 모임이 있어 속초에 와 묵었다. 아무래도 권혁소 시인이 지회장인 동안만 얼굴을 내민 나는 어차피 강원도 출신이 아니란 걸 깨닫는다. 누가 출신지를 묻는다면, 대략 막막해진다. 글쟁이들의 출신지는 각자도생[45]의 문장 아닌가. 오랜만에 이순원 작가를 만났다.

2015년 11월 1일

어제와 내일을 합쳐 다시 바로 지금을 살아야 한다. 고로 나를 국정화할 수 없는 것이다. 지금 자전거 타러 나가는 나의 역사를 늬들이 뭔데! 에릭 호퍼, 정지호 옮김, 『시작과 변화를 바라보며』, 동녘, 2012.
　　책을 꺼내 밑줄 그어 두었던 것을 옮겨 적었다.

2015년 11월 4일

안개 속에서 내내 도리깨질에 몰두하는 농부를 본다. 안개로 배경이 지워지는 풍경 속 농부의 역사가 궁금하다. 국정화 교과서로 추악한 배경을 지우겠다는 무리들. 햇살 한 줌이면 스러질 것들에 정복당한 세월이 하찮다. 무도한 무리들에게 도리깨질을 할 시간이다.

2015년 11월 6일

뿌리 내리는 걸 보려고 고구마 순 몇 싹을 페트병에 꽂아 책상 위에 놓은 지 한 달은 넘었을 거다. 순은 뿌리를 내리고 무성해졌다. 얼마 전부터 검은 부스러기가 떨어져 있었는데도 무심했다. 아침에 물을 주려 무심코 잎과 줄기를 살피다가 팥망아지[46]로 자라 있는 녀석을 발견하고 섬뜩했다. 잠시 고민한다. 같이 살아 봐? 아무래도 그럴 수 없잖니. 나무젓가락으로 집어 화단 풀숲에 놓아 준다. 너는 네가 갈 길을 가기 바란다. 네가 징그러워서 그런 건 아니란다. 세상에서 가장 징그러운 건 나니까.
　　웅칠, 웅사에 이어 웅팔이 호명하고 있다. 웅웅 쌍팔년도에서 지금까지의 터널이 뫼비우스의 띠처럼 인드라망[47]으로 펼쳐지고 있다. 당분간 응팔에 빠져도 좋겠다. 아주 흠뻑 빠져들어 정신 놓아도 좋겠다. 그때를 견뎌온 것처럼 미래까지도 견뎌야 하는 오늘이니 뭐 대수겠는가.

2015년 11월 9일
살랑골의 가을, 조만간 눈이 쌓이면 촛불을 밝히고 홀로 우는 이 있겠다. 눈은 나려 쌓이고 나타샤도 없이 흰 당나귀가 응앙응앙 울기도 하겠다.

2015년 11월 10일
애마(愛馬) 무츠 자전거는 '무망'이라 이름. 헛된 욕망을 품지 말자는 것. 코스하드탑은 '개망'이라 이름. 개마고원 가지 못하면 망할 놈.

2015년 11월 11일
수능을 앞둔 아이들이 풍선을 날리고 있다. 수능 따위에 미래를 유보시키고 살아야 하는 또 다른 아이들에게 미안해서 학교라는 곳을 견디기 힘든지도 모르겠다. 세상 같은 건 더러워서 버린다고 한 한 인간을 생각한다.

2015년 11월 13일
어제 새벽 세 시 사십 분. 군청에서 관내 고교생 마흔 명 모아 울릉도행. 독도를 가는 것이 목표다. 우리 학교만 스물한 명. 2박 3일 선생 아닌 지도자 명찰을 달았다. 울렁울렁 멀미하며 겨우 섬에 발을 들였으나, 독도 입도는 어렵단다. 멀미 공화국, 혼외정사[48]로 말아먹는 섬나라 불청객이 된 듯하다. 게다가 저들에게 나는 혼이 비정상인 놈이다. 씨껍데기 동동주나 한 사발 해야지.
"저 앞에 보이죠? 저 방파제가 박정희 대통령께서 건설해 주신 겁니다. 왼쪽에 커다란 후박나무 보이죠. 저 후박나무가 박정희 대통령께서 하사해 주신 겁니다."
버스 기사 가이드 멘트. 연안 웬만한 큰 페리 다 타 보고, 자루비노항 가는 동춘호에서도 멀미라는 것이 뭔지 몰랐는데 토 나오려 한다. 영혼이 탈탈 털리는 기분. 그렇군. 혼이 비정상 아닌가. 혼? 대화혼? 섬까지 멀미 공화국의 영토였다.

울릉도는 정벌, 혹은 정복지 아닌가. 낮 한 시경 입도, 다음 날 세 시에 빠져나올 때까지 웬만한 곳은 다 둘러보았다. 울릉도를 떠난다. 바위틈 해국만 가슴에 품었다. 자전거를 타기 힘든 섬. 해국이나 마가목 혹비둘기 보는 것 이외에 다른 일로 가기는 힘들겠다.

2015년 11월 14일

어젯밤 늦게 많이 내리는 빗속에 군청에 버스가 도착했다. 아이들 귀가 확인하고 춘천 집에 도착하니 열두 시가 넘었다. 늦게 일어나 지부 버스를 타지 못하고 세 시쯤 itx 용산, 전철로 서울역에서 내려 걷는다.

민중총궐기대회, 남대문부터 시청 지나는 길이 차벽으로 막아선 경찰들과 대치 중이라 빠져나가기 힘들다. 겨우 종각 이문설렁탕에서 늦은 점심. 다섯 시경 고광헌 형님시인과 재회. 여 저 어슬렁대다 권혁소 만나 프레스센터 뒤 소호정에서 칼국수와 수육으로 바삐 소주 두 병을 털어 넣고 이별.

전투 막바지. 햇불 대오를 만났다. 이건, 시위. 그 이상도 이하도 아니다. 혼을 뺏기지 않는 한, 불태우지 않아도 이기는 싸움이다. 시민의 힘을 믿는다. 우의를 입었지만 데모당 깃발을 들고 온몸으로 물대포 맞고 덜덜 떠는 이은탁 당수를 만나 담배 한 대 나누어 피우고 시청역 지하로 스몄다.

영종도 어머니에게 가려다 동서울 터미널에서 춘천행 막차에 몸을 실었다. 휴대폰에 물대포에 맞아 쓰러진 시민이 의식이 없다는 속보가 뜬다. 아, 구급차 지나가는 걸 눈앞에서 보았는데!

2015년 11월 19일

그놈, 그리고 나는, '나'를 앞세워 '타자'를 이야기하는 것이 가능할까? 구타유발자. 정말 성질 더럽게 만든다. 이 자식은 정말 가지가지 한다. 내 눈에 띄지 말기 바란다[49].

2015년 11월 20일

읍내 오거리 일인시위 결합. 다리 건너 학교 가는 아이들이 손 흔들어 주는데. 아이들 선동한다고 신고 들어왔다고. 선동? 경찰들 왔다가 그냥 가고 말고지. 강원도 촌구석이 아니다. 온 나라가 광화문광장이다.

2015년 11월 21일

〈한국구술사학회〉 동계 학술대회.〈경계를 넘은 사람들의 생활세계와 구술사·2〉.

한양대학교. 여름에 같은 주제로 발표도 한 자리. 중공군 반공포로 문제 중국학자 발표. 내겐 또 다른 신세계.

2015년 11월 26일

복면 아니다. 겨울에 이 버프 없이 못산다. 벌써 십 년 이상 겨울이면 목에 두르고 다니던 버프다. 자전거 탈 때 없으면 죽음이다. 최루액도 조금은 막아 주겠다. 전경들도 방패 뒤에 헬멧 투구로 얼굴 가리고 있잖나. 너희들은 철면피를 뒤집어쓰고 있잖나. 차벽 빼라. 전경들 투구 벗겨라. 너희들 철면피를 벗어라. 버프 따위 복면하지 않고 너희들 앞에서 환한 웃음과 그만큼의 눈물을 보여 주마. 단디 한다[50].

2015년 11월 27일

관내 고등학교 연합체육대회. 체육관 차가운 마루 맨바닥에 삼백 명이 넘는 아이들을 앉히고 개회식을 한다. 무대 단상 뒤 내빈석에 앉아 있는 기관장들 교장들. 목에 힘주고 있는 늬들은 도대체 뭐냐. 아이들이 중심이고 아이들이 주인이라고 떠들지 마라. 말죽거리 잔혹사는 계속된다.

"대한민국 학교 다 × 까라 그래!"

2015년 11월 29일

며칠 동안을 설렜다. 안절부절 일이 손에 잡히지 않았다. 스물두 해, 1993년 고3 담임으로 만난 순영이와 현숙이를 춘천역에서 맞았다. 맞춤 눈이 내렸다. 겨우 두어 시간 막국수 집과 봉의산 가는 길에 들르는 짧은 만남이었다. 눈발이 날리는 춘천역에서 손 흔들고 흔들어 주며 떠나갔다. 춘천에 눈이 내리고 있었다.

「춘천에 내리는 눈」을 다시 적었다.

「열차는 네 시 십육 분에 떠나네」를 썼다.

2015년 11월 30일

「바오밥나무와 파프리카」를 썼다.

2015년 12월 2일

앞산 첩첩 뒷산 첩첩 천지사방 첩첩 춘천이나 홍천이나 화천이나 고래
는 살 수 없겠지요?

2015년 12월 3일

어머니 보청기 하러 인천 다인병원. 앞뒤 없는 겨울 털모자 쓰고 웃으
시는데 웃는 게 아닌가 보다. 지난겨울에 시작한 일이 지지부진하다.
어머니 내 목소리가 들려요?

......

1958년 12월 4일

D-30, 콘센트 막사, 바깥쪽 출입문이 열고 닫힐 때마다 난로가
벌겋게 달아오릅니다. 여기는 철원 김화. 6사단 의무대 제1병
동 막사입니다. 나는 총 맞았습니다. 카빈소총 탄환이 등 뒤에
서 왼쪽 겨드랑이 바로 위를 관통했지요. 지난 26일 밤 10시 무
렵입니다. 어제 깨어났을 때 여기에 누워 있더군요. 나는 30일
후에 죽습니다. 내 죽음의 일기, 아니 아직 살아 있는 내 목소
리를 30일 동안 들려 드리겠습니다.

......

1958년 12월 5일

D-29, 바위에 짓눌린 듯 거대한 통증에 정신은 맑은데, 딱 그만
큼의 무력감. 의무병의 도움으로 겨우 상체를 일으켜, 떠 넣어
주는 미음 몇 숟가락을 삼켰습니다. 신열에 들뜬 각성상태. 모
든 소리를 듣습니다. '김 일병, 힘내. 월요일에 후송이래.' 나지
막이 일러 주는 의무병의 말이 젖어 있습니다. 나는 살아야 합
니다. 철없는 색시, 잘 낳아 놓은 돌생이 아들이 있습니다. 나
는 꼭 살아야 합니다. 살려 주세요. 회진 온 군의관에게 겨우
눈으로 말합니다. 아, 군의관이 눈을 맞춰 줍니다. 환부의 지혈
붕대를 다시 감는데 울컥 피가 번지는 것을 느낍니다. 온몸이

피와 땀으로 젖어 있습니다. 아내와 아이가 보고 싶습니다. (단
기 4291년 오늘)

......

2015년 12월 5일

백남기 농민 쾌유기원 국가폭력규탄 범국민대회. 서울광장으로 가는
itx 예매. 복면은 필요 없겠지만 버프를 두른다. 데모당과 강원지부 깃
발 밑에서 어슬렁거릴 것이다. 일찍 출발해 동묘시장 골목부터, 평화시
장 광장시장 방산시장 골목을 휘돌아 시청광장으로 간다. 대학로 뒷골
목. 주최 측이 오지 말랬다며 난감해하는 문재인 일행을 만났다. 광화
문 광장 단식 모습을 스치기도 했었는데. 모여든 군중들, 문득 평화라
는 말이 생경하다. 생각만 해도 슬픈 사람. 8시 46분 청량리발 itx로 돌
아왔다.

......

1958년 12월 6일

D-28, 두어 시간째 기침이 멈추질 않는다. 기침할 때마다 눈에
불이 번쩍번쩍 인다. 눈물이 따라 나온다. 잦아들 만하면 다시
터져 나오는 이 이 몹쓸. 어머니. 아버지. 지상에 계시지 않은
엄마, 아부지! 다시 터져 나오는 기침. 아, 아가! 애 엄마! (단기
4291년 오늘, 새벽은 멀다)

......

1958년 12월 7일

D-27, 아직 동이 트려면 한참 있어야 할 듯합니다. 별을 보러
나가고 싶습니다. 생각뿐 몸은 전혀 말을 듣지 않습니다. 천정
에 매달린, 갓을 두른 두 개의 백열전구. 가운데 통로에 두 개의
석탄 난로 위에 놓인 세숫대야만 한 무쇠냄비에서 물이 끓고 있
습니다. 여덟 개의 병상에 두 자리는 비어 있습니다. 오늘 새벽
에는 다섯 명이 누워 있습니다. 출입문에서 맨 안쪽에 나는 누
워 있습니다. 조금만 뒤척여도 엄습하는 환부의 통증이 살아 있
음을 확인시켜 줍니다.

앞 병상에는 대인지뢰에 오른쪽 다리가 날아간 천 일병. 바로

옆자리에는 105미리 자주포 훈련을 하다 불발탄 화약을 뒤집어쓰고 폐렴으로 후송된 박 상병. 그 옆에는 대대 취사병으로 오른쪽 안면, 어깨와 가슴 부위에 화상을 입은 문 이병. 참호작업하다 야삽에 정강이를 찍은 김 병장은 그중 상태가 좋은 편입니다. 입구 쪽에 칸막이가 된 병상 두 개는 간부들 용인데, 오늘 들어온 공병장교 최 중위는 교량공사 발파작업하다 다리와 눈을 다쳤답니다. 부하 두 명이 죽고 가볍게 다친 두 명은 대대 의무반에 있다는 이야기들을 하는군요. 사단장 부관이 다녀가고 군의관 한 사람이 수시로 들락날락하며 최 중위를 살피는 것을 봅니다. 3대대 2중대 김 중사는 교통사고로 경추를 다쳐 하반신이 마비될 것 같다고 하네요.

총상 환자는 워낙 드문 편이라 군의관과 의무병들이 잘 대해주고 있습니다. 한 달 이상 입원 치료를 해야 하는 환자들은 후송병원으로 가야 한답니다. 오늘, 양평 59 후송병원 후송명령을 받는 날입니다. (단기 4291년 12월 7일)

......

1958년 12월 7일

D-26, 군번 : 10203800, 이병 김웅서

11월 25일 밤 10시3분. 등 뒤에서 격발된 카빈 소총 탄환이 왼쪽 어깨죽지 겨드랑이 위쪽을 관통했다.

26일, 02:15 MASH(이동외과병원) 이송. 출혈이 심하다. 03:00 FH(야전병원)로 다시 이송.

12월 7일. 아직 살아 있다. 출혈은 여전하다. 쇠약해지고 있다. 3야전병원 11일째, 59후송병원으로 후송명령을 기다린다. 나는 살아야 한다. (단기 4291년 12월 8일, 오늘)

......

1958년 12월 8일

D-25, 쓰러진 지 14일째. 상처 부위의 부기가 가라앉을 기미가 없네요. 액와동맥 손상으로 출혈도 멈추질 않아 하루에 두 번씩 처치를 받습니다. 사실 며칠 전부터 고름이 섞여 나오고 있습니다. 환부의 고통은 전신의 신열로 번져 나갑니다. 아내보다 아이가 더 보고 싶습니다. 후송이 늦어지고 있습니다. 오늘

은 갈 수 있다고 합니다. 나는 지금 3야전병원에 누워 있습니다.(단기 4291년 오늘, 12월 9일 화요일)
......

2015년 12월 8일

마지막이었음 좋겠는 기말고사 첫날, 어머니 보청기 찾으러 영종도로 간다. 순영이와 현숙이가 건네준 목도리 두르고 간다.

......

1958년 12월 9일

D-24, 전입함(3야전에서). 치료함. 소량의 배혈 있었으며 상반신 특히 관통부위의 부종 심하여 동통 심히 호소함
......

2015년 12월 9일

어머니, 보청기를 착용하다. 익숙해지려면 한참 걸린단다.
「공무도하가(公無渡河歌) 내전(內傳)」을 썼다.

......

1958년 12월 10일

D-23, 어제처럼 오늘이 당연합니다. 내가 할 수 있는 것은 아무것도 없습니다. 의식도 의지도 생각도 꾀함도 그 어떤 것도 아무 소용없고 눈물도 아무것도 의미 없습니다. 그 모든 것이 당연합니다. 세상에! 모든 것이 당연합니다. 멈추지 않고 흐르던 식은땀과 피, 흘린 눈물과 침에 젖어 얼룩진 침대와 베개, 결국 나의 무덤까지 당연하겠지요. 묘비도 없이 잊혀질 나는 당연히 아무것도 아닙니다. 총 맞은 한 인간일 뿐입니다. 하루 정도 사뿐히 건너뛰는 속절없는 기다림, 눈물 찔끔거리지 않아도 그대가 그리운 것은 당연합니다.

......

1958년 12월 11일

D-22, "치료함. 다량의 배혈 및 배농 있었음. 환부의 심한 동통

느껴 수면치 못함. 전신상태 극히 쇠약함."

후송병원에 이렇게 누워 있는 나는 스물셋입니다. 이백 오십여 리 떨어진 곳에 아내와 한 돌 반이 지난 아들이 있습니다. 양주 군 남면 구암리 48번지. 여기는 양평입니다.

"죽지도 않고 병신도 되지 않는다. 걱정 마라."

군의관도 간호장교도 의무병들도 다 그렇게 말합니다. 야전병 원에 딱 한 번 찾아온 중대장이 한 말과 똑같습니다. 나는 죽어 서도 병신이 되어서도 안 됩니다. 살아야만 합니다. 통증에 잠 들지 못하는 날들, 아내에게 편지를 써야만 합니다. 그러나 마 음뿐 몸이 움직여지지 않습니다. 편지, 편지를 써야 합니다. 아 내와 아이가 보고 싶습니다.

······

2015년 12월 12일

지난겨울 깡통시장에서 아내가 15,000원 주고 사 준 헌팅캡. 조금 작은 듯해 멀리했었는데 조금 늘려 놓아 쓰고 다닌다. 귀도리도 접어 넣어져 있으니 겨울나기에 안성맞춤. 집사람이 바리스타 자격시험 최종합격했 다고 좋아한다. 금요일 당번 피케팅. 다음 주 한 번 남았다.

"올해는 양력 정월 초이틀에 아버님 제산데요?"

"그래요, 아버지 돌아가신 날과 올해 달력이 똑같아요. 단기 태양력 으로는 하루가 빠른데, 신기하게 음력으로는 같네요."

만두를 빚었다. 김치를 털어 다지고, 두부와 데친 숙주나물을 베보자 기에 꼭 짜 만두소를 만들었고 반죽도 제대로 되었다. 멸치 다시마 코다 리 대가리 말린 것으로 육수를 낸다. 떡 점도 준비했다.

방학하면 곧바로 어머니와 함께 지낼 생각이다. 돌쟁이 아들과 함께 군대 간 남편을 잃고 세상에 버려진 어머니. 57주기를 맞아 처음으로 애도할 수 있는 시간을 가지려고 한다. 어머니보다 나를 위한 것이다.

병상일지에 단기 4291년(1958년) 12월 12일 기록은 없다. 스물셋 아 버지는 그날 59후송병원에서 열여드레째 병상에서 고통스러워하고 있 었고 스무하루 뒤에 세상과 이별하게 된다.

2015년 12월 13일

슬슬 다시 살아온 것을 되돌아본다. 한 해를 정리하고 새롭게 출발한다는 따위의 레토릭(Rhetoric)에 씁쓸하다. 지난 한 해 동안만이 아니라 참 많이 어슬렁거렸다는 생각. 병신년에도 크게 달라질 이유도 까닭도 우연도 필연도 없다. 자연스럽지도 않을 것이지만.

"68세 3개월 26일. 예순여덟 살씩이나 먹어서 아직도 피구의 에이스로 통하고 싶은 걸까. 그런 운동이 있다는 것조차 다들 잊어버렸을 텐데. 이런 생각을 하며 머리를 식히고 있자니, 쉬는 시간에 피구를 하던 내 모습이 떠올랐다. 피구는 대단히 빠른 운동이면서 규칙도 상당히 거칠다. 피하기, 가로채기, 속임수 쓰기, 잡아당기기, 혼자 남아 있기, 그러면서도 상대편을 많이 죽이기, 동시에 양쪽에서 공격받기, 대단히 빠르고, 대단히 호전적이고 강인하다. 아! 순전히 육체적인 그 즐거움! 그 환희! 피구를 한 게임 할 때마다 난 새롭게 태어났다. 피구의 에이스였다고 자랑할 때, 난 나 자신의 탄생을 자축하는 것이다!" 다니엘 페나크, 『몸의 일기』, 369쪽.

······

1958년 12월 13일

D-20, 편지를 써야 합니다. 편지를….

······

1958년 12월 14일

동지 초사흘, 여보, 당신이라 불러보지도 못한. 아, 승자 아저씨, 애 아부지. 거의 매일 오던 편지가 끊긴 지 꽤 오래되었습니다. 한 스무날쯤 지난 것 같습니다. 가마솥 물이 끓기 시작합니다. 당신의 편지를 기다립니다. D-19 스무날.

······

2015년 12월 14일

집사람과는 근 십여 년 만에 백담사에 다녀왔다. 부질없는 돌탑도 하나 쌓고.

······

1958년 12월 16일

D-17, …… 단기 4291년 음력 동지 초엿새.

……

2015년 12월 15일

신촌 '달빛에 홀린 두더지' 〈체육시민연대〉 후원의 밤, '우리하다'에 우리 했다. 모처럼 반가운 얼굴들 많이 만나 즐거운 시간. 모임 끝나면 정릉 동생 집에서 묵어 올 요량으로 골목에 두고 온 터였다. 늦었지만 동생과 한잔 더 하고 위풍 심한 방에서 금방 잠들었다. 일어나자마자 아침도 먹지 않고 겨울비 내리는 길을 나섰다. 전주 전북대학교. 〈한국구술사학회〉 '동계학술대회'에 가는 길.

2015년 12월 16일

인간의 역사라는 것은 그렇게 먼저 죽어 간 자들의 삶의 기록에 지나지 않는다. 먼저 죽은 자의 삶에 대한 기록은 그것을 기록하는 자의 살아온 날들의 기억을 불러내는 것이다. 그것이 공적 기록이 되어 역사라는 이름을 얻을 때, 공적 영역을 공유하는 공동체의 삶에 일정 정도 의미와 가치를 부여할 수 있어야 할 것이다. 이것이 내 나름대로 역사에 대한 욕망이고 죽음에 대한 두려움이다. 나는 이 욕망을 부수어 버리고 죽음에 대한 두려움을 뛰어넘을 수 있을까? 보다 나은 인간이 될 수 있을까? 그러나 욕망이 사라지고 죽음에 대한 두려움이 없어진다면 이미 비인간 아닌가!

……

1958년 12월 17일

D-16, 치료함. 다량의 배혈로 전신상태 극히 쇠약함. 편지를 썼다. 군사우편은 사나흘 걸려야 집에 도착할 것이다.
"애 엄마 보시오. 내가 부상으로 지금 병원에 있소. 걱정은 하지 마시오. 애가 보고 싶으니 한번 다녀가시오. 경기도 양평군 서종면 양수리 제59후송병원 외3(중) 이병 김응서." 단기 4291년 동지 초이레.

……

2015년 12월 17일

600여 일이 지난 다음의 세월호 특조위 청문회를 보며 분노와 울음을 삼킨다. 수십 년, 아니 100년의 역사도 되지 않는 이 슬픈 국가에서의 폭력의 작동방식은 하나도 변한 것이 없다. 아버지는 '뒤에서 앞으로' 관통상을 당했다. 38일 만에 죽을 때까지 '적극적인 조치'를 취하지 않았다. 이 사실이 밝혀지는 데 오십육 년 걸렸다. 세월호가 가라앉기 시작했다. 책임 있는 자들은 오보를 시작으로 구조상황에서 조명탄만 터뜨렸을 뿐 어떠한 적극적인 조치도 취하지 않았다. 구하지 않은 것이다. 학살이 시작된 것이다. 그걸 생중계로 보았던 이들이 잊고 있다. 기억의 총량으로 살아가는 바로 지금을.

2015년 12월 18일

당번 피케팅 마지막 날. 이 엄동의 아침에 매일 나오는 지역 노동자, 농민 활동가들이 눈물겹다. 인간이 참 서러운 날들이다. 11월 14일 집회 건으로 소환장을 발부하겠다는 이야기들을 두어 군데서 흘려듣는다. 왜 직접 물어보지 않고 여기저기 쑤시고 다니는지도 알 수 없는 일이다. 채증(採證, 증거를 수집함)을 했다는데, 내가 한 일은 최루액 난사하고 물대포 쏘는 거 촬영한 것밖에 없다. 인류학자가 현지르포 좀 써 보려고.

2015년 12월 21일

춘천에서 부산 왕복 특별열차 철도여행! 19일 새벽 다섯 시 출발 부산행. 20일 새벽 한 시 반 춘천역 도착. 무박 2일. 2012 춘여고 방송통신고 1-2반. 개망초 모임. 강원작가회의 모임 못 감.

......

1958년 12월 21일

D-13, 환부의 통증 느껴 수면 불량함. 식사 불량함. 유동식 소량 섭취. 동지 열흘.

D-12, C-M2 Caps… PM 1h, PM 7h, AM 1h, AM 7h. 음력 동지 열하루, 동짓날.

D-11, 아내는 새벽에 일어났을 것이다. 잠을 설쳤겠지만 잠든

아이를 두고 가마솥에 먼저 불을 지폈겠다. 쌀을 씻어 새벽밥을 지었을 것이다. 뜸을 들이는 동안 아이 목욕도 시켰을 것이다. 밥숟갈을 드는 둥 마는 둥, 서둘러 아이를 포대기에 꼭 싸업고 신작로에서 첫차를 탔겠지. 이 엄동설한에 다시 의정부에서 서울 가는 버스를 탔을 것이다. 청량리나 마장동쯤에서, 양평 오는 버스를 갈아탔을 것이다.

점심시간이었다. 아, 아이를 업고 들어섰다. 업은 아이부터 풀어 놓는다. 무어라고 말을 할 수도 없다. 말을 하지 못한다. 기껏해야 서로 괜찮냐는 말, 괜찮다는 말. 약한 모습을 보일 수 없다. 아무 걱정 말라고 했다. 죽지도 않고 병신도 되지 않으니 아무 걱정 말라고 했다. 며칠 있으면, 한 보름 있으면, 아니 한 달 정도 있다가 집에 갈 테니 걱정 말라고, 아이 잘 키우라고. 다른 이들에게 업히게 하지 말고, 애 잘 보라고, 아무 걱정 말고 집에 가 있으라고.

그뿐이었다. 우리가 만나는 것은 언제나 그렇게 순간이었다. 잠시 앉지도 서지도 못하고 병상을 오가는 아이에게서 눈을 떼지 못하고, 내 눈도 마주치지 못하고, 그렇게 아내는 울지도 못하고, 새댁인 애 엄마는 눈물도 보이지 못하고, 애써 웃지도 못하고, 자꾸 뒤돌아보며, 그렇게 갔다. 잘 낳아 놓은 아들, 예쁜 색시를 봤으니 이제 괜찮다. 이제 됐다…… 동지 열이틀(12월 21일).

……

잘못했습니다. 이따위 글은 쓰는 게 아니었습니다. 미안합니다. 정말 미안합니다. 혼자 우는 게 이젠 정말 지겹습니다. 어머니에게 가서 며칠 동안 함께 지내며 아버님 기일 잘 보낼 때까지 더는 쓰지 않겠습니다. 혼용무도(昏庸無道, 세상이 온통 어지럽고 무도함)의 세월, 부디…[51].

……

2015년 12월 26일

어제 오후 다섯 시 넘어 출발, 일곱 시 넘어 도착. 여동생 원정이가 이사했다. 가자미 조리고 돼지고기 볶고 청국장 데웠다. 원정이, 동해, 수

연이 저녁 먹고 갔다. 한밤중, 어머니 잠꼬대 소리에 깼다. 누구에게 야단을 치신다. 분명하게 보름달이 밝았는데, 빗소리 들은 것 같았는데, 창문을 열어 보니 눈이 하얗게 덮였다.

2015년 12월 28일

젤 추워진 날, 꼬막 삶고 생태찌개 끓였다. 하도 여기저기서 떠들기에 주문했던 책을 늦게 펼쳐 완독.

"그러나, 70세가 되어 가도록 그 이전의 자신의 모습을 직시할 수 없다면, 그건 과거의 상처가 깊어서라기보다는 상처를 직시하고 넘어서는 용기가 부족해서라고 할 수밖에 없다. 혹은 우리가 아직, 있는 그대로의 자신을 인정하고 보듬는 자신에 대한 사랑 대신 타자에게 아름답게 보이고 싶은 욕구가 더 큰 미성숙의 상태에 머물러 있기 때문이라고 말할 수밖에 없다.

이제, 우리 자신을 있는 그대로 받아들이고, 사랑하고 싶지 않은가. 애국심이 그렇게 발휘될 수 있다면, 그 또한 아름다울 수 있다." 134쪽.

박유하, 『제국의 위안부』, 뿌리와이파리, 2013.

읽는 내내 아이들 말로 '개빡쳤다'. 이 여자 사람이 어떻게, 같은 여자 사람으로서 '위안부' 경험을 한 이들에게 '우리', '상처', '용기', '인정', '사랑', '타자', '미성숙', '애국심' 같은 말을 쓸 수 있을까. '야마토다마시이, 텐노헤이카 반자이'라고 외치는 대신에 이 책을 썼군. 논쟁거리가 될 수 없는 수준의, 책이라고도 할 수 없는 역겨운 쓰레기.

2015년 12월 30일

'집회와 시위에 관한 법률위반 등 피의사건에 대해…' 새해 첫날인 1월 1일 10시까지 나오라는 두 번째의 출석통지서를 받아 들었다. 경찰이나 군대도 휴무일이 있지 않은가. 대통령도 쉬는 날인데 내가 쉬지 못할 이유가 없다. 출석 불응이 아니라 푹 쉬련다. 고로 출석요구서 발송한 담당 경찰은 새해 첫날을 밝고 따뜻하게 맞으라. 경찰노조 만들었으면 이런 해프닝도 없었지 않았겠나.

강원도체육회 이사선임 문제로 전화가 왔다. 삼백만 원 필요하단다. 그만두라고 했다.

네 시경부터 반죽해 놓고 만두소 만들기까지 여섯 시간.

2015년 12월 31일

어머니에게 가며 대성리에서 잔치국수 후루룩거리는데, 화천경찰서 경위에게 전화가 왔다. 12일 오후 1시로 출석일 조정. 예상대로 데모당 사람들과 있었던 시간에 채증된 것 같다.

고라니를 위하여

아직은 촛불을 켜지 말자 다짐해 놓고 이르게 불 밝힌 촛불이 수명을 다했다. 아직은 어둠을 견뎌 본 일이 없다는 자각. 새로이 불 밝힐 촛불이 마련될까 모르겠다. 조금 더 겸손해질 수 있을까를 묻는다.

2016년 1월 1일

"형님, 명단에 없던데요. 거 봐요, 안 된다고 했잖아요. 축하합니다."

어제 이인범 장학사가 전화했다. 썩을! 안 되면 왜 안 되는지 통보라도 해 줘야 하는 거 아닌가. 새 됐다. 이제부터 명퇴 포기 교사로 살아야 한다.

「나를 슬프게 하는 이름」을 다시 적었다.

2016년 1월 6일

방학 다음 날, 어머니에게 왔다. 이것저것 읽을 것들과 컴퓨터를 챙겼다. 2일에는 집사람도 버스 타고 와 아버지 제사를 함께 지냈다. 두 달 가까운 기간을 57년 전의 아버지와 어머니에 빙의하듯 살았다. 3일 집사람과 춘천으로 갔다가 4일 학교 들르고 저녁에 연구실 모임. 어제 다시 어머니에게 왔다.

2016년 1월 7일

어제저녁, 어머니와 새로 만두를 빚었다. 북어 한 마리 국물 내고 떡 좀 넣은 만둣국. 새벽 다섯 시, 소한 다음 날. 무심했었는데 오늘은 분명하게 듣는다. 닭의 울음소리가 들린다. 세 번의 울음이었는지도 모른다. 공항고속도로가 가까워 차들이 내달리는 소리와도 겹친다. 어머니가 뒤척이는 기척. 개 짖는 소리가 요란해 창문을 열고 내다본다. 묶여 있는 세상의 모든 것들 모두가 짖어 대는 소리가 요란했다[1]. 지우가 어디 밖으로 다시 떠도는 모양인데, 자기 아들 사진 말고는 쓸데없을 글을 남겼다.

"Jae-Ryoung Kim, who was my high school teacher, is my favorite poet, my mentor, as well as my hero, uses the photo of my son for his Facebook cover today. The photo was taken in front of Peace Palace, Hague, Netherlands in Summer 2015. The monument that my son was laying on displaces carved words of "Peace" in many different languages including Korean. I know that tomorrow is the memorial day of Jae-Ryoung teacher's father who was killed during his military service by unknown reason. Peace be with you, which I always pray for!" from Jioo Nam.

2016년 1월 8일

"이 책을 써 볼 생각을 수없이 해 왔다. 그러나 그때마다 부끄러움과 혐오감이 앞서서 그만두고는 하였다. 무엇 때문에 그 시시하고 무미건조한 사실이며 사건들을 상세히 서술해야 한단 말인가. 103쪽.

이미 반세기 동안이나 갖가지 여행기 속에서 전해 오고 있는 일화 속에 섞인 낡은 정보 나부랭이들일 뿐인 것이다. 107쪽."

C. 레비 스트로스, 박옥줄 옮김, 『슬픈 열대』, 한길사, 2006(제1판 11쇄). 읽을 때마다 새롭다. 십 년 만에 다시 꼼꼼히 읽고 밑줄 다시 긋고 옮겨 적었다.

2016년 1월 9일

티브이를 앞에 놓고, 붙박이처럼 늘 펴져 있는 밥상. 어머니와 둘이 앉는다. 7분도(씨눈을 70% 남겨 중량 95%를 도정한 쌀) 현미 쌀에 검은콩과 완두콩을 넣은 어제 저녁밥, 보온 재가열. 지난 월요일 연구실 식구들과 군산식당에서 남은 거 포장해 온 박대찜 몇 조각. 김장김치 내 놓고 익힌 것. 쪽 무 한 조각. 청국장에 순두부 한 봉지 털어 놓은 불분명 찌개. 조개젓 무침. 먹고 남은 묵사발. 골뱅이무침. 페트병 맥주 1.6L. 내 놓지 않은 동치미. 제사 음식 남은 것들은 내일 몽땅 쏟아 버려야지. 계란말이가 빠졌네. 서너 시간 지나면 멸치 다시 국수가 생각날 듯. JTBC 뉴스에 이어 '응팔' 끝날 때까지의 밥상.

2016년 1월 10일

수전 손택(Susan Sontag), 이재원 옮김, 『타인의 고통(Regarding the Pain of Others)』 이후, 2011(17쇄).

고통이 고통스럽게 다시 읽으며 밑줄 긋고 고통스럽게 옮겨 적었다. 고통스럽다.

〈스포츠기억문화연구소〉 '스포츠인 구술채록 전문가 교육과정'에 보낼 강의 원고, 「구술사의 법적 문제와 윤리·구술 자료의 해석」을 완성했다.

"'매일, 매달, 혹은 매년 신문 지상에 인간의 사악함이 빚어낸 가장 끔찍하기 이를 데 없는 소식이 실리지 않을 때가 없다. … 처음 줄부터 끝줄까지, 모든 신문들은 공포에 질릴 만한 소식투성이다. 군주들, 국가들, 사적 개인들이 저지른 온갖 전쟁, 범죄, 절도 호색, 고문, 사악한 행위, 온 세상에 판치는 잔학 행위 등등. 문명화된 인간은 매일 이 메스꺼운 전채로 아침식사의 식욕을 돋운다.' —보들레르가 1860년대 초 자신의 일기에 적어 놓은 기록. 보들레르가 이 글을 썼을 당시에는 아직 신문에 사진이 실리지 않았다."

글머리에 수전 손택을 인용했고, 맺음은 『제국의 위안부』의 허접스러움으로 메웠다.

2016년 1월 11일

"구술사(口述史)를 공부하는 이들이 마주하는 가장 큰 어려움은 구술텍스트 해석이다. 인터뷰어는 인터뷰이의 해석자가 되어야 한다[2]. 그런데 '해석'한다는 것은 중층적이고 다양한 스펙트럼을 갖고 있다. 구술사가는 '해석자'가 되어야 한다는 뜻인데, 1차 자료인 구술텍스트를 만들기까지 어려움이 더 크다.

인터뷰이의 사적(개인적), 공적(사회적, 문화적)영역을 위태롭게 넘나들며 1차 자료인 구술텍스트의 생산하는 과정에서, 인터뷰어는 인터뷰이의 사적·공적 영역의 경계에 위치한다. 인터뷰어로서 인터뷰이의 내부와 외부를 개략적으로 파악하는 기회가 온 것이다. 서로 '간파'의 순간이 찾아오는 것이다. 인터뷰어로서 구술사가는 인터뷰이의 총체적 삶으로의 내부와 외부를 응시하는 경계인이 되는 것이다.

경계인이 된다는 것은 '라포[3]'라는 이름으로 인터뷰이의 내부와 외부를 자유롭게(그러나 조심스럽게) 넘나들며 당사자의 사적 기억을 공적 기억으로 위치시켜야 한다는 것이다. 개인 기억이든 집단기억이든 '공적 기억'으로 만들기(가공하기) 위해 구술사가 스스로 지금까지 통념적으로 가공된 역사의 한 부분이 된다. 따라서 구술사가는 구술텍스트 해석자이며 동시에 경계인으로서 역사가가 되는 것이다."

내가 써놓고도 무슨 말인지 모르겠다. 당최!

2016년 1월 12일

춥다. 경찰서 들어가기 전 산천어축제가 한창인 곳을 들렀다. 눈이 덮이지 않았으나 얼음이 잘 얼었다. 이른 시간인데 사람들로 북적인다. 늘어선 부스와 천막들과 차량 행렬, 어디를 가든 아이들이 추운 곳에서 알바를 하고 있다. 근로계약서를 썼는지 모르겠다.

화천경찰서, 11.14 민중총궐기대회 관련 경찰 출석, 두 시간 반 동안 조사를 받았다. 중간에 조사관과 밖으로 나가 담배를 피우기도 했다. 어떻게든 엮으려는지, 오십 쪽 가까운 심문조서에 이름을 적고 지장을 찍었다.

2016년 1월 16일

집사람과 강릉에 다녀왔다. 굴산사지, 우추리, 사천 해변의 묘지를 들렀다. 왕산에서 안반데기 들러 피덕령 넘어가려다 차를 돌렸다. 아무리 사륜구동이라도 눈 쌓인 고바우⁴ 길은 겁난다. 커피박물관 들른 것으로 만족. 강릉 성남 중앙시장에서 골뱅이, 가오리무침, 코다리, 열기(볼락), 참미역과 곰피를 샀다. 새말 지나 하나로마트에서 양지머리, 목심 등 꾸미⁵ 거리를 사 들고 왔다.

2016년 1월 18일

속초에 있을 때 지회 초청 강연장에서 한 번 뵈었던 신영복 선생님⁶. 도저함(到底함, 학식이나 생각 또는 기술이 아주 깊거나 몸가짐이 곧고 훌륭함), 숙연함과 함께 반듯함이 무참하다. 반듯할 자신이 없기 때문이기도 하지만, 그걸 받아들여야 한다는 것도 알기 때문이다. 생애에 뿌리내리고 살아가는 모든 이들이 눈물겨운 겨울날, 부디.

2016년 1월 19일

눈물 나게 그리운 언니의 인터뷰 기사가 눈에 번쩍⁷. 『제국의 위안부』에 대한 단상을 썼던 것을 다시 꺼내 보았다. 혐오라는 쓰레기를 버리지 싶지 않은 책이라는 것을 다시금 확인했다. 『푸코에게 역사의 문법을 배우다』를 다시 살폈다.

2016년 1월 20일

추운 날들. 어머니 일터에 내려 드리고 구읍 배 터를 휘돌아 온다. 일부러 바닷가에서 송도 방향 일출을 보러 가는 것이다. 지상에 머무르는 동안, 그 이후에도 오랫동안 태양은 다시 뜨겠지. 신도시 콩나물국밥집에 막걸리 없어 청하 한 병.

2016년 1월 22일

구술사(口述史)를 공부하기 시작하면서 교양서라고 하는 것들, 베스트 셀러 같은 것들에 관심이 적어졌다. 어떤 것은 읽지 않으면 안 될 것 같이 협박을 해 대니, 안 보면 안 될 것 같기도 하고. 쩝.

이재경·윤택림·조영주 외, 『여성(들)이 기억하는 전쟁과 분단』 2013. 아르케.

가슴을 치며 꼼꼼히 읽고 밑줄 긋고 옮겨 적었다.

2016년 1월 23일

선생님 딸내미 윤주 시집가는 날. 얼굴 보이지 않는 걸 보니, 도연이 탁구공은 아마 피덕령 넘어 대기리 어드메에서 튀어 오르다 눈덩이로 커지면서 댑따 구르고 굴러 닭목령쯤 지나 왕산으로 굴러가다 피식 오봉 얼어 죽어 얼어붙은 오봉저수지에 털썩 주저앉았나 보다.

2016년 1월 24일

추곡 약수, 그것도 젤 추운 날. 집사람이 페트병 여섯 개를 장 보는 주머니에 담았다. 위샘은 얼어붙었고 아래 샘에서 물을 담았다. 오래전 좋은 이들과 시골 밥상 집 골방에 들어앉아 삶은 닭을 뜯고 동동주를 마시던 일. 적당히 눅눅하고 서늘한 공기가 훅 끼쳐 오던 여름날이었을 게다. 문 닫았을 여인숙 빛바랜 입간판이 기울어져 있다. 청심(淸心) 여인숙. 어차피 마음을 맑게 하기엔 홍진에 물든 세월을 너무 오래 견뎌 왔다. 고래도 산양도 구렁이도 그럴지 모르겠다. 시래기 넣고 약수 밥이나 안쳐야지.

2016년 1월 26일

정작 가장 추운 날엔 오지 못하고 다시 사흘 짬으로 어머니에게 왔다. 팬에 뚜껑 덮어 고구마 굽고 시래기국 끓이고 띄운 비지 장을 지졌다. 코다리조림, 무조림, 파래무침은 집에서 조금 덜어왔고 매운 고추튀각은 못 잡순다. 틀니를 쓰시니 총각김치는 얇게 저며 놓는다. 엊그제 페트병에 담아 온 추곡 약수로 노란 냄비 밥. 색도 그러려니와 찰지게 제대로 되었다. 티브이를 마주하고 겨울 밥상 앞에 앉는다. 워낙 적게 잡수시는 데다 고구마 먹어 배부르다며 한 숟갈 내 밥에 얹으니 지평막걸리에 맹꽁이 배 되었다.

2016년 1월 27일

독한 감기몸살이 왔다. 용코('영락없이'를 속되게 이르는 말)에 꿴 듯하다. 몸을 놓았다. 감기몸살 따위를 인정하지 않는 어머니가 측은하게 바라보신다. 지난해 자전거를 많이 타지 못한 결과로 이해하자. 내일은 전교조 법외노조 판결 후 지역별 교육주체 결의대회에 머리 보태고, 모레는 체육시민연대 정기총회, 글피 토요일은 민노총 총파업 상경 투쟁에 결합할 예정. 어쨌거나 견딜 밖에.

나는 이런 일들을 하방(下放)으로 이해한다[8]. 스스로를 더 낮추기 정도를 더하면 좋겠다. 아이들이나 동네 사람들에게 먼저 다가가겠다는 거다. 모르는 것들을 더 많이 자주 물어보겠다는 거다. 더 많이 더 자주 웃겠다는 욕망이다. 해서 몸은 엉망진창 무기력하지만, 담배도 막걸리도 멀리하지 못한다. 어쨌든 된통 아플 때 몸이 놓여나는 것을 느끼기도 한다.

2016년 1월 28일

후평동 춘천지방청사 앞 집회에 결합. 〈강원교육주체결의대회·강원지역총파업대회〉 with 이언빈 김영섭 김효문 장동철 외 전교조강원지부·민노총강원지역본부.

유레카(Eureka)! 포월(匍越)에서 통(通) 이후, 엮거나 꿰기(串)의 노동 집약!

유발 하라리(Yuval Noah Harari), 조현욱 옮김 『사피엔스(Sapiens)』 김영사. 2015. 대략 술술 읽었다. 몇 군데 밑줄 그었다.

2016년 1월 29일

찜질방 나무 향기. 샤워기에서 적당히 따뜻하게 머리끝에서부터 온몸을 적시는 물 향. 눈을 꼭 감고 고개를 젖히고 입을 벌려 입 안 가득 물을 맞이한다. 마중물 한 바가지 퍼붓고 펌프질해 퍼 올려 두 손으로 세차게 쏟아져 내리는 물을 받아 꿀꺽이던 유년의 그 맛이다.

유년과 청년과 중년의 몸을 지나 장년으로 향하는 벌거벗은 몸의 발등으로 흘러내리는 물소리. 어릴 적 바람도 없이 진득진득 훅 끼쳐 오던 더운 여름밤. 달빛도 없이 반딧불이만 떠다니는 모퉁이를 지나 닿았던 개울, 작은 여울에 몸을 담그면 온몸을 간지럽히며 흐르던 물살의 감각이 되살아났다.

한증막이나 사우나를 그리 즐기지 않지만, 모처럼 찾은 평일 사람 없는 찜질방에서 문득 몸을 느낀다. 아끼거나 말거나 결국 소멸해 가야 할 한 생애의 중심을 본다. 찜질방 한 귀퉁이 표지가 너덜너덜해진 한 권의 책을 만난다. 눈물 나게 반가운 이름들이 낡은 책만큼 안쓰럽고 짠하다. with 『강과 사람』 창간호(최삼경).

2016년 1월 30일

10:30 itx, 청량리-종삼-낙원상가-인사동-세월호 광장 분향소 아홉배-역사박물관 전관 관람-동양시멘트 농성장-일본대사관 소녀상-인사동-낙원상가 강원도 순대국집 점심-청계천-시청광장 집회-행진 시작, 일행 결합 17:13-종각-종삼-을삼-한빛광장 정리집회 18:20-청량리 토스트 하나로 저녁 때우고 itx 19:46.

2016년 1월 31일

08:00 춘천TG-홍천에서 국도로-양평-북여주IC-충주휴게소 올뱅이국 늦은 아침-성주-수륜-해인사 방향 백운동-가야-에벤에셀 요양원-야로-백운동 정견대 근처, 칼국수, 비빔밥-거꾸로 올라가는 중. 대략 750km 20:30 춘천 도착.

2016년 2월 3일

꽝꽝 얼어붙은 화천호. 거례리에서 원천리를 바라보는 방향. 아직은 풀릴 기미가 보이지 않고 쩌억 쩍 얼음판 갈라져 가는 소리. 백수 광부[9]가 지나갔음직한 언 강을 바라보는 것만으로도 오금이 저리는 그런 날들. 먼 곳, 더 깊은 곳에서 들려오는 얼음장 갈라지는 소리는 깊은 두려움. 착하게 아무 생각 없이 살아 보라는 질책. 한참을 기다려야 한다. 아직 봄을 이야기하기엔 이르군. 기대했던 명퇴가 받아들여지지 않아 바람 빠진 자전거 바퀴처럼 살았는데, 다시 빵빵하게 바람 넣어야지. 누구 뽐뿌질 좀 해 줄 사람 없나?

2016년 2월 5일

학교 연찬회. 스물네 명, 삼척 대금굴. 심산유곡, 모든 골짜기는 내장 속이다. 은하의 내장 속으로 가는 열차를 기다렸고 은하철도에서 내렸다. 천상열차분야지도**10**를 더는 들여다보지 않겠다고 다짐한다. 더는 궁금해하지 않겠다고 다짐하는 거다. 돌아가거나 올 곳이 있으므로. 나에게서 또 다른 나에게로 옮겨 타는 거다. 바로 지금이 미래이므로. 가까스로 다시 망망대해에 닿았으므로. 정라진에서 점심 먹고 넘어왔다.

2016년 2월 7일

엄청난 기록**11**. 기록이라는 것의 엄청남. 망치나 도끼가 허풍이 아니다.

2016년 2월 8일

구름 사이로 정지궤도 인공위성이 빛난다. 미사일과 인공위성이 헷갈리는 우라질스탄. 우주 쓰레기 하나 쏘아 올렸다고 난리 블루스. 동생이 땅 좀 샀다고 배 아파하는 꼴들 보는 설날 새벽. 누가 먼저인지 따져 보는 재미. 아무렴 어떤가. 너희들과는 상관없이 아무것도 아닌 나는 느긋하게 떡만둣국이나 끓일 궁리**12**.

2016년 2월 9일

그럭저럭 골목길 햇살과 길바닥이 괜찮을 것 같아 자전거를 내놓고 바람을 넣었다. 집느님과 바람 거센 의암호 한 바퀴 돌고 들어와 국수 털레기(온갖 재료를 한데 모아 털어 넣은 음식). TV 보면서 웃다가 찔끔거리다가, 나이 먹는 것이 두렵지도 아쉽지도 않은 설 연휴.

2016년 2월 11일

유시민 작가가 트위터에 올린 한반도에서 북한을 지우고 남쪽을 섬으로 만든 사진. 충분히 공감한다. 그러나 북한에 대한 배려가 없다. 북한이라는 지구의 한쪽은 상상력으로도 지울 수 없는, 내 삶과 직접 연결된 우리들의 일부 아닌가?

2016년 2월 12일

이범규 선생 모친상을 다녀왔다. 우리 어머니와 동갑이시다. 범쾌 선생과는 삼십 년 전 첫 학교에서 만나 지금까지 한결같이 같이 낡아 왔다. 보람이 고모와 아버님 보면서 눈물이 터졌다.

2016년 2월 13일

봄비가 잦아든 정오. 고광헌 시인형님선생님이 프랑스 신부를 며느리로 맞는 달달한 결혼식. 덕분에 체육시민연대 집행위까지. 저녁에는 참 많은 비가 내렸다. with 고광헌 류태호 김상범 허현미 허정훈 정용철.

2016년 2월 14일

노벨상 따위는 우습게 아는 지우와 아들 수영, 지우 일 년 선배 명은이 셋. 춘천까지 와서 냉면을 앞에 놓고, 그 중심에 시가 있었다고 우겨 대는데 그대들에게 참 면목 없다. 그대들 고삐리 시절이나 지금이나 사람 사는 건 다 거기다. 달봉이 수영이만 평화를 예언한다. 참 세월 잘 간다.

2016년 2월 15일

아끼는 카라비너[13]. 자동차 키 열쇠고리로 쓰는데 20년 넘게 하루도 손에서 떠나지 않았겠다. 자전거나 공구, 가구에만 뷰시지[14]가 있겠는가. 사람도 그럴 것이다. 차 키 꾸러미를 보면서 같이 낡아 가는 이들이 궁금해졌다. 카라비너를 내 손에 쥐어 준, 얼마 전 어머니를 여읜 범쾌 선생에게 전화라도 해야겠다.

2016년 2월 20일

조정부 아이 둘 데리고 수원 실내조정대회에 왔다. 체육선생 30년 동안 변하지 않은 것은 경기를 끝내고 나오는 아이의 힘들어하는 모습을 바라보기 힘들다는 것. 심장이 폭발하는 것은 영혼까지 지옥을 다녀왔다는 거다.

갤리선이든 판옥선이든 노비나 노예 신분은 소수였다고. 헬조선이라 불리는 국가에서 구성원들은 모두 자발적 노예로 살아가야 한다. 자유를 주겠다는 달콤한 꿈을 주지만, 갤리선의 노예들처럼 힘 빠지면 그냥 버려지지 않는가.

선생 노릇도 마찬가지다. 제도교육에서 벗어나지 못하는 이상, 이 반쪽나라 갤리선 노꾼들이 성장하는 걸 지켜보아야만 한다. 혼이 빠진 노꾼들이 배를 들고 산으로 가는 것을 넘어 우주로 향하고 있다. 헬조선에서 살아남는 유일한 방법은 영혼을 안드로메다로 날려 버리는 일이다.

2016년 2월 21일

겨울방학 하면서 다시 읽을 책들을 어머니 집으로 가져왔다. 제대로 일도 하지 못했지만. 이제 다시 옮겨야 한다. 영어 특별전형으로 대학생이 된 조카딸이 집어 가는 책들. 뭐 괜찮다. 살점을 베어 줘도 괜찮은 피붙이 아닌가.

　　Bye 『난민과 국민사이』, 『시대를 건너는 법』, 『사라지지 않는 사람들』, 『시작과 변화를 바라보며』, 『인연』, 『눈 이야기』, 『산토끼 사냥』, 『봄을 잃다』, 『라면을 끓이며』, 『불온한 상상』, 『로드』.

2016년 2월 24일

내 생애 가장 멋진 날들. 필리버스터에 나선 이들에게 찬란한 존경과 환한 눈물을 보낸다[15].

2016년 2월 27일

패러슈트를 접고 펴는 사람들, 건너편 국수집인지 카페에서는 위드아웃츄, 한 여자 30분째 악을 쓰고 있다. 서울 한강변 라이딩. 일행을 놓쳐 퇴계원에서 내려 왕숙천 타고 내려와 팔당대교 보이는 곳. 아, 누가 악쓰며 비통해하는 저 여인을 달래 줄 수 없을까. 생뚱맞은 고래조형물. 암튼 고래, 같이 가자.

2016년 2월 28일

"춘천의 김재룡 선생님께서 자전거를 타자고 하셨다. 나는, 작업실에서 한참이나 자전거를 찾았다. 자전거가 작은 물건도 아닌데, 보이지 않아서, 한참이나 찾았다. 여기서 의정부로 해서, 일단 북한강변으로 간 후, 거기서 춘천으로 달린다고 생각했는데, 자전거는 안 보이고, 이상하게도 눈물이 났다. with Horowitz plays Liszt Consolation No.3" from 정윤수.

　　눈물이 났다. 음악을 찾아 들었다.

2016년 2월 29일

정초에 명퇴가 받아들여지지 않아 낙심하다가 마음을 바꿨다. 작년에 강 건너 학교로 일 년 만에 옮긴 것도 노승룡 교장이 있었기에 가능한 일이었다. 노 교장은 내가 타 시도 전출한 첫 학교 속초 상고 교감이었다. 레슬링 코치가 쓰다가 방치된 독립 관사를 내가 쓰겠다고 하자 정년퇴직을 앞두고 배려를 해 준 것이었다.

어제는 들어가 지내야 할 독립 관사를 쬐끔 정리하고 날 궂으니 쓰레기도 소각했다. 관리가 되지 않아 엉망. 내일은 간단하게라도 도배할 요량. 명포 교사 대가로 관사를 얻었다고 여기며 조신하게 텃밭이나 가꾸며 살아 봐야겠지. 드디어 시골 학교 종지기가 되었다. 그런데 정말 스님이나 신부님들은 오늘만을 생각하며 살아갈까?

오늘은 마나님 생신. 세월은 하 수상하니 미역국 대신 탄산 온천 즐기시라고 폭설을 뚫고 밤길을 달렸는데. 초정 스파는 온천 아닌 냉천이었다. 10여 년 전 야구경기 왔다가 들른 원탕 생각만 했던 것. 넓은 탕 혼자 써 좋았지만 지청구는 피하지 못했다.

2016년 3월 1일

기어이 등골을 **빼** 먹으려 드는구나. 지난 총선에서 새누리만을 뽑아 준 대가만은 아니다. 진보교육감에 이어 도백으로 문순C를 선택한 철저한 응징이고 협박 아닌가. 그래 봤자지만 그래 꼬랑지 발톱까지 어디 한번 다 가져가 봐라. 등골 브레이커들아! 한반도의 내장과 등때기 다 파먹어 봐라[16].

필리버스터를 멈추면 끝이다. 기어이 어차피 망하겠지만 좀 더 통 크게, 아주 크게 망하기 바란다. 비켜서지 마라. 침몰하는 배의 승객들과 함께 하라. 살려고 하면 죽는다. 칼레의 시민이 되어 스스로의 의무를 다하라. 사람 사는 세상을 만드는 시민의 길을 가라[17].

2016년 3월 7일

학교에 붙어 있는 독립 관사에서 첫 밤을 보낸다. 삼일절 날 도배를 시작한 것을 오늘에야 다 끝냈다. 맴빵까지 마쳤다는 것. 내일은 한 차 분량의 폐기물들이 치워질지 모르겠다. 대문에 갈대발을 치려는데 구하기가 쉽지 않다. 보일러 고친 것도 지난 금요일. 토요일에 집사람과 같이 들어와 때도 놓치고 쓸고 닦고 정리. 외등을 달아야 하고 끓여 먹을 세간을 옮겨야 한다. 모든 것에 집사람 손이 가야만 할 것들. 혼자 대충 끓여 먹고 첫 밤을 보내고 있지만 역시 궁상스럽다. 오늘은 날이 흐렸지만, 조만간 쏟아지는 별들을 보겠다.

2016년 3월 10일

낭천수부자우거(狼川手斧者寓居), '여우골에서 손도끼를 쓰는 사내가 잠시 머무르는 집.' 아침에 잠을 깨우는 것은 아이폰 알람이 아니라 새들의 지저귐. 한 해 동안 방치되어 있던 곳을 틈틈이 쓸고 닦고 치우고 버리고 태우는 것이 일이었다. 장터에서 만 오천 원 주고 산 손도끼로 버려진 농짝을 부수고 곳곳에 널려 있던 나무토막들을 잘라 쌓았다. 대부분 크게 자란 두릅나무를 베어 팽개쳐 놓았던 것들. 하루 걸러 이틀째 밤을 보냈다. 철 대문에는 갈대발을 치고 소각장 겸 화덕을 만들어야 한다. 뒤켠 텃밭도 정리하고 풍경도 하나 매달아야지. 삼 년 반 동안 머무를 오막집.

2016년 3월 13일

화천의 옛 이름이 낭천(狼川)이란다. 여우인지 늑대인지 이리들이 많이 살았던 골짜기가 맞겠다. 손도끼를 만지고 열흘가량 지났다. 오늘은 새벽부터 울안을 정리했다. 검불이며 낙엽이며 마른 덩굴들을 그러모아 불을 지폈다. 너무 많아 두 무더기로 나누어 태운다. 마침 눈발이 날리기도 하고 날이 잔뜩 가라앉아 불 피우기는 좋았다. 종일 매캐하게 훈욕을 한 기분. 소각장 겸 화덕이나 캠프파이어 용도로 쓰려고 버려진 보도블록 벽돌 80여 개 옮겨 쌓아 놓고 대문에 갈대밭을 쳤다. 풍경도 하나 달았다. 춘천집에 왔는데 벌써 낭천이 그립다.

2016년 3월 14일

올해는 문화체육부장 보직을 맡았다. 도서실 업무도 총괄. 교사 1인이 구입추천 할 수 있는 도서 목록을 작성했다. 유리창 『태양계 연대기』 외 14권, 작은숲 『우포주막』 외 6권, 시인의 여행기 『아프리카 트럭 여행』 외 3권.

2016년 3월 18일

011 문자를 받았다. '나 어머님 돌아가심 강릉의료원 장례식장 1관 2호.' 전화번호를 날린 터라 오래 허둥거렸다. 허공을 짚고 허방을 딛는 일이었다. 부풀었다 쭈그러드는 풍선 같은 하루였다. 예전 엑셀 파일 전화부에서 이름을 찾았다. 강릉 사람 권혁훈. 탈퇴각서를 쓰고 살아남아 두 번째 학교에서 만난 사람. 동갑내기 보영이 아빠. 해직이 넷일 때, 분회장이었던 동갑내기 친구. 강원도에서 왔다고 살가웠던 말라깽이 거인. 시흥(금천)고등학교였다. 밤늦게라도 강릉에 다녀와야겠다.

2016년 3월 24일

자전거를 타면서도 바람 빠진 바퀴처럼 살았지 않았는가 생각해 보았다. 요즘은 자전거를 타는 것보다 몸을 써 땅을 파고 고르는 일이 훨씬 즐겁다. 그냥저냥 그렇고 그런 한 인간으로 다시 태어나는 느낌이랄까. 손도끼를 잘 쓰는 농부가 될 수 있을까?

2016년 3월 27일

한생의 꿈, 모든 것은 순간이므로 가능한 일이다. 찰나의 광휘로 한생을 버틸 수 있다면 그럴 수 있겠다. 심 선생이 초코블루베리 아홉 그루를 가져왔다. 포도 넷, 대봉감 둘, 상왕대추 둘, 백앵두 한 그루를 사다 심었다. 삼 년 후 어딘가 터를 잡고 이식할 요량이지만 모를 일이고, 나무가 발이 달려야 가능한 일이다. 비로소 만족한 하루를 보내는 날들. with 심창식 김선호.

2016년 3월 31일

사다리를 놓고 농구 림 골망 교체작업을 한다. 언제나 아이들이 지지해 주고 받쳐 주어야 하는 일. 아이들이 해 주는 한마디 듣는 일. 와, 재롱샘 멋있다!

2016년 4월 2일

소양로 번개시장에서 순두부를 사려는데, 허영 가족을 만났다. 강릉 행복단무지 김경수와 함께 정말 잘됐으면 좋겠다. 태생이 이산(離散, 헤어져 흩어짐)이니 내 생이 늘 떠돌듯 하는지도 모른다. 매일 3·8선을 넘다가 아예 이북에 머문다. 수복지구. 슬픈 국가의 내장에 깃들어 산다. 오늘도 작은애 일하러 가는 참에 일찍 3·8선을 넘었다. 담장 밑에 키다리와 돼지감자 심으려고.

2016년 4월 3일

무망이 오월이 커플 라이딩. 사암리 허름한 창고 앞에서 잠시 쉬는데 담벼락에서 총선 포스터가 낯설다. 작년 세월호 1주기를 앞두고 삭발을 했었다. 모임이 있을 때마다 건배사는 "김×태!"하면 "×××!"였다. 아직도 그렇다.

2016년 4월 4일

다시 맞은 4·3을 보냈다. 궁금하다는 것은 오래 기다리는 일. 씨앗을 뿌리는 일. 그리워하며 기리는 일[18]. 개교기념 재량휴업일. 모종 포토를 만들려고 낭천우거(狼川寓居)에 들어왔다. 배드민턴 치러 나왔던 긴은서 단은서 송이 채정이 넷, 라면 끓여 먹고 갔다. 종일 볕이 좋았다.

2016년 4월 7일

아이들과 덩달아 맞는 봄날. 지우가 안부를 전했다. 식솔들과 멀리 브리즈번에 가서 자리 잡고 사는 강규가 12시간의 긴 수술을 들어간단다. 안면 골수암이라니! 나눌 수 있는 것이 눈물뿐인 찬란한 봄날이 간다.

2016년 4월 8일

담장 밖 키 큰 나무. 꽃이 만발했다. 점심때쯤 세찬 바람에 꽃잎이 사정없이 날린다. 살구인지 자두인지 열려 봐야 알겠다. 담장 밑에 자라고 있던 어린 나무 열 그루를 캤다. 한 열흘 가식(假植, 종자나 모종을 제자리에 심을 때까지 임시로 다른 곳에 심는 일)했다가 체육관 뒤 변압기 펜스 옆에 구덩이를 파고 심었다. 울 안에 인삼도 100여 뿌리를 배게(일정 면적에 적절한 수보다 더 많이 심게) 심었다. 그냥 싹 나서 자라는 거 보려고. 돼지감자도 여기저기 200여 개를 심었다. 키다리도 옮겨 심었다. 봄이 가기 전에 여름을 기다리는 조급함을 버리지 못했다.

　『나무를 심은 사람[19]』을 다시 찾아봐야겠다.

2016년 4월 9일

『춘천사람들』, 친구 권오영이 정성스럽게 판 현판을 걸었다. 오랜만에 3인 합체. with 권오영 노정균.

2016년 4월 10일

어제 늦게까지 파, 고수, 봉숭아, 쑥갓 파종. 동서가 한 줌 건네준 옥수수도 파종해야 한다. 아침 일찍 일어나 밭고랑이며 두릅나무, 포토와 화분에 물을 흠뻑 뿌렸다. 한술 뜨고 산소길 첫 라이딩. 노란 리본. 산벚꽃 그늘 강물로 흔들리고. 4·16 이후 잔인하지 않은 날이 있었던가를 묻는다.

2016년 4월 11일

수업하려 체육관으로 들어서는데 아가씨들이 어떤 시선도 아랑곳하지 않고 말타기 놀이를 하고 있다. 그렇지. 봄은 온몸으로, 격렬한 몸짓으로 맞는 거지.

2016년 4월 12일

그들만의 선거 놀이로 만든 헬조선. 아무런 상관없이 아이들은 미니 골대에 들어가 앉아 동물원 놀이를 한다. 강원도는 정말 뒤집히면 좋겠다. 옥수수와 감자 심는 놀이만큼 내일은 썩은 감자들 골라내는, 마카, 개재미있는 날. 춘천 강릉만큼은 감자 '둘', '이'번엔 꼭 '2'명 되는 거, 개 보고 싶다!

2016년 4월 14일

혹시나 하고 기대했지만 역시나. 낙선한 두 친구 생각을 하면 너무 가슴이 아프다. 참으로 겸손하고 따뜻한 친구들인데. 좋은 날 언제든지 한번 이곳에 당도하기를. 오막에 불 피워 놓고 새워 자연의 한 조각이 된 우리들의 대통령이었던 사내 이야기합시다. 매일 하릴없이 3·8선을 넘으며, 별이 된 아이들, 기우는 달을 바라보고 눈물짓는 낡아 가는 한 체육선생이 따르는 막걸리 한잔합시다. for 허영 김경수.

2016년 4월 15일

학교 연못가에 수선화가 피었다. 아침 점심 저녁 오고 가며 들여다본다. 노란 리본을 닮았다. 전교조 자료로 계기 교육을 하면 처벌한다는 이상한 나라. 제보하면 상품권을 준다는 나쁜 나라. 그러거나 말거나 명포 선생은 노란 리본과 늘 함께한다. 0416 진실이 밝혀지고 책임자들이 합당하게 심판을 받는 날까지 그렇겠다. 수선화가 수줍게 피어나는 찬란한 봄날이 세월호와 함께 눈물이다.

2016년 4월 16일

하필 0416 2주기. 서울교육대학교. '체육인 구술채록 전문가 교육과정' 강의를 마쳤다. 구술사(口述史) 전반을 다루면서 그중 '구술사의 법적 문제와 윤리', '구술 자료의 해석' 두 꼭지를 맡았다. 세월호에 대한 기억과 일본군위안부 문제를 『제국의 위안부』 비판하는 것으로 이야기 했다. 강의 중 자료로 제시한 끔찍한 사진들에 몇몇이 불편해하는 모습에 서글펐다. 가르치려 들었다는 생각에 우울했다. 타인의 고통을 기억한다는 것은 자신의 고통을 위로하는 여정과도 같다는 생각을 여과 없이, 어설픈 감정을 드러낸 것이었다. 내 이야기만 한 것이었다. 다시는 강의 따위 하지 않겠다는 생각을 했다.

"구술사가, 구술사 연구자는 타인의 고통과 접속해 자신의 고통을 대면하고 응시할 수 있어야 한다. 그러나 분명한 것은 타인의 고통이 내 고통보다 늘 크거나 무겁다는 것이다. 그러므로 타인의 고통은 나의 고통을 가볍게 만드는 힘이 있다. 그렇게 질적 연구의 꽃, 구술사의 끝에서 마주하는 것은 자신의 발견 이외에 아무것도 없다. 그러므로 어떠한 모습으로든 구술사가 혹은 구술사 연구자가 된다는 것은 터질 듯한 고통으로부터 자기치유의 가능성을 발견한다는 것이다. 죽음을 목전에 둔 한 인간에 닿았다는 것인지도 모른다."

2016년 4월 17일

어제 난생처음 네 시간 연속 강의 한 꼭지를 마치고 곧바로 어머니에게 왔다. 어머니는 요즘 동생들 때문에 시름이 크다. 자주 눈물짓는데 참 난감하다. 그러거나 말거나 어머니가 뜯어다 다듬고 씻어 놓은 부추를 양념해 버무렸다. 큰 통 순서대로 큰아들 작은아들 막내딸 것. 어머니는 젤 작은 통. 비 오는 날, 영종역 불빛이 환하다. 시금치며 갓 완두콩 강낭콩 씨앗도 챙겼다. 슬픈 날, 어머니처럼 평생 아픔을 안고 살아갈 세월호 유가족들을 생각한다. 빗줄기는 속절없이 굵어지고 낭천우거(狼川寓居) 텃밭이 궁금하다.

2016년 4월 19일

한때 아이들에게 들었던 별명. 뽀큐 선생. 개포고 시절이니 십여 년이 훌쩍 지났다. 가운뎃손가락을 세워 들어 보이는 손짓. 다분히 장난기 어린 행위였고 아이들도 슬쩍슬쩍 따라 하며 같이 낄낄거렸다. 친밀감을 그런 식으로 표현했다고 강변해도 어리석기 짝이 없는 행동이었다. 요즘도 친하게 지내는 녀석들에게 무심코 그 손짓이 나오면 스스로 화들짝 놀라곤 한다. 수없이 각인된 몸의 기억이 있을 것이다.

　자율학습이 끝난 밤 열 시. 체육관 불이 환해 들어가 보니 중학교 레슬링부 아이들 셋이 어린 지도자와 훈련을 하고 있었다. 한 엄마가 와서 지켜보고 있고 지도교사는 보이지 않는다. 소년체전에 선발된 아이들. 아침 일곱 시 반에 운동장을 돌고 있는 것을 봤는데. 미쳤다. 과운동이 아닌 학대다. 올림픽에서 레슬링이 퇴출되어야 할 충분한 이유인 것도 모르는 대한민국 엘리트스포츠 시스템에 뻑큐를 날린다.

2016년 4월 23일

명퇴 포기가 되어 오늘도 허리가 뻐근하게 많은 일을 했다. 어쨌든 몸을 부리고 닦달하는 것에 익숙해졌다. 체육관 앞에 쌓여 있던 보도블록과 화강암 경계석 남은 것들을 옮겨다 불을 피울 화덕 같은 걸 만들었다. 오랫동안 꿈꾸어 왔던 일. 집사람과 처음 불을 피우고 마주 앉았다. 한 달에 한 번쯤은 이런 기회를 가져 보는 것도 괜찮지 않겠는가 생각했다.

2016년 4월 25일

속죄하듯 자신에게 집중하는 시간, 땅을 고르며 땀 흘리는 순간만이 내게 허락된 유일한 자유. 꿈속에서도 어떤 모종을 할 것인지 고민하고 있다.

　　with Atonement[20], Netflix.

2016년 4월 29일

느닷없는 설움은 없는 것이다. 빗길인 밤 고속도로를 달렸다. 노인은 마지막 숨을 몰아쉬고 있었다. 나를 기다리셨을까. 비가 내리니 밖이 더디 밝아 오고 있었다. 작은 모니터 그래프가 일자 한 줄로 이어졌다. 혼자 큰아버지 임종을 지켰다.

　…

　큰아버님은 산청 국립호국원에 잘 모셨다. 묘역 가는 길에 이팝나무 꽃이 만개해 있었다. 서럽게 활짝, 서럽게 만개해 있었다.

2016년 4월 30일

이른 아침부터 모종하고 풀 뽑고 물 주고 하는 동안 때가 훌쩍 지났다. 토요스포츠데이. 중간고사가 끝나고 모인 아이들이 고맙고 짠하다. 배드민턴하러 나온 아가씨들은 관사에서 끼들끼리 라면 끓여 밥 말아 먹게 하고, 농구하러 나온 싸나이들은 짜장면 배달. 세월호 아이들과 같은 고2. 한 녀석 밭까지 따라 나와 짜장면에 감동이고 눈물 난다고 말해주는데 괜히. 내일도 다음 주 체육대회 준비하는 3학년 아이들 몇이 배드민턴 치러 나오겠다고 하고 농구클럽 녀석들 내일도 나오겠단다. 낼은 짜장면 없다.

2016년 5월 2일

다섯 시 반쯤 일어난다. 여섯 시 반쯤 새하와 같이 나온다. 매일 데려다주지 못해 미안하다. 일곱 시 반쯤 도착, 텃밭에 물 다섯 통 준다. 여덟 시 사십 분 옆 교무실 커피 한잔 이후. 체육대회계획서. 시상 상품권 품의 행정사에게 부탁. 연합체육대회 성립 전 예산 협의. 선수명단 스텝 불러 행사 시뮬레이션. 급식 협의 교감 교무부장 협조 요청. 전교직원 메신저 첨부파일 공유. 피복비 카드 수령. 스태프들 7·8교시 시간 할애. 3·4교시와 5·6교시 블록 수업 자율활동. 읍내 잠깐 은행 인출 입금. 오후 여덟 시까지 체육관 개방. 밤 열 시 십 분까지 방과 후 교실 개방 자율학습 지도 지문인식 초과근무. 비 온다. 내일과 모레도 비슷한 일상. 마지막으로 교실 불을 끄고 나가는 아이의 한마디가 가슴을 친다.

　"피곤하시겠어요."

2016년 5월 7일

아침 일곱 시 반 출발, 삼례. 정명인 선생 시집가는 거 보고 바로 출발. 해인사 인근 요양원 큰어머니 뵙고 저녁 아홉 시 반 춘천 도착. 800km.

　내내 마음은 텃밭. 가지, 고추, 토마토 지주 세우고 오이, 호박 섶 만들어 묶어 줄 궁리. 풀 뽑을 생각. 캐노피를 들일까 그늘막을 칠까 이런저런 궁리. 책을 옮길 궁리는 언제 하려는지. 7월 25일~31일, 코펜하겐, 모스코바 경유 항공권, 숙박, 예약 끝.

2016년 5월 11일

다시 세 시간 넘게 조사를 받았다. 아무렇지도 않다면 일백 프로 거짓말. 개무룩. 결국, 아이들 말을 빌자면 개쩐다.

2016년 5월 14일

3년 연속, 학년 대항으로 만들어진 이상한 체육대회를 치렀다. 다친 아이들이 없으니 됐다.

2016년 5월 18일

제법 꼴을 갖춰 가는 텃밭 물 주기로 아침 시간이 짧다. 우레탄 트랙 유해성 검사 시료 채취. 교무실 자리까지 배달된 쌀. 백순아, 혜영아, 고맙다. 쌀 떨어지기 전에 다녀가리라 믿겠다. 다시 5·18, 내겐 아침과 한낮 저녁 모두 사치스럽다.

　"당신이 죽은 후 장례식을 치르지 못해, 내 삶이 장례식이 되었습니다." 77쪽.

　한강, 『소년이 온다』, 창비, 2014.

　「라 스트라다(La strada)」를 썼다[21].

2016년 5월 22일

아침 : 어제 어머니와 동생들 다녀가고, 아침에는 뒷밭에 상추 쑥갓 파종 모종하고 물 주고 들어왔다. 집사람이 애들과 들어온다고 해, 두부찌개 끓이려는데 가슴 통증. 두 번 두들기고 심호흡도 해 보고, 세 차례 밀물처럼 왔다가 빠져나갔다.

　저녁 : 식구들 다 가고, 한참을 어스름에 앉아 있다. 국 말아 밥 먹으

며 소양강 막걸리 일 병. 파파이스 보려 돌아눕는데 오른쪽 허벅지 뒤 근 경직. 쥐가 나는 통증 정도는 다스릴 수 있는데 아침 가슴 통증은 두 려운 게 사실이다.

2016년 5월 23일
아직은 촛불을 켜지 말자 다짐해 놓고 이르게 불 밝힌 촛불이 수명을 다했다. 아직은 어둠을 견뎌 본 일이 없다는 자각. 새로이 불 밝힐 촛불 이 마련될까 모르겠다. 조금 더 겸손해질 수 있을까를 묻는다.

2016년 5월 24일
아침에 수학여행 떠나는 아이들을 배웅했다. 오후 다섯 시 강원도교육 청 정문 앞. 전임자 직권면직 규탄! 전교조 사수! 강원교사대회. 민병희 교육감이 나와 자신의 참담함을 전하는데 구차함은 어쩔 수 없다.

2016년 5월 28일
여의도. 전교조 결성 27주년 전국교사대회.

2016년 6월 10일
속초. 서른 명 아이들을 인솔해 도민체전에 왔다. 우체국을 찾아 춘천 지방법원 민원실에 정식재판 청구서를 작성해 송부했다.

2016년 6월 15일
낭천수부우거청우(狼川手斧寓居聽雨), 여우 늑대가 많이 살았던 골짜기 오 두막집에서, 스포츠를 가르치는 꼰대가 내리는 비를 어쩔 줄 몰라 하네.

2016년 6월 16일
첫 학교는 신설 학교로, 1985년 3월 발령 이듬해 완성학급이 되었다. 문학동아리 '매듭'을 만들었고, 3년 차 되던 해에는 영화감상동아리 '아 우라'를 만들었다. 비디오로 〈욜[22]〉을 돌려 보기도 했다. 전교협이 전 교조로 이어질 때였다. 하루는 교장이 불러 호통을 치는 거였다.
　"체육선생 주제에 문학반을 만들어 국어 선생들을 능멸해!"
　"고딩 때 매듭문학회 문집. 첫 문집 1987년 판은 손글씨 원본을 학교

등사기로 뽑아 호치키스로 박았다. 그것두 김재룡 선생님께서 교감 샘 몰래 등사기를 돌려 주신 덕분이었는데, 나는 당시 촌스러운 손글씨와 누런 속지가 참 맘에 내키지 않았다. 두 번째 문집은 다음 해 1988년. 어디서 그런 용기가 생겼는지 모르겠지만 뻔뻔스럽게도 신설동 삼영학원으로부터 거액의 스폰서를 받아 내어 활자인쇄를 할 수 있었는데 그 뒤로 컴퓨터 워드프로세스가 사용되었으니 이것이 나의 유일한 활자인쇄 추억이다. 표지 그림은 미술 선생님이셨던 엄시문 선생님께서 알려 주신 작품으로 물론 무단 도용하였다. 졸업 후 후배들이 한발 더 나아가 컬러표지에 코팅까지 한 걸 보고 참 기특해했던 기억이 난다. 그때만 해도 사십 대에 죽은 김수영 시인만큼 살면 살 만큼 살았다라고 생각했었는데 내 벌써 그 나이가 되었다. 글 잘 쓰고 술 잘 마시던 개날라리 고삐리 양아치 넘들 다 지금은 뭐하면서 살까?" from 남지우.

2016년 6월 18일

해와 바람이 좋아 박 섶에 빨래를 널었다. 오후 내내 옥수수 땅콩 토마토 고추 이랑 풀을 뽑았다.

2016년 6월 23일

〈한국구술사학회〉 하계 학술대회. 중앙대학교. "IRB를 주관하는 미국 보건복지부는 2015년 9월 8일 구술사를 IRB 규제 대상에서 제외하는 내용이 담겨 있는, 인간 대상 연구 규정에 대한 수정안 초안을 발표했다… 구술사를 IRB 규제 대상에서 제외하는 이유가 구술사학은 이미 자체적으로 연구윤리를 가지고 있다는 것을 미국 보건복지부가 인정했기 때문이라는 것이다." 박준규 발표문 중.

2016년 6월 30일

먼 곳에서 천둥소리 들린다. 마른 장맛비는 끝내 내리지 않는다. 며칠 동안 미뤄 두었던 형제시집을 펼친다. 소나기 한바탕 퍼부어 주지 않는 하늘이 무심하기만 하고.
　박용재 · 박용하, 『길이 우리를 데려다주지는 않는』, 문학세계사, 2016.

2016년 7월 8일

번잡스러운 일이다. 11·14 민중총궐기대회 벌금 400만원이 나와 정식 재판 청구. 작년 7월 세월호 관련 현장교사선언 건으로 종로경찰서에서 다시 출석요구를 받았고, 다음 주 가까운 경찰서에 가서 또 묵비해야 되겠다.

2016년 7월 10일

군청 교육복지과에서 추진하는 청소년 유럽 배낭여행에 아이들 다섯을 인솔하는 기회가 왔다. 아이들이 작년부터 팀을 꾸렸고 인솔교사로 나를 지정한 것이었다. 25일부터 8월 1일까지 코펜하겐 5박 8일. 항공권 숙박 예약까지 끝났고 최종 미팅을 앞두고 있었다.

　엊그제 교육지원청 인사담당 장학사에게 전화가 왔다. 규정상 공무 해외여행에 문제가 있을 것 같다고. 본청 규정을 살펴보니 명퇴심사 제외규정과 같았다. 기소 중이라 못 간다는 말을 듣기 전에 먼저 전화했다. 안 간다고, 아이들에게 미안하지만 괜찮다고. 안녕, 코펜하겐. 자전거 도시야. 보고 머물다 온 걸로 치고 그냥 여기서 자전거 실컷 탈게. 미안해, 얘들아.

2016년 7월 14일

펜스 안 제법 넓은 공터에 25m 정도 길이의 고랑을 만들어 고구마 싹을 절반 모종하고 나머지는 고추 토마토를 심었다. 며칠 전 두어 군데 고구마 잎을 누가 뜯어 갔기에 토끼 밥을 주려니 했더랬다. 중간 크기의 고라니였다. 고구마 잎을 다 뜯어 먹었다. 종일 입이 귀에 걸렸다.

2016년 7월 15일

아침에 곧바로 밭으로 간다. 후다닥 옥수수 밭에서 튀어나와 돼지감자 자라고 있는 펜스에 쫘당 부딪히고는 콩밭 오이 섶을 휘돌아 호박 자라고 있는 펜스 밑으로 내달아 풍익홈 쪽으로 사라지더니. 어제, 오늘도 찾아와 줄기는 남기고 고구마 잎을 말끔히 먹어 치워 준, 고라니. 반갑고 고맙다, 그랬는데.

　강원도교육청 감사관 두 명이 학교로 찾아왔고, 행정실장은 컴퓨터와 프린터를 별도로 설치한 기숙사 별실. 두 시간 가까이 질문에 진술

했고 조서에 날인했다. 빌어먹을! 경찰이나 검찰의 심문조서 작성하는
것과 별반 다르지 않았다. 재판에 넘겨졌으므로 어쨌든 징계위에 회부
할 것이란다. 그러거나 말거나.

2016년 7월 18일
너와 같은 족속이 아니라, 너의 족속에게 가장 위험한 인간의 족속으로
서 미안했다. 살금살금 다가가 폰카를 들이대는, 시방 위험한 짐승이
되었으니, 놀라 기겁하여 도망하게 했으니 미안하다, 고라니야. 다음에
또 오면 튼실한 등때기 엉덩이는 됐고, 눈 좀 마주쳐 주지 않으련? 사드
반대 서명. 안 된다[23].

2016년 7월 19일
읍내 관사 유배지에서 서식하는 원주민 화요모임. 2차는 무리. 먼저 가서
미안해. 어쨌거나 낚싯대 드리우고 살 수 있을까. with 이석근 조기원.

2016년 7월 22일
전남 장성. 장성호 조정경기장. 25일까지 그 주변을 어슬렁거리겠다.
화분에 물 주는 것이 걸리지만, 내일과 모레 비 온다는 일기예보를 믿
어 보기로 한다. 출장이라는 이름의 허구한 날 돌아다니기도 이젠 얼마
남지 않았다. 혼자라는 것 빼고는 별로 재미도 없고.

2016년 7월 23일
장성, 모텔 주차장이 널찍하다. 적재함에서 자전거 내려 바람 빵빵하게
넣었다. 가자, 폭염 속으로. 경기장까지 왕복 40km.

2016년 7월 24일
담양 정자 순례. 염천에 땀 흘리기 좋았다. 드디어 담양댁 누님을 알현
했다. 맛있는 새우젓 애호박 찌개로 점심을 사 주셨다. 저녁에는 강회
진 시인의 몽골 이야기에 빠져들었다.

2016년 7월 25일
돌아오는 길 450km. 돌아갈 곳, 한 몸뚱어리 쉴 곳이 있다는 당연하고

다행인 날들. 혼자 먹는 밥상으로 위로받을 자격 생각.

2016년 7월 26일

옥수수, 지난주 50여 개 먼저 땄고 오늘 새벽부터 접 반가량 수확. 작은 솥이라 세 번을 삶아 내 행정실과 교무실 두 군데 갖다 놓고 교장관사 사모님도 몇 개 드리고, 까기가 귀찮아 마침 당직 아저씨가 보여, 80개 정도 쌓아 놓은 거 다 가져가시라고. 집사람은 한 솥 쪄 놓고 내일부터 자전거 타러 가신다는데, 난 꼼짝없이 한 일주일 풀 베고 밭 뒤집어 김장거리 심어야 하는데. 너무 더워 그냥 깨작깨작.

2016년 7월 28일

라섹 수술한 새하. 어제 아침 비상이와 데리고 들어왔다. 창밖으로 야외용 돗자리를 둘러 차광했다. 머리도 감겨 주고 이것저것 해 먹인다지만, 실상은 내가 먹고 싶은 것이 우선이다. 어제는 후덥지근한 비가 내렸고 오늘은 폭염이다. 아침에 안뜰 풀을 뽑고 김치찌개 끓였다. 빨래도 흔들어 널었다. 책상이 어지러운 만큼 수세미가 엉그는 시간. 생애도 죽음도 느리기만 하다만, 햇빛이나 바람만이 데리고 오는 것들도 있다. 해 진 후, 데크에 텐트 치고 모깃불 피웠다.

2016년 7월 29일

"만날 일이 없으니 우리에게 이별은 없습니다."
  강회진, 『반하다, 홀딱』, 장롱출판사, 2016.
  시집의 마지막 작품 「그곳에 당신이 서 있고」를 옮겨 적었다.

2016년 7월 30일

압구정동. 새하 라섹 후 진료 받으러 왔다. 올 일이 없거나, 지나칠 일도 별로 없을 동네. 주차가 낯설고 불편하다. 차 안에서 새하 나올 때까지 기다린다. 안과 아래층에 영양센터. 오랜만에 전기구이 통닭 포장이나 해 가렸더니 준비가 안 됐단다.

2016년 8월 4일

아침 여섯 시 전후 풀을 베고 뽑는 것이 일상인데. 어제는 뒤뜰 풀 베고 뽑다가 결국 모기에게 눈두덩을, 쐐기에게는 손목을 물렸다. 뿐만이 아니라 귓불 엉덩이 정강이 안쪽 등짝 등 어느 한 곳도 물것에 물리지 않은 곳이 없다. 그야말로 수백 방. 눈두덩은 부어올랐고 온몸이 가렵고 괴롭다. 농약 한 방울 쓰지 않겠다는 다짐은 조금도 흔들리지 않는다. 풀벌레 소리로 잠들고, 새소리 들으며 잠을 깨는 일상이 어찌 족하지 않겠는가. 아이고 가려워.

2016년 8월 5일

학교 체육관은 현대해상배 전국 풋살대회장으로 점령당했고, 운동장은 전국적으로 우레탄트랙 유해물질 기준치 초과로 시끌벅적. 자전거로 쪽배축제 열리고 있는 붕어섬 한 바퀴 휘돌아 왔다. 대여섯 군데 주차 안내 도우미들은 죄다 먼저 학교 애들이다. 이 염천에!

　내일부터는 세계평화안보문학축전. 휘돌아 학교로 돌아오니 네 시경 젤 뜨거울 때. 지역 육상선수 아이들 다섯 지도자 둘이 운동장 트랙 나무 그늘에 몸을 풀고 있다. 잠깐이라도 저 펄펄 끓는 트랙과 필드로 나가겠지. 우이 쒸!

　국수 삶아 막걸리 한 통 비우고, 누워 영상을 보다, 벌떡 몸을 일으켰다. 그냥 한참을 울었다[24].

2016년 8월 6일

새벽에 출발해 영종도 어머니에게 왔다. 동생을 기다려 운전하라 하고 광탄 고모 집으로 갔다. 최 씨 종가집. 작은고모 고모부도 춘천에서 와 있었다. 나보다 네 살 위 둘째 고모가 토종닭 삶아 놓고 기다리고 있었다. 작은고모랑 각 이 병. 시누이들과 마주 앉은 어머니가 좌장[25]인 자리. 촌구석 어릴 적 이야기가 꼬리를 물었으되 늙어 버린 세월을 어떻게 막겠는가. 곧바로 영종대교를 건넜다. 덥다. 어머니 말씀. 여름엔 덥고 겨울엔 추운 거지 뭐. 어머니 혼자 사는 집. 샤워하고 창문 활짝 열어 놓으니 선풍기도 필요 없다. 젊은 노무현의 현현 같네. 다음 대통령은 제동이가 지지하는 사람이면 틀림없겠다[26]. 만고강산(萬古江山)이로고.

2016년 8월 7일

화산도를 위하여. 무망이와 오월이를 적재함에 실었다. 가는 길에 성주 참외 세 무더기. 남해 들러 범쾌 선생과 정병희 선생도 얼굴만 보기로 했다. 고흥에 늦게 도착해 하룻밤 묵고 내일 아침 아홉 시에 녹동항에서 개백이 싣고 제주항에 입항, 화산도에 입도하는 것이다. 직무연수 강의 핑계로 대박 여행길 되시겠다. with 이범규 정병희.

2016년 8월 8일

화산섬에 가기 위해 개백이 페리에 고박되었다. 개마고원 거쳐 백두산 가겠다는 연습은 아니다. 조금 돌아갈 뿐. 기약은 하지 않기로.

2016년 8월 10일

어제 오전, 제주도교육청, 체육교사 직무연수 강의 마치고 1100도로 넘어 오후, 서귀포여중에서 〈전국체육교사모임〉 직무연수 강의. 오월이는 혼자 제주에서 서쪽을 달려 서귀포에서 눈물로 만났다. 남원 바다를 보며 1박 하고 성산 일출봉 주차장에서 자전거를 내렸다. 둘이서 우도 한 바퀴 돌고 다시 제주. 어두워질 무렵 호텔에서 택시를 탔다. 상원이 미순이 내외가 정민이 정인이 형제를 데리고 나왔다. 십여 년 만에 만나 즐겁고 행복한데 자꾸만 눈물이 났다.

2016년 8월 11일

날이 뜨거워 오를 일은 없는 오름 몇 둘러보고 동문시장 들러 전복 젓갈, 반건조 도미 등 서너 가지, 배 타며 담배 두 보루 득템, 집사람 덕.

2016년 8월 16일

기억과 연대를 위한 평화마라톤[27]. 내일 새벽 6시에 출발한다니 개백이에 무망이 싣고 간다. 광주 한옥마을 1박 후 나눔의 집으로 이동한단다. 50km 다섯 시간, 안장에서 버티기. 보고 싶은 사람들 만날 생각에 꺄오!

2016년 8월 17일

주한 일본대사관 앞. 2013년 영동 노근리-임진각에 이어 오늘, 광주 나눔의 집에서 출발 일본대사관 소녀상까지. 정대협 수요집회 결합. 혼자 자전거를 탔다. 임무완수, 힘들었지만 하루가 벅찼다. with 류태호 정용철 체육시민연대.

2016년 8월 19일

오전 네 시간 연속 수업! 자율활동. 조퇴. 가 보자 순댓국 점심 먹고, 강
원대학교 새로 지은 스포츠센터 강의실. 〈한국스포츠인류학회〉 학술
대회. 머라 머라 떠들고 공부도 하고. with 박기동 이학준 김이수 지동철 윤
대중 김지훈 최승아.

2016년 8월 20일

새벽에 춘천 집을 나서 화천으로. 늘 그렇듯 마눌님과 비상이. 콩물 국
수 한 그릇 먹고 오전 내내 담장 안 풀 뽑기. 개백이 드라이브 나가기
로. 읍내 약국 들러 가스활명수, 잇몸 염증 소염진통제 털어 넣고 출발.
간동-양구(장날, 자반 한 손)-성곡령-방산-평화의 댐-해산령-중리터널-
화천. 차만 타면 불안증으로 헥헥거리는 비상이 많이 적응, 좋다.

2016년 8월 22일

다시 정리. 리멤버 0416, 세월호 참사가 터지고 그해 오월 청와대 홈페
이지에 대통령 퇴진 게시글 2차 서명, 15년 다시 1주년을 맞아 서명. 14
년 서명 건은 그해 12월 경찰 조사. 15년 서명 건은 지난 7월에 경찰 조
사를 받았는데. 당연 모두 묵비. 생뚱맞게 지난해 11·14 민중총궐기대
회. 백남기 님 쓰러진 시각 전후해 현장에 있다가 채증. 교과서국정화
문제가 주요 이슈인 때. 지난 1월 경찰 조사받고, 4월 검찰 조사. 5월 벌
금 400 약식명령. 6월 정식재판 청구. 7월 공소기일 변경. 8월 오늘. 법
정에 서기. 무죄를 다투기.

2016년 8월 24일

사람들과 어울리는 것이 점점 어렵거나 부담스러워진다. 나이 차이도
있겠으되 공통의 관심사가 없거나, 타인의 삶에 별 관심 없다면, 상투
적인 자리는 차라리 고문일 수도 있겠다. 뽑고 밴 풀들을 그러모아 모
깃불 삼아 태운다. 어떤 것이든 연기는 좌우지간, 우야든동('어떻게 하
든지'의 경상도 사투리) 눈물을 빼게 만드는데. 어제 읍내에서 주무관 둘,
관사 유배 후배 교사 둘과 탕 집에서 각 2병 걸치고 물다리 건너 들어와
한잔 더 했다. with 이석근 조기원.

2016년 8월 27일

오늘의 하늘과 태양과 바람이 온전하므로 완벽한 하루가 될 것이다. 나는 밭으로 간다.

2016년 8월 28일

누구에게나 내일은 있을 수도 없을 수도 있는 일. 바로 지금, 오늘이 있다면 상관없는 일. 어제는 완벽한 하루를 보냈으므로. 오늘도 그럴 가능성이 큰일. 맑거나 흐리거나 비바람 불고 눈보라 치거나 아무 상관없이 하루를 완벽하게 보내는 일. 배추 128싹 모종. 무, 알타리무, 갓 등 파종할 준비. 대파 모종 완료.

2016년 8월 29일

기다리고 기다려도 고라니는 다시 오지 않았다. 새로 돋아난 고구마순을 뜯었다. 두어 시간 공력으로 껍질을 벗겨 내고 씻고 절여 김치를 담그는 호사. 큼큼하게 익어 찬밥에 물 말아 한 절음 얹으면 초가을 또 다른 호사가 되겠다.

2016년 9월 1일

엊그제, 오래 잊고 있었던 것처럼 플라잉디스크(Flying Disk, 원반 형태의 기구를 던지고 받는 운동) 활동. 얼티미트와 디스크골프(플라잉디스크의 경기 종류들). 가르치려 하지 말고 지들끼리 놀게 할 것을 확인. 퇴근해 여섯 시에 나가, 어제 뒤집어 놓은 밭에 김장 무 파종. 지난 일요일 집사람이 파종한 알타리무는 한꺼번에 돋아났다.

2016년 9월 4일

강원도학교스포츠클럽대회. 배드민턴 남녀 각 여섯 명 열둘의 늑대 여우들. 인제 체육관 쪽에는 숙소를 구하지 못하고 만해마을 근처 펜션에서 하루를 묵었고 많은 이야기를 남겼다. 이 녀석들 졸업해 나가면 다 까발려야지. 어쨌든 아이들을 인솔한다는 것은, 아이들이 버스에서 내려 집으로 들어가 안심 문자를 받을 때까지 긴장의 연속.

2016년 9월 6일

어제 지원청 이 주무관이 전달하고 간 이온 음료 캔 60개가 사라졌다. 냉장고 중앙에 빈 캔 하나 달랑 놓여 있다. 일 학년 예쁜 늑대 여우들 줄 거였는데, 허망하다. 단언컨대 이 학년 늑대 쉬키덜 소행이다. 특히 무슨 활동이든지 내내 재미없다고 궁시렁거리던 3반 늑대 쉬키덜! 각오해라! 단, 자수하면 살려 주마. 몽조리 번개떡 멕이고 염통을 뽑겠다. 도둑놈들이랑은 한 하늘을 이고 살지 못한다. 잘못을 인정하는 게 진정한 용기다! 자수하고 자복(自服)하여 광명 찾자!

2016년 9월 7일

떠도는 삶은 계속된다. K-water 전국조정대회. 공주 금강 조정경기장 가는 길이 저물었다. 내일과 모레 수업 교체하느라 한나절을 보냈고 일과를 마치고 출발. 내일 첫 더블 스컬이 나간다. 오늘 싱글 예선 둘은 보지 못했다. 다음 달 전국체전에는 쿼드러플이 나간다[28]!

2016년 9월 8일

아침 강에 배를 띄운다. 물살은 잔잔하고 바람도 없다. 옅은 안개가 물 늬누리[29]로 스민다. 심장과 함께 영혼이 폭발하는 격렬함을 예비하는 시간. 여고부 더블 스컬 결승은 12:10.

결승 보고 내쳐 끌고 나온 자전거로 라이딩. 비가 내린다. 쉬었다 가면 된다. 비를 피하는 고속도로 교각 밑에서 보이는 요양원 이름이 '설낙원'. 에잇! 그냥 가자. 아직은 실낙원에 들 일 없다. 공주보를 건너 공원에 들렀는데, 이식한 나무들 몇 그루가 죽어 있다. 몹쓸 인간들. 나무 한 그루 살리지 못하면서 강을 살리겠다고 대들다니!

2016년 9월 12일

삼성 자본이나 허접한 국가권력은 욕지기가 일지만 어떡하겠는가. 자본과 국가에 목을 매고 살아간다기보다 살아야 하므로 살아갈 수밖에 없는 삼성뿐 아니라 모든 정규 비정규직 노동자들을 생각한다. 갸륵해야 할까 말까. 아이폰을 갤노트7으로 바꿔야겠다는 생각을 해 본다. 그걸 만든 노동자들은 죄가 없다는, 어찌 갸륵한 생각이 아니겠는가. 참 씨잘데기 없는 나라 사랑이다. 사드 성주나 경주 원전 근처로 이사 갈까 생각도 해 보는 별 볼 일 없는 선생, 나라 사랑 참 갸륵하다. 이거이가 다 짝피구 하면서 진짜 잘 노는 갸륵한 아이들 보면서 생각해 보는 갸륵한 것인지 어쩐지.

2016년 9월 14일

13년째 설날과 추석이면 어김없이 배와 사과 한 박스씩 배달된다. 택배 일 할 때 한번은 서울에서 춘천까지 직접 오토바이로 가져오기도 했다. 면목고 첫 담임으로 만났는데 일 학년 일 학기도 끝나기 전에 학교를 때려치운 강자다. 광혁이 장가갈 때 주례를 맡아 달라고 고집을 부린 놈이 정작 자기는 아직도 결혼을 미루고 있다. 고맙고 미안하다. with 최현진 김광혁.

2016년 9월 18일

한가위 연휴니만큼 잘 놀고 잘 먹고 쉬자 했다. 내일 하루 정도는 후유증을 살겠다. 근 일 년 만에 자전거 동지들과의 라이딩 그리고 43번 교각 밑의 해후. 바로 인생 대박. 삼포-군자리고개-덕만이고개-칠전동고개 휘돌기. with 금명근 이창성 김영섭 함호식 김선호 문태호 이훈희.

2016년 9월 20일

공가를 냈다. 내일 11시 춘천지법 공판에 나가야 한다. 계란 프라이 둘, 혼자 먹는 저녁 밥상. 계란이 말했다.

"요즘도, 아직도, 이 시대에 도로교통법, 집회와 시위에 관한 법률 위반 따위들로 법정에 서는 족속들이 있느냐?"

"쪽팔려요. 지가 뭐, 의열단도 아니고, 시인, 학자, 교수 나부랭이도 아니고, 게다가 국보법 위반 사범도 아니고, 시골 학교 체육선생 주제에…."

"따뜻할 때 먹어라…."

2016년 9월 21일

김영섭 선생은 나의 첫 학교인 면목고 졸업생입니다. 제 수업을 받지는 않았지만, 김영섭 선생 졸업 전에 저는 시흥(금천)고로 학교를 옮겼지요. 그때가 1989년 전교조 결성 이듬해였습니다. 김영섭 선생은 현재 전교조 강원지부 사무처장으로, 지부장인 김원만 선생과 함께 해직 상태입니다. 오늘 있었던 저의 두 번째 공판에도 어김없이 함께 해 주었고, 삼대막국수 집에서 점심을 나누고 헤어질 때도 탄원서 이야기는 없었는데요.

이제야 봤습니다. 내일 모레, 금요일에 선고 공판인데 징역 10월 구형이랍니다. 도와주십시오. 김영섭 선생은 나의 자전거 멘토이기도 합니다. 이 친구를 옥살이시킬 수 없습니다. 견딜 수 없을 것 같아요. 늦지 않았기를! 내일(22,목) 오후 2시까지 서명 가능[30].

2016년 9월 22일

반주도 근심도 눈물도 가을밤도 적당하게, 향을 피웠으니 이제 잠들 시간. 김장 밭에 물도 듬뿍 주었으니, 내일 아침엔 일어나는 대로 한참 서성이겠다.

2016년 9월 23일

가을날의 운동장. 게다가 천연 잔디. 날자, 날자꾸나! 점프 샷 활동을 시작했는데 대박이다. 인생사진이라며 아이들도 좋아한다.

2016년 9월 25일

카누부 전지훈련 점검한다고 자전거를 갖고 들어온 동기 둘과 후배. 그중 교감이 된 형배는 대학 시절부터 나를 나마니 성(나이 많은 형)으로 부른다. 넷이서 훈련코스인 원천리 왕복. 짧은 거리지만 체육선생들하고 자전거를 같이 타는 거는 벅찼다. 따라가느라 힘 좀 뺐다. 나마니 성 학대하는 나쁜 놈들 같으니라구! with 전형배 심명보 신승호.

2016년 9월 27일

지금 내리는 가을비는, 떠나간 애인이 돌아와서 어깨를 짚어 주는 꿈 같네.

2016년 9월 28일

작고 사소한 일들. 내가 바로 지금 할 수 있는 일에 눈감지 않기. 생명·평화·인권. 교육은 속도가 아니라 방향. 공감·연대의 노란 리본 만들기. 마주하면 생애가 환해지는 시인형님선생님과 저녁을 먹었다. 아홉시에 열차는 떠났고, 제목 없는 시를 남기셨다.

미룬 기차표를 흔들자 기다렸다는 듯 시간은 멈췄다/ 이제 막 벼포기를 빠져나온 물길들/ 반갑게 반갑게 북한강 따라 달려오고/ 먼저 도착한 일행은 한밤이 되도록/ 오지 않는 형제를 기다렸다/ 산기슭 냄새가 나는 술상은/ 박인환식으로 쓰러지는 그리움/ 건들건들 기다리던 밤은/ 서둘러 침묵으로 빠져들고/ 플랫폼엔 어느새/ 느린 기차가 기다리고 있었다.   from 고광헌.

2016년 9월 30일

출근길. 교육청을 지나자 고탄 고개 넘어가는 용산 등허리에 운해(雲海, 산꼭대기에서 내려볼 때 바다처럼 널리 깔린 구름)가 흐른다. 저 구름 골짜기를 넘어야 한다. 멀리서 그냥 바라만 볼 수 없으므로. 운해 속으로, 다가가려는 쏠림. 운해 속은 결국 짙은 안개 속. 지우고 지우는 길.

2016년 10월 3일

도망. 일주일 동안 전국체전 출장이지만 그게 그거. 수십 년 그렇게 살아왔는데 온당치 않다. 강사를 섭외해 대체 시간표를 싸인 받아 제출했지만 264명 아이들 두고, 다섯 명 아이들과 꼭 일주일을 함께해야 한다. 공주시 조정경기장.

낭천골 늑대 여우덜! 강사 선생님께 PAPS 제자리멀리뛰기, 팔굽혀펴기, 앉아윗몸굽히기 측정 부탁하고 가요. 여우덜, 늑대덜, 제발 치마슬리퍼 아니! 아니 됩니다! 정대 넘이 자꾸 엉덩이 팬단 말이지 말입니다ㅠ.ㅠ

오전에 학교 일을 마무리하고 공주에 도착하자마자 자전거를 끌고 나간다. 시민단체가 만든 백남기 어르신 분향소가 보여 바로 들러 분향한다. 동작동 현충원 아버지 묘석에는 '병사'로 음각되어 있다. 50년 지나서 '순직'으로 바꿔 묘비를 교체해 주겠다는 것을 보류시켰다. 그들은 군대 나가서 사람이 죽었는데, 가족에게 알리지도 않았고 9일 만에 화장하고 가족에게 통보도 없이 국립묘지에 유골을 유기했다.

총 맞아 후송병원에서 악취를 풍기며 환부가 썩어 들어가다 결국 숨진 내 아버지를 병사로 만든 그들. 총 맞아 죽어도, 물대포 맞아 죽어도 병사! 또 다시 백남기 님 죽음을 '병사'로 만들고 있다[31].

2016년 10월 5일

공주에 왔다. 전국체전 금강 조정경기장. 싱글, 더블, 쿼드러플 스컬 경기에 여학생 다섯 명이 나누어 참가. 그중 엘리트 선수 둘은 3일간 다섯 경기 이상을 치러야 한다. 학대. 그러거나 말거나 오전 훈련은 내리는 비로 취소. 시내에 데리고 나와 공주산성시장 간식집 주전부리. 아디다스 모자, 양말 사고 짜장면 먹고 들어왔다. 날이 금방 갰다. 세 시에 '한탕'하러 나간다[32]. 무망이 타고 나가 건너편에서 어슬렁거리다 오겠다.

2016년 10월 6일

07:00 아침식사, 08:20 출발, 09:00 배 띄우기, 11:00 오전 훈련 종료, 12:00 점심식사, 14:00 출발, 15:00 다시 배 띄우기, 17:00 오후 훈련 마무리, 18:00 저녁식사, 22:00 전 취침

증오와 조롱, 정의와 평화 그 경계를 사는 것이 인간이라는 것을 받아들이기 어렵다. 선과 악, 미와 추를 같이 이야기하는 것과 다르지 않겠다. 하찮은 인간이라는 말도 다시 생각해 봐야겠다. 인간과 짐승의 경계도 그렇고. 세월호 유족들을 모욕하던 부류들이 백남기 농민 유족들을 능멸하는 세상사는 내장이 뒤틀리듯 욕지기가 난다. 누구는 괴랄이란 말을 쓰기도 했고, 악귀라는 말을 쓰기도 했는데 공감을 넘어 같은 편이라 안심을 하기도 한다.

아이들의 일상을 함께하지만 아이들이 배를 탈 때는 딱히 해 줄 일이 없다. 아이들이 시야에서 사라지지 않도록 자전거로 따라다니며 멀리서 지켜보는 일. 2km 레인을 2~4번 왕복. 거리로 적게는 10km, 많게는 20km를 노 젓는 아이들을 따라다니는 일. 짬 내 우금치에 다녀왔다.

2016년 10월 9일

곰나루의 우울, 새벽 세 시 전에 깨어 결국 잠들지 못한다. 모텔을 나와 새벽길을 방황하다 콩나물국밥 먹고 들어와 두 시간 자고 경기장으로 나간다. 피니시라인에 비명 소리 가득하다. 우리 아이들은 패자부활전까지 마친 쿼드러플에서 7위, 더블은 결승을 앞두고 있고, 싱글은 결승

진출 실패. 1위와 금메달에만 환호하는 세상이 아비규환 아닌가. 결승에 오른 것만으로도 죽을힘을 다한 아이들. 더블 스컬에서 6위에 그친 아이들의 풀 죽은 모습에 서럽다.

2016년 10월 10일

이레 동안 아무 생각 없이 머무르려 했으되, 곰나루를 떠나며 금강 흐린 물에 흐린 마음을 흘려보내지도 못하고….

2016년 10월 12일

잇몸이 들떠 입을 벌리기도 어렵고 몸살 신호가 왔다. 술을 마시지 말아야 하는데 지난 주말 동생이 친구들과 놀러 왔다가 남기고 간 먹거리가 냉장고 가득. 포천 막걸리 한 박스. 혼자 먹으려 끓이는 토마토가 들어간 동태찌개와 하몽 샐러드. 배부르니 일찍 자자. 새벽에 깨어 국수 삶겠지.

2016년 10월 13일

하루를 어슷 썰고 깍둑 썰며 채를 치듯 보냈다. 버무려 갈무리하지 못하고 그냥 버렸다. 하루에 한두 번 많으면 서너 번 안간힘을 쓴다는 것뿐 먹기 위해 살기 위해 사랑하기 위해 안간힘을 죽을힘을 다하지 못한다는 것 목숨을 걸지 않는 것. 그러거나 말거나 해시태그 놀이, 밥딜런 브라보! 그런데 최순실은? 게다가 차은택은? 그리고 우병우는? 내가 백남기다!

2016년 10월 16일

여러 가지 너머 춘천역에서 누군가를 기다리는 일. 자전거를 타고 나가 자전거 타고 온 오랜 친구를 춘천역에서 기다렸다. 가평에서 친구는 손 흔들며 떠나갔다. 혼자 되돌아오며 몇 번 찔끔거렸다. with 이민표.

2016년 10월 17일

키워 주신 아버지, 살아생전 황새기젓을 무척 좋아하셨다. 11월 첫 주에 김장하자고 동생에게 전화했다. 올해는 황새기젓 써 보자고. 사나흘 새에 고추, 토마토, 가지 가을걷이를 마쳤다. 마늘 심을 궁리에 하루가 짧다. 늑대와 여우들 골짜기에 참 달이 밝다. 서편 이슥한 하늘엔 성근 별.

2016년 10월 18일
절대적으로 무구하게, 절대적으로 아름답게⋯**33**.

2016년 10월 21일
다음 주 수요일 세 번째 공판의 핵심은 검찰 기소의 법 적용에 대한 변호인 측의 '부동의'에 대한 재판부의 판단이다. 일반적으로 '부동의'에 대해 재판부는 호의적이지 않다고 한다. 어쨌든 재판부에서는 이례적으로 변호인 답변서에 대하여 검찰에게 답변서에 대한 의견, 공소장변경, 증인신청을 요구하며 공판일을 잡은 것이다. 내 사안에서 일관되게 문제가 되는 것은 백남기 님 쓰러진 곳과 가까운 곳에서 '채증'된 사진이다. 도경 보안팀에서 나의 페이스북을 사찰해 왔고, 내 신원을 파악한 것이다. 시위현장의 모습을 기자행세 하듯이 페이스북을 통해 공유한 것은 어리석은 짓이었다. 그리고 그 어리석음과 무지에 대한 대가는 스스로 치르겠다. 페이스북은 죄가 없다.

2016년 10월 22일
새벽에 속초라이딩을 떠나는 친구들을 배웅했다. 함께 하지 못하는 것이 그다지 서운하지 않았다. 강원작가회의와 이상국 시인 고희 기념문집을 겸하는 자리에 함께 있어야 하는 시간이기도 했다. 애정하는 조합원, 해병대 출신의 상남자, 조기원 선생 장가가는 날이다. 두 시에 들여다보고, 낭천우거 텃밭 들여다보고, 내일은 새벽에 출발해 어머니 심어 놓으신 고구마 캐야 한다.

2016년 10월 23일
춘마로 새벽부터 북새통인 공지천을 벗어난다. 영종도 어머니 보러 가는 새벽길이 새롭다. 아직 한가한 가평휴게소. 까마귀 몇 마리 노닌다. 구름이 늘어나는 하늘. 차가운 바람이 분다.

2016년 10월 25일
오늘, My Today. 빗소리에 깨어 잠들지 못한다. 창가에 무연히 앉아 어두운 밤을 본다. 이내 따뜻한 물로 샤워를 마쳤다. 날이 밝는 대로 오늘을 살아내야지. 새벽부터 가을비 내리는 오늘.

김형민, 『그들이 살았던 오늘』, 웅진지식하우스, 2012.

2016년 11월 1일

공판에는 검찰 측 증인으로 도경 보안팀 경찰관이 나왔다. 증인심문은 비공개. 피고인인 나는 별실로 안내되어 재판장석을 비추는 화면을 보며 목소리를 들었다. 변호사는 심문에서, 나의 페이스북 계정을 일상적으로 들여다보았으며, 채증 사진으로 나를 특정했다는 것을 인정하게 했고, 판사에게 자신의 페이스북 계정을 밝히게 이끌었다.

별실에서 페이스북으로 찾아본 인물에 놀랐다. 함께 아는 친구가 147명, 2011년부터 페친. 그는 '인제에 사는 모 시인선생님'과 페친인 나에게 페친 신청을 하게 되었다는 경위까지 밝혔다. 권혁소 아닌가! 한 가족의 가장일 터이고 직무에 충실했을 Jin Kim. 증인 출석하느라 고생했다. 다음 공판일은 11월 28일 오후 두 시. 고광헌 시인형님선생님이 변호인측 증인으로 출석하는 결심공판. 최후진술을 준비해야 할 듯.

시월의 마지막 밤, 야자 끝내고 일찍 잠자리에 들었으되 한파가 밀려온 십일월 첫날. 새벽에 깨어 오래 잠들지 못했다. 새로 받아 든 책 중 한 권을 먼저 펼쳤다.

노순택, 『잃어버린 보온병을 찾아서』, 오마이북, 2013.

"2012년 2월 13일. 월. 박근혜 비상대책위원장은 1997년 이후 15년 동안 존속해 왔던 한나라당이란 이름을 '새누리당'으로 변경했다. 작명으로 과거를 지우겠다는 꼼수일까." 200쪽.

김구, 도진순 탈초·교감, 『정본 백범일지』, 돌베게, 2016.

김용민, 『김어준 평전』, 인터하우스, 2016.

조정래, 『풀꽃도 꽃이다 1·2』, 해냄, 2012.

2016년 11월 3일

언제까지 대통령과 새누리당은 '존버'할까. 이 족속들의 배후가 더는 궁금하지도 않다. 한 줌도 안 되는 축들!

"자기보다 잘난 사람을 만나면 곧바로 꼬리를 내려야 하는 상대적 자신감보다는 다른 사람들이 잘난 줄 알지만, 그것과 상관없이 자신만의 자산을 정확하게 평가해서 그것에 만족하는 절대적인 자신감이 중요하다는 것. 김어준은 '너는 바닥이야. 너는 회복할 수 없을 만큼 바닥이야!'라는 좌절감을 극복하면서 절대적 자신감을 갖게 된 것이다." 『김어준 평전』, 22쪽.

2016년 11월 4일

올훼의 땅, 벽에 박근혜 퇴진 딱지 일곱 장을 붙여 놓고 창균이 책맞이를 했다. 시인형님 선생님을 가운데 모시고, 최후의 만찬 모습의 사진 한 장을 남겼다. with 박제영 주분남 김창균 최돈선 정현우 우종성.

　김창균, 『마당에 징검돌을 놓다』, 시인동네, 2016.

2016년 11월 5일

백남기 어르신 안녕히 가세요. 작년 11월 14일, 어르신 쓰러져 실려 간 앰불런스가 바로 제 앞으로 지나갔고, 춘천행 막차 안에서 위독하시다는 소식을 접하고 분노에 몸을 떨었지요. 어제 창균이 새 시집 받아 보는 자리에 오신 최돈선 선생님께서 그동안 옷깃에 달고 계시던 검은 리본을 떼시는 걸 받아 들었습니다. 어르신 가시는 길은 오마이TV로 함께 했습니다. 평화와 안식이 함께 하소서.

2016년 11월 6일

어차피 겨울을 나야 한다. 긴 싸움이 될 것이다. 낙엽 그러모아 양파밭에 덮어 주었다. 시레기 한 솥 삶았다. 알타리무 동치미 담궜다. 다음 주에 어머니 모시고 와 김장해 묻으면 월동준비 끝.

2016년 11월 7일

〈체육인 시국선언〉이 있던 시간. 읍내 치과에서 오랫동안 고통을 주었던 이를 뽑았다. 어리석기 짝이 없었던 두려움 하나를 들어낸 것이다. 아수라판(阿修羅判)에서의 발치(拔齒). 정신 줄을 놓아 버린 무리들이 버티고 있는 바로 지금이 아수라판이다. 존버는 아무나 하는 게 아니다. 11·12. 일상적인 억압과 고통을 주며 아수라 괴물들을 재생산해 낸, 한 줌도 안 되는 무리들을 발본색원[34]할 수 있을까. 광장에서 그 답이 나올 것이다.

2016년 11월 9일

혁명에 완성은 없다. 또한, 혁명은 안단테인 적이 없었다. 언제나 태양과 바람의 힘을 의심하지 않았듯 혁명은 일상이고 밥이었다. 휘모리였다. 앞으로도 그럴 것이다. 때를 놓치지 말라. 광장으로 나가는 일.

얼마를 더 기다려야 할지 모르지만 무망이라는 이름을 더는 쓰지 않겠다고 다짐한다. 새 이름을 뭐로 할지 정하지 않았다. 이름 따위 없으면 어때서! 라고 하려다가 흠칫한다. 입 초사를 떨었던 거다. My name is nobody[35]라고 지껄이지 않았던가. 이름 따위 상관없이 그냥 '두려움을 많이 버린 한 인간'에 과연 다가갈 수 있을까.

그러거나 말거나 세월호 올라올 때까지 눈물은 멈추지 말자. 다시 울자. 눈물의 힘으로 세월호는 올라올지니.

발치 이후 밥 먹는 재미가 사라졌다. 공양하듯 저녁밥을 먹었다. 순두부 맑은 탕, 깻잎장아찌, 달걀찜.

2016년 11월 10일

여태껏 겪어 보지 않은 괴이한 일이 있었다. 또 운동부 지도자에게 책임을 물어야 할 일이 생겼고, 행정실장의 어처구니없는 일 처리가 뒤섞여, 결국 교장이 최종적으로 책임을 지거나 판단할 사안이었다. 먼저 행정실장에게 문제를 제기했고, 도무지 말이 통하지 않아 교장을 찾아가 이야기하던 중 열이 뻗쳐

"교장선생님을 고발해야 되겠네요!"

내뱉고는 돌아서 나와 보직교사 면직 청원을 메신저로 날렸다. 며칠 동안 우울하고 말고다. 오늘도 며칠 남지 않은 수능을 앞둔 고3 대리 야자 감독. 아이들도 네댓 명밖에 없다. 복도에 나와 스탠딩 책상에서 공부하던 련량이가 빤히 쳐다보며 말한다.

"선생님, 술 드셨어요? 왜 얼굴이 빨가세요?"

복창이 터진다. 발치로 며칠 동안 금주 금단 현상일 뿐인데!

그러더니 "선생님 이번에도 촛불 가세요? 나도 가고 싶은데….."

"그럼 가야지."

세상 잡사 아무 상관없이, 어떤 따스운 것이 온몸에 번지는 듯.

2016년 11월 11일

이들은 이미 사상가 아닌가. with 길가에 버려지다, YouTube[36].

2016년 11월 12일

100만 촛불 광장. 나는 어느 곳에 없으면 다른 곳에 있다. 고로 나는 모든 곳에 있다.

2016년 11월 15일

우리 삶은 연결되어 있다. 발본색원해야 하는 것들을 생각할 때[37].

2016년 11월 16일

역사는 반복된다. 섭리를 따르지 않으려 드는 무리들과 한 하늘 밑에서 살아가야 하는 세상을 무엇이라 불러야 할까. 전 국민을 난민으로 취급하는 허접한 권력은 오랫동안 존버할 것이다. 그렇다고 이미 식물이 된 무리들을 광장에 끌어내어 도모지(塗貌紙)[38]를 할 수는 없는 일. 광장에 열기만 있겠는가. 삭풍이 불어오고 눈보라가 휘몰아칠 것이다. 나의 분노는 나의 심장을 박동시키는 원천이었다. 그러므로 분노의 덩어리로 살아왔음을 인정해야 한다. 그리고 그 분노를 다스려야 하는 것이 섭리 아닌가. 내겐 체로금풍(體露金風)[39]이 그 답이었으면 좋겠다.

2016년 11월 19일

순장 1순위 김×태. 춘천촛불!!! with 김영섭 우종성 한승태 어형종 외 셀 수 없는 춘천시민들.

2016년 11월 20일

일찌감치 알아봤지. 최악의 불휘 깊은 식물 괴물이 탄생되는 날들을 살아왔다. 남은 나날들을 오랫동안 그 괴물을 만든 부류들과 한 하늘을 이고 사는 치욕·굴욕·모욕·치가 떨리는 분노… 어쩌겠는가. 견뎌야 살지 않겠는가. 바로 지금처럼 제대로 견뎌야 한다.

2016년 11월 23일

참 다이내믹한 날들이다. 정서불안이래도 좋겠다. 고양되는 분노를 금방 누그러뜨릴 수 있는 자제심을 발휘하곤 한다. 조금 더 순해져야 한 다는 생각을 하는 것이다. 몇 가지 당면한 일들을 나름 잘 처리하고 있 기도 하다. 얼어 버리기 전에 학교 뒤켠 작은 산수유나무 열매 한 보시 기를 땄다. 몇 알씩 따뜻하게 우려 겨울을 견뎌야겠지.

장고[40]의 오문[41]. "이 대학원 건물 1층 남자 화장실에 갔더니 백범 김 구 선생님의 글이 붙어 있더라구요. 남자 화장실에. '모든 것이 다 가까 이서 시작된다'인데, '지옥을 만드는 방법은 간단하다. 가까이 있는 사 람을 미워하면 된다. 그다음에 천국을 만드는 방법도 간단하다. 가까이 있는 사람을 사랑하면 된다. 모든 것이 다 가까이서 시작된다.' 이런 구 절을 보고 연구윤리 IRB 막 해 가지고 우리끼리 연구윤리를 잘하고 가 까이에서 시작하면 뭐 IRB가 됐든 뭐가 오든 쉽게 무난히 넘어가지 않 을까라는 말로 종합토론을 마치겠습니다."

〈한국구술사학회〉하계학술대회. 종합토론 녹취문 중 유철인 교수 마무리 부분.

2016년 11월 25일

오랜만에 저녁 하늘을 올려다본다. 57년 전 바로 오늘 이 시간쯤. 카빈 소총을 맞고 쓰러진 국군장병 아버지. 38일 후 별이 되었다. 자주 하늘 을 바라보며 살고 싶다. 해왕성 위성 트리톤(Triton)[42] 사진을 한참 들여 다보았다. from 두경택.

2016년 11월 26일

집사람과 대림역 공영주차장에 차를 두고 전철로 남대문시장 평양냉면 집. 든든하게 채우고 광장으로 간다. 변신은 무죄, 내 촛불은 평양에 가 는 날까지 행진, 함성, 축제의 날들이다. 이런 오늘에 자괴감 따위가 있 을 리 없다. 0416 이후 광장과 집회에서 어디에서나 보탠 눈물을 생각 한다. 그동안 많이 울었다는 얘기. 오늘은 웃을 거다.

2016년 11월 27일

고광헌 시인형님선생님이 증인으로 출석했고, 최후진술을 했다. 소주 몇 병 나눠 마시고 손 흔들며 떠나갔다. 손 흔들며 떠나가는 모든 것은 눈물이다. 오늘의 눈물은 더 오래일 것이다.

2016년 11월 30일

「슬픈 국가 : 길가에 버려지다」를 쓰기 시작한다. 법 없이도 아무 문제 없이 살아갈 수 있었던 셀 수 없는 사람들에게 고통만을 안겨 준, 대를 이은 이 정권과의 화해는 불가능하다. 어머니와 나의 기억이 지워지는 날까지는.

2016년 12월 6일

"이유 없는 슬픔이 있을 수도 있다. 무연한 눈물. 그러나 그 눈물의 근원을 들여다보면 한 인간의 생애가 보일 것이다. 한 국가가 수백만의 촛불로 눈물을 흘린다면 그 슬픔의 뿌리와 역사도 보일 것이다. 대가를 치르지 않고 얻을 수 있는 것은 아무것도 없다. 내 눈물은 슬픈 국가의 일원으로 살아가면서 당연하다. 여기까지가 오늘의 내 이야기다. 지금까지 살아오면서 나는 충분히 눈물 흘렸고 그 눈물만큼, 딱 그만큼의 기쁨이 있었다. 앞으로는 나를 보기만 하면 웃으시는 어머니처럼 더 자주 웃으며 살 거다." 「슬픈 국가에게」 epilogue.

2016년 12월 7일

그럼요, 그렇고 말고요.

"그런데 시민 개인만의 노력으로는 이러한 현실은 실현되지 않는다. 그러기에 헌법 제66조 3항은 '대통령은 조국의 평화적 통일을 위한 성실한 의무를 진다'고 규정하고 있다. 평화 통일을 원하면 평화 통일을 위해 노력할 정부를 만들어야 하고, 행복과 복지를 원하면 복지를 실현시켜 줄 정부를 만들어야 한다[43]."

2016년 12월 8일

탄핵을 앞두고 울화를 참을 수가 없다. 춘천시민의 일인으로 모욕과 능멸을 당한 울분과 분노로 잠을 이룰 수도 없다. 이 자식을 춘천 시민이나 세월호 유가족, 촛불을 든 시민들을 모욕한 명예훼손으로 고발하고 반드시 민형사상 책임을 물어야겠다. 더 쪽팔릴 수 없잖은가. 뭐라 말 좀 해 봐. 김×태 ×××[44]! 나를 모욕죄로 고발해라. 찌질한 자식아! 명포교사로 사느니 이 자식 고발로 잘리기 전에 발가벗겨 내쫓아야겠다. 나도 춘천사람이다.

2016년 12월 9일

촛불혁명, 자고 일어나니 눈에 덮여 온 세상이 변했다. 단 하루면 석 달이면 한 삼 년이면 충분하겠다. 나도 그랬으면 좋겠다.

2016년 12월 10일

"이 노래가 발표되는 날, 유튜브로 뮤직비디오를 보면서 가장 먼저 떠오른 생각이었다. 광화문 광장에 촛불을 든 사람들 모두는 실상 국가에 의해 길가에 버려졌다는 것. 그리고 어머니를 생각했다. 영종도에서 팔순이 지난 나이에도 아파트 청소노동자로 일하며 독립적으로 살고 계신 어머니. 가끔 찾아가서 들여다보기는 하고, 여기저기 모시고 다니기도 하지만, 어머니를 떠나올 때는 늘 어머니를 버렸다는 생각을 지울 수가 없었다."

　서울대학교 아시아연구소 영원 홀. 〈한국구술사학회〉, 서울대학교 통일평화연구원 공동주최 동계 학술대회. 「슬픈 국가 : 길가에 버려지다」 발표 마치고 바로 토론으로 들어가는데 김귀옥 교수가 먼저 울컥한다. 에효, 따라쟁이 눈물은 이제 그만해야지.

2016년 12월 11일

빙고! "'법은 국민을 보호하고 국민의 이익을 대변하라고 만든 것'이라며 '(만약 헌재가 국민의 뜻에 반하는 탄핵 기각 결정을 내리면) 영원히 역사의 죄인으로 남을 것'이라고 경고했다[45]."

2016년 12월 12일

가지 않은 길, 촛불이 가는 길, 아직 한 번도 가지 않은 길이라는 것에 동의한다. 그러나 그런 말에는 미지의 세계에 대한 어떤 두려움도 읽힌다. 나는 더는 내일을 걱정하거나 두려워하지 않기로 작정한 지 오래다. 오늘을 바로 지금을 온당하게 살아가기도 벅찬데 내일을 예비한다는 것은 사치 아닌가. 가면 길이다.

　그러나 아이들에게 내 속내를 이야기하기는 조심스럽다. 좋은 대학('좋은 대학'이라는 것이 있기나 한가?)을 가기 위해 늘 오늘을 유보하며 살아야 하는 아이들을 마주하며 살아온 고교 교사로 할 말이 없는 것이다.

2016년 12월 13일

윤용선 교장형님시인이 나를 썼다. 어유지리(경기도 파주의 지명) 이모부 하늘 가시는 길 다녀오는 길에 적었다.

소리 없이 흐르는 강물에/ 몸을 던지듯 눈이 내린다/ 더러는 격렬하게/ 그러나 더 없이 고요하게/ 희디흰 눈이 내린다./ 어느 고독한 영혼을 위하여/ 딱딱하게 굳은 빵을 위하여/ 하염없이 눈이 내린다./ 벌판의 나무들 가는 가지 위로/ 괜한 중력을 보태기도 하면서/ 더 먼 풍경 속에 번지는/ 흐린 불빛도 가리면서/ 대책 없이 눈이 내린다./ 정작 바람은 없는데/ 바람소리에 뒤척이는/ 마지막 눈이 내린다./ 아주 희고 뜨거운 고독처럼/ 맹목의 그리움처럼 「김재룡」 전문.

윤용선, 『사람이 그리울 때가 있다』, 시와소금, 2016.

2016년 12월 15일

이 자식은 순시리나 ㄹ혜보다 더 악마적인 좀비라는 것이 내 생각이다. 약쟁이도 되도 못하는 말종 좀비[46].

2016년 12월 16일

박근혜 퇴진 국민비상행동, 다섯 번째 박근혜 퇴진 광장 촛불 콘서트. 사회 정윤수. 가 봐야 하는데. 가 봐야 하는데. 사회자 보러 가 봐야 하는데.

2016년 12월 17일

김춘배 인물화전. 최삼경과 조현정이 벌인 일이다. 고맙고 눈물 나고 말고다. 최고 존엄의 용안이 맨 앞에 걸렸다. 도망치듯 먼저 빠져나왔다. 좀비진태 따위만 박멸하면 춘천도 그냥저냥 살 만한 곳이다. Viva! Zarathustra[47]!

2016년 12월 18일

"죽기 전에 해야 할 100가지 일 중 99가지는 당신을 기다리는 일이고 남은 한 가지는 당신을 만나는 일이다."

「아침에 도착한 편지」 전문, 246쪽.

김인자, 『대관령에 오시려거든』, 푸른영토, 2016.

"오늘은 눈 산행을 했는데, 앞서간 작은 짐승의 발자국을 따라 걷는 눈 산행은 참으로 고적했답니다. 누군가를 기다리는 일과 만나는 일은 다른 듯하면서 같다는 생각이 듭니다." from 김인자.

모처럼 네 식구가 외옹치 횟집에 다녀왔다.

「외옹치에서」를 썼다.

2016년 12월 19일

송명호 선생님 문장을 발견하고 옮겨 썼다.

"휘영청 달빛 멀리서 오는데, 겨울밤 쓸쓸해서 더 맑아지누나(冬夜肅淸, 朗月垂光)."

선생님이 댓글을 남기셨다.

"참 肅殺('숙살', 기운이나 분위기 따위가 냉랭하고 살벌함)하군요. 冬夜肅淸(동야숙청)의 肅(엄숙할 '숙')은 숙청한다, 죽여 없앤다는 뜻으로 썼는데… 그래야 울분에 가득 찬 삶을 살면서 천하 명문가의 기재들이 혜강을 만남으로써 명성을 얻고자 찾아오는데, 쇠를 두들겨 술상 차려주는 숙연함 때문에 범접하기 어려운 고귀함이 있었어요. 그러나 肅을 肅殺로 번역하자니 마음이 너무 먹먹하고 답답해서요. 겨울밤은 모든 것을 숙살해서 맑아지누나…. 울분으로 살다가 형장의 이슬로 끌려가면서 테러범의 노래를 연주하고 죽은 남자를 어느 겨울밤 생각했어요. 선생님 건강하십시오." from 송명호.

2016년 12월 21일

아버지 기일, 선고 공판. 고개 숙인 판사는 한 번도 고개를 들지 않았다. 피고인인 나와 한 번도 눈 맞추지 않았다. 검찰의 공소장 내용을 그대로 읽었고 변호인의 주장과 피고인의 최후진술을 묵살했다. 왜 그랬는지 묻지 않겠다. 국가폭력 부역자.

2016년 12월 25일

하늘은 정녕 인간을 추구(芻狗)로 여기는구나. 세월호 아이들, 시리아 어린아이들로도 모자라 이 생때같은 러시아 젊은이들을 흑해의 차가운 물속에 수장시키는구나[48]! 슬픈 별들의 하늘아! 차라리 나를 데려가거라.

2016년 12월 26일

다시 읽는다[49]. 체육교사일 때가 가장 행복했다 하시는데, 그러면 나는 한 번도 불행한 일이 없습니다.

2016년 12월 28일

조정부 지도자는 결국, 일 년마다 갱신하는 재계약을 포기했다. 내부적으로 삼진 아웃에 해당하므로 책임을 진 것이라 해야 옳지만, 마음이 좋을 리 없다. 2017년 1월 1일부터는 지도자 없이 조정부를 운영해야 한다.

졸업하는 혜연이는 실업팀으로 진로가 정해졌다. 중학교에서 오기로 한 아이는 결국 춘천으로 간단다. 이제 선수는 한 명이지만 걱정하지 않는다.

조정부는 이미 '엘리트와 클럽 활동' 투 트랙(Two Track)으로 운영할 계획을 완성해 교장의 허락을 받아 놓고 있다. 가을에 시행된 공문을 보고 공들여 운영계획서를 작성해 제출한 계획서가 선정되어 강원랜드 '하이원 스포츠 인재육성' 사업에서 이천만 원이 교부될 것이다. 로윙 머신 네 대를 구입하고 실내조정 시스템(Digital Rowing)을 만들어 조정부의 사계절 훈련은 물론, 전교생에게 조정활동을 경험하게 할 수 있게 할 것이다.

학교발전기금 중 체육활동에 사용할 수 있는 이백여 만 원에, 기존 조정부 예산 중 하이원에서 받아 써도 되는 사백만 원을 더해, 자전거 열 대 구입할 수 있는 예산안을 행정실에 제출했다. 내년에는 아이들과 체육수업은 물론 자전거 동아리 활동을 할 수 있을 것이다.

방학이라고 할 것도 없다. 오두막 철문을 나서면 일터이니, 겨울나기 일 뿐. 어쨌든 만두도 잔뜩 빚었고 시래기나 삶아 놓으면 된다. 책 읽고 밑줄 그어 끄적이기도 하겠다. 괜찮다 괜찮다고 폭폭 눈이나 내려 쌓이면 더할 나위 없겠다.

조르조 아감벤, 김영훈 옮김, 『벌거벗음』, 인간사랑, 2014.

조르조 아감벤, 윤병언 옮김, 『불과 글』, 책세상, 2016.

조르조 아감벤, 박진우 옮김, 『호모사케르』, 새물결, 2008.

록산 게이, 노지양 옮김, 『나쁜 페미니스트』, 사이행성, 2016.

임재경, 『펜으로 길을 찾다』, 창비, 2015.

한강, 『채식주의자』, 창비, 2007.

오두막의 불빛

바로 지금의 내 생은 지나온 생과 함께 흑백의 생애로 희미해져 갈 것이다. 그렇게 희미한 옛사랑의 그림자로 사라질 것이다. 아무런 상관없는 일이다. 우리가 광장에 함께 섰던 순간들은 청춘이었으므로.

2017년 1월 1일

음력으로는 더 기다려야 하지만 갑년을 맞았다. 가르치려 드는 것보다 배우는 것이 먼저. 정유년 첫날이 씩씩한 언니의 글에 환해졌다[1].

2017년 1월 3일

수상한 글이다[2]. 난해하지 않다. JTBC 기자이므로 괜찮다. KBS, MBC, SBS, 종편 기레기들에게 제 2의 '케빈 카터[3]'를 요구하는 것이 순서였다. 무엇보다 도주 우려를 예로 든 것은 적절하지 않다. 타인의 고통에 공감 능력이 떨어진다면 저널리스트의 자격이 없어야 한다. 정유라는 생명의 위협을 느끼는 약자로 고통받고 있지 않았다. JTBC 기자는 길거리에 버려져 고통스러워하는 천만의 촛불들, 세월호 희생자들 편에 섰다. 그것이 팩트(fact)였고 옳았다.

2017년 1월 6일

도피안사(到彼岸寺)에 왔다. 지금 내가 발 딛고 머무는 도처(到處, 이르는 곳) 피안(彼岸, 현실세계 밖에 있는 깨달음의 세계) 아니었던가?

2017년 1월 7일

1,000일[4], 눈물뿐 아무것도 없다. 별이 된 아이들이나 살아남은 아이들 모두 열여덟 고2. 오늘 생존 아이들을 보면서 울었다. 눈물이 멈추지 않는다. 내일도 그렇겠다.

2017년 1월 11일

정의의 문제는 판관들에게만 있는 것이 아니다. 판관들도 시대적 욕망에 복무하는 인간일 뿐 아닐까. 따라서 정의는 그것을 갈구하는 개인의 가슴 안에서만 물결친다. 겨울을 오두막에서 견디며 책을 읽는다는 것은 얼마나 적막한 일인가. 탄핵국면을 냉정하게 지켜봐야 하는 것이 고통스럽다. 정의와 평화에 대한 갈망만큼 반동적인 것들에 대한 두려움을 떨칠 수 없기 때문이다.

  이안 부루마(Ian Buruma), 신보영 옮김, 『0년』, 글항아리, 2016.

  "사실 완전한 정의구현은 가장 낙관적인 상황에서도 불가능한 일종의 유토피아적 이상일 뿐이다. 현실적이면서 정치적인 이유에서 완전

한 정의는 실현 불가능하다. 수백만 명을 모두 재판할 수 없기 때문이다." 309쪽.

2017년 1월 13일
엘리트 스포츠가 아닌 순수한 클럽 활동으로 방학 중 스포츠캠프를 만들었다. 펜싱과 조정. 뱃놈들이나 칼잡이가 되라는 것이 아니니 참여하는 아이들이 갸륵하다. 낭천골 늑대 여우들의 겨울나기. 방학 중 일주일 세 번 이상을 만나는데도 돌아서면 보고 싶어지는 아이들이 있다는 건 필경 병이다. 펜싱캠프는 마지막 날이고, 클럽 활동 두 달 계획으로 시작한 조정캠프 아이들은 오늘 처음 로윙 머신(노를 젓는 방식의 운동기구) 2,000m를 땡겼다. 대견하고 말고다. 2월 실내 조정대회까지 쭉~ 천천히 가자.

2017년 1월 15일
집사람과 1박 2일 겨울 여행. 어제 여수에서 묵고 돌아왔다. 한번 나오면 1,000km는 기본.

2017년 1월 16일
겨울밤, 항소이유서를 써 볼까 말까 궁리 중인데 두꺼운 책들은 그대로 펼쳐져 있고, 울게 해 달라는 기타와 클라리넷은 벽 구석에 놓은 밥상 겸 책상 위에 얌전히 세워져 있다.

2017년 1월 17일
낭천골 겨울 해가 짧은 것은 당연. 국수 삶아 늦은 점심 겸 저녁. 뉴스룸 끝나면 밤참으로 막걸리 일 병 하는 중. 참 맛깔나게 예쁜 글이라니[5]! 동안거(冬安居, 승려들이 음력 10월 15일부터 이듬해 1월 15일까지 일정한 곳에 머물며 수도修道하는 일)의 즐거움.

2017년 1월 18일
해산령 지나 해산 일출을 보려 했는데, 아뿔싸! USB 달린 스마트키 뭉치를 어제 4층 교무실 컴퓨터에 꽂아 두고 온 것. 어둠이 가시기 전 오두막 불빛이 새롭다.

2017년 1월 19일

봉의산 가는 길. 모처럼 이르게 와 앉았다. 연탄난로 훈훈하다. 쥔장은 역시 부재중. 걷고 있겠지. 얼어붙지 않은 강물과 부연 하늘. 하산한 느낌이다.

2017년 1월 20일

현관문 열면 고개를 들고 반기는 길고양이들이지만 밥을 주니 반반이, 콕이, 애심이 너희들도 식구다.

2017년 1월 21일

춘천 촛불 버스 얻어 탔다. 길가에 버려진 날들이 슬프지만은 않다. 오늘도 그럴 것이다. 국민 우환 춘천 망신 김×태 사퇴 촉구 춘천 시민결의대회. 보신각 앞. 광화문 행진. 다시, 길가에 버려진 것이다. 9시 넘어 춘천으로. with 류재량 오동철 외 춘천시민행동.

2017년 1월 23일

어제 해산 돌산령으로 돌아 속초. 설국에 닿았다. 모레까지 강원도 체육 교사 연수. 일찍 일어나 청초호 일출을 보며 아야진을 휘돌아 왔다. 여기저기 눈에 덮이고 갇힌 차들. 십여 년 전 장천마을에서 이레 동안 갇힌 일도 있었다. 설국을 살 수 없으므로 나는 낭천에 가자.

2017년 1월 24일

갑년을 맞은 대가치곤 참, 거시기 하다. 무지와 어리석음의 세월일 뿐[6].

2017년 1월 27일

어젯밤. 어머니 보러 갈 거라고, 가서 국 끓여 먹고 올 거라고 전화를 했는데 의사소통이 어렵다. 귀가 어두운 어머니 83세. 역정이 이는 것을 어쩔 수 없다. 실상은 나에게 역정을 낸 것이다. 섣달그믐. 옆지기[7], 새하와 영종도 어머니 보러 오는 길에 동작동 현충원. 에쎄 불붙여 시멘트 묘대에 놓는다. 아버지보다 두 배 이상을 오래 살아남은 생. 지리멸렬할지라도 나보다 더 오래 살아남을 아이들에게 무궁한 결핍과 영광과 눈물 있으리라. 내일 저녁쯤에는 낭천골에 닿아 정초 내내 평안하기를. 송구영신(送舊迎新, 묵은 해를 보내고 새해를 맞음).

2017년 1월 29일

촛불을 든 이들에게만 주권자로서 자격이 주어질 것이다. 헌재나 특검은 주권자들이 위임한 권위를 예외 상태에 눈감지 말고 결정, 행사해야만 한다. 판사, 검사들도 자연인으로서 주권자가 될 수 있어야 한다.

한 번 정도는 또 큰 눈이 내리겠지만 다음에 오는 눈은 봄이 멀지 않음을 알려 줄 것이다. 정월 초이틀. 나타샤도 흰 당나귀도 없는 낭천골에 종일 눈이 폭폭 내려 쌓였다. 아침 먹고 까무룩 잠들었다가 서러운 꿈에 북받치다가 깼다. 먹태 황태 각 한 마리 꼬들꼬들하도록 불렸다. 대가리를 고아 다시 육수를 만든다. 가운데 토막은 조림이다. 국물을 넉넉하게 잡아 만둣국 끓였다. 떡 점도 꾸미도 다 가라앉을 만큼 뜨끈한 국물 중심.

냄비째 놓고 막걸리 한 통 비운 후 어스름 녘에 눈을 치웠다. 내일 아침에 또 치워야 하리라. 그래도 오늘은 띄엄띄엄 읽던 책의 마지막 장을 덮었다. 책을 서너 권씩 펼쳐 놓고 왔다 갔다 하는 것, 누워서 책을 읽는 버릇을 고쳐야 할지 말지.

하창수, 『1987』, 호메로스, 2013.

2017년 1월 30일

책을 덮는다. 몸을 부리며 살아가는 방법을 너무 일찍 터득한 것 같아 한편으론 짠하다. 부디 네 식구 알콩달콩하기를.

김민섭, 『대리사회』, 와이즈베리, 2016.

2017년 1월 31일

반기름 기자회견. 촛불 변질 운운. 내가 이런 꼴 보려고 갑년을 살아왔나 자괴감이 든다.

불안이 영혼을 잠식한다. 아이들 만날 날을 기다린다.

2017년 2월 1일

미얀마 대사 깜냥을 접한다[8]. 「코끼리를 쏘다」를 생각한 것은 결국 어찌 되었건 내부로부터 결정적으로 붕괴되고 있는 블루하우스가 보이기 때문이다. 사람이 평화로운 모습으로 죽어 가는 모습을 볼 수 있는 것은 영화에서나 가능하다. 줄줄이 엮여 들어가고 민낯이 드러나도 미친 정권의 몰락을 즐길 수만은 없는 것은, 죽어가면서도 추악한 악마의 발톱과 이빨을 드러내고 있기 때문이다.

제국주의 말단 경찰이었던 조지 오웰에게 다섯 발의 총알을 맞고도, 한참을 고통스럽게 숨을 몰아쉬며 죽어 가는 코끼리를 떠올리는 건, 자신의 부끄러움을 먼저 들여다보는 사람을 보았기 때문이다. 비루하게 목숨을 구걸하며 죽어 갈 것인가, 단칼에 죽을 것인가는 선택의 문제다. 너희들은 어차피 뒈진다. 나 또한.

조지 오웰, 이한중 옮김, 『나는 왜 쓰는가』, 한겨레출판, 2010.
조지 오웰, 이한중 옮김, 『위건 부두로 가는 길』, 한겨레출판, 2010.

2017년 2월 5일

정유년 입춘 전날, 머리를 자르고 수염도 밀었다. 나에게 잘 보이고 싶어서. 수원 오목천동. 라꾸라꾸 등 이것저것 적재함에 때려 싣고 왔다. 아파트공사장 비정규직 노동자 숙소로 쓰는, 2인 사용 원룸에 새하 떨궈 놓고 돌아가는 길. 군대 보낼 때보다 좀 덜한 것이 있었을 게다.

2017년 2월 8일

부글부글 끓는다. 뚜껑을 열어야 된다. 불을 조금 줄이든지 찬물을 조금 끼얹어. 넘치면 낭패다. 석 달 참았으니 다시 석 달 참자[9].

2017년 2월 11일

늘 혼자인 어머니는 어쩌다 식구들이 찾아가면 말씀이 끊이질 않는다. 귀가 어두운 노인이니 도무지 당연하다. 경청해야 한다. 가끔 일어나는 역정은 껌이다.

2017년 2월 13일

공지천을 건너와 KBS 뒤, 버스를 탄다. 전 교직원 스물넷. 강릉 속초 한 바퀴 돌아오는 일박 이일 연찬회. 양승국·조정일 두 형님 정퇴로 학교에서 이제 가장 나이 많은 선생이 되었다. 경포 아쿠아리움 들러 펭귄들을 보고는 다시는 아쿠아리움이나 동물원에 갈 일이 없겠다고 생각한다. 급 우울 모드에서 가지 말아야 할 곳을 생각해 보다가 조금 풀어졌다. 버킷리스트를 만들지 않았으니 삭제 목록이나 먼저 만들자. 아쿠아리움·동물원·군대·골프장·투우장·스키장·청와대·4대강 자전거길·어제의 나….

2017년 2월 16일

아이들은 일주일 만에 2,000m를 8분대에 주파했다(엘리트 여고부 경량 싱글스컬 에이스 기록은 8'30" 전후). 따뜻해지면 이 아이들이 실제 배를 탈 수 있을지는 모르겠다. 어쨌든 좋은 배들이 있고 호수가 있어 최적의 환경. 목표는 남녀 쿼드러플(Quadruple Sculls)을 강물에 띄우는 것. 체력단련장에 머신 다섯 대, 실내경기시스템 설비를 마쳤다. 새 학기가 시작되면 260명 전교생이 로윙 머신 체험을 할 수 있을 것이고, 그중 몇은 실제로 배를 탈 수 있을 것이다.

　아이들 셋을 개백이에 태우고 학교를 나섰다. 춘천 봉운장 갈비탕 먹고 공지천에서 몬스터 몇 마리 잡았다. 서수원 칠보체육관, 전국실내조정대회에 간다. 2박 3일. 짬을 내서 수원성과 안산분향소에도 들를 요량이다. 새로운 도전이다.

2017년 2월 17일

안산, 아이들 세 명과 텅 빈 분향소에 들렀다. 아이들도 그렇지만 교무실의 선생님들 빈자리 사진을 보는데 참 견디기 힘들다. 함께 와 준 아이들도 고맙고.

2017년 2월 18일

엘리트 선수 못지않게 아이들은 놀랍도록 집중했다. 재준이가 생활체육 부문 1위를 했다. 오늘도 광장에는 나가지 못한다.

2017년 2월 20일

안희징을 지운다. 헛똑똑이, 무지한 진보, 이리석은 자들에게 권력을 주지 마라. 싸우려 드는 것, 조롱하는 것까지는 참겠는데 가르치려 들다니!

2017년 2월 24일

"…어른들은 자신들이 국가와 시대에 버려진 것처럼 아이들을 학교라는 곳에 내다 버린 것은 아닌지 되돌아보아야 한다. 무지와 어리석음, 하찮은 욕망에 어린 학생선수들은 오늘도 축구장·야구장·체육관·코트·수영장·슬로프·얼음판… 매트 위에, 링 위에, 강물 위에, 도로 위에, 말 잔등 위에 버려져 있다…."

태극기 들고 빨갱이 예수천국불신지옥을 부르짖는 사람들도 버려지긴 마찬가지. 그러니 내가 어찌 언니 바라기가 되지 않겠는가[10].

2017년 2월 25일

동대문역 6번 출구, 다시 광장에 버려졌던 나를 찾으러 왔다. 행사와 행진이 끝나고 돌아가야 할 버스를 타는 곳. 여 저 기웃거리다 다시 일행을 잃어 버렸다. 대신에 강릉 친구와 창균이 내외를 만났다. 창균이는 막걸리 제안을 매정하게 뿌리쳤고, 여 저 어슬렁대다 커피 한 잔으로 쓰린 속을 달랬다. 어쨌든 행진이 끝나고 아홉 시 반에 전세버스를 타야 한다. with 김창균 최혜경 김경수.

2017년 2월 27일

겨우내 일에 얽매이다가 오늘과 내일만 짬을 낸다. 새 학기에는 아무도 하지 않으려는 기숙사부장을 자청하기도 했다. 토요일을 완전히 반납해야 하는 기피 보직. 자전거 바퀴에 바람 넣고 체인과 크랭크에 기름 치고 나섰다. 공지천 소양강처녀상 샘밭 세월교 옥광산 길 고개를 넘고, 구봉산 신천리 길을 가려다 오월이가 힘들어해 세월교에서 턴.

2017년 3월 1일

Oh Captain My Captain[11], 나의 자전거 멘토. 나의 동지. 첫 학교 졸업생.

2017년 3월 5일

중도 배터. 춘천 아트 마켓. 홍매 백매 흑매에 울다, 촛불의 바다에 둥둥 떠다니다, 봄내에 봄을 가져온 친구들. 자그마하게 '김×태' 하면, '×××!'로 문답을 주고받는다. 자전거 타고 나갔다 들어왔다. with 류기택 정현우 전형근 조현정 김주표 박명환 박성호.

2017년 3월 6일

분노를 다스리는 법을 배운다[12].

2017년 3월 8일

「봄눈」이 내렸고 다르게 썼다.

2017년 3월 10일

체력단련실, 수업 중 탄핵 인용! 아이들이 환호한다. 인증샷을 남겼다. 점심시간 급식소에서 한 아이가

　"선생님 축하드립니다."

　얼굴이 달아올랐다. 고 옆에 보기만 하면 늘, 똑같은 말을 반복하는 놈이

　"선생님 술 드셨어요?"

　기쁜데, 자꾸 눈물이 나려는데, 어쩌라고!

2017년 3월 15일

Oh Captain My Captain!

　"김×태! 대통령 출마하려거든 국회의원 배지 떼고 해라. 춘천시민 좀 해방시켜 다오." from 최돈선.

2017년 3월 18일

어머니와 신포시장, 봄맞이 나들이.

2017년 3월 21일

지상에 하나뿐인 독서대가 내게로 왔다. 100년 내외 향나무 원목을 하루 200번 이상 손질하여 일주일 동안 만들었단다. 묵직하다. 더는 읽고 쓰지 못하게 될 때까지 마주할, 내게도 사랑이. with 류기택.

2017년 3월 25일

봄비 내리는 날의 정오. 집 앞 군산식당. 눈물의 힘으로 떠오른 세월호. 눈물로 맞이하는 자리. with 류기택 김춘배 어형종 어휘주.

2017년 3월 28일

눈물의 힘으로 세월호는 올라왔으니 이제 진실을 인양하라!

2017년 3월 29일

노란 리본 촛불 리본 배지를 단 아이들을 보면 가슴이 뛴다.

2017년 3월 31일

"봄을 봤다는 증거를 대라는 재룡 샘의 요청에 대한 답글. 봄비는 봄이 비로소 왔다는 또 다른 증거[13]!" from 정용철.

2017년 4월 4일

체육시민연대, 만인을 위한 스포츠 세상 구현! 체육인 시국선언, 광화문 촛불에 깃발을 올린 NGO.

　자전거를 탈 수 있을 때까지는 함께 하겠지[14].

2017년 4월 7일

노란 수선화와 눈 맞추며 오가는 날들. 화분에 올라앉아 있는 하양 까망 얼룩고양이 반반이와 한참 눈 맞췄다. 삼채 쉰 촉. 곰보배추 스무 싹 모종.

2017년 4월 9일

세월호가 뭍으로 올라오기까지 기다림의 시간은 지난 삼 년의 기다림과 비례한다. 기다림에 지침 따위가 있을 리 없다. 어떤 기다림이든 눈물 없는 기다림은 가짜다. 어떤 기다림은 분노로 타오르기도 한다. 그랬다. 어제저녁, 텃밭 검불들을 그러모아 태웠다. 몇 고랑 뒤집어 늦도록 땅콩이며 생강을 심었다. 삽과 괭이, 고무래와 호미질에 온몸이 묵직하다.

2017년 4월 11일

어른의 거울은 아이들이다. 아이들은 어른의 거울이다. 사뭇 다르다. 어른과 아이는 또 어떻게 다를까. 어른 같은 아이. 아이 같은 어른. 분명한 것은 아이는 어른에 이르기 어렵고, 어른 또한 아이에 이르기 쉽지 않다는 것. 슬프다. 아이들 앞에서 어른이 아닌 꼰대가 되어 있는 나를 본다. 더 슬픈 건 어떤 아이들이 지금의 내 모습으로 내 앞에 나타난다는 것.

2017년 4월 13일

눈물의 힘[15], 0416. 3주년 사흘 전. 오늘도 아이들 앞에서 그랬다. 눈물을 감췄다. 이제 두 번의 봄을 더 지나면 아, 이 봄날이 그렇게 지나면 눈물이 마를까. 살아 있다는 것은, 죽을 때까지 기다리고 기다리는 일 아닌가.

"악마는 디테일에 있다."

승부의 세계[16]. 김상조 Win!

2017년 4월 19일

인간의 조건은 다름을 인정하는 것.

2017년 4월 21일

울었다[17]. 벌써 15년 전, 아란이가 키우던 슈나우저 무아의 체온이 몸의 기억으로 생생하다. with 김아란(지우).

2017년 4월 23일

자전거로 신대리 토고미마을. 온 산 자지러지는 중. 꽃 피고 꽃 지고 꽃 피고 지고 피고 지고. 멀리서래도 보려고 가까이 가지 않으려.

오랜만에 다시 보는 당나귀도 꽃 피고 지는 걸 아는 눈치. 당나귀와 산유화의 날.

2017년 4월 26일

프로젝트 부에서 더 플랜 시사회 포스터가 메일로 왔네.

펀드참여 인증[18].

2017년 4월 27일

심블리는 이렇게 말했다[19]. 다른 호모 스포츠쿠스들은?

2017년 4월 28일

갑철수. 그대여, 4차산업혁명이니 지니계수[20] 따위를 이야기하지 말고 바로 지금을 보라. 누구에게도 내일은 없다. 오늘이 내일이다. 내일을 향해 쏴라. 오늘을 살라.

2017년 4월 30일

토요일에는 늘 자전거를 탔다. 작년부터는 학교를 지키느라 자전거를 탈 수 없었다. 어제는 모처럼 오후 시간을 냈다. 늦은 점심. 칼국수집을 가려다가 늘 늘어선 사람이 끊이지 않는 보문각을 지난다. 오후 세 시경. 몇 사람만 집 앞에 있어 들어가기로 했다. 비빔국수와 짜장면 군만두. 옆지기와 둘이 국수배를 채웠다. 문득 짜장면을 국수로 여기지 않았다는 생각을 했다.

2017년 5월 3일

초파일, 어머니 모시고 영종도 백운산 용궁사. 봉축[21]! 북적북적 날도 뜨거운데 그늘은 찾기 어렵고. 어쨌든 초파일 점심 공양은 진리. 집사람과 여동생이 두 번 왕복. 오래 기다린 만큼 비빔밥, 떡, 다 맛있네. 어머니도 잘 드시고.

2017년 5월 5일

어머니와 도마치재. 같이 산나물 보러 다닐 날도 얼마 남지 않았다. 다래순, 참취, 미역취, 고춧잎, 오이순, 광대살이 정도. 쓰러지고 넘어지고 채이고 긁히고 까이면서, 추스르고 추스르며 여기까지 왔다, 인생. 가평에서 칼국수. 어머니 맛나게 드시네.

2017년 5월 7일

모처럼 집에 온 비정규직 노동자 두 아들과 자수정사우나. 남부해장국에 들어앉아 있는데, 와우! 이창성 대장이 아들과 들어오네.
　황사와 산불로 뒤덮인 세월이지만 어쨌든 오월. 춘천 아트마켓에 슬쩍 들렀다. 세상을 바꾸는 오월에 그리운 두 친구, 김주표, 류기택을 잠간 스쳤다. 과분하게 시집까지 받아 들었다. 오월을 살아야겠다. with 김주표 류기택.

류기택, 『참 먼 말』, 북인, 2017.
「호수를 베고 잠들다」를 오래 읽었다.

2017년 5월 9일

새롭게 아침 강에 배를 띄운다. 지난해 말 코치는 재계약을 포기했다. 1월부터 어렵게 왔다. 여식아 넷, 사내 녀석 여섯. 처음으로 아침 강에 배를 띄운다. 쿼더, 더블, 페어. 전국 최고 수준의 군청 실업팀 선수들과 감독이 도와주고 있다. 3일 차. 내일은 자기들끼리 할 수 있으리라.

2017년 5월 10일

이보다 더 좋을 수 없다는. "A big step toward the peace[22]!"from 남지우.

2017년 5월 15일

제52회 강원도민체전. 양양 사이클 남 1명, 춘천 수영 여 1명 조정 남녀 5명씩 10명. 횡성 펜싱 남녀 각 12명씩 24명. 모두 36명 역대 최대 선수단 구성. 오늘 내일은 춘천. 모레는 횡성으로 간다. 스승의 날에 바쁘고 힘드네. 출발 전 가을이가 카네이션 달아 주었다. 춘천, 조정팀이 묵고 있는 모텔 이름이 하필 에로스라니! 모텔 앞에서 CU 털러 갈 아이들을 기다렸다.

2017년 5월 17일

다 고맙고 다행이고말고. 마음 가는 대로 사는 게 쉬운가. 횡성에 출장 왔다니까 횡성사람이라고 숙소까지 찾아왔네. 곤드레나물밥 저녁을 사고 안흥찐빵까지 싸 들고. 나는 아무것도 들려 보내지 못했네. 아들 차라는데 밤길 천천히 조심히 갔겠지. 고맙고 다행이고말고. 제수씨 참 예쁘네. 화천에도 꼭 들르삼. with 최성수.

2017년 5월 19일

90년대 초 해직이었던 신현수 선생과 몇이 교육문예창작회 두 번째 사화집 『대통령이 바뀌면 세상이 바뀌나요』 편집 작업을 함께 한 일이 있다. 시에 대한 내 깜냥은 거기까지였을 것이다. 대통령이 바뀌면 다른 세상을 살 수 있다는 것을 확인하는 날들이 좋다.

어쨌든 나는 2019년 어느 날 자전거로 판문점을 지날 거다. 아니면 더 살 이유가 없겠지[23].

2017년 5월 21일
어쩌다 어머니를 본다. 어쩌다 절박함과 맞닥뜨리는 것이었다.

2017년 5월 23일
이 학년 아이들은 수학여행을 떠나고 일·삼 학년은 소풍. 모두 붕어섬으로 갔는데 그중 일 학년 한 반이 딴 산으로 간다기에 자전거로 따라나섰다. 자전거 소풍. 구름 낀 오월의 날씨가 좋다. 아이들과 어울리기는 그렇고 화천댐까지 다녀오니 아이들이 배달시킨 피자와 치킨을 나누어 준다. 만들어 간 샌드위치와 나누어 먹는 꼴이 되었다. 먼저 출발했는데 꺼먹다리 부근에서 자전거를 타고 온 세 녀석이 "천천히 오세요." 하며 쌩 멀어져 간다. 야, 좋다! 웃어 주던 그 사람이 그리운 날.

2017년 5월 24일
강원도교육청에 매주 수요일은 보충도 야자도 없다. 애들도 선생들도 숨 좀 쉬자는 숨요일[24]. 모처럼 일찍 나와 집사람과 복성원 사천 덮밥에 맥주 일 병 반주로 클리어. 캔맥 몇 개 들고 들어와 뉴스룸. 일자리 창출 추경 '속도전'이라는 말이 거슬린다. 숨 고르기도 중요하다.

2017년 5월 27일
대학로. 전교조 결성 28주년 전국교사대회. 야 좋다. 참 좋다. 막걸리 한잔도 좋겠다. 사랑도 명예도 이름도 남김없이 삼십 년. 스물여덟 해. 여기까지 왔다.

2017년 5월 29일
밤엔 별이 보이지 않는 하늘이 야속하지만, 날이 흐려 자전거 활동에는 최고의 날, 자전거 수업. 내일은 더 좋은 날일 거야. 늑대 여우들아, 그렇지, 그렇게 자전거는 그냥 타는 거야.

2017년 5월 31일

열 명의 늑대들과 학교 밖 자전거 동아리 활동. 사랑나무 지나 반지 다리 건너고 붕어섬 바라보며 터미널 앞 CU에서 아이스크림 먹고 들어오는 대박 코스. 이보다 더 좋을 수 없다는[25].

2017년 6월 6일

물 좀 주소. 너무 가물고 메말라 버석버석 푸석푸석하요. 하늘아 비 좀 내려 다오. 땅하고 맷돌질하기 전에.

2017년 6월 8일

검은 땅콩 노란 꽃 피었다. 납작납작 엎디어 숨지도 못하고 피어 있다.

2017년 6월 11일

금요일 : 강화도를 지나 교동도까지 들어갔다. 〈구술사학회 하계학술대회〉 두 손을 서로 맞잡고 반가움에 어쩔 줄 몰랐던 언니들. 여성계 전설의 고은광순 선생님을 처음 뵙고 인사도 드리고, 대풍식당 국밥 한 그릇 저녁으로 때우고 밤길을 달려 돌아왔다.

토요일 : 강원도교육청 연중행사 배드민턴대회 개최지. 한 달을 용화관 바닥 샌딩하고 단장해 놓았다. 작년에 이어 두 번째 교육감 방문. 기왕 오는 길에 기숙사 주말 프로그램 참가 아이들 격려해 주십사 부탁. 스무 명 아이들과 잠깐 어울려 주어 고맙지만 해야 할 일 하셨다.

오늘 일요일: 어제 오후부터 집사람 비상이 픽업, 낭천우거(狼川寓居)에서 개기는 중. 창균이가 봉노에서 용선 할배 들른다고 해 기다린다고. 조만간 재활병원에 찾아뵐 수 있으려나. 새벽부터 고구마밭 김매기 하는 중, 류교수가 수요일 이사한다고 전화. 길서방과 통화. 처제가 응급실에 갔다 올 만큼 많이 아프다고. 재백 아빠가 가져온 산삼 한 뿌리 씹어 먹었다.

2017년 6월 15일

학교에서 통용되는 말 중에 '몇 놈이 분위기(물)를 흐린다'라는 말을 버린다. 이러한 용례는 몇 놈에 해당하지 않는 대다수의 다른 구성원들을, 몇 놈이라는 같은 존재들과 분리하고 범주화하는 것에 불과하다. 한 인간 한 인간을 비주체적 존재로 팽개쳐 버리는 폭력 아닌가. 복분자는 잘 익어 가는데 아무도 낭천골을 찾아 준다는 소식은 없고, 애만 마르네.

"낭천골 늑대 여우들아. 오늘도 너희들을 가르치려 들고 훈계하려 들었다면 용서해 다오. 내가 더 반성하고 노력하마."

오늘은 "선생님, 술 드셨어요?"라는 소리를 듣지 않은 꼰대의 변명이다.

2017년 6월 17일

「세상의 모든 이별[26]」, 제목을 고민했다. 6·15 공동선언일을 앞두고 있었다. 「직녀에게」로 하고 싶었으나 노래에 미안했다.

2017년 6월 18일

기숙사 아이들 몇이 사고를 쳤다. 몇 아이들에게는 술 마시고 담배를 피우는 일상적인 일탈 행위로 징계를 받을 상황이 된 것이다. 부장교사로 앞가림을 해 보려고 노력했지만, 몇 녀석들은 책임 지거나 대가를 치르는 일에 익숙하지 않았다. 기숙사 생활규정도 허접하기는 마찬가지. 기숙사에서 쫓겨나게 된 이무롭게[27] 지내던 한 녀석에게 위선자라는 말을 들었다. 곧바로 인정했다.

"그래, 나는 위선자에다 배신자고 비겁한 놈이다. 나 그렇게 좋은 놈아니다."

내뱉는 순간 아이들과의 신뢰의 사슬이 쎄하게 풀어져 나가는 무참함이 정수리를 지나갔다. 한번 잃은 신뢰는 되돌리기 어려울 것이다. 어쨌든 어른이라면 아이들에게 금지하는 모든 것을, 지금 당장, 당장 멈춰야 하리라.

다시 읽은 프랑수아 플라스가 동갑이라는 것이 새삼스럽다. 오래전 그와의 인터뷰 기사를 본 일이 있었던가. 무지와 어리석음이 하늘을 찌를 때였다. 하긴 지금도 매양 같다.

프랑수아 플라스, 윤정임 옮김, 『마지막 거인』, 디자인하우스, 2002.

2017년 6월 26일

뜬금없이, 느닷없이, 아무렇지도 않게 선생님이 아니, 형님이 학교로 찾아왔다. 박기동. 그냥, 이란다. 머리 곰탕으로 점심을 먹고 조운정[28]

에서 담배 한 대 나눠 피웠다. 한생을 같이 굽이쳐 온 형님이 예전 같지 않다. 발 좀 끊지 마실래요! 하려다 그러려니 한다. 엊그제는 재활 중인 윤용선 대형님과 평양냉면을 나누기도 했다. 청산별곡이었다.

굽이굽이 돌아 여기까지 왔다. 되돌아갈 수도 되돌아갈 일도 없다. 구름이나 낚던 낚싯대를 내던진다. 따위야 아무것도 아니다. 무엇인지 획! 지나갔다. 되돌아올 일 없는 그대여. 나 또한 되돌아갈 일 없으니 그냥 살어리 살어리랏다. 녹수청산 화엄을 살어리랏다.

2017년 6월 27일

최진수. 한때 24반 무예를 수련했단다. 세월호 관련 양심의 명령을 따라 양구에서 광화문까지 걸을 때 팔호광장에서 처음 대면했더랬다. 이 친구가 오래전 죽은 친구 광재와 임동규[29] 선생을 알고 있었다. 광주에서 직접 죽염을 만들던 임동규 선생이 궁금하다. 그러거나 말거나 이 친구는 들깨 농사지어 생들기름을 만들고 있단다. 난세에 칼을 들기 위해 주경야독(晝耕夜讀)하는 진짜 무사 무인 아닌가. 무인의 초상(肖像).

2017년 6월 30일

오래된 일이지만 나의 노래방 십팔번은 김현철의 '달의 몰락'이다. 그 몰락이란 말에 꽂혀 살아온 세월. 이제 한 꼰대가 몰락하고 있다는 걸 인정해야만 한다. 꼰대란 말을 듣지 않으려 최악을 다했다는 걸. 하여 결국 꼰대로 몰락하고 있는 스스로와 대면하고 말았다. 꼰대로 몰락하는 내가 좋다. 더 이상 쪽팔리고 싶지 않다. 요즘 사고 친 일곱 늑대에게 하는 말이기도 하다. 더 쪽팔리지 않게 더 노력하마.

2017년 7월 2일

체육선생 삼십 년이 넘었는데, 잘 모르겠다. 참 생각도 많다. 식민·제국주의, 개최국, 계몽주의, 세계의 절반은 굶주린다, 산업화 문명화의 그늘, 성장과 발전의 이데올로기, 포장·감추고·숨기고, 부역으로 잘 살고, 메달 집계, 선동, 문명의 전파, 스포츠 과학화, 최악의 올림픽, 예술 그리고 스펙터클, 판타지의 고착, 권선징악, 성공신화, 기울어진 운동장, 정유라, 프리덤, 경주·경마, 평등·평화·세계평화의 구호, 에코올림픽, 올림픽 귀족들, 체조·복싱·레슬링·UFC, 스파르타쿠스… 종일

Desperado를 찾아 들었다.

with 전인권, 박정현, 성시경, 임재범, 임태경, 전인권, 한동근, Eagles, Linda Ronstadt, Carpenters, Jill Johnson.

2017년 7월 5일

기말고사 셋째 날, 마침 숨요일. 덕철 형과 금 선생이 자전거를 타고 들어왔다. 선호 샘이 평양막국수 초계탕 밥값을 냈다. 간동 지나 배후령에서 쉬는데 방전된 몸, 배후가 부실하고 힘들다. 어쨌든 내려와 금 선생이 사는 치맥으로 다시 충전되었다. with 신덕철 금명근 김선호.

2017년 7월 12일

초복에 칠석을 기다리며 여름을 살며 옥수수를 먹는다. 풀 뽑고 콩 피마자 순지르기(초목의 곁순을 잘라내는 일), 묵힌 밭에 무얼 심을지 걱정에 이러 저러 두루 걱정 한 올 한 올 뜯어 씹는다. 옥자는 감을 먹고 나는 옥수수를 먹는다. with Okja[30], Netflix.

2017년 7월 14일

해산령을 넘어 양구 우회 펀치볼 돌산령. 서화 '생명평화동산', 강원 작가 친구들 보러 간다. 먹장구름이 몰려오고 세찬 바람이 불어온다. 덜컹거리는 철책을 옆에 두고 간다. 무망이 간다.

2017년 7월 18일

「나의 배후는 나다[31]」, 그러나 겸손함에 이르는 길은 멀고도 멀다. 나는 아직 멀었다.

2017년 7월 19일

한여름의 무더위, 폭염 따위는 관심 밖이다. 이른 아침이나 저물녘 잠시 풀이라도 뽑을라치면 달겨 드는 모기들과 깔따구들이 괴로울 뿐. 한여름 밤의 꿈들을 받아 들었다.

조선희, 『세여자 1·2』, 한겨레출판, 2017.

박주민, 이일규 엮음, 『별종의 기원』, 유리창, 2017.

황석영, 『수인 1·2』, 문학동네, 2017.

조남주, 『82년생 김지영』, 민음사, 2016.
한모니까, 『한국전쟁과 수복지구』, 푸른역사, 2017.

2017년 7월 20일

〈한국스포츠인류학회〉 발표용. 「스포츠와 문학에 대한 단상」을 썼다.

2017년 7월 22일

헛된 희망을 품지 말거나 희망이 없다는 것이다. 아무 상관도 없는 일이다. 옆지기와 가야산 자락 요양원 계신 큰어머니 보고 왔다. 성주-가야-거창-빼재-구천동-무주를 거쳐 춘천으로. 무망의 길, 오늘도 왕복 800km.

2017년 7월 29일

아우가 수유리가 더 가까운 쌍문동으로 이사했다. 베란다 창문을 여니 전봇대와 전선에 거슬리지만, 인수봉이 보인다. 북한산 능선길이 한눈에 들어온다. 덕성여대 후문 쪽 산기슭 오래된 연립 3층. 이제 정릉과는 완전 이별이구나. 영종도에서 여동생이 모시고 온 어머니를 기다려 오랜만에 털보 냉면.

2017년 7월 30일

옆지기는 기도빨 좋다는 절에 가시고 엘 클라시코(El Clásico, 스페인의 명문 축구단 레알 마드리드와 FC 바르셀로나의 데뷔 경기) 라이브 보며 된장찌개 끓여 아침. 까무룩 낮잠에 빠졌다가 석양의 무법자를 보았다. 담배 한 대 피우려고 나오니 길 건너 고가로 itx 지나간다. 긴 장마와 여름날이 지나간다. 다 지나간다. 딱 2년 만에 개백이는 6만 2천을 달렸는데, 옹진이나 개마고원 백두산은 이 년 후를 기약하자. 그곳에 닿든 말든 다 지나가겠지.

2017년 8월 4일

피마자, 미처 몰랐다. 담장에 기대지 않고도 이토록 큰 그늘을 드리울 줄 정말 몰랐다. 그늘에서 이리 우러르게 될 줄 몰랐다. 그냥 가만가만 흔들릴 뿐. 아무것도 바라지 않고 버티고 있을 줄.

2017년 8월 5일

회갑. 어머니, 이 염천에 낳아 주셨다. 온 식구들 다 모여 송도 고깃집에서 밥을 먹었다. 두 아들이 선물이라며 쌤소나이트 가죽 가방을 내밀었다. 맘에 쏙 드는, 다 괜찮은 하루.

2017년 8월 7일

2014년 오늘은 3박 4일 일정으로 DMZ 라이딩을 한 날이다. 함께 한 친구들은 국토종단 라이딩을 떠나 어제 박달재를 넘었단다. 지금도 자전거를 달려 정선을 지나고 백두대간을 넘어 간성까지 갈 것이다. 나는 홀로 개백이를 몰아 무인지경(無人之境, 사람이 살지 않는 외진 곳)의 배후령에 닿았다. 자전거로 와야 했으나 오늘도 매인 몸이다.

한모니까의 『한국전쟁과 수복지구』를 읽는다. 안광이 지배를 철한다. 전쟁을 전후한 인제군을 중심으로 하는 수복지구 양양 고성 양양 화천 철원의 현대사가 생생하다. 어쨌거나 나는 아직 3·8선을 넘나들며 개풍 연백 옹진의 미수복지구를 꿈꾼다. 북쪽에서는 신해방지구. 그중 옹진은 반드시 내 발로 밟아야 할 땅이다.

2017년 8월 9일

하늘 가는 길까지 대략 누구나 거치는 길. 건강검진 받으러 병원에 왔다. 위 내시경, 분변 검사를 물리쳤다. 국립암센터에서 무료로 폐암 검사, CT 촬영을 해 준다는 것도 다음에 하자고 했다. 소변을 받고 채혈을 하는 것으로 간단하게 마쳤다. 2년에 한 번 하는 건강검진이지만 예약한 집사람 표정이 어두워진다.

죽을 만큼 아파야만 병원을 찾는 것을 어쩔 수 없다. 어쨌든 병원을 찾는 건, 생명을 담보로 보험료를 지불하며 살아가는 인간의 운명이다. 병원이 생명을 살리는 곳이라는 착각 속에 살아왔다. 음주와 흡연 비만이 건강을 해칠 것임은 자명하지만, 그런 것들이 인간의 삶을 구속하는 방식으로 작동하는 것에는 동의하고 싶지 않다. 오해하고 있는 것인지도 모른다.

2017년 8월 11일

엊그제, 용하가 춘천에 왔다. 봉의산 가는 길에서 녹우와 성림 형과 잠시 어울렸다. 성림 형 집에 들렀다 화천으로 들어왔다. 스테이크 안주로 와인 네 병을 깠다. 성림 형 늦게 가고 용하랑 또 마셨다. 아침에 일어나 다시 마시며 호박 만두를 빚었다. 만두 세 개씩 먹고 한잠 잤다. 점심엔 전만록 선생이 용암추어탕을 샀다. 또 막걸리를 마셨다. 다시 한잠 자고 고탄 고개를 넘었다. 용하를 다시 봉의산 가는 길에 버렸다. 한여름 밤의 꿈이 오고 갔다**32**.

2017년 8월 14일

목포로 가는 길, 비가 내렸다. 많이 내렸다. 발가락 양말을 벗었다. 진창에 무방비인 샌들을 신었으므로. 날은 춥지 않았다. 옆지기도 나도 아무 말도 하지 않았다. 바닷속에 처박혔다 뭍으로 나와 가까스로 누워 있는 배를 보고 왔다. 왕복 900km, 꼬박 열두 시간. 유성우가 쏟아진 날, 이른 아침이었다. 일천일백일십이 일째 되던 날, 별들의 나라는 없다.

2017년 8월 17일

대놓고 하지 못하는 말도 있다. 가령, 올림피언 중심으로 '스포츠영웅 만들기'는 한국사회의 스포츠가 근대스포츠의 영역에 머물러 있는 것을 반증한다는 것. 손기정·황영조·김연아·박태환 같은 스포츠영웅들이 한국사회의 변화발전 과정에 영향을 주었다는 증거는 없다. 지금까지의 스포츠문화 현상은 극복되어야 할 대상이지 고무 찬양되어야 하는 것이 아니다. '조국 근대화', '체력은 국력'이라는 유신정권의 유물이 남긴 무한경쟁 이데올로기는 아직 견고하게 작동하고 있다. 영웅 만들기의 함정에 빠져드는 것은 스스로 스포츠를 하위문화로 전락시켰다는 점을 은폐하려는 짓에 불과하다. 엘리트스포츠 시스템을 근간으로 한 국사회 체육·스포츠는 온갖 특권과 특혜로 성장해 왔다는 것은 주지의 사실이다. 특권과 특혜가 있는 곳에는 반드시 부정과 부패, 비인간적이고 반교육적인 행태들과 폭력이 난무하게 된다는 것에 왜 눈감는가?

2017년 8월 23일

긴 사이렌 소리가 잦아든다. 굵은 빗줄기도 겨우 잦아든다. 민방공 대피훈련. 길 건너 지하 시설로 동원되어 줄 지어 가는 아이들이 젖는다. 경계심을 버리지 못하는 고양이들이 후닥닥 빗속으로 뛰어든다. 무너질 담장에 기댄 풍선덩굴도 피마자도 봉숭아도 청포도도 젖는다. 민방공대피 훈련 따위 즉각 중단하라! 을지프리덤가디언 훈련 따위 즉각 중단하라! 사드 가고 평화 오라! 슬픈 국가가 젖고 있다.

2017년 9월 1일
제10회 강원도학교스포츠클럽대회. 고성 금강산 콘도. 축구 열둘, 농구 열셋, 넷볼(Netball) 아홉. 모두 서른넷 버스 한 대. 경기장이 여기저기 떨어져 있어, 개백이 끌고 여 저 뒤치다꺼리하느라 개고생. with 고기범 조기원 이석근 홍순자.

2017년 9월 4일
울다가 웃다가. 참 따뜻한 글이다. 역시 차붐**33**!

2017년 9월 6일
월드컵 본선 진출! 그냥 마냥 저냥 좋다! 우리 식대로 살자!

2017년 9월 8일
8월 29일 보낸 메일을 늦게 열었다. 가을 편지. 한 쓸쓸한 인간이 또 한, 쓸쓸한 인간에게 편지를 보낸 것이다. 오빈리나 낭천골의 이른 아침 가을 안개 같은 물기에 젖어 있다. 어차피 다시 가을이고 쓸쓸함은 짙어질 것이다.
　"어제 조동진이 세상을 떴습니다. 구월에 있을 공연 예매 티켓도 구입했는데, 연말에는 단독 콘서트도 예정돼 있었는데." from 박용하.

2017년 9월 17일
엊저녁 어머니에게 왔다. 아침도 주지 않으시네. 마트에서 애호박 네 개, 가지, 꼬막, 사태살, 소성주 세 병을 산다. 애호박 채 썰어 소 만들어 편수국 끓였다**34**. 나는 할 수 있을 것 같다. 아직 책을 읽고 생각하고 글을 쓸 수 있을 터. 그런데 여든셋 어머니. 60년 전 스물셋 새댁의 잃어버린 시간은 누가 찾아 주나. 어머니는 오늘 또 이야기한다.
　"그 사람 죽었을 때, 다 끝난 거야. 제대하면 세 식구 같이 잘살 수 있다고. 조금만 기다리라고, 그러던 사람이… 그렇게 기다리며 살았는데…

기다리는 것이 이제 정말 지겹다. 늙으면 빨리 죽어야 하는 게 맞아."

어머니와 함께 살지 못하는 내가 밉다. 어리석고 못난 놈. 잃어버린 시간 따위를 찾으려 하다니! 한잠 자자. 갈 길이 멀다.

2017년 9월 19일

공범자들[35]. 산천어시네마. 포스터 만들어 A3 출력, 학교 현관 유리문 눈에 잘 띄는 곳에 게시. 영화광고. 많이 가서 보면 좋겠는데 중간고사를 앞두고 있네. with 전국공무원노조 화천지부.

"20일 19:00 무료. 직접 오시면 됩니다. 팝콘 제공."

2017년 9월 22일

프랑스는 미국이 북핵 문제로 자꾸만 전쟁 위기를 조장한다면, 동계올림픽에 불참할 수도 있다는 것을 경고했다[36]. 스포츠의 가치 추구는 '세계평화' 아닌가. 2018 평창이 지구적 축제가 될 길을 연 것이다. 어쨌든 평창은 올림픽의 역사를 다시 쓸 것이다. 왜냐하면, 세계시민이라면 촛불혁명에 대한 존경심을 어쩔 수 없을 것. 결국, 촛불혁명의 힘으로 평창은 '평화올림픽'으로 기록될 것이다.

2017년 9월 24일

동서네 밭에 가서 땅콩 수확했다. 내가 심은 건 너구리와 나눠 먹는 중이다. 한 자루 들고 와 씻어 베란다에 널어놓고 오막에 들어왔다. 조중동과 확연히 다른 기획기사가 반갑다. '기레기'가 되어 연명하는 기자 나부랭이들만 있지 않았다. 저널리스트의 품격, 동족의 한심함을 까발린다는 쉽지 않은 일. 누구나 다 하는 성찰을 넘어 '진실에 눈감지 않기'가 무엇인지를 본다[37].

2017년 9월 25일

스포츠는 평화다. 프랑스가 평창올림픽 보이콧 가능성을 시사하며 싸우지 말라고 하는 것이다. 오스트레일리아 동참, 러시아와 스칸디나비아 국가들도 함께해 줄 것이라 믿어 본다. 영국과 영연방 국가들도 나서야 한다. 트럼프가, 미국의 수준이 인류의 미래를 비극적으로 만들 권리는 없다. 한반도 전쟁 위기 조장과 평창은 결코 다른 사안이 아니다. 당당한 스포츠, 평화를 추구하는 스포츠맨들이 당당하다[38]. 올림픽이나 스포츠가 인권과 평화를 향한 저항을 멈출 수 없는 이유다.

2017년 9월 27일

백일홍[39] 화무십일홍이라는데 한여름 붉어 가을까지 붉은데 붉은 것들 저절로 그러려니 붉은데 기다림도 지는 것도 꼿꼿이 흔들리며 붉은데 아직 담장 밑에서 조금씩 더 붉어 가는데 눈가 발그레 그렁그렁 붉어지는데.

2017년 9월 29일

패널들이 무슨 말을 하든 IOC, KOC에서 무슨 짓을 하든 분명한 것[40]. 스포츠는 입이 아니라 온몸으로 밀고 가는 것.

2017년 10월 1일

한가위 라이딩. 홈플러스-덕만이고개-반곡-모곡-한밭고개-소주고개-강촌에서 점프. 42번 집 옹달샘. 뭉텅·동태찌개. 아오 되다. with 신덕철 이창성 김선호 변기인 이건학 이훈희 김선호 남궁두.

2017년 10월 3일

연천에서 '이산가족' 특별전이 열리고 있단다. 자전거 타고 가 볼 수 있을까. 한가위 연휴에 남들 다 하는 것 다 하고도, 내게는 남아 있을 일. 천만 이산가족이 이제 삼백만이 채 되지 않는다. 어머니 심은 고구마나 캐는 것이 먼저다.

2017년 10월 7일

덴마크 여선생의 일상에 빠져들었다. 어느 나라나 선생들은 다 똑같군. 교사라고 다른 이들과 다르지 않게 감정놀음에 빠져들고, 자식 때문에 속 썩이고, 학교에서 관리자들이나 아이들과 싸우는 모습이 꼭 나 같았다. 어쨌든 가부장적 남성 중심의 세계관에서 벗어나는 일이 살길이다.

with 리타(RITA)[41], Netflix.

2017년 10월 12일

기대하고 기다렸던 일, 감성마을에 들렀다. 학생회 아이들 중심으로 20여 명 다목리 들어갈 때 차를 갖고 따로 들어갔다. 아이들 앞에서 할배는 꼰대 같은 말밖에 할 수 없었을 것이다. 돼먹지 못한 어른들을 대하는 것처럼 할 수는 없는 일. 어쨌든 선생님 십팔번 '가는 세월'에 아이들이 신기해하고 즐거워했다.

2017년 10월 16일

가을 운동장에서 점프 샷 활동. 날아오르는 것은 반드시 지상으로 내려앉기 마련이다. 낭천골 골짜기마다 붉게 물든다. 천자만홍(千紫萬紅)[42].

2017년 10월 17일

"모든 경험은 인간의 몸에서 비롯된다. 세상에서 우리가 경험하는 것은 모두가 현상이다. 그런데 현상에는 '의미'가 함축되어 있다. 현상의 발생은 '의미의 탄생'이 된다."

"세계에 대한 인간의 반응을 '지각'이라고 부른다. 지각은 단순히 감각기관이나 두뇌의 활동이 아닌 몸의 총체적인 활동으로 세계에 참여하는 것이다. 지각과 같은 활동을 통해 세계에 속해 있으면서 세계를 향해 나아가는 주체를 '세계에의 존재'라고 부른다."

"지각이 일어나는 장을 '현상적 장'이라고 부른다. 현상적 장에서 세계는 지각하는 주체나 그 대상과 분리되어 존재하지 않는다."

"서양철학은 근대에 이르기까지 인간의 몸을 폄하하고 지성을 최고의 가치로 여겨 왔다. 몸은 세계를 지각하는 주체이며 또한 인간 존재의 실존적 표현이다."

철학 하는 시간. 고3 전국연합학력평가 국어영역 16~21번 지문에서 발췌한 메를로퐁티[43]의 말들. 끝까지 문제를 붙들고 있는 아이들은 여섯 명. 수능 때는 잘하겠지.

2017년 10월 19일

늑대 여우들 서울 구경에 따라나섰다. 서울 가는 길. 두 학년 버스 네 대 북부 간선으로 들어선다. 내부순환로 정릉 세검정 윤동주 문학관. 시인의 언덕을 갔다. 내려오는 길에 연희문학창작촌을 눈 흘기며 둘러보기도. 볕 좋은 가을날 경복궁역, 통인시장, 서대문공원 등을 어슬렁 거렸다. 아이들만 했을 때 헤집고 다녔던, 손바닥처럼 환한 길. 통인시 장에서 점심 먹으러 모두 뿔뿔이 흩어졌을 때 인왕식당 소머리국밥으로 점심.

2017년 10월 21일

종일 동서네 들깨를 털었다. 들깨 서너 말 얻는 일. 더 겸손해지고 보다 나은 인간이 될 수 있다면.

2017년 10월 22일

며칠 전 비수구미에 다녀왔다. 이제 네 번 정도의 계절이 바뀌면 지금 의 일상에서 놓여나게 된다. 자연스러운 일이지만 30년이 넘는 한 생애 와 이별해야만 하는 것이다. 바람이 불면 가차 없이 나뭇잎을 털어내는 숲속 나무들처럼 단호하면서도 순하게 이별을 준비할 수 있었으면 좋 겠다. 겸손함을 더해[44].

2017년 10월 25일

배추와 무는 한 스무 통씩 잘 자라고 있다. 땅콩과 고구마는 나누고 갈 무리했고 줄콩('강낭콩'의 전라남도 사투리)은 밥에 두어 먹고 있다. 흰콩 과 피마자는 슬슬 베어 말리고 있다. 둘 다 말가웃은 되겠는데 피마자 는 기름을 짜야 할지 뭘 할지 고민이다. 고추는 틈틈이 따서 말렸는데 두 근도 얻지도 못할 것이다. 이슬이 마를 즈음 검은 줄콩 몇 줌, 풀숲 에 저절로 널브러져 자라난 방울토마토 한 소쿠리 얻었다. 뒷산 숲에서 떨어져 있는 잣 몇 송이도 주워 왔다. 가을을 걷는다. 깊어 가는 가을만 큼 무연한 슬픔 같은 것들이 깊다.

2017년 10월 28일

김훈 중위 국묘 안장[45]. 타인의 고통과 나의 고통이 겹쳐지는 나라. 슬 픈 국가.

　서울에 다녀왔다. 제60회 전국역사학대회. 고려대학교 백주년기념관. 〈한국구술사학회〉, '기억과 역사-구술사의 위상과 방법론적 전유'. 언니 들과는 잠시 눈만 마주쳤을 뿐, 아쉽지만 어쩌겠는가. 또 보면 되겠지.

2017년 10월 29일

살아남을 자격이라고 여기기로 했다. 큼지막한 것들만 골랐다. 홍게 대게 털게를 쪘다.

2017년 10월 31일

가위바위보, 간이축구. 얼티미트 활동을 하는 가을 운동장. 꿈도 꾸지 못했던 론그라운드. 역동적 순간, 그대로 멈춘, 아이들 활동 장면 사진들을 편집하는 즐거움. 한 생애들의 순간을 만나는 즐거움으로 체육선생을 멈출 수 없었나 보다. 그런데 한국 축구는!?

2017년 11월 2일

"나는 자의식이 아니라 '진정한 자신'을 갖고 싶었고 자존감이 아니라 '존재'를 갖고 싶었다. 이 지옥 같은 세상을 표류하는 유령이 아니라 뚜벅뚜벅 앞으로 나아가는 인간이고 싶었다[46]."

괜찮은 배우라고 생각했는데, 문장가 아닌가. 유아인과 함께 김주혁을 추모한다. 그대를 보며 오래 행복했노라. Rest In Peace.

교사 뒤편 어린 소나무에서 일년생 솔방울 몇 줌 얻었다. 냉면 그릇 크기 대접에 솔방울을 넣고 물을 가득 채워 방구석에 놓았다. 깜냥에 솔 향을 풍길 일 없겠으되 다 제 멋이다. 솔방울이 벌어지면 무지한 것이고 오그라들면 어리석음이라 여기리라. 물을 부어 주는 동안만큼은 오래 벌어졌다 오그라들기를 반복하겠지. 대략 산다는 것이 솔방울이 젖어 있거나 말라 가는 것과 같을 것이다. 가을은 깊어 가고 가는 비 내린다. 무지와 어리석음이 깊어 가는 딱 그만큼 오늘이 좋다.

2017년 11월 4일

늙은 강아지와 비만 고양이를 어루만지는 주말 아침. 숙취가 심하다. 어제는 연구학교 발표. 교장이 업무추진비로 밥을 샀다. 제주 꺼먹돼지 고기로 배를 채운 것도 모자랐다. 2차로 젊은 친구들 넷을 이끌어 봉의산 가는 길. 호기 있게 와인 네 병을 깠다.

막걸리 일 병 생각이지만 어머니 보러 가야 한다. 나는 스물아홉 살부터 정규직 노동자로 살아왔다. 배곯지 않고 살았다. 그런데 아직도 팔순이 넘은 어머니는 비정규직 청소노동자다. 서른둘 큰 애, 스물아홉 작은놈 모두 비정규직 노동판을 즐기고 있다. 밥은 먹었냐는 물음에 리을이가 보내온 사진을 보는데 자꾸 눈물이 난다. 함바식당(건설현장에 마련된 간이식당)도 끼니마다 다르기는 하겠지만, 아무리 비정규직 노동판이라지만 이게 뭐냐! 생선토막이나 돼지고기볶음 한 절음도 없이.

2017년 11월 14일

50% 이상의 아이들은 수능에 관심도 상관도 없고, 고3 80% 정도가 수학을 포기하는 나라. 묻는다. 누구를 위한 수능인가? 초중고교가 아직도 대학의 식민지인가? 대학 평준화는 정녕 불가능한 꿈일까?

2017년 11월 15일

「평창을 위하여⁴⁷」, 많은 이들이 평창 하면 무참히 파괴된 가리왕산을 떠올릴 것이다. 다시금 분노가 치민다. 조직위는 지금이라도 최순실의 아바타 박근혜 정권의 충실한 하수인으로 전락했었음을 자복(自服)해야 한다. 한때 분산개최를 고민하다 입장을 바꾼 문순C도 결코, 자유롭지 않다. 석고대죄하는 자세로 도민들은 물론 국민에게 올림픽에 대한, 관심과 응원을 구해야 마땅하다. 아직은 불씨가 남아 있는 북한 마식령 스키장을 이용한 북한과의 공동개최 또는 분산개최를 위해 최대한 노력해야 한다.

2017년 11월 16일

수능 연기로 하루를 놀게 되었다. 수능 종사자뿐만 아니라 응시생들도 하루 공부에 매이지 말고 놀았으면 좋겠다. 재난을 당한 포항시민들이 주는 선물. 여유. 마음은 어려움을 겪는 포항사람들에게 두고.

드나드는 고양이들은 내게 전혀 곁을 주지 않는다. 당연한 일이다. 내가 고양이들의 생애에 끼어들 일 없으므로. 다만 먹을 것을 챙겨 주는 데 그것 또한 고양이들을 위한 것이라기보다 내가 하고 싶어 하는 일일 뿐이다. 열 마리까지 드나들다가 요즘은 네 마리다. 까꿍이 반반이는 며칠째 보이지 않는다. 남아 있던 아주 작았던 애들이 많이 자랐다. 그중 집에서 같이 사는 땅콩이와 같은 모습의 녀석이 무슨 일인지 한쪽 눈을 잃은 모습에 마음이 좋지 않았다. 지난주 비상이와 들어와 김장을 버무리던 집사람.

"여보. 외눈이라고 하려니 너무 마음이 아프네. 애심이라고 하면 어떨까?"

2017년 11월 22일

내일 수능일. 작년에 이어 순찰 요원이다. 바뀌지 않는다면 한 해 더 할 것이다. 시험지 도착하는 새벽 다섯 시 반부터 나가야 한다. 읍내 슈퍼에서 새꼬막 한 팩 사 들고 와 삶는다. 삶는 것이 아니라 데친다고 해야 한다. 내가 만드는 양념 없는 꼬막 숙회는 지존의 반찬이다. 흰콩을 볶아 콩자반도 만들었다. 혼자라는 궁상스러움 따위가 있을 리 없다. 혼자 산다는 것이 얼마나 좋은데.

2017년 11월 23일

6시 반쯤부터 응원 나온 군청 교육청 사람들과 아이들, 8시 20분경 모두 돌아간 이후, 수능이 끝날 때까지 버텨야 한다. 정문 담당 순찰 요원으로 복무 중. 수능 수문장. 교문 앞을 차로 가로막았다. 수능과 상관없는 고양이들만 가끔 개백이 앞을 가로질러 갔다.

2017년 11월 28일

눈물 나게 보고 싶은 사람들 많은데 체육시민연대 행사에는 가지 못한다. 멋있는 노승일[48]. 맑은 술 한잔 나눌 기회인데. 오랜만에 겨울 제주에 다녀올 기회가 생긴 것이다. 물론 눈물 나게 보고 싶은 이들을 만날 것이다. 내일 저녁에 어머니에게 가서 저녁 해 드리고 목요일 아침 영종역, 길가에 어머니를 또 버릴 것이다. 사흘 동안이지만.

2017년 11월 29일

2014, 2015, 2016, 2017년. 네 번째, 11월 25일 전후로 격렬한 우울로 무기력하다. 총 맞은 것처럼. 해가 갈수록 더하다.

아직 밥벌이에서 벗어나지 않고 있다는 것이 그나마 다행이다. 일터에서는 우울할 겨를이 없다.

(Bridging shot-Fade in) 사 년 동안 같은 날, 각기 다른 풍경 속에 우울을 떨쳐 버리지 못하는 사내 (Fade out)

(Focus in) 1959년. 11월. 하루, 이틀, 사흘… 스무 날. 하루 걸러 오다시

피 했는데, 보름이 넘도록 오지 않는 편지. 불안해하는 새댁.

"부엌에서 물을 데우고 있는데, 체부(우편집배원)가 부르더라구. 근데 이제 예감이 이상한 거야. (앞치마에 물 묻은 손을 닦으며) 편지를 받아 드는데 다리에 힘이 풀리더라구."

(Flashback) 새벽에 일어나 밥을 하고 더운물을 대야에 떠 갖고 들어가 돌 지난 아이를 씻기는 새댁. 호되게 추운 아침. 아이를 업고 눈 덮인 산모퉁이를 지나 눈길인 신작로에서 오지 않는 버스를 기다리고 있다.

2017년 11월 30일

어제저녁. 제주 학술대회 참석하러 가는 길 어머니에게 왔다. 차를 두고 김포공항을 오갈 요량이다. 다시 한파가 덮친 날 새벽. 마침 TV화면 가득 제주풍경이다. 여자 노인, 한 여자, 어머니가 여행경비에 보태라며, 식탁 위에 봉투를 놓고 현관문을 여신다. 운서역까지는 한 정거장. 작은방 창문을 열고 굴다리 지나 영종역으로 향하는 어머니를 본다. 폭삭 늙어 버린 한 여자. 여섯 시 사십 분쯤 도착하면 굼실굼실 관리실 청소부터 하고 커피도 타 마시고 여유로우려면 일찍 나가야 한단다.

같이 늙어 가는 아들은 날이 밝는 대로 저 굴다리 지나는 길을 떠나야 한다. 59년 전, 총상을 당한 닷새 후였겠다. 스물넷의 젊은 군인. 아버지가 야전병원 막사에서 달아오르는 난로를 바라보며 떠올렸을 한 여자. 늙은 어머니.

2017년 12월 1일

제주 칼호텔. 유네스코 등재 1주년, 제주해녀문화 국제 학술대회 제3분과 〈한국구술사학회〉 동계학술대회, 토론자로 참여했다. 학술대회가 끝난 후 만찬장을 빠져나왔다. 상원이 미순이 내외가 두 아들과 호텔 인근으로 찾아와 같이 저녁을 먹기로 한 것. 삼 년 만에 보는 얼굴들. 오늘이 가기 전, 은하게 최초이자 마지막 행운. 재회는 또 다른 이별을 예비하는 것일 뿐. 또 다른 날들 기약해도 눈물인 것은 어쩔 수 없다.

2017년 12월 2일

이종형. 처음 제주에 발을 디딘 30년 전에는 철이 없었고, 20년 전에는 무지했으며, 3년 전에는 어리석었다. 그때마다 형은 살갑게 내 이야기를 들어주었다. 오늘도 한결같은 모습으로 따뜻하게 손을 잡아 주고 내 편이 되어 주었다. 30년 전에는 오분자기 뚝배기, 20년 전에는 갈치와 고등어회, 3년 전에는 현경식당 순대국, 오늘은 각재기국과 콩국을 맛보게 한다. 배야지가 말개지도록 맛있게 먹었다. 생애를 관통하며 마주하는 호사도 이런 호사가 없다. 헤어지면서 새된 소리를 하고 말았다. 형을 보러 오겠다던가, 형이 육지에 나오면 내가 알아서 찾아가겠다는 이야기였는데 가당치도 않은 말이었다. 마지막 거인처럼 웃어 준 형이 공항을 떠나기도 전에 보고 싶다.

2017년 12월 6일

낭천우거(狼川寓居) 두 해째 겨울. 달빛도 바람도 차다. 깊어 가는 겨울 더 깊어 가는 침묵. 불을 밝히고 난로를 피운다. 불 밝힌들 찾아 줄 이 아무도 없는. 오두막의 불빛.

2017년 12월 9일

공저자에 이름을 올린 것으로는 두 번째. 아주 예쁜 책을 받아 들었다.
　스포츠문화연구소, 『생각하는 올림픽 교과서』, 천개의바람, 2017.
　with 정용철 정윤수 이대택 함은주 정성훈 최동호.

2017년 12월 11일

빌어먹을! 항소심 공판장이 일 년 만에 날아들었다. 지난주 보낸 춘사 칼럼 제목은 「이곳에 살기 위하여[49]」.

2017년 12월 14일

기숙사 아이들 밥 먹을 시간인 오전 일곱 시, 아이가 배가 아프다며 여사감이 전화를 해 와 출입문 앞으로 나오라고 하고, 우유차가 드나드는 좁은 길로 차를 가져갔다. 아이를 싣고 돌아 나오다 중학교 본관 모서리에 우측 차 뒷문과 적재함 부분을 크게 긁었다. 돌아볼 여유도 없이 아이를 보건의료원에 들여보내 안정시키고, 나와서 보니 왕창 찌그러져 푹 들어갔네. 망했다.
　춥다고 아우성이고 정말 꽁꽁 얼어붙는다. 오늘 화천은 영하 13도. 남극은 영하 30도 언저리란다. 남극에서 온 안부. 남극점에 있는 모습을 보냈는데 정말 추운가 보다. 라라의 집을 찾아들었던 닥터 지바고의 얼어붙은 수염과 절실한 눈빛의 사진을 보내왔다. 얼어 죽을 일은 없겠다. from 남지우.

집에서 딴 감귤을 보내 준다는 메시지를 받고, 기꺼이 기쁘게 받겠다는 답신을 보냈더니 로켓 배송으로 귤상자가 날아왔다. 제주에서 온 선물. 예쁜 책도 함께 왔는데 가슴이 덜컥 내려앉았다. 분명 인류학적 글쓰기, Self Narrative일 것이다. 이런 선물을 받을 자격이 있을지를 생각했다.

김은주, 『명랑해녀』, 마음의 숲, 2017.

2017년 12월 16일

다시 청춘의 광장 광화문. 전국교사결의대회 연가 투쟁 결합. 혁소가 여럿이 행진하는 중심에 내가 있는 흑백사진을 남겼다. 바로 지금의 내 생은 지나온 생과 함께 흑백의 생애로 희미해져 갈 것이다. 그렇게 희미한 옛사랑의 그림자로 사라질 것이다. 아무런 상관없는 일이다. 우리가 광장에 함께 섰던 순간들은 청춘이었으므로. 흑백사진으로 빛이 바래고 낡아 가야 할 광장의 청춘이 고맙다. 열흘 넘는 삭발 단식을 마친 영섭이와 같이 내려올 수 있어서 더 고마웠다.

2017년 12월 17일

첩첩하면 되리라. 앞산 첩첩 뒷산 첩첩 온산 첩첩 그러면 되리라. 같은 곳에서 같은 곳을 바라보며 나는 아직 펄펄 살아 있다. 펄떡펄떡 사그라들고 있다 해도 일 없다. 어쨌든 견뎌야 하는 겨울. 시인들이 그립다. 별 하나에 용하 또 별 하나에 창균 더 먼 별 하나에 프랑시스 잠, 라이너 마리아 릴케, 허림, 기택이라는 이름을 쓴다. 안드로메다 저쪽에 있는 관용이라는 시답잖은 시인의 이름을 쓴다. 봄내라는 이름 앞에 현정 은경 승태 춘배 상문이라는 그리운 이름을 쓴다. 혁소를 쓰고 박기동 최돈선 윤용선 황미라를 쓴다. 영(嶺, 높은 산의 고개) 너머 이상국 신승근 이언빈 이종린 형들의 이름을 쓴다. 명기와 남극이는 조금 더 멀리 있다. 별만큼이나 많은 시인들의 이름들을 쓴다. 앞산 뒷산 옆 산 첩첩하니 이 아니 족한가. 결국, 쓰지 못할 단 하나의 이름이 태양과 바람의 힘겨운 힘으로 첩첩하면 되리라 낭천 골짜기. 뉘규[50]?

2017년 12월 24일

어제, 오전 내내 만두소를 만들어 겨울비 내리는 아침 일찍 출발해 어머니에게 왔다. 쌍문동에서 온 남동생과 스피츠 레이, 운서역 근방에 있는 여동생. 그리고 집사람과 비상이. 만두를 빚어 한 솥 끓였다. 겨울이면 일상이던 일이 이제는 한두 번이다. 일상의 몰락, 어쩔 수 없는 일이다.

2017년 12월 26일

나와는 살짝 서로를 어렵게 여기는 오랜 지기 이순원. 19세, 교과서 수록 작가가 낭천골에 떴다. 순원이 형이라 부르는 홍순자 선생이 마련한 프로그램. 2학년 늑대 여우들이 좋아한다. 국어선생님들과 맨 앞줄에 앉아 즐겁게 자리를 지켰다. 강의가 끝나고 밥도 같이 먹지 못하고, 아쉽게 헤어지면서 잠시 이외수 선생 걱정을 나누기도 했다. with 전만록 홍순자 이순원 김수형.
　이순원, 『19세』, 문이당, 2005.

2017년 12월 27일

용암추어탕집, 최백순, 김창길. 이 불한당 놈들이, 이 먼 낭천골까지 점심이나 먹으러 온 것만은 아닐 것이겠다. 사는 게 다 거기서 거기다.

2017년 12월 31일

결국, 여기까지 왔구나. 그럭저럭 괜찮다. 고맙다. 정말 다행이다. 그런데 이건 아니다. 정말, 아니다. 이런 말은 하고 싶지 않다. 적폐 경찰, 검찰아 나도 잡아가라. 데자뷰를 마주한다[51].

3·8선의 봄

개인이든 집단이든 기억이 모든 주체와 연결된 삶이 될 때 역사가 된다. 그러므로 바로
지금을 기억으로 새기고 기록하는 모든 것, 인간이 역사가 되는 것이다.

2018년 1월 1일

온단다! 오라! 렬렬히 환영한다! 북대표단!

2018년 1월 2일

늘어난 나이만큼 더 나은 인간이 될 가능성이 더 줄어든 2018년. 출발 시동, 변신 혹은 예열 중이다. 옆지기와 미장원에서 나란히 앉아 퍼머넌트.

2018년 1월 6일

바람이 불었다. 방도가 없다. 떠나는 것이다. 90년대 말 일했던 구로고부터 백순이에게 핸들을 맡기고 같이 떠돌기로 했다. 시흥고 들렀다가 내리 남해 보람이네. 옛 친구들과 새집 집들이.

    with 이범규 박찬선 천대성 엄시문 박재현 이녹원 & 제수씨, 형수들.

    삼천포 진달래 포차 한잔 1박. 내쳐 오산에서 무성이 보고, 시흥사거리 분이네 순대국. 대리로 쌍문동 동생 집. 좋다. 눈물 나게. with 최백순 김창길 김수하 김충권 김무성.

2018년 1월 9일

아버지 59주기. 옆지기가 이것저것 정성껏 준비.

2018년 1월 11일

두 시 반 춘천지법 102호 법정. 변호사는 22쪽의 답변서를 준비했네. 바뀐 검사 애는 먼저 애보다 훨씬 더 버벅대고, 결국 판사가 검사에게 공소기일 변경하라 하네. 썩을!

2018년 1월 12일

제주우편집중국 1월 2일 소인이 찍힌 시집을 8일 아침에야 교무실에서 받아 들었다. 1·12 오늘 동지 스무엿새. 사흘 전 동지 스무사흗날 아버지 제사를 지냈다. 네 번째 작품 「자화상」의 부제 '동짓달 스무사흗날 밤에 관하여'를 읽고 책장을 잠시 덮었다. 형 이야기를 무심하게 흘려들었던 무지와 어리석음이 밀려들었다. 많은 것들이 명료해지면서 눈앞이 흐려지는 것이다. 형에게 많은 걸 빚지고 있는 뭍에 것 아우는, 형의 시를 만나려고 시를 쓰고 있다는 믿음이 단단해진다.

이종형, 『꽃보다 먼저 다녀간 이름』, 삶창, 2017.

2018년 1월 13일

오늘은 큰애 생일. 작년에는 랍스터를 먹었는데, 둘 다 멀리 있고 옆지기
는 일박 이일 어디를 간단다. 남춘천역에 떨궈 주고 들어왔다. 비상이 콩
이와 랍스터 대신 새꼬막 삶아 해장 시작. 저녁에 note5에서 이미 전설이
된 시인의 '모란 동백'을 직접 보고 들었다. 우대표가 일찍 떠나 맥이 풀리
기도. with 이제하 최돈선 우일문.

2018년 1월 15일

"한국전쟁을 '모든 관점에서' 이해하는 것은 북한에서는 여전히 감옥에
갈 일이고, 이제는 (그리고 마침내) 민주화된 남한에서도 용서받지 못할
일이다." 111쪽.

브루스 커밍스의 지적은 맞다. 그러나 용서받지 못하고 감옥에 간다
고 해도, 나는 모든 관점에서 Unknown War, 한국전쟁을 이해하려는
노력을 멈출 수는 없다. 나뿐 아니라 많은 이들에게 실체가 지워진 슬
픈 국가 안에서 실재(존재)하고 있지 않은가.

고광헌 선생님이 프랑스에서 찍은 사진 한 장을 발견하고 벌떡 일어
났다. 완전히 벌거벗긴 수백 명의 조선인민군 포로들이 열 지어 앉아
있는 사진의 르몽드. 마침 커밍스 책에서 포로가 된 조선인민군 병사들
의 발가벗겨진 사진을 본 후였다. 소름이 돋았다. 엊그제 얼굴만 잠깐
본 우대표 부친도 나의 아버지도 전쟁포로였다. 남측에서는 아직도 반
공포로라고 하는.

브루스 커밍스, 조행복 옮김, 『브루스 커밍스의 한국전쟁』, 현실문
화, 2017.

2018년 1월 17일

어쩌면 마지막인 강원도 중등체육교사 연수. 강원진로교육원 속초로 출
발한다. 늘 가는 길, 가는 국밥집, 모텔에 묵으며 반갑게 볼 이들도 있겠
으나 더 그리운 이들도 있겠다. 2박 3일, 고양이 네 마리가 배웅했다.

2018년 1월 18일

참가 신청 완료. 평화는 미래가 아니라 바로 지금! 당장! 만나야 하는 것.
  "〈한반도 평화정착을 위한 세계평화대회[1]〉라인업이 흥미진진합니
다. 우선, 발제자로 영국 에딘버러대 이정우 교수, 신일본스포츠연맹의
사토 유시유키, 그리고 서울대 김유겸 교수가 출동하고요. 각 발제에
대한 토론에 정윤수 성공회대 교수, 김화순 한신대 교수, 그리고 제가
등판합니다. 종합토론에는 한림대 고광헌 선생님이 참가하고요." from
정용철.

2018년 1월 19일

"연하장으로 〈웹진 문화다〉 1월호에 발표할 시를 동봉합니다."
  해넘이 할 때 보내온 용하의 메일을 더디 읽었다. 용하를 볼 때가 되
었다. 2박 3일의 속초행 마무리. 중앙시장 애란네에서 가자미식해 명란
젓과 좌판에서 물미역과 붉은 대게 한 무더기를 샀다. 창균이도 봤으니
됐고 한계령을 넘을까 구룡령을 넘을까. 그랬는데.
  그렇게 망망대해에서 돌아왔는데 에잇! 앞길이 구만리네! 머라고라!
국민 밉상, IOC에 단일팀 반대 서한[2]? 아~ 정말 욕 나온다. 정말 역겹기
그지없다. 징그럽고 소름 끼친다.

2018년 1월 20일

단일팀, 한반도기에 딴지를 걸고, 재 뿌리는 모리배들에게 묻는다. 여
자 아이스하키 팀에, 분산개최 문제에 언제 한 번이라도 관심 가져 본
일 있느냐? 자격 없는 것들!
  「국수를 먹는 밤」을 썼다.

2018년 1월 24일

브라보 정현[3]! 2월 1일에서 3월 8일로 미뤄진 변론 재개기일 소환장, 갓
볶아 그라인딩 한 예가체프 커피. 남극점에서 만들어 타이베이(Taipei)에
서 보내온 택배 상자. 깊은 겨울에 받아 드는 선물들. with 김현진 남지우.

2018년 1월 27일

평화를 꿈꾸는 동안은 매일이 기적이다. 어머니 보러 왔다. 엄마.

2018년 1월 30일

종점에 다다랐다는 생각으로 매일을 보낸다. 종점식당에 들어앉아 있는 느낌이랄까, 아니, 빨리 종점에 다다르기를 바라는지도 모른다. 생애의 종점, 교사의 종점이다. 방학이라고 할 수도 없다. 두 주는 방과후 학교 나오는 아이들 들여다봤고, 이틀은 역량 강화 연수, 다시 이틀은 아이들과 선발적 체험학습에 매달렸다. 하루에 천 팔백만 원을 써야 하는 동계올림픽 참관 계획서를 작성했고, 지난해 천 육백만 원을 집행한 기숙사프로그램운영 결과보고서를 만들었다. 세 학기 후 정년을 앞둔 교사에게 던져진 일이다.

　김명기, 『종점식당』, 애지, 2017.

2018년 1월 31일

철원 한탄리버스파호텔. 올림픽개최기념 세계평화대회. 평화라는 말은 얼마나 절실한 말인가. 정욱식, 정윤수 두 양반과 셋이 찍은 사진을 남겼다. 김현진 선생의 플로어 발언이 절실했다. 절실한 만남, 절실한 평화와 함께하는 한탄강 고석정을 함께 걸었다. 고광헌 형님시인선생님이 「물 아래 지은 절」이란 시를 읽어 주셨다. 끄트머리 문장.

　"우리는 아무도 제대하지 않았다**.**"

2018년 2월 3일

날이 매우 차다. 옆지기와 양평역에 차를 두고 동태찌개 뚝배기에 지평 막걸리 한 통을 비운다. 양평발 강릉행, 12:42 KTX 산천. 강문이나 안목이든 어디서든 바다로 가는 길을 가는 동안, 열차를 기다리는 동안, 기다리는 열차는 오지 않았다. 금학칼국수 들러 중앙시장에서 홍어 무침, 물미역을 사 들고 강릉역에서 다시 KTX 산천을 탔다. 단순한, 겨울 열차 여행.

2018년 2월 4일

지웠다고 생각했는데, 아니었다. 드러나지 않으나 누군가에게 각인되어 있는, 어떤 기억들도 누군가에게는 역사의 한 부분이다. 그 기억을 복원해 내는 것이 구술사(口述史), 생애사, Self Narrative의 입구라는 생각을 해 본다. 몇 권 책들을 다시 읽으며 내가 지웠다고 생각했던 어떤 기억들이 생생하게 떠올라 어쩔 줄 몰라 했던 차가운 입춘.

2018년 2월 6일

YTN 파업 사태에 관심이 없는 세월이 한심하다. 새벽부터 평화올림픽
에 초를 치는 작태. 눈이 삐어도 한참 삐었지! 적폐들이 알박기 한 최남
수를 빨리 내쫓아야 한다[5].

2018년 2월 9일

개막! 가슴이 뛴다. 어쨌든 미국은 훼방 말라.

2018년 2월 12일

「눈물의 기원」을 썼다.

2018년 2월 18일

Serendipity[6]! 간다! 관동하키센터! 단체입장권 180매 구입할 때 확률이
30~50% 정도였는데 단일팀 경기를 볼 수 있게 된 것. 100명 이상 강원
교육가족과 함께할 수 있어 더 좋다. 평화의 새날이 밝는다. 여성은 평
화다. 미국은 훼방 말라.

2018년 2월 22일

「스포츠 담론의 외부-평창을 넘어 평화로 가는 길」을 썼다.

2018년 2월 24일

「봄의 기원」을 썼다.

2018년 2월 27일

영종도 운북동 영종역. 어머니는 굴다리 지나 한 정거장, 운서역 근처
의 일터로 가셨다. 종일 맘이 설레겠다.
 "왜 그랬는지, 어떻게 할 건지, 왜 안 되는지, 물어는 보아야 할 것 아
니냐?"
 어머니가 귀에 딱지가 앉도록 늘 하는 이야기. 어떻게 거역하겠는가?
결국, 다시 국민신문고에 민원을 넣었다.

국가보훈처장. 신청번호 1AA-1802-211316. "슬픈 국가를 위하여."

2018년 3월 2일

99주년 3·1절을 보내고 정월 대보름. 아이들은 첫 번이자 마지막. 나는 서른세 번째 입학식. '공판기일 변경 명령' 통지가 와 있었다.

2018년 3월 6일

신입생 아이들과 만남은 언제나 그랬듯 설렌다. 첫 수업 교실에서 아이들 이름을 쓰는 판서. 미투·자유·평화를 자연스럽게 연결해 이야기하는 기회. 이제 몇 번 남지 않았다.

2018년 3월 14일

오늘도 춘천에서 화천으로 3·8선을 넘어 '수복지구'의 일터로 향한다. 남북 정상회담과 함께 북미정상회담까지 현실화되는 꿈같은 봄날이다. 멀지 않은 날, 개마고원에 닿을 수 있을 것만 같이 가슴이 뛴다. 삼지연 쪽에는 분명 여우들이 평화롭게 살고 있을 듯도 하다. 「개마고원의 여우에게[7]」, 그동안 부지불식간에 여성들을 여우라고 지칭했던 일이 있음을 반성하고 사과드린다. 여성은 평화다. with you.

2018년 3월 15일

목적경비 평창올림픽 관람 예산 잔여액을 이월해 패럴림픽 끝날 때까지 정산해야 했다. 1학년 아이들을 버스 두 대로 강릉-용평 둘러보고 오는 패럴림픽 체험학습을 만들었다. 이른 소풍. 이동 시간만 6시간을 잡아야 하니! 경기는 보지 못하고 강원도장애인체육회 박 팀장 만나 응원 물품을 전달했다.

화천에서 봄비를 맞으며 출발했는데 강릉에는 사악하고 저열한 것들을 물리치고 따뜻한 바람이 분다. 강원국제비엔날레. 일 학년 세 학급 부일식당에서 점심 먹고 용평리조트 곤돌라. 비가 와도 운치 있었다. 재룡 씨, 재롱 샘, 스스럼없이 다가오는 새내기들이 봄을 데리고 왔다. with 박성일 허욱.

2018년 3월 16일

꿈도 아니게 어젯밤 내내 돼지를 잡았다. 칼을 갈아 털을 제거하고 해체하고 삶고… 도무지 내가 할 수 없는 일이 생생하게 펼쳐졌는데, 내가 돼지였다. 바리스타 옆지기는 커피콩을 볶고 있었다. 온 집안을 커피향 자욱이 훈연(燻煙, 연기로 익힘)하고 있었다. 모카포트 에스프레소 한 잔으로 맞이하는 봄날이었다. with 에디오피아 예가체프, 콜롬비아 메델린 슈프리모, 인도 몬순 말라바, 케냐 키암부, 페루 찬찬마요, 코스타리카 산라파엘, 베트남 마운틴라이온.

2018년 3월 17일

장애인아이스하키 팀과 대통령 내외분이 활짝 웃는 사진을 본다. 가장 가장자리에서 애정하는 친구가 활짝 웃고 있었다. 같은 곳을 바라보며 춘천을 살고 있는 두 친구는 제자 결혼식 주례를 섰단다. 모두 생애 최고의 순간을 보내고 있다. 살아온 기적이 살아갈 기적이 되는 것처럼. 불안이 영혼을 잠식하는 것처럼. 감동과 평화로운 미소의 순간들이 내 생애를 지탱해 온 것처럼. 생애 최고의 순간은 기적이 된다는. with 정용철 어형종 김현진.

2018년 3월 20일

노동당이 없는 이상한 나라. 이참에 더민주 정의당 합쳐 노동당 만들면 안 될까? 했더니. 빌어먹을! 민정당이 되네. 일장춘몽(一場春夢, 한바탕의 봄꿈이란 뜻으로 헛된 영화나 덧없는 일을 비유적으로 이름), 홍칫뿡!

2018년 3월 23일

신뢰의 그물 활동 수업. 해마다 비슷하게 경로에 따라 살아온 일, 수업. 개무서운! 이런 거 왜 하죠? 라는 말을 또 들었다. 얘들아, 실상은 내가 더 개무섭다.

2018년 3월 29일

읍내 이발소에서 머리를 짧게 잘랐다. 변신, 봄맞이 성공. 쿨하게 그냥 좋다. 평화의 기운. 다음 주 변론기일. 항소심 공판도 있고 해서. 그런데 정말, 대통령이라고 이렇게 잘해도 되는 거신가!

2018년 3월 30일

나르시스! 중학교 뒤편 인공연못. 고인 물에 이끼 가득하지만, 도랑 가장자리에 어김없이 수선화 무리 지어 피었다. 오두막을 벗어나 봄 가득한 봄내 집에 오니 어김없이 위대한 탄생, 발견! 클리어하는 일의 즐거움. 열네 살 강아지 비상이, 다섯 살 고양이 땅콩이 똥! 치우는 일. 우리 식구는 일곱 송이 수선화.

2018년 3월 31일

따뜻한 바람은 북쪽에서 불어왔다. 모두의 꿈도 이루어질 것이다. 내년 가을, 자전거를 타고 기필코 옹진반도를 가기 위해, 더는 잔인한 4월을 맞지 않기 위해, 그날 바다를 잊지 않기 위해, 오늘은 그렇게 자전거를 탔다. 홈플러스-삼포-골프장길-모래재-원창고개-가마골 소머리곰탕 with 김영섭 남궁두 함호식 김성태 변기인 이건학 감샘.

2018년 4월 2일

내일도 밝은 태양이 떠오를 것이다. 그런데 왜 미래를 걱정하겠는가. 한반도와 세계평화의 미래를 걱정하는 덜떨어진 부류들, 4월의 껍데기들은 잔인했다. 그러므로 이제는 가라. 미완의 혁명은 없었다. 지금의 4월을 괜찮게 누리는 것으로 나는 날마다 혁명한다. 4월의 아침, 울면서[8].

2018년 4월 3일

종형 형님 시를 이효리 내레이션으로 듣는 4·3 70주년. 나는 또 운다. with 이종형.

　　국민신문고. 신청번호 1AA-1804-025381. "슬픈국가 - 병적기록부 멸실 확인 요청".

2018년 4월 4일

어그러진 아래 앞니 하나가 염증이 생기고 흔들리기도 했다. 이참에 치석을 제거하려 치과에 다녀오고 옥수수 두어 줌을 담장 주위로 파종한 날. 개살구 꽃그늘, 땅콩과 줄기 콩 덤불에서 애심이와 반반이가 졸고 있기도 했다. 목련이 만개하고 있고 흐린 날이지만 70년 만의 제주 섬과 십수 년 만의 평양에서 따뜻한 소식이 이어졌다. 체육 교사를 꿈꾸는 꽃미남 교생을 맞았고, 여전히 풋풋하고 이마가 환한 아이들과 봄날을 즐기는 날들.

60년이 지나서야 유품으로 '도장 1매'를 남기고 지상에서 사라져 간 한 순직병사의 안부를 묻는다. 군번으로 조회한 아버지의 '병적기록표(카드)'에는 엉뚱한 분의 것이 탑재되어 있었다. DB오류, 멸실, 파(폐)기, 조작, 은폐, 아니면 무엇인지 국가는 나와 어머니에게 대답해야 한다.

병적기록표가 사라지면서 국가는 순직 병사의 모든 것을 지울 수 있었다. 동시에 돌 지난 나와 스물셋 새댁이었던 어머니의 존재를 지운 것이다. 그렇게 봄을 맞는다. 밤새 비 내리고 짠 무 물김치 맛처럼 깔끔한 봄날이다.

2018년 4월 5일
당당한 분노와 당당한 눈물이 두려움 없는 인간을 만든다.

2018년 4월 6일
박근혜 1심 선고 공판이 시작됐다. 생중계 시작. 봄비 내리고 난분분9한 날이다. 그러거나 말거나 나도 세 시 오십 분 춘천지법 10호 법정에 선다. 항소심은 일월에 일 년 만에 재개되었다. 삼 년째 경찰과 검찰 조사와 재판 출석을 하는 것이 장난 같기만 하다. 명포 교사로 살아온 삼 년이 정년을 일 년 남기게 되었으니 웃기기도 하다. 오늘 재판도 결국 다시 변론기일 연기로 질질 끌게 될 것이다. 두 차례 연기하고 잡힌 날짜가 공교롭게 오늘인 것. 수업 땡겨 하고 조퇴.

2018년 4월 8일
무제가 어울릴 「봄눈」을 썼다.

2018년 4월 10일
세월호 4주기. 4·19. 큰아버님 2주기를 앞두고 여 저 돌아다니며 묻고 또 묻고 있다. 그냥 가만히 있어야 하나요? 지나간 것은 지나간 대로 그냥 둘까요? 자격이 있나요? 당당한가요? 내가 따지는 건가요? 아무도 책임지지 않는 나라가 슬픈 국가 아닌가요? 어머니 돌아가시기 전에 제발 답 좀 해 주세요!

비로소 인류학자가 아닌 인간의 입구를 본다. 비로소 상식이 작동하는 입구에 들어섰다. 촛불 혁명의 힘겨운 힘의 뿌리를 생각한다. 당당함의 자격을 생각한다. 실패한 탈 제국, 탈 식민. 포스트모던을 밀어내고 여기까지 왔다. 자한당류 반동세력과 자웅동체인 미국과 일본! 남북을, 촛불 혁명 국가를 냅 둬라. 훼방 말라.

2018년 4월 13일

한 울타리에 있으면서도 중학교 선생님들과는 큰 교류가 없다. 심창식은 명퇴했고 김선호는 상서로 갔다. 여고에서 같이 일한 허택수만 있었는데, 전근해 온 김영성 선생이 얼마나 반갑던지. 김영성 선생과 벼르고 벼르다 용암추어탕으로 점심을 먹었다.

「엎디어 있다」를 썼다.

2018년 4월 15일

며칠 동안의 봄날, 옆지기와 부석사에 다녀왔다. 온갖 꽃들이 피어 있었다. 『꽃보다 먼저 다녀간 이름들』이 있었다[10]. 『종점식당』에서 밥을 먹었다.

신승근, 『저 강물 속에 꽃이 핀다』, 달아실, 2018.

2018년 4월 16일

푸른 하늘을 보여 주고, 무엇이든 밀어 올려 주는 아이들아. 심장에 새긴 아이들아. 인삼 새싹이 밀려 올라오고 있었다.

2018년 4월 19일

참 실소가 나오는 소갈딱지 없는 글이고 제목이네[11]. 보수는 배를 바다 밑에 가라앉혔다! 학교 현장에는 보수 진보 따위 큰 관심 없거든. 진보 교육감들의 매니페스토[12]를 알고나 있나? 대학평준화는? 아이들처럼 묻는다.

"그래서 어쩌라고요?"

2018년 4월 22일

살다 보니, 옆지기와 같이 살기 시작한 서른세 해를 맞았다. 아이들이 결혼기념일이라고 온다는 걸 내쳤다. 대신에 느지막이 출발해 청주에 있는 둘째를 픽업해 인천 큰놈에게 갔다. 1kg짜리 민물장어 두 마리로 배를 채웠다. 오늘은 큰놈 빼고, 늦게 일어나 염두에 두었던 대게 털게로 배를 채웠다. 모두 만족스럽다. 장어는 큰놈이 게는 작은놈이 계산했다. 살다 보니 이런 날도 오는군.

2018년 4월 23일

복도 많아 올해는 체육과 교생이 실습을 나왔다. 아이들이 즐거워하는 모습을 보면서 덩달아 헤벌쭉하는 날들이다. 젊음으로 무장된 교사 지망생들에게 임용고시의 거대한 벽도 적폐라는 생각. 공개수업을 마치고 아이들과 이별을 준비하는 청춘이 부럽다. 아이들이 교사를 만든다.

2018년 4월 24일

「개마고원으로 가는 자전거」를 썼다.

2018년 4월 27일

평화, 새로운 시작의 날이 밝았다 종일 어쩔 줄 몰라 할 날이 시작되었다. 많이 벙글거리겠다. 그만큼 찔끔거리기도 하겠다. 새로 시작된 밝아 온 바로 오늘이, 나에겐 내일 또 내일이다. 남아 있는 나날들이 자명해진다. 옹진, 옹진에 가야지.
　「냉면의 품격」을 썼다.

2018년 4월 28일

돌아서면 보고 싶은 친구들과 자전거를 탔다. 공지천-강촌-가평-청평-대성리에서 점심 먹고 점프. 엉덩이가 묵직. with 이창성 이훈희 이건학 김선호.

Korean War is Over[13]. 65년 만에 실린 Top News. Headline. 아니 65년 걸렸다. War is over! 빌어먹을! 좋아 죽겠다고 날뛰고 싶은데, 자꾸만 눈물이 나는 걸, 아베 따위들이 알 리 없지. Never! 내가 생각하는 의미와 해석은 평화협정까지 닥치고 지둘려야지('기다려야지'의 경상남도 사투리). 어쨌든 나는 내년에 옹진반도를 밟을 거다.

2018년 5월 1일

항소심 변론기일. 춘천지법 101 법정, 15:10. 한 세기 잔인했던 사월이 찬란하게 나가떨어지는구나. 청산 화엄의 오월엔 반드시 국가보안법을 날려 버려야 한다! 먼저 메이데이! 메이데이! 하필 메이데이. 2학년은 제주도 수학여행. 1, 3학년은 붕어섬 소풍. 공가를 냈다.

지난 1월. 철도공사에서 정보공개 청구를 통해 itx 승차권 구매 내역을 증거물로 제출했다. 시간이 중요한데, 3시 전에 광화문으로 향하는 종로 청계광장, 시청 앞 등 모든 곳에 차벽이 설치된 것. 대법 판례에서 3시 이후 첨가자들의 도로교통법 위반은 무죄 판결을 받은 것. 철도공사에 정보공개 청구해, 3시 17분 용산 도착 승차권 구매 내역을 회신 받아 증거물로 제출했는데, 검사는 생뚱맞게 구매 내역과 사용 내역을 확인하기 어렵다며 부동의. 이해 불가를 넘어 참으로 참으로… 미친 놈! 최후진술을 마쳤다. My name is nobody, 개망초다. 선고공판은 5·18. 10:00. 하필!

2018년 5월 3일

나에게 평화와 겸손함이 무엇인지 만지게 하고 쥐어 준, 참 괜찮고 고마운 사람, 형님선생님시인을 사랑하는 내가 참 좋다.

"고광헌입니다. 제가 오늘부터 서울신문 대표로 일하게 됐습니다[14]."

2018년 5월 5일

"김재룡 님과 이종형 님이 6년 전 Facebook에서 친구가 되었습니다!"

별 걸 다 알려 주어 고맙기는 하지만, 내가 형과 친구가 된 건 26년 전이란다.

2018년 5월 7일

엊그제, 큰아버지 2주기. 아우가 어머니를 모시고 와 금산부터 차 한 대로 움직였다. 산청호국원 들렀다, 가야 요양원 큰어머니 찾아보고 야로 큰댁에 들렀다. 모처럼 사촌 누이동생 둘, 매제 둘, 조카 둘, 형수와 우리 셋, 열한 명이 한자리에 모였네. 가족사진, 그 중심이 어머니. 왕복

882km를 달렸다.

　오늘 어머니 생신. 오지 말라시는 걸, 엊저녁 도착. 아침 해 드리고 소성주에 잘 먹고 우족편육을 만들었다. 포천 들렀다 화천으로 넘어갈 요량. 한잠 자자.

2018년 5월 8일

어버이날은 남성 중심의 가부장적 이데올로기가 Mother's day에 무임 승차한 적폐로 규정한다. 가스통 할배, 어버이연합, 태극기부대, 엄마부대, 박사모 같은 자한당류들이 뻔뻔하게 카네이션 다는 날이 아니다. 어머니 날로 되돌리는 것이 온당하다. 어버이! 는 무신 개뿔!

2018년 5월 9일

체육관 뒤편 논에서 잔잔하고 고요함을 깨는 개구리 울음소리 한참을 들었다. 매시간 들여다보는 텃밭의 일이다. 생활한복을 입고 으스대며 돌아다니니 아이들이 웃어 준다. 온전히 지상에 한 벌뿐인 옆지기 Handmade. 종일 체육대회 준비하느라 몇 아이들이 애쓰고 있다. 내 생애와 함께 아이들에게도 단 한 번일 내일의 체육대회. 한 생애 생애들이 몸의 기억으로 남을 것이다. 이렇게 내 생의 봄날은 환하게 가고 있다.

2018년 5월 10일

나도 뒤끝 작렬하는 단무지 체육선생이다. 체육대회 때는 심판으로 전락하는 세월을 삼십 년 넘게 살아왔다. 오늘 체육대회 중 이런저런 이유로 핏대 세우며 어필하던 귀여운 녀석들아. 이제 다 잊었다. 나는 그렇게 나대로 살 것이고, 그대들도 그렇게 제멋대로 살아가 주기를 바란다. 우리들 생애의 목표는 일상적인 평화 외의 다른 것들은 아무것도 아니란다. 애쓴 Staff들 내일 연합체육대회에도 더 애쓰고, 짜장면 묵으러 가자.

2018년 5월 11일

어제 체육대회에 이어 연합체육대회도 막 끝냈다. 내년에 한 번 더 남았다. 그렇게 아이들과 함께하는 봄날은 간다. 또 오는 봄날은 더 푸르고 찬란하리라.

2018년 5월 13일

공지천 의암댐 덕두원 신매대교를 돌아오는, 괜찮은 오월 춘천호반 혼즐라(혼자 즐기는 라이딩).

2018년 5월 14일

온종일 편치 않았다. '스승의 날'인 내일도, 모레도 그럴 것이다. 목요일 화천까지 와 준다는 국방부 조사관 면담. 금요일 선고공판 끝날 때까지 그럴 것이다. 와중에 〈장진호전투[15]〉를 보았다. 누구나 알고 있던 진실에 무지했던 내가 미웠다. 마침 친구 김홍기가 전화를 해 주어 진정되었다. 내일은 최백순이 보내 준 꽃바구니가 책상 위에서 환하겠다. 위대한 진실, 한국전쟁에 무지했던 벌을 달게 받겠다 다짐한다.

2018년 5월 16일

직진과 우회의 변증법, 조금 돌아가면 어떤가. 평화 이상의 가치는 지상에 존재하지 않는다.

2018년 5월 17일

먼 곳의 천둥이 오랫동안 다가와 지금은 바로 머리 위에서 천지를 진동한다. 잠 못 이루는 것은 거센 빗줄기와 뇌성벽력 때문이 아니다. 60년을 기다린 진실과 대면해야 하기 때문이다. 밤새 오고 가는 빗줄기가 함께 해 주어 괜찮다.

2018년 5월 18일

무죄! 5·18이다. 그런데! 탄원서와 옥중편지도 구분하지 못하는 좆선, 기레기들. 드루킹이 신영복이나 네루다 급이란 말인가. 우끼고 자빠졌는 것들. 옥중편지라고 최초로 쓴 기레기가 누굴까. 그걸 베껴 쓰는 타사 기레기들과, 피라니아처럼 달겨드는 자한미래 국개들. 어쩌겠는가, 글쓰기를 잘못 가르쳐 온 교사의 자괴감이나 안주 삼아 막걸리를 마신다. 그냥 그렇다. 제국의 위안부 이후, 가장 허접한 글쓰기를 인내심을 갖고 읽었다. 글쓰기의 기본은 합리화가 아닌 반성이다. 특검? 깜도 되지 않는 것을 물고뜯고 있는 한 줌도 되지 않는 것들. 김경수, 장하다.
　정진성, 『일본군 성 노예제』, 서울대학교출판문화원, 2016(개정판).

2018년 5월 20일

봄내에만 시인이 있는 줄 알았다. 세상의 모든 시, 춘천에만 있는 시와 시인들도 있다는 것을 아주 나중에 알았다. 시라는 걸 쓰기 시작한 이후, 아직도 봄내에서 시인들을 만나고 시를 이야기한다. 시인들이 모이는 곳이 사람 사는 세상이다. 춘천에서 시인의 이름을 얻은 것은 얼마나 큰 행운인지 이제야 알았다. 언제부터인지 나와는 한 몸인, 형님을 좋아하는 이들과 밥을 먹었다. 그렇다고 뭐 싫어하는 이들이 있다는 것은 아니다. 형님 선생님이 시집 냈다고 샘내는 것은 더욱 아니다. with 최돈선 박기동 김창균 박제영 이규호 우종성.

　박기동, 『노새 혹은 쇄빙선』, 달아실, 2018.

2018년 5월 22일

엊저녁 어머니에게 와 소고기무국 끓이고 가지나물에 자반 고등어를 구웠다. 아우는 법주와 막걸리를 사 왔고 집사람이 갈무리해 준 오이소박이와 깻잎 겉절이. 마이 묵고 마이 마시고 꼬드라졌다[16]. 어머니는 새벽녘에야 단 한 번 벽력 같은 잠꼬대를 하셨다.

　날이 밝기도 전부터 궁시렁대다가 일찌감치 길을 나서 어유지리행. 다래순이라도 보려 여 저 기웃거리다 큰어머니까지 모시고 가래비장터에서 잔치국수를 먹는다. 귀 어두운 두 노인을 모시고 몇 번을 더 초파일을 보낼 수 있을까. 지나가듯 하는 이야기지만, 어머니가 큰어머니 앞에서 툭 던지는 한마디가 가슴을 친다.

　"셋에 죽으나 여든에 죽으나 다 똑같애."

　어차피 남은 생은 덤 아닌가. 일 년 후에는 어머니에게 왔다가, 춘천으로 화천으로 돌아가야 하는 일에 목숨을 걸지 않겠지. 어쨌든 오늘이 좋다. 이니 으니도 잘 하고 있고.

2018년 5월 26일

남춘천 08:08 8호차 1D, itx. 외국어대학교. 학회[17]에는 오전 세션 참석 열공. 오전 일정 끝나고 외대를 나와 전철역으로 갈까 하다가 더는 지하로 스미고 싶지 않다는 생각에 택시와 버스로 이동. 종각에서 내려 낙원동에서 순두부 백반에 막걸리 일 병으로 점심. 여의도 문화광장. 29주년 전국교사대회. 오늘은 그냥 축제로 즐기자 했지만, 님을 위한 행진곡, 참교육의 함성으로, 주먹질 노래를 하며 울컥하는 것은 어쩔 수 없다. 지부 버스로 돌아와 운동장해장국. 동지들과 뒤풀이 국밥에 막걸리 한잔. 만고강산(萬古江山) 집으로.

2018년 5월 29일
예부룩. 몇 번을 더 올 수 있을까. 오늘도 '홍수아이'가 환하게 웃어 준다[18]. 잭슨빌까지. 엘피판을 들었다. with 박근수 이상문.

2018년 5월 31일
스포츠용품매장을 운영하는 오랜 지기 아우가 화천까지 들어와 막국수로 점심을 샀다. 아우와 친한 교감과 셋이, 녹수청산의 강변을 스치면서 위로받기도 했으나, 막국수나 냉면 그릇을 앞에 두면 늘 묵직하고 슴슴하게('깊고 깊게'라는 뜻인 '심심하게'의 북한어) 다가오는 이름들이 있다. 볕이 따갑다. 어머니가 일터인 아파트단지를 나와 버스정류장으로 향할 시간이다. with 정경석 허욱.

2018년 6월 3일
북미회담 D-9. 쫄지 말자. 역사와 진실 앞에서. 여 저 빌빌 돌아다니겠다는 것이 아니고 그냥 그곳에서 죽겠다는 것도 아니고 남들처럼 공부도 하고 글도 써 보겠다는 것. 나는 방북이 아니라 내가 갈 수 있고, 가야만 하는 곳이므로 가겠다는 것이다. 미쿠기 일본은 훼방 말라.

2018년 6월 7일
남과 여, 전국연합학력평가. 답안지 마킹 포인트 남1, 여2. 도무지 개념이란 것은 찜 쪄 처드신 것들!

2018년 6월 8일
사전투표 완료, 온 누리 녹수청산 평화의 새 물결로 디비져라! 53회 강원도민체전. 펜싱 사전경기로 영월에 왔다.

2018년 6월 9일
낭천검(狼川劍), 3년 전부터는 학교스포츠클럽으로 조직한 펜싱클럽.

남학생들은 세 종목 다 만들어졌는데 여학생들은 에페, 플뢰레 2종목 참가, 네 명만 조직. 여고부 에페 첫 경기는 무난히 이겼다. 이기고 지는 것을 떠날 때 스포츠는 문화가 된다. 월드컵도 평화로 가는 길도 그렇다. 거의 다 왔다!

2018년 6월 10일

역사 기억 기록, 홀로코스트 산업 같은 기억의 시대가 지워지면서 기록의 지평이 크고 깊고 넓다. 하지만 기록의 어머니가 기억이다. 그리고 기억은 기록에 의지하지 않는 주체가 된다. 그 지점에 구술사(Oral History)가 위치한다. 개인이든 집단이든 기억이 모든 주체와 연결된 삶이 될 때 역사가 된다. 그러므로 바로 지금을 기억으로 새기고 기록하는 모든 것, 인간이 역사가 되는 것이다. 기억하고 기록하는 것이 역사라는 도저(到底)함. 구술사로 설명할 수 없는 것이 없다는 자명함.

2018년 6월 12일

온 세상이 평화의 역사를 쓰는 날, 이렇게 좋은 날에, 화천강에 배를 띄우는 아이들. 고맙다 정말 다행이다.

2018년 6월 14일

개와 고양이, 비상이 땅콩이. 호상[19] 간에 먼저 들이댔다가 앞발로 따귀를 맞거나 콧등을 물리기도 하지만 늘 그때뿐. 먼저 건드리지만 않으면 된다. 우리끼리 어떻게든 살아 볼 터이니 그냥 냅둬 다오.

2018년 6월 16일

녹수청산 화엄. 수영경기장 가 봐야 해, 홍지고개 넘는 팀에 함께 못함. 용산리 차부에서 백! with 신덕철 이창성 이훈희 변기인.

2018년 6월 18일

월드컵은 그냥 즐기자. 해설과 분석은 영표, 정환, 지성이에게 맡기고 그냥 즐기자. 세상은 이미 디비졌지 않은가! 세월호 아이들도 함께하리라.

2018년 6월 19일

경기가 남아 있는데 꼭 인터뷰 해야 했는지. 기레기 시절을 잊었는지. 잔인하다. 얘네들 인터뷰에 내보낸 대한축구협회! 줘 패고 싶다[20].

2018년 6월 20일

학교스포츠클럽대회 농구경기 지역 디비전. 아이들은 찬란하게 졌다. 그까이꺼! 개마고원, 시베리아, 남극을 꿈꿔야 할 아이들 수업결손을 우려해야 하는 지질한 일상. 얼마 남지 않아 다행이다. 어머니 모시고 인천, 구월동. 임대주택 계약 건으로 왔다. 퇴직하면 빌붙어야 한다. 내일 동호수 추첨, 오늘 하루도 찬란했다.

2018년 6월 23일

아침나절 들깨 모종. 와인 일 병 흡입. 한잠 자고, 춘천 중앙로 길거리 응원 가 봐야겠다.

2018년 6월 24일

뽀큐를 날린다. 호날두나 메시의 눈물을 보았는가! 왜! 기어이! 인터뷰 랍시고 갑질하듯 국대의 눈물을 보아야 직성이 풀리는 방송사들! 선수들을 보호하지 못하는 감독, 협회! 독일전 끝나면 늬들. 좀비, 무젤만들에게 뽀큐를 날리리라. 스웨덴 독일전 직전. 가장 좋은 그림은 독일이 1:0으로 지고, 우리 국대와 친선경기하드키 2:2로 비기면 스포츠평화를 완성할 것 같다. 헉! 독스 2:1. 다시 희망고문 시~작!

2018년 6월 26일

장진호에서 파로호까지[21], 넘어야 할 산이 아니다. 반드시 발굴이 이루어져야 한다. 종전선언, 평화협정 이후에 맨 먼저 시작할 일이다. 전쟁범죄의 책임은 반드시 물어야 한다. 용서는 하되 잊지 말고 기억해야 한다. 우리 식으로 남과 북이 함께 가야 할 길.

2018년 6월 27일

순전히 어머니가 획득한 자격으로 LH 36형 국민임대아파트 계약을 마쳤다. 신청, 동호수 추첨, 계약 모두 세 번의 발걸음. 우여곡절을 겪었지만 계약금 잔금 모두 어머니 계좌로 충분하다. 열 번 가까이 입주자 사인이 필요한데, 조금 느리지만 모두 어머니가 또박또박 이름을 적었다. 돌아오는 길, 조수석 차창 밖으로 고개를 돌리고 어머니가 눈물을 훔친다. 기다림의 시간이, 결국 스물셋 새댁일 때로 되돌아가 있었다. 제대하고 올 날을 기다렸는데 속절없이 죽었고, 죽었다는 기별도 없었고, 젖먹이와 세상에 버려졌던 스물셋의 기다림. 비로소 기다림에 지쳤다며 고개를 돌리고 눈물을 감추는 여든셋의 어머니. 그리고 예순둘의 아들.

2018년 7월 1일
나는 그대를 1도 모른다. 다만 노무현 이후의 세상을 만드는 데 누구보다 눈물을 흘렸음을 짐작할 수 있다. 그러므로 그대는 첫눈 올 때까지 그 눈물을 간직함이 옳다[22].

2018년 7월 3일
간절히 종전선언과 평화협정을 바라지만 두 번의 칠석을 더 견뎌야 할 듯도 하다. 한 생애를 기다렸으나 다음 생을 기다리는 것도 아니다. 기록이든 기억이든 내가 할 수 있는 일에 눈감지 않겠다는 다짐.

2018년 7월 6일
다시 길거리로 나섰다. 청와대 사랑채 앞. 전교조 법외노조 취소. 전국교사결의대회. 삭발 단식 중인 김영섭 지부장 동지를 보러 왔다.

2018년 7월 8일
네 식구 옥산포 평양냉면집에서 빈대떡에 냉면을 욱여넣었다.
　「냉면집 앞에서」를 썼다.

2018년 7월 11일
어제저녁 조금 달렸다. 분수에 맞으면 된다. 오이지와 노각 무침, 명란젓, 끓인 밥 한 공기, 막걸리 한 사발. 비가 내리는 아침 밥상 앞에서 분수에 맞게 살자 생각한다.

2018년 7월 13일

대전 KT 인재개발원. 1박2일 〈전국 체육교사 축전〉. 축전이란 말이 많이 거슬렸지만, 개회식 한 꼭지를 함께 했다. 교단이나 단상에 오르는 일은 늘 뻘쭘해 익숙하지 않은 일이다. 숱하게 지적질과 가르치려 들이댄 일이 있었음을 반성하고 또 반성한다. 뭐 그렇다고 오늘도 그랬다는 것은 아니다.

오랜만에 만난 얼굴들. 나름대로 잘살고 있는 것이 보이니 다 괜찮고 고맙다. 반성하면서 나는 그냥 나대로 살련다. 만나서 반가운 친구들아. 보지 못해 더 그리운 친구들아. 내가 지적질과 가르치려 들었던 일은 용서하지 마라. 그런 무지와 어리석음은 반성으로 끝나는 것이 아니라 교사의 불치병일지니.

2018년 7월 14일

〈전국체육교사모임〉을 만든 것이 1990년이다. 지금까지 같은 곳을 바라보며 함께 살아왔다는 것이 놀랍기도 하다. 누구누구는 교장, 교감, 장학사, 연구사, 교수가 되기도 했지만, 역시 교육의 주체는 교사들이다. 그 전위(전방을 맡은 위치)에 평교사들이 있다. 이제 얼마 남지 않았다. 다른 이름에 기대지 않고 체육선생으로 살아온 것은 참 잘한 일이라는 자기최면. 괜찮다.

2018년 7월 15일

새벽 다섯 시에 일어나 들어온 관사. 풀 뽑는 아침 여덟 시. 직접 받는 햇살은 어느새 목덜미를 찌른다. 중학교 동창 김홍기가 아버님 책을 보내면서, 도서관에 기증해 달라며 한 박스 분량의 교양서를 보내왔다.

김태규, 『사랑이 있는 기나긴 대화, 편지』, 하나로애드컴, 2018.

2018년 7월 18일

녹색연합 〈가리왕산 복원을 위한 공익감사청구[23]〉.

"3일의 경기를 위해 500년 숲을 베어 버린 가리왕산 제대로 된 복원을 위해서…."

2018년 7월 20일

여름방학을 한다. 당일치기 연찬회라며 속초 앞바다 보면서 회 몇 점 먹으러 갈 것이다. 아침 일찍 여물지도 않은 옥수수를 딴다. 내일부터 바로 관사 담장공사를 시작한다. 여러 군데 균열이 가 교육청에서 수천만 원 들여 헐어 내고 다른 담장을 두르겠지. 덜 여문 옥수수를 따고 껍질을 벗기는 심사가 편치 않다. 아직 자라는 옥수수들은 여물지도 못하고 베일 것이다. 각오하고 예비한 일이다.

2018년 7월 22일

이틀 전은 여동생 생일. 어머니가 안부 전화. 내 생일은 유월 보름이고 여동생은 초이레. 봉길이 건네준 현정이네 소양강 복숭아 한 박스를 차에 싣고, 폭염의 경춘가도와 외곽순환을 달려 영종도에 왔다. 미역국을 끓이고 조기를 구웠다. 호박과 가지나물 노각을 무쳤다. 집에서 한 사발 들고 온 양배추 김치. 어머니 동생 조카딸 넷이서 집밥을 먹었다. 어머니 잠꼬대로 잠을 설쳤다. 일찍 깨어, 설거지하고 복숭아를 저민다. 즐겁다. 어머니와 둘이 아침을 먹고 다시 춘천으로 가야 한다. 다음 주 이사. 알 찜이 뭉근하게 익어 가고 있다.

2018년 7월 23일

쿵! 잘 가요 노회찬. 남아 있는 날들이 더 남아 있는 것들은, 또 어떻게든 살아 보려 안간힘을 다하겠죠. 평화와 안식을….

2018년 7월 25일

고광헌 형님시인선생님과 통화 끝나자마자 후드득 소나기 내리기 시작한다. 산 사람은 어떻게든 살아 봐야지, 썸머와인의 시간.

2018년 7월 27일

유두절, 이 염천에 어머니 나를 낳으셨네. 그대 떠나고 하루가 다 가도록 소연가[24]와 부용산 노래를 되뇌었네. 달은 밝고 밝아.

2018년 7월 28일

어머니 영종도에서 12년. 염천에 여섯 번째 이사. 마지막 이사가 될까.

2018년 7월 31일

예년 같으면 폭염라이딩을 즐기는 나날이었을 것이다. 한 번의 여름을 더 나야 할 낭천우거(狼川寓居). 화천이라고 폭염이라고 비껴갈 리 없다. 그해 여름부터 시작해 세 번의 여름을 지나며 남북 할 것 없이 이 땅이 전쟁터였다는 것을 애써 지우고 살아왔다는 것에 모골이 송연한 날들이다. 미군유해송환? 항미원조전쟁에 내몰렸던 중국인민해방군 수만 명의 시신이 수장되었다고 하는 파로호가 지척이다. 얼음덩어리를 수건에 싸 끌어안고 냉국수를 후루룩거리며 65년 전의 한반도를 일별한다. 곧 지나갈 폭염 따위. 가끔 모골이 송연한 날들이다.

브루스 커밍스, 조행복 옮김, 『브루스 커밍스의 한국전쟁』, 현실문화, 2017.

정병준, 『한국전쟁』, 돌베개, 2006.

한국구술사학회 엮음, 『구술사로 읽는 한국전쟁』, 휴머니스트, 2011.

왕수쩡, 황선영·나진희 옮김, 『한국전쟁』, 글항아리, 2013.

한국역사연구회 현대사분과 엮음, 『역사학의 시선으로 읽는 한국전쟁』, 휴머니스트, 2010.

한모니까, 『한국전쟁과 수복지구』, 푸른역사, 2017.

2018년 8월 4일

자전거 타러 모이는 에디오피아탑. 지부장은 아직 단식 후 운기조식 중이라 배웅만. 댐 투어+툇골, 폭염 라이딩. 주인장 얼굴도 볼 겸 게스트하우스 '나비야'에 쉬려고 들렀는데. 마침 '땡칠이 어디가' 촬영 중. 인증샷 남겼다. with 김영섭 김선호 이건학 변기인 이훈희 남궁두 김성태 김성수 노홍철.

2018년 8월 5일

어머니 모시고 이른 점심. 동생 조카들과 불고기 갈비탕 냉면 청하 한 병. 올챙이배 되었다. 한잠 자고, 자유로 전곡 포천 이동 지나 광덕고개 넘어 낭천우거(狼川寓居).

2018년 8월 6일

DMZ를 걷고 있는 놀라운 청년 둘이, 약속한 날 약속된 시간에 낭천우거에 도착했다. 에어컨도 없이 열대야는 기승을 부리는데 하룻밤 묵고 떠났다. 전국체육교사모임 여름 연수에 얼굴 디밀려고 부산으로 고고씽. 사람을 만나러 가는 길. 멀다고 하면 안 되갔구나. with 김정근 이경렬.

2018년 8월 7일

송도에서 이틀을 묵었다. 내겐 전체모 마지막 여름 연수 되겠다. with 조양현 김영성 이병준 윤승평 허창혁.

2018년 8월 8일

부산 송도를 떠나 300km. 진보, 영양, 현동, 봉화, 태백 지나 만항재를 넘었다. 수마노탑을 스치며 정선, 평창, 운두령, 인제, 양구 지나면, 그렇게 녹수청산 화천에 닿으면, 폭염의 정수리를 후려치는, 하늘이 뻥 뚫리는 소나기쯤 내리려나.

2018년 8월 10일

무죄 판결 석 달 만에 강원도교육청의 교육공무원 인사발령(징계) 통지.
  "불문(不問)'으로 의결한다."
  그래서, 뭘 어쩌라고?

2018년 8월 11일

"그때는 다 그랬지 뭐."
  이런 말을 들으면 아무리 가까운 사람이라고 해도 절망스럽다. 내 몸이 용서하지 않는다.
  "그때 그러면 안 되는 것이었지."
  그런 말을 들을 수 있는 날이 올 수 있을까? 바랄 걸 바라야지!

2018년 8월 19일

옆지기가 동서 내외가 들어왔다. 만산동으로 들어가 계곡에 발을 담갔다. 녹수청산 화엄에 들었다. 청산에 살어리랏다. 청산별곡이야.

2018년 8월 23일

한 달 전, 새로 부임한 주무관과 이야기를 하다가 남궁 씨(氏) 이야기가 나왔다. 가깝게 지내는 친구였단다. 두 해 전에 죽었단다. 그렇게 술로 지내더니, 결국 아들을 따라갔단다. 아.

「태풍처럼 고요하게」를 썼다.

2018년 8월 26일

마감 5분 전에 논문 투고 완료. 씻고 자자.

2018년 8월 27일

적폐세력이란 무엇일까 규정할 수 있을까 용서하거나 불문에 붙일 수 있을까 등을 생각해 보았다. 실제로 죽 나열해 가다가 열 다섯째 항에서 멈췄다. 어리석은 짓이었다.

2018년 8월 31일

강원도 학교스포츠클럽대회는 매해 9월 첫째 토요일에 열리므로, 내년 8월 말 정년인 내 생애 마지막 학교스포츠클럽대회. 10년 넘게 학교를 옮기면서 넷볼(Netball), 배드민턴, 축구, 풋살(Futsal, 5명이 한 팀으로 하는 축구), 농구, 얼티미트, 핸드볼 클럽을 만들어 아이들을 인솔했다. 올해도 넷볼과 축구 클럽을 인솔해 동해시로 간다. 버스 출발 전에 이삭토스트 간식을 준비했고, 생수와 이온 음료, 커피 등을 아이스박스 두 개에 가득 채워 적재함에 실었다. with 조기원 김여호수아 고기범.

2018년 9월 1일

어달 해변에서 일출을 본다. 일출? 별 의미 있겠나. 오늘에서 탈출하겠다는 것.

2018년 9월 2일

아이들 인솔은 늘 큰 스트레스다. 혼자 차를 몰고 버스 뒤꽁무니를 따라 동해를 오갔고 경기장을 돌며 이것저것 챙기고 때마다 밥 먹이는 일이 만만치 않았다. 어젯밤 늦게 도착해, 오늘 하루 끙끙 앓았다. 배추 모종하고 무씨 파종할 일에 마음이 바쁘다.

2018년 9월 3일

아무리 월요일이라지만 수업이 귀찮고 다른 일들도 힘들다. 견디는 일밖에. 가을비 촉촉히 내린다.

「슬픔의 발견」을 썼다.

2018년 9월 6일

국군 장병 이야기만 나오면 눈물 난다[25]. 한반도의 모든 군인들이 명예로운 그날까지. 이니템 시계 차고 다니고 싶다는 것은 아니다. 필사적으로 발톱무좀약을 바른다. 자전거 타고 옹진에 가려고.

2018년 9월 9일

대략 난감, 난감하다. 끝나지 않은, 끝이 없는, 슬피 슬픈 슬픔으로의 여행, 무목의 오디세이에 이르고자 하는 무모함이 무망에 닿았다. 투고 논문이 '수정 후 재심'을 받았다. '게불(게재 불가)'을 때려 주지 않은 것만으로도 다행이다. 재심의 기회가 내게는 갱생의 시간이 될지는 모르겠다. 재심을 통과하려면 연구자인 내가 슬퍼하지 말아야 한다는 것이다. 앞으로는 대략 난감하지만, 실실 웃으며 살아 보겠다 작정한다. 더 자주 웃겠다고.

2018년 9월 11일

세 시에 깨어 말똥말똥 별수 없이 끄적끄적 잔인한 글쓰기를 만난다.

2018년 9월 12일

멘탈! 스포츠뿐만이 아니라 인간의 보편적 삶을 이야기한다. 당대를 살아가는 모든 이들이 스포츠와 연결되어 있다는 것을 웬만하면 가벼이 여기거나 망각한다. 대략 우리네 산다는 것이 그렇다. 역사도 철학도 문학도 예술도 스포츠도 문화로 접근하면 이런 글이 나온다. 스포츠로 인간을 이해하는 탁월한[26]!

2018년 9월 13일

IMF가 터진 해 유럽여행을 접은 일이 있었다. 모았던 돈, 반 덜어 빚 갚고, 낙원상가에서 클라리넷을 샀다. 그 무렵 현 형이 제안해 여럿이 대학로에 나가 〈지하철 1호선〉을 보기도 했다. JTBC에서 뉴스룸에 나온 김민기 선생의 말이 가슴을 찌른다. 나도 김민기 선생도 그렇게 늙어 왔다[27]. with 한현 강동희 황성동.

2018년 9월 15일

그리고 나의 배후는 나다. 일 년 만에 배후령에 올랐다. 목표 한 시간에 서 5분 더 걸렸다. 변속하다 넘어져서다. 쇼바(차체와 바퀴 사이에서 흔들 림을 막는 '쇼크 업소버'의 속된 말)에 오일이 새고 변속기어는 속 썩였지만 3·8선 표지석 앞에 섰다. 나의 배후는 3·8Line이었다. 오늘도 두려움 하나 버렸다. with 이건학 변기인 함호식.

2018년 9월 16일

여군 장교의 길을 가고 있는 대학 동기의 딸. 봄내 여고에서 일할 때 입 학해 졸업해 나갈 때까지 더 특별히 대한 일도 없었다. 사회학을 전공 하면서 대학 2학년 때 쓴 A4 리포트를 메시지로 보내왔다. '체육인 생 애사 쓰기의 어려움—나의 체육선생님'. 문화인류학회에서 발표한 것 을 읽고 써 보라고 과제를 낸 것 같았다. 사노라면, 지금의 나를 만든 모든 것들이 반드시 들춰지기 마련이겠다. with 유웅남 유진아.

2018년 9월 17일

체육관 뒤, 콤바인으로 다락논 벼를 수확하는 것을 한참 지켜본다. 2015년부터 네 해 동안 추석을 앞두고 똑같은 풍경이 새삼스러운 건, 내년에는 보지 못할 것이므로. 10여 년 전 밑줄 그은 책을 다시 펼친다. 어쨌든 문사철·시서화[28]로 먹고 살아오지 않았으니 더 공부하는 일밖 에 방도가 없다. 그렇다고 뭐 배워서 남 주자는 것도 아니다. 재심 논문 을 다시 써야 하는 내 코가 석 자다. 무엇보다 쪽팔리고 싶지 않아서다.
　　케이스 젠킨스, 최용찬 옮김, 『누구를 위한 역사인가』, 혜안, 1999.

2018년 9월 21일

평양선언과 함께 시작하는 한가위 연휴가 특별하고 기쁘다.

2018년 9월 22일

Critical Mass Choonchun[29], 춘천에서 자전거를 생활화한다는 것은 김×태를 감옥에 보내는 것만큼 어려운 일이다. 언젠간 되겠지. 어쌤이 시작하고 이끌고 나가는 일. 발발이 돼 보자. 오늘은 찍사. with 어형종, 춘천사람들.

2018년 9월 24일

어제 토란 세 뿌리 캐 껍질 벗겨 들고 나왔다. 밤새 다시마를 불리고 양지머리 핏물을 뺐다. 해양심층수 두부 반 모는 깍둑썰기, 무 한 토막은 나박썰기. 다시물 끓을 때 쇠고기를 덩어리째 넣었다. 너무 오래 삶으면 퍽퍽해지거나 흐물흐물해진다. 고기가 얼추 익었을 무렵 국간장을 부어 주고 파 잎줄기 한 줌 넣어 계속 끓인다. 끓을 때 토란을 넣고 소주도 부어 잡냄새를 잡는다. 토란이 떠오를 때 파와 거품을 잘 걷어 낸다. 송이가 없으니 불린 표고 몇 개를 넣는다. 큰어머니는 말린 홍합을 넣으셨는데 없으니 패스. 한소끔(한 번 끓어오르는 모양) 끓어오르면 손질한 토란, 무, 두부 한꺼번에 털어 넣고 덩어리 고기를 건져 식힌다. 고기는 잘게 찢어 소금, 후추, 다진 파, 볶은 참깨 한 꼬집 비비듯 뿌려 주고 조물조물 무친다. 꾸미가 완성되면 상차림을 시작한다. 그릴에 자반과 소금에 절였다가 냉장실에서 하루 거풍(擧風, 쌓아 두었던 물건을 바람에 쐼)한 참조기 세 마리를 굽는다. 오가에 미치지 못하는 장대 정도의 크기다[30]. 모두 어머니가 좋아하시는 거다. 저녁에 똑같이 해 드릴 요량이다. 제사나 차례상 모두 차리지 않기로 한 올해 한가위 밥상이다.

2018년 9월 25일

어머니 모시고 구암리 이종사촌 형 집. 내가 태어난 곳. 고등학교 2학년일 때 형수가 시집왔다. 나는 지금도 형보다 형수가 좋다. 환갑 진갑이 다 지난 형수가, 지금도 형님보다 되렌님이 더 좋다고 하지만 그짓말인 줄 안다. 형수가 하는 말은 다 좋다. 나는 형수가 있다.

2018년 9월 26일

새로운 시작. 리셋하기로 작정한다. 연휴 마지막 날 점심은 남부막국수. 폭력과 광기에 사로잡혀 살아온 내 생애여 안녕! 슬픈 국가여 안녕!

이제는 온전히 나대로 살다가 죽겠다고 다짐하는 것이다. 옥류관 냉면이 뭐 별것이겠나. 평양냉면, 남부막국수, 별당막국수에 익숙한 내가 좋다. 그까이꺼 백두산, 개마고원도 이제 관심 밖이다. 개백이라는 이름도 버린다. 오늘 이후 내 자전거 이름은 '개성 거처 해주 지나 옹진에 가야지', '인천에서 뱃길로 연평도 들러 옹진에 가야지'라는 뜻을 담아 "옹해야"가 되시겠다.

2018년 9월 28일

「옹혜야」를 썼다.

2018년 9월 29일

큰애가 강릉에 있을 때 원룸에서 키우던, 요크셔테리어 비상이가 분당 집으로 온 것은 13년 전이다. 침대든 소파든 훨훨 뛰어올랐다. 춘천집으로 이사했을 때 처음에는 반지하 방 연결 계단을 오르내리기도 했다. 까칠해 식구들 아니면 가까이하기 힘든 녀석이다. 재작년 근화동으로 올 때까지만 해도 공지천에 데리고 나가면 잘 뛰어놀았다. 열네 살. 비상이를 늙은 플라타너스 늘어선 길에 데리고 나갔다. 달리고 뛰는 것을 잊은 듯하다. 뒤뚱거리며 걷는 것이 전부다. 멈춰서 킁킁거리는 것은 여전하다. 어쨌든 아직 까칠함을 다 버리지 못한 나도 비상이와 같다. 옹혜야.

2018년 9월 30일

일찍 명퇴하고 포천 거사리에 귀농해 있는, 첫 학교에서 같이 일한 이동식 선생 집을 먼저 들렀다. 아버지 수첩에 적혀 있는 황해도 옹진군 용연면 용연리. 작고하신 이동식 선생 부친의 고향과 같은 곳. 믿기지 않았다. 멀지 않은 가채리 이종 큰누나에게 들러 식구들 보고, 이동 지나 광덕고개 넘어 화천으로 돌아왔다. 옹혜야!

2018년 10월 1일

현관문을 열고 나가니 기다리던 새끼고양이 한 마리가 다가와 바짓가랑이에 부비부비 한다. 드나드는 것이 맘대로인 것처럼 떠나는 것도 알 수 없을 것이다. 슬슬 곁을 주기도 하겠지만 어떻게든 조만간 이별하겠지. 집에서 키우는 땅콩이도 그렇지만 곁을 주는 모든 존재들과 대면할 때는 창균이 산문집 생각이 나는 것이다. 창균이가 고양이를 키워 봤다는 이야기는 듣지 못했다. 뭐 창균이 곁에는 혜경 선생과 나영이, 나정이가 있으니 괜찮다.

김창균, 『넉넉한 곁』, 작가와비평, 2012.

2018년 10월 2일

트랙에서 우리 아이들은 자전거를 탄다. 필드 한쪽 모서리에서 김영성 선생이 직접 만든 보조 패널 위로 공을 굴려 주며 소프트볼 활동을 한다. 론그라운드 가장자리 키 작은 쑥부쟁이들. 체육관 올라가는 길 둔덕에는 구절초들 무리 지어 피었다. 가을날, 오늘을 딛고 내일은 하늘이 열린 날. 다시 못 올 내 생애, 옹헤야. 일 년 후에는 가을날을 딛고 옹헤야, 가야지 옹진에.

2018년 10월 3일

옹헤야, 오월이 커플라이딩. 세월교 지나고 배후령 아랫길 휘돌아 아침못.

2018년 10월 4일

아침 강에 배를 띄웠다. 13일~15일, 군산 금강하구둑으로 간다. 제99회 전국체전 여고부 쿼드러플 참가. 완주가 목표.

2018년 10월 5일

언제 찾아들었는지 모르겠다. 처음에는 둘이었는데 열이 되었다. 세 가지 털색의 어미가 데크 밑으로 기어들어 새끼를 낳은 것이었다. 며칠 보이지 않는 걸 보니 아지트를 옮기는 것 같기도 하다. 아직 어미젖을 파고드는 녀석들. 잠시 머무는 곳이지만 울 안으로 찾아든 존재들과의 공생. 기껏해야 값싼 사료를 나누어 주면서 늘 가슴 한편이 쌔하다. 오두막을 비우게 될 이레 동안 배곯지 않아야 할 터인데. 가을비 내린다. 크고 작은 포장 박스 다섯 개 이어 붙여 집을 만들어 주었다.

with 종이의 집[31], Netflix.

2018년 10월 6일

대략 태풍의 중심이 지나는 곳이었을 것이다. 삼천포 건너편 남해 창선
도 바닷가에 집 짓고 살아가는 보람이 아빠에게 안부를 물었다. 한 시
간 전쯤 지나간 듯하단다[32]. 일단 안심.

2018년 10월 8일

오전에 학교 앞이 조금 요란스러웠다. 3, 4교시 자전거수업 중. 자전거
타지 않는 아이들 몇을 앞세워 슬슬 나가 봤다. 뚜르 드 코리아 스테이
지2 화천. 피니시라인으로 들어오는 첫 주자를 볼 수 있었다. 화천체육
관 앞 스타트-용암리입구-거례리-부다리고개-새고개-삼화리-용암리를
네 바퀴 도는 미친! 그럼에도 불구하고 개마고원을 가지 않는 자전거
경기에 '뚜르 드 코리아'라는 이름은 어울리지 않는다.

2018년 10월 9일

아침에 신문을 들고 와 거실 바닥에 앉아 펼친다. 곧바로 강아지가 신
문지 위에 배 깔고 엎드린다. 비상! 신문은 읽은 다음에 엎어지면 안 되
겠니? 한글날인데!
　아침밥 한 숟갈 뜨고, 학교 들어가 아이들을 지도자와 나누어 태워
군산에 왔다. 조정부 여자아이들 다섯. 제99회, 내 생애 마지막 전국체
육대회. 금강하구둑. 스타트 타워가 아직 들어서지 않았다. 줄잡아 배
가 서른 척 넘게 떴다. 아이들은 온전하게 처음으로 배를 띄운다. 노 젓
는 소리 가득하다. 이레 동안 갈대숲을 오르락내리락하겠다.

2018년 10월 10일

새벽 어스름에 모텔을 나섰다. 장항, 금강 하구의 아침을 만났다. 오후
에는 선유도 비응항 노을을 보았다.
　「노을이 말했다」를 썼다.

2018년 10월 11일

CU버거 아메리카노로 오늘을 시작한다. 아이들은 해가 뜨지도 않은 다
섯 시에 나가 배를 탔고 콩나물국 먹고 들어와 자야 한단다. 근처 군산
교육문화회관. 모처럼 공부 모드.

2018년 10월 13일

「당당함이 말했다」를 썼다.

2018년 10월 14일

14일, 전국체전 조정경기 2일 차, 점심 무렵 쿼드러플 경기를 끝낸 아이들 다섯, 허욱 교감과 나누어 태워 숙소 근처 아귀찜 집으로 안내했다. 아이들이 잘 따르는 허 교감은 바로 떠났고, 아침을 거른 아이들에게 대짜, 나는 따로 뚝배기에 매실주 한 병 비웠다. 아이들이 한 접시 덜어 준 것도 말끔히. 해 질 무렵 숙소를 나와 마량포구를 둘러보고 들어오는 길에 버거킹 드라이브인으로 몬스터X Take Out. CU에서 칠레 와인 한 병 들고 와 늦은 저녁. 새벽 두 시 반, 배가 쌀쌀 아프기 시작했고 두어 번 화장실을 드나들었다.

안녕, 고래상어[33]. 살아 줘서 고맙다. 잘가. 패자부활전, 6팀 결승진출에 6팀이 참가했으므로 어쨌든, 결승은 간다.

2018년 10월 17일

천명(지천명知天命, 쉰 살)에서 이순(耳順, 예순 살)으로 이행하는 동안 나를 지배한 것은, 가르치려 드는 것들에 대한 분노와 혐오였다. 잘한 일이다. 지금도? 별생각 없다.

2018년 10월 18일

내일 모레 20일 같은 날. 서울대학교에 공부하러 가는 일과 집회에 결합 머리 하나 보태는 일. 선택의 기로, 어렵지 않다. 공부하러 가야지!

2018년 10월 19일

「산중별곡(山中別曲)」을 다시 적었다. 고칠 부분이 없다.

2018년 10월 20일

서울대학교, 한국역사학대회. 〈한국구술사학회〉 오전 세션 끝나고 학생식당에 밥 먹으러 왔다. 한참 줄 서서 뭔지 모르겠는 커틀릿 단품. 에잇, 잘못 선택했다. 청와대로 행진하는 동지들 보러 가야 했다.

2018년 10월 21일

"살아 있는 동안 무슨 일을 했느냐?"

"밥벌이하느라 정신없었습니다. 그러면서도 틈만 나면 여 저 씨잘데기 없이 허구한 날 돌아댕겼습니다. 나머지 날들은 많은 시간을 누워 있었고 자전거도 조금 탔습니다."

"남아 있는 날들은 어떻게 살 테냐?"

"뭐 달리 방도는 없어요. 어제나 오늘처럼 무탈하게 살 수 있으면 대박이지요. 한 오 년 더 자전거를 탈 수 있으면 좋겠구요. 그곳이 북쪽이면 더 좋겠죠?"

2018년 10월 22일

총 맞은 알 파치노가 눈을 감기 직전 장면. 기차 역사 천정 형광등을 바라보다가 멈춘 곳은 결코 가 닿을 수 없는 곳이었지. 병원에만 오면 늘 생각나는 영화다. 아침 8:30, 응급실에 오지 않으려 이틀을 참았는데, 담당의가 결국 응급실로 보낸다. 심전도 2회 혈액채취 3회 X레이와 CT. 여 저 돌아 댕기다 오후 3시 결국 입원. 12년 1월 31일 왔을 때 보다 덜 아프긴 하지만 또 게실염이란다. 오늘은 물 한 모금도 마시지 못하고 항생제, 포도당, 말초정맥용 960ml MG 등을 끌고 다녀야 한다. 며칠 동안 굶으면 깨끗이 날 터이지만 참 괴란하달(사리에 어그러져 어지럽달) 밖에!

with al pacino carlito's way[34], Netflix.

2018년 10월 23일

"응급실 코드에이! 응급실 코드에이!"

하루에도 몇 번씩 누군가 떠나가고 있는데 저녁 배식으로 분주하다. 사흘째 밤을 맞는 동안 배식시간엔 병실을 나와 밝아오고 어두워 가는 도시를 본다. 물 한 모금 입에 대지 않고 운기조식(運氣調息, 몸 안의 기를 돌려 호흡을 조절함) 중이다. 애가 마른다라는 말을 생각 없이 썼다. 뼈를 깎아 내는 것과 같고 전신을 바늘로 찌르는 것과 같다는, 살과 뼈가 탄다는, 그런 육체적 고통에 눈감고 살았다. 옳지 않았다.

2018년 10월 24일

병원 장례식장 앞 흡연 부스에서 아이들을 생각한다. 신입생으로 들어올 때부터 늘 만나던 고3 아이들이 수능을 앞두고 있다. 주 1시간, 그것도 교실이나 한번 쓱 둘러보고 나오는 것이 체육선생의 일인데, 그것마저 입원을 핑계로 또 한 번 거르자니 심란하고 궁금이 깊다. 뭐 그렇다고 보고 싶다는 건 아니다.

2018년 10월 25일

여자애들 다섯을 일주일 동안 전국체전에 데리고 갔다가 돌아오는 날부터 이상 증상이 있었다. 한창 진행된 것을 무릅쓰고 종일 서울대 학회에 참가했다. 일요일을 꼬박 통증을 견디고 결국, 출근 대신 병원을 찾은 것이다. 만 사흘을 물 한 모금 입에 대지 않고 항생제와 소염제 수액투여. 간헐적으로 쓰윽 지나가던 통증과 복부팽만은 서서히 가라앉았다. 완전하지는 않지만 퇴원해도 되겠다는 인자한 풍모의 담당의가 고맙다. 다행이라고까지 할 일은 아니고 어차피 내 몸뚱어리는 내가 끌어안고 살아야 한다.

그렇게 내 생애는 어떻게 흘러가든 결국 내가 자초하는 것이다. 내 생애는 오롯이 내 몸이 감당할 것이겠다. 그러나 지상의 모든 존재와 생애들이 서로 연결되어 있다는 것을 믿는다면, 결국 나는 혼자가 아니다. 염려 걱정에 질책을 더해, 따뜻한 마음을 보내 준 이들에게 고맙고 미안하다. 아직 담뱃질이나 막걸리를 그만둘 일은 아니라고 우길 수 있으니 정말, 다행이다.

2018년 10월 26일

골목길 돌아서는데 붉은 달이 구름을 벗어나고 있었다. 잠시 기우뚱, 했다.

2018년 10월 27일

두어 됫박 얻으려, 들깨 베러 들어왔다. 토란 세 뿌리도 캘 겸.

2018년 10월 29일

들이닥치는 한파 따위, 그러려니 하려니와 꼬막 철, 꼬막을 삶는다. 병원에 가기 전부터이니 열흘 넘게 반주 없는 저녁 밥상은 그 즐거움이 절반에 이르지 못하는구나. 그럼에도 불구하고 어찌 이참에 술을 끊어 보겠다는 불경한 생각을, 잠시나마 품었는지 알다가도 모를 일이다.

2018년 10월 30일

아이들 134명 버스에 나누어 태우고 북한강 벼룻길 달려 송암 스포츠 타운 스타디움. 아리스포츠컵 축구경기. 북쪽의 려명체육단과 하나은행 경기를 단체 관전한다. 아무나 이기면 어떤가. 아이들은 지는 쪽을 응원한다. 려명 이겨라, 려명! 좋다!

2018년 10월 31일

어제 북산집에서 반가운 이들과 막걸리를 마셨다. 운기조식을 끝내고 거의 보름 만에 만나는 막걸리. 의암과 의병을 주제로 많은 이야기를 나누었다. 주마간산(走馬看山. 말을 타고 달리며 산천을 구경한다는 뜻으로 자세히 살피지 않고 대충 보고 지나감을 이르는 말)으로 만주를 다녀왔던 일을 떠올렸다. 여운이 남는 술자리였다. with 전홍우 어형종.
　　「유맹(流氓)[35]의 노래 · 2」를 다시 썼다.

2018년 11월 1일

내일이면 너를 보낸다, 이별의 밤. 다시는 찾지도 돌아보지도 않겠다. 네 심장에 새긴 노란 리본은 떼어내지 않겠다. 너와의 인연은 여기까지다. 한철 찬란했고 와락이며 벼락이던 너를, 가차 없이 던져 버리겠다. 천 일이 넘는 나날들을 애오라지 너 너 너만을 사랑했다. 미워했다. 힘겨워했다. 시도 때도 없이 가끔 꼴깍 숨이 멈추는 너를 깨우려 이리 뛰고 저리 뛰며 더는 콧구멍, 구국의 강철 콧구멍을, 차마 못 잊어 찾아 헤매지 않으리. 네가 영원히 잠든다 해도 내 알 바 아니다. 너보다 훨씬 멋지고 사랑스러운 또 다른 너를 만나리라. 잘 가라 아이폰 식스. 골든 컬러, 엑스에스에 새로이 노란 리본 스티커를 붙일 거다. 안녕.

2018년 11월 3일

「안개의 기원」을 썼다.

2018년 11월 5일

일요일인 엊그제 옆지기와 교동도를 다녀왔다. 망향대에서 북쪽을 바라보고 싶었다. 대풍식당 순대국 한 그릇 하고 대명포구에도 들렀다. 늦게 춘천에 닿았다. 옹해야.

오늘도 나는 혼자 밥을 먹었다. 당연하다. 혼자 지내는 관사 생활이 뭐 어때서. 삼시 세 때를 다 챙기면서 뭐 혼자 먹는 밥이 무슨 벼슬이라도 되는 줄 아는감. 분수 모르고 궁상을 떠는 모지리!

「혼자 먹는 밥에 대하여」를 다시 썼다.

2018년 11월 9일

수능 응원 행사. 매년 똑같이 반복되는 엇비슷한 구성. 그중 갑은 풍선 날리기 피날레. 대학 평준화의 그날까지 위라리 잔혹사, 대한민국 입시 잔혹사는 무궁할지어다.

2018년 11월 10일

한 달 동안 교생에게 방을 내주었다가 정리하러 들어왔다. 몸살 기운에 라벨의 볼레로[36]를 들으며 줄콩을 간다. 다시 열 달 동안의 일상이 기대된다. 화분에 심어 여름 가을 창가 그늘이 되어 주던 줄콩은 겨우내 밥에 둬 먹겠다. 말가웃 될까, 들깨 소출을 보고 옆지기는 방귀까지 뀌며 박장대소. 볼레로의 피날레처럼 가을이 간다.

2018년 11월 13일

정운현. 10년 전 오마이뉴스 블로그에서 마냥 선생 주변을 기웃거리기만 했던 터. 2015년 12월 5일. 시청광장 집회에서 함께 찍은 사진 파일을 찾았다. 분노와 슬픔에 사로잡혀 살아가고 있던 때였다. 엄중한 세월 단단하면서도 넉넉하게 버텨온 분으로 여기고 있었다. 길동무하게 된 분과 함께 평화, 새로운 시작을 무겁게 누리겠다[37].

2018년 11월 14일

평화, 새로운 시작의 날들. 오늘도 안개 속 3·8선을 넘어 일터로 향했다. 내일이 수능시험일. 작년까지는 순찰 요원으로 일을 했지만, 이번에는 명단에서 빠져 이틀 연가를 냈다. 문산과 양주에 있는 초등학교

동창생과 각각 약속을 잡았다. 파포리 산양리를 지나 민통선 지나는 길을 택한다. 도피안사도 돌아볼 겸.

한국전쟁 막바지의 또 다른 잊힌 전투로 기록된 금성지구전투. 전적지 옆의 추모비는 한반도 70년 분단의 또 다른 비극을 보여 준다. 휴전 이후 현재까지 군에서 비전투 중 군 사망자가 수만 명에 이른다는 사실을 어떻게 설명해야 할까. 전적비 앞에 녹슬어 가는 전차가 아닌, 최신형 전차부대가 골짜기에서 튀어나와 굉음을 울리며 스쳐 지나가는 스펙터클에 슬픈 심장이 쫄깃했다.

2018년 11월 18일

심상시인회 가을 총회. 영주 무섬마을에서 묵었다. 장작을 패서 마당에 불을 피우고 둘러앉아 한참을 놀았다. 신승근 형님과 이슥하도록 많은 이야기를 나눴다. 아침 안개 속 풍경이 남았다. 안개는 매일 죽는다.
「도끼에게」를 썼다.

2018년 11월 21일

우일문 대표가 선주문했던 책을 보내왔다. 열 권 중 네 권은 조합원 선생님 나머지 다섯 권은 봉의산 가는 길에 놓고 왔다. 좋은 사람들 주라고. 저자와 편집자의 절절함, 절실함이 짠하다.
정욱식, 『비핵화의 최후』, 유리창, 2018.

2018년 11월 24일

어머니와 같은 단지에 사는 여동생은 스패니얼 뭉치, 말티즈 해피, 믹스견 하우리, 세 마리의 개를 키운다. 그중 해피는 벌써 어머니에게 왔고, 열흘 전 하우리를 다시 어머니에게 맡겼다. 몇 년 째 하우리는 모든 가족 구성원에게 고통을 안겨 주는 사나운 애였다. 결국, 하우리를 강화도 농가로 입양시킨단다. 어머니는 김장거리 다듬는다고 나가시고, 데리고 가기 전 여동생은 눈물 바람이다. 베란다에 나와 쪽파를 다듬으며 외면한다. 뚝뚝 떨어지는 눈물을 들키지 않으려고.

어쨌든 어머니와 김장을 한다. 새하가 유리와 할매 보러 왔다. 가까이 사는 조카 동회도 여친과 오라 했다. 기껏 삼겹 편육에 굴 보쌈이지만 맛있게 먹어 주는 아이들이 고맙다. 남동생 여동생도 같이 있었다.

어차피 헤어질 시간. 애들 여친과 가볍게 포옹을 했다. 음 뭐랄까? 마냥 좋았다. 결국, 다 떠나고 어머니와 둘이 남았다. 결국, 어머니와 나는 남들처럼 같거나 다르거나 상관없이 김장을 끝냈다.

2018년 11월 28일
면허증 갱신일 만료가 며칠 남지 않아 읍내 사진관에서 사진을 찍었다. 사진발 탓은 않으련다. 포샵으로 성긴 머리칼과 이마 주름은 처리했을 터. 고집스러워져 가는 중늙은이가 보였다.

2018년 12월 10일
수안보 상록호텔. 4박 5일, 공무원연금관리공단 퇴직공무원 교육. 오지 말았어야 했다.

2018년 12월 11일
「모과나무에 내리는 눈」을 썼다.

2018년 12월 12일
친구 홍기 보러 가는 길. 13:00 수안보 출발-14:10 춘천 도착-15:22 itx 용산행-16:40 도착-이태원 걸구네-21:20 itx 춘천행-내일 07:00 다시 수안보행.

2018년 12월 13일
「누구를 위하여 종은 울리나」를 썼다.

2018년 12월 15일
공지천을 거슬러 8km 정도 걸었다. 학곡리. 국밥 먹고 택시 타야겠다. 나름 대만 라이딩 준비다.

2018년 12월 17일
전설적인 축구 감독 보비 롭슨 일대기를 완전 집중해 보았다[38]. 울먹이며 그를 추억하는 말. 똑바로 살다가 죽어야겠다.
　"한 사람이 죽는 건 그 사람을 사랑한 마지막 사람이 죽는 것이다."

with Bobby Robson, Netflix.

2018년 12월 19일

「수란을 뜨다」, 「아내가 아팠다」 두 편을 다시 썼다.

2018년 12월 20일

심석희, 변천사에 이은 주민진 인터뷰[39]. 스포츠폭력은 공동체로서 한 국가의 품격과 수준에 대한 리트머스시험지라고 떠들어 온 세월이 참 혹하다. 치가 떨린다. 분노와 슬픔은 다스리는 것이 아니었다. 몸이 기 억하기 때문이다. 미친것들! 정말 미치겠다. 절망스럽다. with Trotsky[40], Netflix.

2018년 12월 21일

「무모함에게」, 「선희야」를 다시 썼다.

2018년 12월 27일

등줄기 깊숙이 작살이 파고들었어. 심장을 꿰뚫려 숨이 멎어 가는 중이 지. 내일이 지워지고 있어. 그 내일에도 태양이 떠오르고 달이 지겠지. 그다음 날에도 바람 불고 별들은 빛나겠지. 안녕, 나를 사랑한 바다여. 그대여 이제는 정녕 안녕.

　일본이 포경을 재개한단다[41]. 잔인하고 잔혹하기 이를 데 없는 것들. 등 뒤에 칼을 맞은 듯 분하고 분하다. 치가 떨린다. 내가 고래다. 당신 도, 온 세상이 고래, 아닌가!

2018년 12월 31일

아침에 춘천 영하 14도, 고탄 16도, 화천 18도. 퇴근하는 오후 네 시 반 영하 14도. 또 한 해를 보내는 쓸쓸함. 없다. 대부분의 날 잠시 벅찼고 쓸쓸했고 무연했다. 오늘도 그랬다. 보다, 겸손하되 더 치열한 의문을 품고 살아가야 할 날들이 기다린다. 2018 마지막 날 아침, 위라리 강 건 너, 산 능선을 하얗게 덮은 상고대가 잠시 눈부셨다.

새가 하늘을 난다

한 인간이 죽는다는 것은 그 인간을 사랑한 최후의 인간이 죽는다는 것. 결국, 역사는 지상에서 최후의 인간이 사라지는 날까지 반복될 것이다. 그러므로 지금 살아 있는 모든 존재들은 역사적이다.

2019년 1월 1일

다시 시작하는 삼백육십오 일 첫날. 작년 십 년 전 육십 년 전 백 년 전의 오늘처럼 삼백예순 날을 살아 내련다. 남아 있는 모든 날 증오와 혐오에 대한 슬픔과 분노를 걷어 내는 환한 눈물이여 오라. 오라 남으로. 나는 북으로 가련다. 기어이 기필코. 옹진반도에.

2019년 1월 2일

「그해 겨울」을 다시 썼다.

2019년 1월 3일

아침저녁 108배 절 운동을 시작했다. 대만 일주 라이딩을 하려면 몸을 만들어야 한다. 허벅지가 뻐근하다. 그러나 108배로는 엉덩이를 단련시킬 수 없다. 지난주에도 다녀온 길이다. 춘천역에서 중도를 잇는 다리가 임시 개통되어 있다. 상중도를 휘돌아 고구마섬을 잇는 가설 철다리를 내려가다 얼어붙은 철판 바닥에 미끄러지며 나가떨어졌다. 순식간에 벌어진 일이다. 오른쪽 대퇴 고관절, 팔꿈치 부분과 갈비뼈가 사각 용접 철판 위를 10m가량 내동댕이쳐 미끄러지며 쓸렸다. 방한 장갑에 겨울철 라이딩 복장이라 크게 다치지는 않았다. 팔꿈치가 조금 까졌고 갈비뼈는 결린다. 옆지기에게 넘어졌다는 말도 못 했다.

2019년 1월 5일

별이 진다네 별이 지네 별이 진다는 것!
　"실시간(Real Time) '사분의자리' 별똥별 모습. 짧고(궤적), 어두운 별똥이라 넓은 화면으로 집중해서 응시해야~ 추적하면서(잘 추적이 되지는 않았지만) 4시간여. 맨 마지막에 거대한 비행기 지나가고 왼쪽에 떨어지는 별똥은 사분의자리 것이 아님. 2019.01.04. 새벽." from 두경택.

2019년 1월 6일

자전거 춘천 결합. 팔호광장. 지난밤 20년 전 돌아가신 은사님 꿈을 꾸었는데, 반가운 친구를 만나는 예지몽이라는 생각을 해 봤다. 명권이 떠날 때 만나고 처음일, 아시안게임 하키 감독을 지낸, 김영귀 춘천시체육회 사무국장을 맡은 친구를 잠깐 만난 것이다.

2019년 1월 7일

등단이라는 통과의례 후 35년. 처음이자 필경 마지막일 시집을 준비 중
이다. 시삼백사무사(詩三百思無邪)[1]라는데, 한참 못 미친다. 시집 제목
은 그냥 '개망초에게'로 생각 중이다.

2019년 1월 8일

눈물이 난다. 참혹하다. 석희야. 고맙다. 내 생애 가장 슬픈 인간. 심석
희. 내가 할 수 있는 일에 눈감지 않겠다. 그런데 왜 자꾸 눈물이 나니[2].

2019년 1월 9일

오래 기다린 순간. 선생님들과 선생님을 모시고 점심을 먹었다. 읍내
옛골식당. 선생님은 비지찌개. 유쾌하고 즐거운 시간. 건강하기만 하세
요. with 이외수 이병욱 허욱 전만록 홍순자 박정희 김여호수아.
　「지워진 신세계」를 썼다.

2019년 1월 14일

너희들의 봄날은 참혹 찬란했도다. 대한체육회가 결의대회를 열겠단
다. 머리를 숙이든지 무릎을 꿇을지도 모른다. 치가 떨리는데! 목메달
을 벗어던지지 않는 이상 호모 스포츠쿠스(Homo Sportsquus) 괴물들은
멸종시킬 수 없다. 스포츠계 미투가 들불처럼 일어나야 한다[3].

2019년 1월 16일

자전거 13대, Taipei, Boarding pass, JEJUair 7C2601. with 신덕철 이창성
금명근 김선호 변기인 김원만 남궁두 김영섭 최완희 김성태 변기인 최용찬.

2019년 1월 17일

대만라이딩 2일차. 일월담 일주. 우육면과 취두부의 마력에 빠졌다.

2019년 1월 20일

대만 3·4일 차. 우링에 오르다. 정상에서 점프, 타이루거 장춘사거쳐
화롄. 남지우가 타이베이에서 금문고량주 다섯 병을 들고 달려왔다.
술이 췌 다행이다. 아침에 길이 엇갈려 작별도 못했다. 영섭 샘에게 거

액을 투척하고 사라졌단다. 자꾸 눈물이 났다. 대략난감한 업힐 포함 90km. 북회귀선(北回歸線)을 자전거로 지났다! 즈상에 닿았다. 카오슝은 내일이나 닿을 것이다.

2019년 1월 21일

바람이 분다. 오늘도 나는 자전거를 탄다. 대만의 땅끝, 6일 차, 대만 남부를 자전거로 달렸다. 개마고원 지나 백두산 가는, 아, 개성 해주 지나 옹진에 닿겠다는 열망이다. 몸풀기. 다시 자전거를 차량에 실었다. 가자 가오슝. 내일 Come Back Home.

2019년 1월 22일

高雄麗尊酒店(리즈 호텔, The Lees Hotel, Kaohsiung). 대만라이딩 7일 차 일정을 마무리한다. 늘 호텔 조식은 만족스럽다. 잠시 도심을 산책하다 만난 사람들 아이들 개들 모두 평화롭다. 참 많이 잊고 산 풍경들에 가슴 한편이 쌔하다.
　매일 신세계일 일상에 다시 설렌다. 신세계가 별거 아니란 걸 진즉에 알지 못했던 무지와 어리석음에서 벗어날 수 있을까. 두려움에서 벗어날 수 있을까. 항구를 둘러 본 후 다섯 시 반 보딩. 안녕, 가오슝. 춘천엔 자정 가까이에 도착하겠다.

2019년 1월 24일

조그만 별에서 굴뚝 청소를 하듯 화산을 돌보며, 바오바브나무에 물을 주는 어린 왕자. 나와 마주하는 다른 여느 아이들과 마찬가지로 운동선수 아이들도 꿈나무가 아닌 어린 왕자와 같은 존재들이다. 가르치고 가꾸어야만 하는 대상이 아닌, 내가 살아온 삶과 살아갈 삶의 모습에 대한 것들을 함께 나누고 이야기하며 공유해야 할 동반자. 운동선수 아이들을 타자화시켜 온 삶에 종지부를 찍어야 한다. 그렇다고 체육교사의 삶이 어디 가겠는가.

2019년 1월 26일

"나는 생각한다고 말하는 것은 잘못이다/ 누군가 나를 생각한다고 말해야 할 것이다/ 말의 유희를 용서하라/ 나는 타자이다「조르즈이 장바

르에게 보내는 편지」 중. 아르튀르 랭보."

　2009년에 쓴 소논문 「봄날은 간다[4], '타자(他者)의 초상(肖像)' 첫 꼭지 첫 문장을 인용문으로 시작했다. 이 문장을 어디서 가져왔을까. 재인용한 것이 틀림없다. 출처를 밝히지 않았다. 옳지 않았다.

2019년 1월 27일
체육계 성폭력이 종교집단의 그루밍(Grooming)과 닮아 있다는 것에 눈 감고 있는 그대들과 내가 보인다.

2019년 1월 31일
어제는 분노와 슬픔의 터널에서 빠져나왔다고 생각했는데, 오늘 아침은 다시 그 터널 속으로 던져졌다. 반동의 싹을 도려내지 못한 업보다[5].

2019년 2월 2일
나는 나에게, 오직 나에게만 최초이며 최후의 인간이다.

2019년 2월 9일
청주, 새하·유리 양가 상견례를 마쳤다.

2019년 2월 17일
어머니에게 왔다. 열여드레 동생 생일. 보름 앞두고 먼저 양지머리 육수 내 미역국 끓이고, 시금치, 숙주, 고사리, 고구마줄거리 나물 무쳤다. 임연수어 굽고 김구이에 소성주 한 통, 한잔. 어머니 이제 가요.

2019년 2월 22일
「쓸쓸한 연대기(年代記)」를 다시 썼다.

2019년 2월 26일
발표작 중 40여 편을 덜어 내고 완성 원고를 편집장 부재중인 출판사에 주고 왔다. 내 시의 슬픈 연대기. 푹 가라앉았다. 옆지기 생일. 겸사겸사 일찌감치 중앙시장 베트남 쌀국수집을 다녀오는 길에 고로케를 사 들고 왔다. 깡통맥주에 특집 뉴스 보며 스스로를 위로했다.

2019년 2월 27일

옆지기와 일찍 나섰다. 베트남이나 개마고원 대신에 3·8선에 다녀왔다[6]. 양양 현북과 인제 3·8선 표지석. 귀둔에서 진동 가는 길 표지석은 지난여름 보고 왔다. 다른 곳에 있는 것들도 다시 보러 가게 되겠지. 담대한 여정이 쉽지 않다.

2019년 2월 28일

스스로에게 의문을 품고 산다는 것과 죽어가는 것은 딱 절반씩이다. 그렇다고 의문의 총량이 줄어들지 않는다. 의문을 품은 인간의 슬픔.

2019년 3월 2일

인간의 역사에서 10년 전이나 한 인간의 생애, 두서너 세대를 건너뛴 100년 정도의 일들은 바로 지금을 의미한다는 것을 잊고 살았다. 또 한 가지. 한 인간이 죽는다는 것은 그 인간을 사랑한 최후의 인간이 죽는다는 것. 결국, 역사는 지상에서 최후의 인간이 사라지는 날까지 반복될 것이다. 그러므로 지금 살아 있는 모든 존재들은 역사적이다.

옆지기와 아침에 길을 나서, 포천 소흘에서 구포잔치국수 한 그릇. 영중 한탄강 백학에 있는 3·8선 표지석을 보고, 백마고지 유적지 광덕고개 넘어 휘돌아오는 길, 말고개 표지석에도 멈췄다. 어쨌든 남은 여섯 달 동안 부다리터널을 지나다니며 3·8선을 넘나들 것이다. 배후령도 한두 번 오르겠지.

분명한 것은 3·8선을 그어 이 땅의 존재들에게 씻을 수 없는 분노와 슬픔을 묻혀 살아오게 한 역사는 반드시 기억해야 한다는 것이다. 역사의 수레바퀴, 나의 슬픈 국가를 지운다. 나에게 남아 있는 날들의 역사는, 바로 지금부터 다시, 시작이다.

2019년 3월 7일

분노와 슬픔의 터널을 빠져나왔는데 굴욕과 모욕의 일상이 기다리고 있었다. 형벌이라고 해도 지나치다. 덧없는 것들의 덧없음[7].

2019년 3월 8일

어제 화천에서 출발, 440km를 달려 밤늦게 진주에 도착했다. 아이들

다섯 중 사내아이들 셋은 내 차, 여식아 둘은 지도자 차에 태우고 왔다. 전국실내조정대회. 보람이 아빠가 경기장까지 찾아 주어 하룻밤을 같이 보냈다.

다시는 일 때문에 진주에 올 일은 없겠다. 삼천포항이나 남해 금산을 보려 했지만, 생각을 접는다. 며칠 동안 분노와 슬픔이 굴욕과 모욕으로 이행된 것은 순전히 내 탓이다. 헛되고 덧없는 희망에 잠시 허우적이고 있다는 것을 인정해야 한다[8]. 더 기다리면 되는 것을. 그뿐인 것을!

2019년 3월 11일

평범함에 대해 묻는다. 분노와 슬픔, 굴욕과 모욕, 악의 평범성, 폭력의 평범함. 모든 곳에 있으므로 평범함으로 평범해지는. 뒤쫓는 카메라들의 평범성. 이거 왜 이래[9]! 고통의 평범함에 대하여 치얼스(Cheers).
한나 아렌트, 김선욱 옮김, 『예루살렘의 아이히만』, 한길사, 2006.

2019년 3월 13일

「잠들기 전에」를 썼다.

2019년 3월 14일

서른네 번째의 봄. 체육선생으로 학교에서는 마지막이 될 농구 골대 골망을 새로 갈았다. 모두 열 개 중 네 개만 갈았다. 나머지는 김영성 선생이 갈겠단다. 서른네 해 동안 봄이면 한 번도 거르지 않은 일. 2020년 봄날은 서른다섯 번째가 아닌, 내 생애 첫 번째 봄날이 될 것이다[10].

2019년 3월 16일

새하·유리, 내일 신혼여행 계약한단다.

2019년 3월 18일

눈이 부시게[11] 봄날은 간다. 울며 웃는다. 좋은 날이다. 눈이 부시게 바람이 분다.

2019년 3월 19일

깊다. 각인. 대뇌피질. 눈이 부시게 지울 수 없는. 유품은 도장 1매. 간

곳을 모르는. 본 사람도 없는. 눈부실 일 없는 생애가. 고통은, 고통이 봄날처럼 환하다.

2019년 3월 20일

2003년 3월 26일. 천안초축구부 합숙소 화재참사[12]. 영등포에서 무슨 신정부 체육정책 세미나를 끝내고 모두 울면서 술잔을 기울였다. 올해 16주기. 추도식 겸 무슨 세미나를 한다고 추모시 제안을 하는데 차마 물리지 못했다. 봄비 내리는 날 쓰는 추모시. 하루가 고통스럽고 무겁다.

2019년 3월 22일

미국의 압박과 평화에 대한 훼방이 도를 넘고 있다. 그들의 후안무치는, 지난해 봄날의 훈풍을 한순간에 날려 버리는 것쯤은 아무것도 아니다. 점령군으로 한반도에 들어온 후 한 번도 바뀐 적이 없다. 남과 북이 같이 가면 된다. 용서받지 못한 자. 두려움에 사로잡힌 자들. 미국과 일본 따위는 애당초 깜(일정한 자격이나 조건을 갖췄다는 뜻인 '감'의 다른 말)이 되지 않는다. 한반도를 사는 이들은 너남죽(너 남 할 것) 없이 더는 잃을 것 없이 살아왔지 않은가. 그런 것이다. 분노와 슬픔에 사로잡혀 살아가는 인간이 도대체 무엇을 할 수 있겠는가. 운명에 순응하는 일만이 남았다. 그까이꺼 운명 따위. 자유한국당 해체. 김×태 OUT[13].

2019년 3월 23일

사위 컴컴해지며 천둥 번개가 몰아쳤다. 싸락눈, 우박, 진눈깨비로 한참을 퍼부어 대는 영종대교를 건넜다. 문을 열고 들어서니 늙은 어머니가 활짝 웃는다. 눈비 그치고 사위 어둡던 온 천지가 환해지고 있었다. 동생들 조카들과 어머니 모시고 송도에 나와 거한 밥상을 받았다.

2019년 3월 24일

3월 4일 자의 '피의사건 처분결과 통지서'를 받아 들었다. 서울중앙지방검찰청. 중앙은 뭐고 지방은 뭐냐. 세월호 관련 박근혜 퇴진 청와대 게시글 2차 서명 건인 것 같은데 처분결과는 '혐의없음(증거불충분)'이란다. 완전히 잊고 있었는데. 피의자로 네 해를 묵었다는 것인데. 허 거참. 지난해 오월, 무죄 판결보다 더 어이가 없다.

2019년 3월 25일

즐거운 발견, 나는 시인이다. 게다가 체육선생이다.

2019년 3월 26일

서울 가는 길. itx청춘. 길 나선 참에 여 저 들러 오겠다.

국회 의원회관 제2 소회의실. 2003년 봄을 기억하며 2019년 열여섯 번째 봄날. 천안초등학교 축구부 합숙소 화재 희생자를 위한 늦은 추모시. 「아홉 작은 별들에게」를 한 체육선생이 삼가 읽었다. with 이민표 정용철 안민석 홍명보.

2019년 3월 29일

소양강 처녀상 옆을 스치며 노을을 본다. 일락서산(日落西山)**14**. 떠오르고 지고 뜨고 지고. 꽃 피고 지고 피고 지고.

2019년 3월 30일

마흔세 해 만이다. 처음으로 고교 동창 아이의 결혼식에서 갔다가 다른 녀석들을 만났는데 죄다 중늙은이들이다. 한 녀석은 도무지 알아볼 수가 없었는데 느닷없이 '맞아, 너 한문 잘하던 재룡이지?' 하긴, 고1 때 별명이 서당이었다. 또 한 녀석이 알아봐 준다. '맞아, 너 평행봉 잘하던 재룡이지?' 하긴, 당시에 평행봉에서 물구나무를 서고 회전운동을 해낼 수 있던 것은 내가 유일했다. 그런 것들 다 개뿔 같은 것이라고 여겼었는데, 시인 대접도 받고 체육선생으로 늙은 걸 보니 조금쯤은 소용이 있는가 보다. 어제는 모처럼 아이들이 배를 띄웠다. 얘네들이 하는 일이 개뿔 같은 것이 아니길 바랄 뿐이다.

2019년 3월 31일

개뿔이나 쥐뿔이나 같은 뜻으로 쓰기도 하지만 쥐뿔이 더 모욕적이기는 하다. 어릴 적부터 쥐뿔도 없는 존재라는 무의식을 지니고 살아왔는지도 모른다. 태생적으로 그렇다는 이야기다. 많은 날 무지하고 어리석기 짝이 없었다. 말이든 글이든 몸짓이든 마찬가지다. 가진 것도 없이 든 것도 없이 분노와 슬픔에 사로잡혀 악다구니를 써 댈 때 그랬다.

아이들에게만이 아니다. 글을 쓰겠다거나 공부를 더 하겠다는 나보다 어린 친구들을 가르치려 들었던 꼰대질에 익숙했던 어떤 기억들을 떠올렸기 때문이다. 나는 아직도 나의 또 다른 쥐뿔을 찾아 헤매고 있는지도 모른다. 보다 너그러워지고 겸손함에 이를 수 있을지, 보다 나은 인간이 될 수 있을지는 죽을 때까지 모를 일이다. 개뿔도 모르고 쥐뿔도 없는 것은 팩트 아닌가.

아이들에게는 쥐뿔도 (모르는) 없는 것이라는 소리를 듣게 하고 싶지 않았던 듯. 쥐뿔의 또 다른 뜻은 '제(자신) 뿌리'란다. 새하에게 또 다른 쥐뿔을 남겼다. 1989년 백일 무렵의 발바닥 인장.

2019년 4월 2일

축구를 비롯해 모든 스포츠는 알량하지만, 휴머니즘을 바탕으로 한다. 인간중심 스포츠 가치의 발현. 축구장을 보호해야 하는 이유다[15]. 자한당의 경남FC 모욕은 한국사회의 스포츠문화가 착종(錯綜)[16]되어 온 것을 그대로 드러낸 것이다. 선수나 관중이나 인간이 빠진, 오직 유권자로만 전유(專有)하려는 그들만의 리그. 극단적 혐오유발자들. 축구뿐만 아니라 스포츠 전반에서 적폐 집단은 이제 그만 빠져라[17].

2019년 4월 4일

먹먹했다. 울었다. 옆지기가 등을 두드려 준다. 노회찬을 기리며[18].

2019년 4월 5일

2004년 도간 전출로 속초상고 발령 열흘 되던 날. 청대산 산불이 학교를 휩쓸고 외옹치로 빠져나갔다. 양간지풍[19], 이듬해는 낙산사가 속수무책으로 불탔다. 하신선봉과 황철봉 사이의 미시령을 넘어온 바람이 양간지풍의 대명사다.

양간은 양양과 간성 사이를 이르지만 모두 3·8line 이북으로 한국전쟁 이후 속초가 사이를 채웠다. 속고양(속초,고성,양양)으로 통칭하는 지역이다. 창균이가 원암리에 들어 살고 있는데 불길이 덮쳤다. 어제저녁, 긴급 대피했다고 통화는 했는데, 이상국, 박종헌, 김영준 시인도 그렇고 홍동표, 한성희 선생 등 속고양 사람들 모두가 걱정이다. 부디….

2019년 4월 6일

먼 천둥이 춘천에 가는 비를 뿌린다. 월요일엔 학교에도 목련이 만개할 것을 믿는다. 개포고에서 함께 일한, 이홍섭. 자전거로 북미를 횡단한 강자다. 히말라야에 대해 열망을 불 지필 만한 책을 들고 화천까지 찾아왔는데, 글쎄다. 온통 개마고원에 꽂혀 있는 판인데. 그 친구 하룻밤 묵어간 다음 날. 양간지풍의 산불이 속초를 휩쓸고 지나갔다.

　0416은 어김없이 돌아오고 결국 4월은 잔인하고 서럽다. 그런 것 상관없는 이들도 많겠지. 내일은 속초 넘어가 창균이 내외 보고 일찍 화천에 들 생각이다. 잔인하거나 서럽거나 4월은 또 다른 껍데기를 남기고 알맹이도 같이 지나가리라. 4월만이 아니다. 5, 6, 7, 8월 빨리 가 버려라. 시간이 너무 느리게 간다.

2019년 4월 7일

두 눈으로 확인해야만 했다. 처참 그 자체. 창균이 내외는 임시로 살 집을 구했단다. 오고 가고 사라져 가는 것들이야 어쩔 수 없지만, 허망하기 그지없다. 매캐한 냄새를 뚫고 원암리 장천마을을 휘돌아 공현진 망망대해를 바라보며 갈매기와 파도 소리를 들었다.

　돌아오는 길에 혁소집에 들렀다. 풍경소리가 맑았다. 내외가 달걀 한 꾸러미를 건넨다. 돌산령을 넘으며 창균이와 혁소에게 무언가 두고 온 거 같았다. 무얼까. 무엇인지.

2019년 4월 8일

네 번째 맞는 낭천우거(狼川寓居)의 봄. 목련 꽃그늘 아래 선다. 꽃그늘 아래에서의 일, 다음 봄은 맞을 곳은 모르는 일.

　"제주4·3동백 발화 챌린지[20]. 이 챌린지 릴레이에 김성례 교수님, 장수현 교수님, 이나영 교수님, 김재룡 선생님께 동참을 부탁드립니다." from 유철인.

2019년 4월 9일

이명수의 『그래야 사람이다』 머리말. 글을 쓸 때 '명예나 인정욕구 같은 내밀한 욕망이 아닌지 따져 물었고, 내가 가진 대의적 선명성을 과시하기 위한 목적은 아닌지 고쳐 물었다.'는 자기 투시는 나를 끊임없이 되돌아보도록 이끌었다.

유철인 교수 〈제주 4·3동백발화 챌린지〉 지명이 고맙고 눈물 난다. 해방과 점령공간에서 만들어진 분단과 제주에서 발화되어 한국전쟁 이후 아직 아물지 않고 있는 한반도 현대사. 아직 정의되지 않은 제주 현대사를 끌고 가는 슬픈 국가. 늘 제주 사람 이종형 형과 유철인 교수에게 위로받으며 살아남았다. 아직도 엎드려 살아가고 있다.

제주 4·3에 대해 무지하고 무도하기 짝이 없는, 촛불혁명과 역사를 거꾸로 되돌리려는, 자격도 없고 깜도 되지 않는 몇 정치인들이 이 챌린지에 참여하고 있는 것에 분노가 앞선다. 그러나 역사의 도저(到底)한 심판이 있을 것이므로 기꺼이 이 챌린지에 내 방식대로 참여한다. 정윤수, 정용철, 정욱식, 어형종, 김현진 선생님들이 응답하시거나 말거나.

2019년 4월 10일
「수선화가 말했다」를 썼다.

2019년 4월 14일
내가 어떻게 죽었는지 알아? 아이유를 위한 아이유에 의한 아이유의 페르소나[21]를 보는 일요일. 나는 스물아홉에 죽었음.
　화천의 인물[22]? 파로호 원래 이름 대붕호[23]를 찾는 것이 우선.

2019년 4월 15일
만화방창(萬化方暢) 오두막. 꽃그늘 고양이는 배가 불러오고.

2019년 4월 16일
Pray for 0416, Pray for Notre-Dame de Paris[24].

2019년 4월 18일
봉의산 가는 길. 가만히 생각해 보니 대략 무모하기 짝이 없는 친구들이다. 무모하고 무모하여라. 어쨌든 가제(假題) 『슬픈 연대기』 출판계약, 슬픈 연대기의 탄생. with 노정균 박제영 최삼경.

2019년 4월 20일

오늘 야리딩의 목적지. 가평 청평 대성리 양수리에 이르는 만만찮은 거리다. 의암댐 건너편을 열 지어 사라진 후에 차를 돌린다. 옆자리 김수형 선생님 결혼하는 날. 7월 6일 새하·유리 결혼식장인 수아비스 12시. 클라라커피에 나는 못 가네.

2019년 4월 22일

묻는다. 빨갱이가 어때서?

2019년 4월 23일

삼 년 전 봄에 일년생 뿌리를 심었는데, 스물댓 싹 올라와 꽃대를 내밀었다. 열매가 빨갛게 익으면 이별해야 한다. 그 봄날에도 초속 오 센티미터로 꽃비가 내렸을 것이다[25]. 내 이별의 거리는 아직 제로인데. 시속 십만 칠천 킬로미터로 휘휘 돌아가는 지구별에서 일 년 삼백육십오일, 일억 오천 킬로미터를 돌아 십 년을 버텼다. 견뎠다. 버렸다. 울었다. 십억 오만 킬로미터의 진창길이다. 매일 삼천 센티미터 삼 킬로미터 이내, 멀어 봤자 봉하마을까지 삼백 킬로미터 거리를 스쳤다. 십 년의 시간이, 〈그날 바다〉 오 년의 시간이 꽃잎으로 날린다[26]. 모든 이별한 날이 어제이고 오늘이며 내일이다. 잔인하고 서러운 사월 꽃 피고 지고 피고 지고, 오월이 올 때까지, 이별을 톺아보는[27] 것이다.

2019년 4월 25일

헌법수호[28]!? 분노는 아무것도 아니다. 오늘 끝장을 보자. 더는 분노와 슬픔에 사로잡힌 하찮은 인간으로 살 수 없다. 4·3, 4·19, 5·18, 세월호 영혼들이 울부짖고 있다. 촛불의 명령이다.

2019년 4월 27일

판문점 선언 1주년, DMZ 평화의 인간띠 잇기. 미륵바위 앞. 아무도 없다. 화천은 망했다[29].

2019년 4월 29일

"헐. 北 총리가 되셨어. ㅎ"[30] from 김춘배.

2019년 4월 30일

오월 앞에서 아직 나는 아무것도 아니다.

2019년 5월 5일

자전거를 타고 고은리를 지나다 승림이 흙집에 들렀다. 면목고를 떠난 후 꼭 삼십 년 만에 이영욱 선생을 만났다. 승림이와 처남 매부지간이다. 눈물 나게 반갑고 고마워서. with 양승림 이영욱.

2019년 5월 14일

어제 마신 술이 깨지 않은 상태로 현관을 나선다. 삼십 년 만에 얼굴 보겠다고 찾아 준 현종이, 꽤 마셨나 보다. 녀석이 찔러 넣은 봉투를 옆지기에게 건넸더니 쳐다보지도 않고, 삼십 년 전과 똑같은 말을 했다.

"왜 그렇게 몸도 가누지 못하도록 술을 드셔?"

기분 좋은 잔소리도 있다. 그랬는데, 라디오에서 5·18 관련 이야기에 울면서 3·8선을 넘어 출근했다[31]

2019년 5월 20일

먼 길은 멀다. 홀연히 눈앞에 당도할 순간까지는 멀고도 멀다. 험하다는 말은 하지 않겠다. 나는 오늘도 기억한다. 4·16, 5주기. 5·18, 39주년. 노무현, 10주기. 전교조 결성 30주년을 지나고 맞는다.

17일 체육대회를 마치고 곧바로 홍천으로 넘어왔다. 도민체전펜싱 경기. 내일까지 스무 명 아이들 뒷바라지해야 한다. 아무리 멀어도 가야 할 길처럼 퇴직 말년 하루하루가 너무 더디다. 퇴직자 포상 신청하라는 공문이 시행됐단다. 해직자 복직 법외노조 취소 전에는 그냥 준다고 해도 거부할 터인데, 에라이!

2019년 5월 21일

부부의 날이란다. 보리밥 정식 밥상을 마주하고 앉았다. 그동안 평일 점심을 같이한 기억이 없다. 살다 보니.

2019년 5월 25일

모처럼 금요일 밤 관사를 지켰다. 토요일의 전교조 30년 집회에 모처럼 빠지기로 했다. 오후에 한국전쟁을 다시 쓰는 마중물이 될 〈대붕호평화문화제〉에 다녀올 요량이다. 어머니는 오늘도 새벽길을 나서 일터로 가셨을 터이다. 어머니는 이제 힘들어하신다. 이제나 저제나 더는 잃을 것이 없다는 명백함 자명함 분명함 같은 것들이 있다. 더 쓸쓸해진다. 지평막걸리 한 통 비웠다. 토요일 아침의 독작(獨酌). 창가에 가까이 심은 옥수수가 잘 자라고 있다. 이른 폭염주의보에 가문 날들. 둘째 사돈 될 농사짓는 양반들 생각에 짠하다.

2019년 5월 31일

강원대학교. 〈한국스포츠인류학회〉 하계학술대회. 학회장인 박기동 교수 정년을 맞아 특집으로 꾸려진다. 그 한 꼭지 「청려장을 위하여」. 어쩌면 나도 비로소 서정시라든가, 유머와 위트 있는 글을 써 볼 수 있지 않을까 생각하며 쓴 글이다. 결국, 발표하다가 울컥하고 말았다. with 박기동 김이수 이학준 지동철 윤대중 김지훈 최승아.

　　학회 마무리도 못하고 서둘러 itx를 탔다. 인사동 '꽃 밥에 피다'로 순간 이동. 〈한국구술사학회〉 창립 10주년 기념 전야 만찬 초대를 받은 것이었다. with 알렉산드로 포르텔리 함한희 유철인 박찬승 윤택림 이나영 이호신.

2019년 6월 2일

옆지기와 명동 CGV. 조조할인으로 〈기생충〉에 기생하려고.

2019년 6월 4일

박정희 죽은 이듬해, 아직 나는 강원대학교 사범대 서무실 행정보조직으로 일하고 있었다. 서울의 봄. 비록 학도호국단이었지만 이 친구는 사대 학생회 총무부장이었다. 학교는 휴교 중이었고 5·17 계엄 직전 학생회 유인물들을 간발의 차이로 치웠다. 실제로 내가 기거하고 있던 체육관 숙직실을 계엄군들이 군홧발로 들어와 뒤지기도 했다.

　　이 친구는 공군 학사 장교가 되었다. 제복에 선글라스를 끼고 공지천에서 구름의 상태를 관찰한다고 익살을 떨기도 했다. 그리고 수학 선생님이 되었다. 소양로, 이 친구의 집과 처가집이 멀지 않았다. 내가 장가갈 때 중학교 동창 김홍기와 이 친구가 함잽이를 했다.

0416 이듬해 강 건너 학교로 옮겼다. 이 친구가 중학교에 있었다. 다시 이듬해 내가 관사에 들었고 하루 한 번은 꼭 만났다. 어린 블루베리 열 그루, 풍선덩굴 싹을 가져다주어 잘 심고 잘 키웠다. 작년 초 친구는 명퇴했다. 곧바로 암 진단을 받고 투병하고 있다는 소식을 들었다. 찾아가 볼 염(念, 무엇을 하려는 생각이나 마음)도 내지 못했다. 얼마 전 카톡을 보냈는데 반응이 없었다. 어제저녁 짧은 부고를 받았다.

　잘 가시게 친구. 평화와 안식이 깃들길. 친구여 안녕.

　내 친구 심창식.

2019년 6월 5일

지우가 페이스북 메시지로 강규가 별이 되었음을 알려왔다. 아무리 깊은 슬픔일지라도 죽음을 이기지 못한다는 것을, 너무 늦게 알았다. 애통하고 애통하다. 잘 가라 강규야.

2019년 6월 6일

현충일, 5·18 같은 국가 폭력이나 4·16 같은 사회적 참사가 일어났을 때 극렬하게 애도를 막던 부류들이, 날 잡아 사이렌을 울리며 억지로 집단적 애도를 강요하는 날이다. 검은 리본과 식권 달랑 한 장이 날아들었음은 물론이다.

　'그때는 다 그랬다.'고 말하는 자들을 보면 아직도 분노가 솟구친다. 그때 그러면 안 되는 것이었다. 동작동 가는 대신 옆지기 여동생과 어머니 모시고, 새하·유리 혼례일 입으실 한복 맞추러 왔다. 동대문시장. 모자도 하나 사 드렸다.

2019년 6월 13일

내가 구술사[32]를 공부하지 않았으면 『개망초 연대기』는 세상에 나올 수 없었을 것이다. 역사가들을 만나지 않았으면 가능하지 않았다는 것이다.

　박찬승, 『1919 : 대한민국의 첫 번째 봄』, 다산초당, 2019.

2019년 6월 14일

학교스포츠클럽 지역 디비전. 축구, 풋살 광역대회 선발. 농구는 아웃.

어쨌든 내 생애 마지막 학교스포츠클럽대회.

생각해 보니 30년 전 면목고 분회 창립일이다. 조춘익 선생이 나를 대신해 해직되었고 나는 두 주를 견디지 못하고 탈퇴각서를 썼다. 그때 는 개망초를 몰랐다. 체육관 뒤 개망초 무성하다.

2019년 6월 20일

네 시 전 화천 출발, 일곱 시 반 경 충주 도착. K-water배 전국조정대회. 체육 선생으로 마지막 출장이었으면 좋겠다. 출장 중 혼밥의 진리. 국 밥에 생막걸리 일 병.

2019년 6월 25일

『개망초 연대기』의 프롤로그가 시작된 날이 저물고 있다. 1950년 6월 25일. 조부모가 한날한시에 난사를 당해 돌아가신 음력 오월 초아흐렛 날이 기일이다. 큰아버지 돌아가시기 훨씬 전부터 제사를 모시지 않는 다. 잊힌 전쟁으로 남아 있는 그날의 오늘, 또 다른 프롤로그를 쓸 수 있을 것인가를 생각해 보기도 한다. with「들국화는 피었는데」.

2019년 7월 1일

하나 둘 셋 스윙[33]! with 손석희의 앵커브리핑.

2019년 7월 7일

석 달 만에 자전거를 끌고 나왔다. 시집을 냈고, 어제 둘째 혼례를 치렀 다. 찾아 준 모든 이들이 고맙고 반가워서, 강물을 보면서 오래 서러웠 다. 남아 있는 날들에도 그럴 것이다.

2019년 7월 10일

화천막국수. 뭐랄까, 잘하는 국수집은 면수 맛이 다르다. 일과 중이니 선주후면(先酒後麵)은 아니어도 두툼한 빈대떡이 바삭하니 일품이다. 학교공동체 식구들에게 새하·유리 혼례 답례로 국수를 냈다. 3학년 모의고사 관계로 몇 선생님들이 오지 못했고, 영양교사, 조리실무사 일 곱 분은 모시지 못해 안쓰럽다. 경사든 애사든 일을 치르고 나면 남는 것이 고마움뿐이다. 그 고마움들이 한 생애를 떠받친다는 것을 이제야 알았다 한들, 학교생활 이제 한 달 반 남았다.

2019년 7월 12일

한 주 내내 PAPS 측정결과 입력과 마감, 교육청 전송과 220명 수행평가를 마무리했다. 체육선생으로서 마지막 수행평가인데, 비로소 체육·스포츠교육의 방향을 짚어 낸 것과 같은 후련함이 있다. 기능평가를 완전히 배제하고 활동 참여만으로도 얼마든지 평가를 할 수 있음을 증명했다고 할 수 있다. 학생들의 평가결과 수용과 만족도 또한 좋다고 여긴다.

2019년 7월 16일

열매가 익어 가는 인삼포에 비가 내린다. 손톱만 한 청개구리도 만난다. 금요일 방학을 하면 토요일 새벽에 2박 3일 태백으로 자전거를 타러 가기로 했다. 삼 일째 도진 치통이 발목을 잡기는 하는데 모르는 일이다.

2019년 7월 17일

자전거로 근 2년 만에 배후령 정상. 실상은 내 후임으로 올 기간제 면접이 있어 자리를 피했다. 연구실 식구 지훈이로 내정되어 있다. 실상은 토요일 태백-울진-태백 2박 3일 라이딩 준비. 만항재, 두문동재를 갈 생각에 설렌다. 업힐에서 엉덩이가 너무 아프고 힘들어 세 번 쉬었다. 마지막 주저앉아 쉬는데, 어깨너머 개망초꽃들이 말했다.

"아직 괜찮군. 고맙고 다행이야. 나를 보아 주어서. 이제 찔끔거리지 않기."

힘든 업힐 동안 오래 생각했다. 1957년생. 나와 동갑으로 죽은 사내**34**. 잠시 그가 『개망초 연대기』를 읽었더라면 하고 생각했다. 부디 평화와 안식이 깃들길.

2019년 7월 20일

새벽에 자전거를 싣고 태백, 구문소에서 내려 예보대로의 폭우를 뚫고 회고개재, 답운재, 불영계곡, 울진을 지나 죽변에 닿았다. 지원 차량 운전 순번에 네 번째로 당첨. 불영사 입구부터 젖은 몸을 떨며 운전했다.

with 남궁두, 문태호, 김주석, 이창성, 신덕철, 금명근, 이건학, 이훈희, 김원만, 김영섭, 박종훈, 박찬영, 안상태, 열넷. 야 좋다!

2019년 7월 22일

어제 울진에서 가곡 지나 석개재를 넘었다. 태백 시내 모텔에 들어 젖은 몸을 추스르고, 몰려가 소고기 구워 먹었다. 여유 있게 밤 황지 연못을 둘러보기도 했다. 아침 먹고 출발 소도동 지나 만항재 정상에 올랐다. 자전거로 가 보고 싶었던 함백산 정상을 가는, 태백선수촌 방향 세 갈래 길까지 다녀왔다. 적멸보궁 정암사를 다운힐로 스쳤다. 결국, 두문동재는 차로 지났다.

2019년 7월 31일

열흘째 볕이 나지 않는 장마. 아이들은 이제 수월하게 아침 강에 배를 띄우고. 다시 펼쳐 볼 일 없기가 십상인 책들. 차마 버릴 수도 없는 것들. 삼백여 권을 스무 뭉치로 묶었다. 집에 가져다 꽂을 곳도 없으니 풀어 놓을 곳은 모르는 일이다. 읍내 태양반점 짜장면도 딱 한 달 남았다. 난민의 후예로 살아가는 일이란 것이.

2019년 8월 2일

조정에서 둘이 한쪽씩 노를 저어야 하는 페어(-2). Balance 다음에 Power, Speed가 따라간다. 담대한 여정의 목표는 분명하다. 남측 북측, 혹은 북남, 남북. 충분히 준비되어 있다. 미·중·러·일 그중의 마지막의 딴지[35]. 당연하게 예견했고 예비했으니 가면 된다. 둘이 함께라면 거칠 것이 없다는 자명함이 좋다.

2019년 8월 5일

05년 5월생. 비상이가 비실비실 오줌을 싸지 못하고 괴로워한 며칠 동안. 춘천을 오가며 병원 데리고 다니느라 비상사태였다. 그 와중에 물가에 나가 배를 타는 아이들을 자전거로 뒤따라 강변길을 달렸다. 한 체육 교사의 마지막 여름방학이다. 오후에 동생이 어머니 모시고 오두막에 오신다. 손가락보다 작은 5년근 인삼 스무 뿌리와 도라지를 수확했다. 전복 인삼 넣어 갈비탕 끓여 드릴 요량이다. 염천, 극강 폭염의 날. 읍내 금성이발관 주인과 작별인사를 했다. 월요일 개학하고 3주 후 화천을 떠난다. 막장 미드로 시간을 죽이면서.

    with Sons of Anarchy[36], Netflix.

2019년 8월 18일

자고 일어났더니 모기 코가 삐뚤어져 있었다. 아베 코도 삐뚤어지겠지.

2019년 8월 21일

마지막 출근은 전국조정선수권 대회로 근무지 내 출장. 31일 철원 강원학교스포츠축제에 축구, 풋살, 넷볼(Netball) 참가 준비를 마무리했다. 다음 주에는 연가를 냈다. 책상에 선물 포장들이 보였다. 가죽 여권 지갑과 편지, 화요 선물 셋트. 서늘한 기운이 슈욱 지나갔다. 어제저녁에는 선호 샘 모친상에 들렀다. 체육관으로 향하는 복도에서 지나치는 아이들 눈 마주치기가 힘들다. 품의 대여섯 건, 컴퓨터 정리로 바쁜 하루를 보내야지. with 홍순자 조기원 김선호.

2019년 8월 22일

다섯 명의 등록선수가 있는 조정부. 마지막 전국대회는 마침 화천에서 치러져 다행이다. 피니시라인을 지나 고통스러워하는 아이들을 지켜보는 것은 여전히 힘들다. 어쨌든 이제는 안녕. 노무현 노회찬을 기억한다면 눈 부릅뜨고 살아남아라. 조국.

2019년 8월 23일

믿기지 않는다. 늦게 씨 뿌리고, 두 해 두었다. 풀 뽑고 물 주며 두 해를 기다렸다. 꽃 피는 걸 보려고 마음을 졸였다. 결국, 내가 뿌린 씨앗은 내가 거두어야 했다. 이제는 나를 거두고 건사해야 하리라. 실하게 자라준 도라지, 백도라지. 깔끔하게 정리한다는 것이 쉽지 않구나. 그렇구나. 이별. 작별한다는 것은 별에서 별로 건너뛰는 것만큼 힘들구나. 멀리 뛰고 높이 뛰는 것에 영 재주가 없이 체육선생을 마무리한다는 것. 힘겨운 힘이 힘겹기만 하구나. 홍칫뽕!

2019년 8월 27일

달포 만에 어머니에게 왔다. 두 주 전에 어머니가 화천에 들르셨기에 어머니를 보는 것은 보름만이다. 낭천우거(狼川寓居) 모든 짐을 11평 어머니 임대아파트로 옮기는 중이다.

2019년 8월 31일

어제 1985년 첫 학교, 면목고에서 첫 만남을 함께 한 친구 둘이 마지막 퇴근길을 함께 했다. with 서명은 남지우.

봉의산 가는 길. 2001년 개포고등학교 2학년 9반 담임 반 친구들과 12시가 되는 순간 종례를 했다. 로망이던 몽블랑 만년필을 받았다. 내 이름이 명료하게 새겨진 만년필은 남아 있는 나날들의 또 다른 기쁨이며 속박이 되리라. with 이종호 장현규 김종빈 여혁기 김종훈.

집 앞에 내려주고 친구들이 손 흔들고 떠나간 심야, 현관문을 열고 맞아주는 옆지기를 안아 주며 중얼거렸다.

"경민아, 우리 처음 만났을 때의 내가 되어 돌아왔어. 우리 이제 처음부터 다시 시작하자."

교육노동자의 삶이 끝났다.

몸의 기억

내 어머니 이름, 윤동춘. 어머니 앞에서만 나는 기억을 되살리는 완전한 인간이 된다. 어머니의 기억이 나의 기억이 되었고 지금의 나를 만들었다. 어머니의 몸에서 비롯된 기억이 내 몸의 기억이 되었고, 그 몸의 기억이 한 생애가 되어 지금의 나를 이끌고 온 것이다.

2020년 1월 1일

무엇이든 써야 한다. 아니, 정리한다고 해야 옳다.

2020년 1월 10일

"새벽에 일어났는데 보니깐 늬 엄마가 너를 안고 울고 있더라. 소리도 내지 못하고, 그냥 매일 그랬지 뭐."

젖먹이를 품에 안고 울다가 잠이 들고, 밤중에 깨어 세상천지 막막함에 소리도 내지 못하고 울기만 하던 새댁이었던 어머니. 지난가을에 보고 온, 일흔넷이 된 열다섯 살 때의 이종사촌 누이 기억이다.

60년 후, 새벽 첫 버스를 타러 새벽길을 나서 가로등 밑을 천천히 걸어가는 어머니. 보이지 않을 때까지 10층 아파트 베란다에서 내려다본다. 3월까지 석 달 연장 계약한 여든다섯 청소노동자. 설 전에 대통령 소속 〈군 사망사고 진상규명위원회〉의 결정통지를 받지 못하면, 딱 한 달 더 기다리면 된다. 겨울잠 실컷 자는 거지, 뭐.

2020년 1월 17일

어제 기다림 끝에 위원회 조사관으로부터 겨우 전화가 걸려 왔다. 패스트트랙과 맞물려 속을 끓이면서, 내심 설 전에 연락이 오길 기다리고 있었다. 다음 주 화요일에 공항신도시까지 찾아 줄 이들을 어머니와 함께 만나게 될 것이다.

이상문 시인 카페 예부룩에서 있을 권혁소 책맞이에 가려고 영종도를 벗어나 춘천으로 가는 길에, 20년 만에 의정부 평양냉면집 들러 달걀만 남기고 완면. 책맞이는 대성황. 대학생일 때 보았던 혁소 누님에게도 인사를 했다. with 권혁소 권오영 이광로 강민구 허욱.

　권혁소, 『우리가 너무 가엾다』, 삶창, 2019.

　「함께」 - 권오영 · 신미영 선생을 읽고 고개를 끄덕였다.

2020년 1월 20일

'진실을 감추려는 자가 범인이다.' 이 명제가 촛불 혁명을 가능하게 했다는 것에 많은 이들이 동의하겠다. 아니면 말고. 분하고 억울하기 그지없이 분노와 슬픔에 사로잡혀 다섯 해를 보냈다. 아니지, 어머니의 시간을 더하면 60년.

스피박의 『서발턴[1]은 말할 수 있는가?』, 그리고 『우리가 너무 가엾다』라는 두 명제를 두고 민중가요를 크게 틀고 네 시간 운전해 어머니에게 왔다.

결론, 하나. 영종도 어머니에게 와, 속초에서 들고 온 참미역으로 국 끓이고 명란에 조기 구워 드렸다. 옛날 이야기하다가 늦게 밥상을 물렸고 어머니는 설거지하신다. 60년을 분하고 억울하게 살아온 어머니 앞에서 나의 분노와 슬픔은 무릎을 꿇는다. 말할 수 없는 서발턴으로서 어머니는 지상에서 가장 강력한 무기를 업그레이드시켜 왔다. '나'라는 자식-아들을 핵폭탄처럼 개발해 왔던 것이다. TV를 보며 트럼프를 '아주 나쁜 놈, 미국 놈들은 아주 나쁜 놈들.'이라고 말하는, 세상을 다 살고 알아 버린 나쁜 엄마다. 고로 '기억하는 서발턴'으로서 어머니는 말할 수 있다!

결론, 둘. 우리는 가엾지만은 않았다. 많은 날을 당당했고 기쁨에 넘쳤다. 정작 가여운 존재들은 따로 있다. 예컨대 트럼프나 아베 같은 자들, 태극기 들고 아스팔트에 버려진 이들과 김×태 ××× 같은 자들이 한없이 가엾다고 생각하기로 했다. 그들과 같이 상스러운 욕을 버리지 못한, 품격 풀풀 거리는 내가 어찌 그들과 같이 가여운 인간이 될 수 있겠는가. 뭔 개, 풀 뜯어 먹는 소리여?

가야트리 스피박 외, 태혜숙 옮김, 『서발턴은 말할 수 있는가?』, 그린비, 2013.

2020년 1월 22일

새벽 여섯 시에 나가는 엄마를 일터에서 열 시 반에 픽업했다. 열한 시, 답사해 두었던 신도시 약속 장소에서 위원회의 팀장과 조사관을 어머니에게 인사시켰다.

"문재인 대통령님이 보내신 분들이에요."

「슬픈 연대기」의 끝을 보려고 힘든 시간을 견뎠다. 14년에 시작했으니 세월호 참사의 진상규명에 대한 열망과 함께 6년 차를 맞는다. 무모한 일이었다. 나만 힘든 것이 아니었다. 위원회에서도 내가 원하는 결과를 만들어 내려고 노력했을 것이었다. 그런데 어이없게도 권한 밖, 소멸시효 등의 이유를 들어 51:49의 기각 또는 각하 결정문을 쓰겠단다. 국가기록원에 영구보존될 문서 마지막에 한 줄 덧붙인단다.

"국가가 사과한다." 혹은 "국가가 사과합니다."

어머니가 귀가 어두워 팀장이 하는 이야기를 듣지 못해 다행이었다. 애써 웃으며 만남 장소인 카페 타임플러스를 나왔다. 어머니는 내 안색을 보고 벌써 결과를 알아채셨다.

"그 사람들 참 좋아 보이더라. 그래도 안 된다고 그러지?"

눈물이 나왔다. 이건 아니지. 정말 아니지! 더 냉정해야 한다.

"아니에요. 잘될 거예요. 조금 더 기다려 보래요."

조사관에게, 일단 문자를 보냈다. 법령에 따라 조사 기간을 6개월 연장해 달라는 것. 실망스러운 결정단계에 대해 마지막으로 브레이크를 걸어 보는 것이다. 60년 기다렸는데 여섯 달쯤이야.

2020년 1월 24일

하늘은 인간을 추구(芻狗)로 여긴다지. 국가폭력에 대한 진실 혹은 진상은 이미 드러나 있고 세상이 다 알고 있다. 그것을 역사라고 한다. 그것을 '규명'이라는 이름으로 국가가 전유(專有)한다. 많은 이들에게 위로를 받으며 살아온 것만으로도 내 생은 충만하다. 그러나 낙심하는 모습을 애써 감추려 하는, 아들을 바라보며 쇠약해져 가는 엄마의 걱정스러움을 마주하기가 힘들다. 억지로라도 웃어야 한다. 명절 아닌가.

2020년 1월 27일

영종도 어머니에게 오는 길에 '한상준 교수님 별세' 문자를 받았다. 늘 교수님이라 하지 말고, 선생님이라 부르라 하셨다.

나의 박사학위 논문 제목이 「체육인 한상준의 생애사」다. 슬픔이 밀려온다. 곧 지나가리라.

2020년 2월 1일

한 (모든) 인간이 추구하는 최종의 가치는 자유와 평화 아닌가. (비록 그 끝이 죽음일지라도) 고로 평화를 원한다면 (죽음의) 두려움을 버려야 하리라.

2020년 2월 3일

오늘을 보내면 내일 입춘이다. 그랬다. 내일을 맞으려 오늘을 살았구나.

2020년 2월 4일

대통령 소속 〈군 사망사고 진상규명위원회〉에 조사 기간 연장 요청서를 메일로 보냈다.

지난 21일 영종도까지 찾아 진행 사항을 전해 주셔서 고맙습니다. 어머니께서도 두 분이 '참 좋은 사람들이더라.'라며 반가워하셨지요. 두 분과 면담을 마치고 어머니와 함께 뒤돌아오면서 조사관님께 조사 기간 연장요청 문자를 드렸습니다. 면담과정에서 팀장님의 안타까움과 고심이 담긴 말씀에 대하여 받아들이기 어려운 부분이 있었기 때문입니다.

첫째, 51:49의 '각하 혹은 기각'의 결정문을 쓸 수밖에 없다.
둘째, 위원회(권한)의 한계, 능력이 부족하다.
셋째, 국가기록원에 영구보존 될 결정문에 '국가가 사과한다. 혹은 사과합니다.'라는 기록을 남기게 될 것이다.
넷째, '고지 의무 위반'으로 판단할 수밖에 없다.

위 네 항에 대하여
첫째, 51:49의 '기각 혹은 각하' 결정을 할 수 있다면, 조사 기간 연장으로 49:51의 '규명(인용)' 가능성을 기대할 수 있다고 생각했습니다.
둘째, '권한과 능력의 부족이나 한계'와 같은 언급은 위원회의 설치 목적과 맞지 않다는 생각입니다. 결정과 판단에 고심하고 있다는 것을 느낄 수 있었으며, '대통령소속'의 위원회에 대한 신뢰에는 변함이 없습니다.
셋째, 위원회에서 국가기록원에 영구보존 될 결정문 말미에 '국가가 사과한다. 혹은 사과합니다.'라는 '한 줄' 기록을 남기겠다는 것은 받아들일 수 없습니다. 그동안 국가보훈처, 국방부 민원 담당자들이 숱하게 보내 준 형식적이고 의례적이며 영혼이 없는 문장을 더는 마주하고 싶지 않습니다. 또한 정통성이 없었을 뿐만이 아니라 반민주적이며 비인간적이었던 지난 정권의 과거사 문제를 현 정부가 나서서 사과할 일은 아니라고 판단하기 때문입니다.

넷째, '고지의무 위반'이라는 말씀도 받아들일 수 없습니다. 진정 사안은 국군 장병 일인이 즉결처분과도 같이 죽임을 당했다는 것이 실체적 진실에 가깝습니다. 그리고 망자의 직계 가족에게 '고지의무 위반'을 한 것이 아니라 '고지 자체가 없었다'는 것이 병상일지와 화장보고서, 사망진단서 등으로 증명되고 있습니다. 제출된 자료에 근거해 군대 내 카빈총 살상행위는 '사건'이 아닌 '사고'로 축소 은폐한 비인간적이며 반국가적인 범죄행위였다는 것을 추론할 수 있을 것입니다. 또한, 위원회 측에서 사망 일자도 다른 10년 후의 순직 통지는 물론, 59년 후인 육군참모총장 명의의 2018년 7월 30일 자 '사망(순직)통지서'를 무색하게 만드는 판단과 결정을 내리지 않기를 기대합니다.

위와 같은 사유로 다음에 수정, 부기하는 현재에 이르기까지의 진정 경과와 진정 시 제출된 '기록자료'를 다시 한 번 세밀하게 살펴줄 것과 조사 기간 연장을 요청합니다.

2020년 2월 10일

달이 밝다. 저 달은 이지러졌다가 다시, 둥글게 둥글게 둥그러지겠다. 패러사이트 오스카 제시카송 갈채와 환호 속에,[2] 내 자본과 욕망의 스멜이 스멀거리며 달이 밝다. 오늘 하루 정도는 반전 반핵 양키고홈 따위, 달콤하게 지워도 되겠다. 달이 밝으니.

2020년 2월 11일

신종코로나바이러스 따위가 인간의 식욕을 제어하랴. 춘천과 영종도를 오고 가면서 국숫집들을 찾는 것이 일상이 되었다. 이젠 일일 일식 짜파구리나 만들까? with 보문각 중화비빔국수, 옥천면옥, 경인면옥, 남포면옥, 행주산성 원조국수, 김포 뚝방국수, 대화관 매운짜장면.

2020년 2월 13일

매일 자전거 타는 것이 목표. 달성할 일은 없는.

with Die Walküre, Richard Wagner.

2020년 2월 19일

몇 달 동안 옹진을 바라볼 수 있는 연평도를 생각하며 살았다. 결국, 연평도에는 들어가지 못하고 기껏 교동도에 들어가 대풍식당 국밥에 막걸리 일 병 마신다. 장터에서 인절미, 강화 풍물시장에서 순두부를 사 들고 왔다. 어머니가 드시고 만족해하셨다.

「교동도에서」를 썼다.

2020년 2월 21일

힘내라 대구 경북!

2020년 2월 25일

작금의 코로나 19에 대해 이해관계에 따라 반응하는 정치 종교 언론집단의 '집단 아메바적 의식'을 유심히 살펴야 할 것이다. 재난 상황에 총력을 다하는 의료진과 질본은 물론 문재인 정부에게 험한 말을 해 대는 집단이나 개인은 아메바도 되지 못하는, 상호협력공동체를 파괴하는 그야말로 퇴치해야 할 바이러스에 불과하다.

『당신의 주인은 DNA가 아니다』, 밑줄 긋고 많이 옮겨 적어 놓았던 것을 찾아 읽었다.

2020년 3월 5일

〈군 사망사고 진상규명위원회〉의 결정문을 받아 들었다.

결 정

진정 제150호 김웅서 사건.
주문 : 이 사건 조사 기간을 6개월 연장한다.
이유 : 본 위원회는 2019. 2. 25. 이 사건 진정에 대해 군 사망사고 진상규명에 관한 특별법 제18조에 따라 조사개시 결정을 하였으므로, 그로부터 1년이 되는 2020.2.25.까지 조사를 완료하여야 한다. 그러나 위 기간 내에 조사를 완료하기 어려운 사정이 인정되므로 같은 법 제23조 제2항에 따라 조사 기간을 6개월 더 연장하기로 하여

주문과 같이 결정한다.

2020. 2. 24
위원장 이○○
위원 이○○ 이○○ 이○ 오○○ 김○○

2020년 3월 6일

「겨울 나그네에게」를 썼다. with Franz Schubert, Winterreise.

2020년 3월 10일

봄 여름 가을 겨울, 모두 국수 그릇 앞에서 나가떨어지더만. 어쨌든 국수 그릇을 비우고 나면 몸이 기쁘다. with 포천 평양면옥, 주안 변가네 옹진냉면, 동두천 평남면옥, 남대문시장 부원면옥, 송추 평냉면, 중앙시장 국시집·낭만국시, 강화 오류네 칼국수.

2020년 4월 12일

코로나 19가 온 천지를 뒤덮는 날들을 자가 격리된 것처럼 자연스럽게, 지난 10년의 날들을 반추(反芻, 어떤 일을 되풀이해 생각함)하는 일에 매달렸다. 다듬는 데 또 그만큼의 날들이 필요할 것이다.

2020년 4월 14일

itx 09:11 청량리행. 12:00 을지면옥. 생각만 해도 눈물 나는 이들과 품격 풀풀거리는 선주후면(先酒後麵). 담대한 여정과 촛불혁명의 완성을 이야기했다. 광화문에 들러 노란 리본 몇 개를 집어 들고 청량리에서 춘천행 itx를 탔다. with 고광헌 정용철.

2020년 4월 15일 · 수타사에서

닷새 전, 옆지기와 사전투표를 했다. 옷깃에 동백발화·평화나비·한반도·세월호 배지, 네 개. 앞섶에 노란 리본이 흔들리는 생활한복을 입었다. 옆지기가 이끄는 대로 수타사를 찾았다. 식구들 일년등과 아버지 영가등을 달았다. 한 해 동안 죽음을 이기는 슬픔이 환하겠다. 한 생애가 완성되었다.

2020년 4월 16일

0416, 6주기. 밤새 개표를 지켰다. 개헌 갈 수 있었다. 겸손하지 않았던 자 촛불이 기억하리라.

2020년 4월 19일

옆지기와 6사단 7연대 수색대를 먼발치에서 본다. 돌아오는 길에 도피안사에 들렀다.

　"스님, 이게 무슨 꽃이에요?"

　"산작약."

　쳐다보지도 않고 짧게 대답한다. 나이도 나보다 어려 보이는데 자발머리없다[3]. 공력이 깊고 너르다. 결혼 35주년 나들이였다.

2020년 4월 25일

모처럼 자전거 팀이 만들어졌다. 석파령을 넘기 전에 당림리 권오영·신미영의 예쁜 집 '함께'를 들렀다. 차 대접을 받았는데, 주인장은 막걸리가 없다며 미안해했다. 공지천-의암댐-강촌-당림리-석파령-덕두원-칠전동(애향식당 동태탕) 아직 점심 무렵인데, 하루가 완벽하다. with 신덕철 이훈희 문태호 박종훈 안상태 함호식 김성태.

2020년 4월 28일

아무리 억울한 죽음일지라도, 살아남은 자의 슬픔, 사랑하는 이의 슬픔을 이길 수 없다. 살아남은 자, 사랑하는 이의 슬픔을 죽은 자가 알 리 없으므로.

　내 어머니 이름, 윤동춘. 어머니 앞에서만 나는 기억을 되살리는 완전한 인간이 된다. 기억하는 인간 아니면 아무것도 아닌 인간. 억만 송이 개망초 꽃잎 하나, 개망초 한 줄기처럼 지금 나는 존재한다.

　어머니의 기억이 나의 기억이 되었고 지금의 나를 만들었다. 어머니의 몸에서 비롯된 기억이 내 몸의 기억이 되었고, 그 몸의 기억이 한 생애가 되어 지금의 나를 이끌고 온 것이다.

　어제 영종도에 가서 오늘, 어머니 모시고 아버지가 군 생활을 했던 6사단 7연대 수색대대를 먼발치에서 바라보고 왔다. 의정부 포천을 거쳐 철원, 다시 연천 전곡을 거쳐 어유지리 억부인국수집에서 점심을 했다. 설마치, 법원리, 광탄을 지나는 터널 길을 휘돌아 어머니를 모셔다 드리고 춘천으로 돌아왔다.

2020년 5월 3일 오전

하루 100km를 타는 1박 2일 라이딩을 다녀왔다. 북한강, 남한강, 섬강, 홍천강 길을 달렸다. 대성리-두물머리-양평-여주-강천-문막 100km(1 박), 횡성 지정-서원-풍수원-양평 단월-백양치(대명비발디)-팔봉-덕만이 고개-춘천 100km. 모두 기다려 주고 격려해 주어 겨우 완주했다. with 신 덕철 이창성 김영섭 김성태 남궁두 변기인.

2020년 5월 15일

스승의 날이라고, 연구실 식구들과 선생님을 모시고, 옥산포 위도 횟집 메기찜으로 밥을 먹었다. 거동이 불편한 선생님에게, 막걸리를 맘껏 드시게 하지 못한 것이 걸린다. 어쨌든 비도 오고, 오월이다. 어쨌든! with 박기동 윤대중 최승아 김지훈 노정균.

2020년 5월 16일

전쟁 · 여성 · 진실 · 정의 · 기억… 이러한 말들을 발견할 수 있었던 것은 구술사(口述史)를 공부하면서 만난 여성학자들이 있었기 때문이다. 국가 폭력 같은 말들을 직접 드러내지는 않았지만, 『개망초 연대기』는 이러한 말들에 기초해 있다.

정의기억연대를 공격하는 부류들, 허접하기 짝이 없는 양비론으로 부화뇌동(附和雷同, 줏대 없이 남의 의견에 따라 움직임)하는 기레기들과 먹물들을 보면서 피가 거꾸로 솟구치는 분노를 누를 길이 없다. 나는 이제 혐오와 증오에서 어느 정도 자유로운 몸이 되었다.

그러나 내 몸이 기억한다. 그 부류들이 쓰레기라는 것을. 그리고 내게 남아 있는 날들은 그러한 쓰레기를 치우는 일이 될 것이다. 아니, 오래전부터 해 오던 일을 계속할 것이다. 5 · 18, 40주년. 노무현 11주기를 앞두고 다시 새긴다. 개망초의 기록, 촛불이다.

2020년 5월 23일

퇴직하면 어머니와 살 수 있을 것 같았다. 그러나 '모시고' 산다는 것은 가당치 않았다. 쇠약해졌을 뿐 어머니는 아직 자신을 책임지는 인간이었다. 무엇보다 어머니를 '모셔야' 한다는 내 강박이 외려 어머니를 불편하게 한다는 것을 알았다. 남아 있는 날들도 지금까지 살아온 것처럼, 그렇게 흘러가게 두면 되리라.

내 아버지를 죽인 자들은 5·16 쿠데타를 일으켰다. 그들은 베트남에 몰려가 살육을 저질렀고, 5·18 광주의 참극을 만들었다. 이후 그들의 후예들이 지배하는 세상을 가까스로 살아남았는데, 세월호 참사는 남은 생의 방향을 결정지었다. 겨우 "그때 그러면 안되는 거였다."라고 항의할 수 있게 된 것.

노무현 11주기, 내 생을 송두리째 뒤흔든 세월을 그렇게 살아남은 것이다. 180석 여당은 좌고우면[4]할 일이 아니다. '국가보안법'을 지우는 일이다. 검찰, 사법개혁 따위는 그 한 가지로 깔끔하게 정리된다. 사람 사는 세상이 열린다. Covid19와 동격인 토착왜구라는 바이러스를 종식하고 담대한 역사를 쓰는 것이다.

5·18과 세월호특별법 시행과, 공수처 설치가 완료되는 대로 과연, 누가 이 땅의 면역체계를 완성하는 국보법 폐기를 들고 나올지 기대된다. 그가 차기 한반도의, 지구별의 평화를 상징하는 얼굴이 될 것이다. 단언컨대, 불가능한 꿈이 아니다.

2020년 6월 2일
JTBC, 대구 간호사 전화 인터뷰를 보며 눈물이 난다. 대구와 주변 시민들 생각에 눈물이 난다. 가야산 자락 요양원에 큰어머니가 계신다. 조카딸도 간호사로 일한다. 나도 대구 시민 아닌가. 대구가 슬프다.

미국의 시위를 보면서는, 태극기, 성조기, '다윗의 별(삼각형을 겹쳐 만든 육각별 모양이며, 유대인을 상징함)' 깃발을 들고 길거리를 누비던 사람들도 슬퍼졌다. 인종, 젠더를 불문하고 '우월감'과 '피해의식'을 바탕으로 하는 차별과 혐오는 필경, 폭력을 부른다. 지구별의 한 존재로 조지 플로이드의 마지막 시간 8'46" 그 고통은 내 몸이 기억할 것이다. 그의 마지막 말이 'Mom'였다지 않은가.

2020년 6월 9일
몸이 기억하는 진실에 대한 예의, 33년 걸렸다[5]. 60년이 지났지만, 국군장병 김웅서의 군의문사에 대해 국방부장관의 참회와 용서를 구하느니, 절구통을 뒤집어쓰고 하늘로 오르는 게 더 빠를까 두렵다. 여름이 가기 전에 결판나겠지.

2020년 6월 10일

6·10 항쟁 33주년, 오늘이 가기 전에 기록으로 남긴다. 오후 네 시 정각, 새하·유리의 아기가 세상에 나왔다. 일 년 전 『개망초 연대기』가 나온 날이다. 내 이럴 줄 알았지. 인천에서 청주로, 벅찬 하루.

2020년 6월 13일

아기 이름은 부모 성을 같이 쓰는 외자 이름 '겸(謙)'으로 하자고 제안했다. 김새하·문유리의 아기 김문겸으로 출생신고를 하게 되겠다.

글을 써 책으로 출판한다는 것은 살아 있는 것만큼 어려운 일이다. 코로나19 여파가 아니더라도 자가격리하듯 석 달 넘게 매달리고 다듬었다. 물건이 될지도 모르는 일이었지만, 읽을 만할 것이라는 '근자감'과 믿는 구석이 있기도 했다. 엊그제 '맘에드림' 방득일 대표와 출판사 근처 홍탁집에서 막걸리를 마신 것이다. 책을 만들겠단다. 내 그럴 줄 알았지. 고맙다.

2020년 6월 20일

어머니에게 왔다. 연안부두 종합어시장에서 2.5kg 민어. 삼만 오천 원 갈치는 오천 원 깎아 현금 주고 토막 내서 왔다. 오고 갈 때마다 국수 사 먹으라며 오만 원짜리 한 장씩 어머니가 찔러 넣어 준 것이 그대로였다.

동네 마트에서 미나리, 무, 청량고추, 막걸리 등속을 챙겨와 갈치를 조리고 민어탕을 끓인다. 어머니, 모두 맛나게 드신다. 뉴스를 보시며 한 말씀 하신다.

"다 잘될 거야, 다 잘되고말고. 그런데, 트럼프는 정말 나쁜 놈이야."

그렇게 어머니는 판수다. 와우! 라일락 담배 끊으신 지 보름째란다. 업어 드리고 싶네. 새하가 보이스톡 화상채팅을 해 와서 겸이를 보여 드리니, 온몸이 활짝 피어나듯 웃음 만발하시더니 울컥하신다. 작은 방에 야전침대 펼치고, 여름밤의 꿀이 깊다.

2020년 7월 4일

지난주 토요일에는 청주에 가, 두 주 전에 세상을 만난 문겸이를 안아 보고 왔다. 일요일에는 벅찬 마음으로 혼자 배후령을 올랐다. 자전거를 타는 동안 나는 온전히 생각하는 인간이 된다.

오늘은 오랜만에 팀라이딩에 합류했다. 원평리에서 우측으로 빠져 신포리 쪽으로 나와 말고개 넘어오는 녹수청산의 북한강 벼룻길을 달렸다. 두 선생이 마지막에 힘들어했는데 콩이랑두부랑에서 콩국수로 배를 채우고 라이딩을 마무리했다. with 신덕철 이훈희 최완희 문태호 남궁두 김성태.

2020년 7월 11일

엊그제(9일, 목요일) 개백이를 몰고 국회에서 있은 최숙현 죽음 관련 '긴급토론회'와 출판사에 들러 표준계약서에 싸인(sign). 춘천에 돌아왔는데 박원순 시장 실종 소식을 듣고 쿵. 어제 새벽부터 사망 확인 뉴스를 확인하고 종일 원고 수정, 보완, 교체, 추가 작업에 매달렸다.

최소한 장례 기간만이라도 침묵이 아닌 침잠(沈潛)의 시간을 가질 여유도 없이, 죽음을 전유(專有)하거나 애도를 가로막는 부류들은 살인자, 도살자들의 집단과 닮아 있다. 그들이 그렇게까지 인간적 품위를 저버리며 얻으려 하는 것은 무엇일까.

오늘은 그렇게 죽음과 애도를 대하는 방식에 대해, 오래 생각하며 자전거를 탔다. 춘천댐을 우회해 반대 방향으로 고탄고개를 넘어와 몇 군데 농막을 들렀고, 새로 조성되고 있는 '국립춘천숲체원'까지 들어갔다가 유포리막국수로 점심. 덕철 형님 농막에서 옥수수를 따 배낭 가득 담아 와 쪘다. with 신덕철 남궁두 함호식 김성태.

2020년 7월 13일

아무리 깊은 슬픔일지라도 죽음을 이길 수 없는 것처럼, 아무리 큰 고통일지라도 죽음을 이길 수 없을 것이다.

이승만, 맥아더 같은 살인자, 도살자 집단의 충직한 개로 내 아버지를 죽인, 노욕으로 가득 차 천수를 누린 자가 '전쟁영웅'으로 추앙받으며 국립현충원에 묻히는 모욕. 아버지가 있는 동작동으로 가지 않아 다행이다.

『시인 체육교사로 산다는 것』-'체육교사의 시선으로 본 학교 그리고 삶에 대한 내러티브'를 썼음.

내 맘대로 〈옹해야 활동위원회〉를 조직하여, 이 풍진 세상을 건너왔음을 밝힘.

* 옹해야 *

옹진(강령), 해주 거쳐, 평양, 원산 지나고 장진호, 개마고원, 삼지연 등을 자전거로 어슬렁거리며, 가는 곳마다 공 한번 차지 못하면 개망할, 품격 풀풀 거리는 일인 FC.

- 공동위원장 : 이외수, 최돈선, 윤용선, 정상명
- 고문 : 박기동, 고광헌, 최성각, 유철인, 한현, 이종형
- 자문 : 윤택림, 김귀옥, 이나영
- 멘토 : 학교에서 만난 모든 '아이들'친구들과 '야리딩'멤버들
- 감독 : 류태호
- 코치 : 정윤수, 정욱식, 김영섭
- 멘탈코칭 : 정용철
- 트레이너 : 박용하, 김창균, 김도연, 권혁소, 우일문 외
- 홍보 : 서명은, 최백순 외 그들의 패거리들
- 후원 : 김홍기, 두경택, 노정균, 서장선 외 셀 수 없음
- 의료 : 이종호
- 주무 : 어형종(팀장), 고기범, 김정근
- 해외 : 남지우(타이베이), 고 옥강규(브리즈번), 이상원(제주)
- 인권 : 김현진
- 편집 : 정미정
- 출판 : 방득일

미주

• 서문 •

1. 신현수 외 공저, 『그래, 지금은 조금 흔들려도 괜찮아』, 작은숲, 2010
2. 대통령 소속 〈가습기살균제사건과 4·16세월호참사 특별조사위원회〉, 〈군 사망사고 진상규명
   위원회〉
3. 김종삼, 「어부」에서 가져옴

• 프롤로그: 진실의 순간 •

1. 「DMZ 대붕호 평화 문화제, 전쟁의 상흔을 치유한다」, 『춘천사람들』, 2019.05.20
2. 「우일문 선생님의 시시한 역사, 아버지」, 『YouTube』, 2019.03.22
3. 이진경, 「노마디즘은 침략주의인가」, 『한겨레21』, 2006.06.23
4. 설한, 「기억투쟁, 기억의 정치」, 『교수신문』, 2016.05.02
5. The Thin Red Line is a 1998 American epic war film written and directed by Terrence
   Malick. It is the second screen adaptation of the 1962 novel of the same name by James
   Jones, following the 1964 film; however, this film is not considered a remake. Wikipedia
6. 「조국 '정조준'… 현직 법무장관 첫 자택 압수수색」, 『뉴데일리』, 2019.09.23
7. 5 Days of War is a 2011 action film directed by Renny Harlin. The story is about the
   Russo-Georgian War over the Russian-backed breakaway autonomous republic of South
   Ossetia in Georgia, including the events leading up to the conflict. Wikipedia
8. 「국립중앙도서관-주한조지아대사관 '호랑이 가죽을 두른 용사' 전시 개최」, 『뉴스핌』,
   2019.09.09
9. 「엄시문 개인전 '자연과 인간의 관계성 소환'」, 『중앙일보』, 2019.09.25
10. 「체육계 성폭력 방지법, 한국당 반대로 법사위 상정 실패」, 『미디어스』, 2019.10.24
    「정경심 교수 구속… "혐의 상당 부분 소명"」, MBC 『뉴스투데이』, 2019.10.23
11. 「문 대통령 모친 '조용한 장례'」, 『한겨레신문』, 2019.10.30
12. 'Invictus' is a short poem by the Victorian era English poet William Ernest Henley
    (1849-1903).
    Invictus is a 2009 biographical sports drama film directed by Clint Eastwood and

starring Morgan Freeman and Matt Damon. Wikipedia

13. 「문 대통령 "빨갱이라는 말도 청산해야 할 친일잔재"」, 『YTN』, 2019.02.28

14. "82년생 김지영' 조남주 작가 中독자 만나, 「내 책 읽은 女아이들에만 악플… '인형'으로 보기 때문」, 『서울신문』, 2019.11.18

15. 「문 대통령, 19일 밤 각본 없는 '국민과의 대화' 나선다」, 『한겨레신문』, 2019.11.18

16. 「탁현민의 예언 적중?…"국민과의 대화 아닌 팬미팅 같았다"」, 『중앙일보』, 2019.11.20

17. 육백: 六百. 얻은 점수가 육백 점이 될 때까지 겨루는 화투 놀이

　오관뗴기: 혼자서 화투 패를 종류별로 정해진 순서대로 늘어 놓아 한 장만 남기는 놀이

18. 김보경, 이명선, 박상규 기자의 진실탐사 그룹, neosherlock.com에서 펀딩

19. 「손석희의 앵커브리핑, '파손주의'」, 『JTBC』, 2019.12.24

• 2009년: 개망초에게 •

1. 화천에서 평화의 댐으로 가는 해산령 터널에서 동쪽 임도를 따라 내려가면, 파로호에 접해 있는 오지 마을. 10년 전만 해도 배를 타거나 트래킹으로 들어가야 했으나 지금은 평화의 댐에 들어서기 직전, 마을로 들어가는 길이 만들어져 있다.

2. Unforgiven is a 1992 American revisionist Western film produced and directed by Clint Eastwood and written by David Webb Peoples.

3. 새의 새끼가 자라 둥지에서 떠나는 일

4. 투우 경기에서 투우사가 검으로 소의 급소를 찔러 투우를 마무리 짓는 순간

5. 원제 天若有情(A Moment Of Romance. To Love With No Regret). 홍콩 진목승 감독의 1990년 유덕화·오천련 주연. Wikipedia 영화와 함께 노자의 도덕경을 찾아 읽었다. 天地不仁 以萬物爲芻狗, 天地之間 其猶槖籥乎, 天長地久有時盡라는 문구에서 가져왔다.

6. 고려대학교 사범대학 체육교육과 교수. 나는 류태호의 박사학위 논문 '〈체육 교사의 직업 정체성 형성에 관한 생애사적 연구〉, 서울대학교대학원, 2000.'의 '연구참여자'였다. 당시 15년 경력의 체육 교사였고 핵심용어가 '정체성'이다. 이후의 삶도 직업으로 학교에서의 일을 놓을 때까지 '체육선생'과 '시인'의 정체성 사이를 오갔다는 것을 알 수 있을 것이다. 그렇게 이 책은 그가 쓴 논문과 연결하여, 연구참여자의 '생애사적' Self Narratives로 읽혔으면 좋겠다.

7. 김재용, 「아직은 촛불을 켜지 말자」, 『한겨레신문』, 2009.05.24

8. 고해 성사 중에 자기 죄를 숨기는 등 고해 성사를 모독하는 일

9. 「민통선 사람들」 작가 임동헌 씨 폐암 별세」, 『국민일보』, 2009.06.08

10. 남지우: 대만대학교(National Taiwan University) 교수. 첫 학교인 면목고등학교 졸업생. 성

균관대학교, Tsukuba, UC Irvine 등에서 공부했다. '뉴트리노' 입자연구를 한다. 2002년 부터 미국 남극기지(Amundsen-Scott South Pole Station), 러시아우주센터(Baikonur Cosmodrome), 장보고기지 등을 들락거린다. 이화여자대학교 BK 교수로 일할 때 와 주었다. 특강 중 아이들의 웃음소리가 끊이지 않았다.

11. 「어마어마한 시 한 편 드립니다」, 매일춘추, 『매일신문』, 2007.03.05

12. 오랫동안 헤어졌다가 우연히 서로 다시 만남

• 2010년: 민들레꽃이 말했다 •

1. The Ghost Writer is a 2010 Franco-German-British political thriller film directed by Roman Polanski. The film is an adaptation of a Robert Harris novel, The Ghost, with the screenplay written by Polanski and Harris. Wikipedia

2. 「해군 초계함 서해 침몰」, 『경향신문』, 2010.03.27

3. 「중국 칭하이성 지진사망자 600여 명으로 늘어」, 『베리타스』, 2010.04.16

4. KBS 6·25특집 드라마, 한운사, 〈레만호에 지다〉, 1979

5. 정상명 글 그림, 「이상한 봄」, 정상명의 풀꽃 나라, 『한겨레신문』, 2010.05.17

6. 풀꽃세상을 위한 모임. "자연에 대한 존경심을 회복하기 위해 그 실천으로서 '풀꽃상'을 제정해 드립니다. 사용가치가 아니라 존재가치를 옹호하는 우리는 사람이 아닌 자연물에게 풀꽃상을 드리면서, 그들과 우리가 그 생명의 뿌리에서 긴밀하게 연결되어 있음을 드러내고자 합니다." www.fulssi.or.kr

7. 하성흠 그림, 「1980년 5월 21일」, 『한겨레신문』, 2010.05.19

8. 부용산 노랫말을 글머리로 인용했다. 김재룡, 「김연아와 달리 절망만 안겨 준 힐러리」, 『오마이뉴스』, 2010.05.27

9. 「Viva Espana! Spain Wins World Cup」, 『WQXR』, Jul 12, 2010

10. Greenland Ice Sheet moulins, Google

11. 「장갑차에 군경 1만여 명 '삼엄'… "시계·지갑까지 검색당해 불쾌"」, 『한겨레신문』, 2010.11.08

12. 연평도 포격: 2010년 11월 23일 오후 2시 30분경, 북한이 옹진군 연평면의 대연평도를 향해 포격을 가한 사건.
「대응 포격 K-9 자주포, 엉뚱한 곳만 때렸다」, 『한겨레신문』, 2010. 12.02

13. 「한나라당, 새해 예산 단독처리 4대강 골격 유지. 서해5도 대폭증액」, 『연합뉴스』, 2010.12.08

14. 오종렬, 「리영희 선생님 영전에 올립니다」, 『한겨레신문』, 2010.12.08

15. 김재룡, 「0교시를 허하라?」, 『오마이뉴스』, 2010.12.10

16. 사설, 「연평도 훈련 강행에 국민적 신뢰와 성원을」, 『중앙일보』, 2010.12.21

17. 「소의 눈물, 구제역의 진실」, 『SBS』, 2011.01.19

　　 2010년 말 구제역 발생, 2011년 4월까지 확산. 살처분 피해액은 3조 원, 350만 마리 이상의 가축이 살처분되었다.

18. 「구제역 '살처분' 즉각 중단하라」, 『중앙일보』, 2010.12.28

• 2011년: 은방울꽃을 위하여 •

1. 요한복음 1장 5절 "그 빛이 어둠 속에서 비치니, 어둠이 그 빛을 이기지 못하였다."에서 따 온 말이란다.

2. "Ode to the West Wind" is an ode, written by Percy Bysshe Shelley in 1819 near Florence, Italy. It was originally published in 1820 by Charles in London as part of the collection Prometheus Unbound, A Lyrical Drama in Four Acts, andotherpoems.com

3. 「7개월 만에 지사직 잃은 이광재」, 『중앙일보』, 2011.01.28

4. The Perfect Storm is a 2000 American biographical disaster drama film directed by Wolfgang Petersen and based on the 1997 non-fiction book of the same name by Sebastian Junger. Wikipedia

5. "I was lucky enough to interact with a North Korean, and film it! Spending time with the hairdresser, Kim Hye-Sun was unlike spending time with any of the usual North Koreans you get to meet. YouTube

6. Serendipity is a 2001 American romantic comedy film directed by Peter Chelsom, written by Marc Klein, and starring John Cusack and Kate Beckinsale. Wikipedia

7. 「'한반도로 방사능 절대 날아올 수 없다' 전국에서 검출」. 장봉군, 「봉인하고 싶다」. 김별아, 「즐거운 지옥에서 살아남기」. 『한겨레신문』, 2011.03.29

　　 얀테의 법칙: 스스로를 남보다 특별하거나 뛰어나다고 여기지 말라는, 북유럽의 덕목

8. 「여고부 4강 확정」, 『바스켓코리아(Basket Korea)』, 2011.05.11

9. 「'연세대 호킹' 신형진 씨 10일 첫 출근」, 『서울신문』, 2011.06.07

10. 김재룡, 2008, 「호모스포츠쿠스(Homosportsquus)」, 『스포츠인류학연구』, 한국스포츠인류학회학술지, 3권 2호

11. Albert Camus, "Live to the point of tears", goodreads

12. Pablo Diego JoséFrancisco de Paula Juan Nepomuceno María de los Remedios Cipriano de la Santísima Trinidad Ruiz y Picasso. Wikipedia

13. 「희망의 버스' 48명 경찰 연행, 오후 해산」, 『연합뉴스』, 2011.07.10

14. The River in the Pines, Joan Baez

15. 소신공양: 燒身供養. 자기 몸을 태워 부처 앞에 바침

16. 「日의원, 울릉도 방문 갈등」, 『연합뉴스』, 2010.07.20

17. 「김진숙 "매일 유서 쓰는 심정으로 버틴다"」, 『오마이뉴스』, 2011.07.30

18. A River Runs Through It is a 1992 American drama film directed by Robert Redford and starring Craig Sheffer, Brad Pitt, Tom Skerritt, Brenda Blethyn, and Emily Lloyd. It is based on the 1976 semi-autobiographical novel A River Runs Through It by Norman Maclean, adapted for the screen by Richard Friedenberg. Wikipedia

19. 신대엽 화가의 대표작으로, 춘천의 일상 풍경을 담은 그림

20. 지치레기: 골라내거나 잘라 내고 남은 나머지라는 뜻의 '지스러기'의 강원도 사투리

21. 정끝별, 「죽음의 속도」, 『은는이가』. 문학동네, 2014

22. 「목격자들이 전한 카다피 최후의 순간」, 『연합뉴스』, 2011.10.21

23. 「박원순, 7.2%p 차로 나경원 이겨」, 『뷰스앤뉴스』, 2011.10.27

24. 「김진숙 위원, 309일 만에 크레인서 내려오다」, 『동아일보』, 2011.11.10

25. 정상명, 「뒷골에 온 '네팔 그림전' 이야기」, 풀꽃평화연구소 웹진, 『풀꽃평화목소리』, 제432호, 2011.11.14

26. 「체육교사 1인 시위 "육상연맹, 현장 지도자 무시 말라"」, 『동아일보』, 2011.11.12

27. 「무거웠던 26년 내려 놓고 시인, 돌아오다」, 『한겨레신문』, 2011.12.04

28. 추구(芻狗): 옛날 중국에서 제사 때 쓰고 버린, 짚으로 만든 개. 소용없어진 물건에 비유함

29. 「김근태 선생님. 고문 없는 세상에서 편히 잠드소서」, 『한겨레신문』, 2011.12.30

• 2012년: 안녕, 목백합 그늘 •

1. 최성각, 「삼척원전은 막아야 하고, 가리왕산은 살려야 한다」, 『강원도민일보』, 2012.01.06

2. 게실염: 장기의 벽 일부가 밖으로 불거져 만들어진 주머니 모양의 빈 공간 '게실'에 멈춘 음식 소화물의 발효나 이물질의 자극으로 생기는 염증

3. 「전교조에 성을 공유하는 사람 1만 명」 단독, 전광훈 목사 "박원순 시장 애국가 안 불러"… 측근 "목사 몇몇이 얘기한 것", 『오마이뉴스』, 2012.02.07

4. 오렐리앵 바로, 「팽창하는 이론, 빅뱅이 던지는 세 질문」, 『르몽드디플로마티크』, 2012.0

2.13

5. 박기동 교수 연구실의 전통적 대학원 세미나 방식. 『학교와 계급재생산』, 『철학과 굴뚝청소부』, 『만들어진 전통』, 『푸코에게 역사의 문법을 배우다』, 『유한계급론』, 『고양이 대학살』, 『문화로 보면 역사가 달라진다』 같은 책을 통다지로 읽어 나가며, '나'를 앞세워 자기의 생각을 써 보는 것이다. 지도교수는 이를 '우안(愚案, 어리석은 안건)'이라 했다.

6. 김재룡, 「우울한 선생」, 《풀꽃평화연구소》 웹진 475호, 외고(外稿), 『풀꽃평화목소리』, 2012.03.15

7. 「공주사범대 출신 문인」, 『대전일보』, 2010.06.14. 이명수·이시연(용숙)·백우선·신현수와 함께 인연이 깊다. 등단 작품 「산적가(山賊歌)」를 기억하고 계셨다.

8. 박기동·김재룡, 2008, 「내 생애 마지막 "연합체육대회"」, 『한국체육사학회지』, 13권 3호

9. 춘삼이: 자전거에 붙인 이름. 하루에 자전거로 삼백 리를 달리겠다는 뜻으로, 정지용 「유선애상」 '춘천 삼백 리 벼룻길을 냅다 뽑는데'에서 가져왔다.

10. 오월이: 집사람 펠트 자전거 이름. 5월에 샀으므로 오월이. 나중에 사월 달에 비앙키로 바꿔 사월이가 된다. 처제 엘파마는 유월에 구입해 유월이, 동서 길서방 비앙키는 길비.

11. 세렌디피티: Serendipity. 완전한 우연으로부터 중대한 발명이나 행운을 얻는 것

12. 「제1회 세계평화·안보 문학축전 화천서 개막」, 『연합뉴스』, 2012.06.16
'안보'라는 용어가 거슬리지만 '접적지역' DMZ에 접한 지자체에서 예산지원으로 치러지는 행사의 자구책일 것이었다.

13. 청맹과니: 靑盲과니. 겉으로 보기에 눈이 멀쩡하나 앞을 보지 못하는 사람

14. 토마스 페인은 '모든 인간은 평등하다.', '모든 인간은 자유를 누릴 권리가 있다.'라는 진리를 미국 독립의 정당성과 연결한 책 『상식(Common Sense)』을 출간했다.

15. 「"인간의 표준은 없다" 호킹 개막사와 함께 런던 다시 빅뱅!」, 『한겨레신문』, 2012.08.30

16. 「야노마미족 80여 명 학살 '금광 때문에 아마존이 울고 있다'」, 『일요신문』, 2012.08.31.

17. 교원평가에서 낮은 점수를 받으면 일 년 동안 연수를 받아야 했다. 45시간 기준을 넘은 180시간 연수 처분을 받았다. 2013년, '혁신교육의 이론과 실제' 심화 과정 포함 240시간의 연수를 해치웠다.

18. 「불법 여론 조작한 새누리 '십알단' 정체 알고 보니」, 『한겨레신문』, 2012.12.14

• 2013년: 담쟁이를 위하여 •

1. 「조성민, 여자친구 집서 자살… 경찰, 내일 부검」, 『뉴스1』, 2013.01.06
2. 백척간두: 百尺竿頭. 백 자나 되는 높은 장대 위에 올라섰다는 뜻으로 몹시 어렵고 위태로운

지경을 말함

3. 석호정(石虎亭). 남산 중턱에 위치하며 남산국립극장 뒤쪽에 자리 잡고 있다. 종로구 사직동에 있는 황학정이 조선시대의 왕들과 문무백관들이 활을 쏘던 곳이었던 것에 반해 민간인들이 주로 활을 쏘던 곳이었다. 6·25전쟁 때 건물과 모든 자료가 없어졌으나 1956년 이곳에 있던 노인정을 보수하여 지금의 모습으로 고쳤다. Doopedia

4. 장용영(壯勇營). 조선 후기 국왕의 호위를 맡아보던 숙위소(宿衛所)를 폐지하고 새로운 금위체제(禁衛體制)에 따라 조직·개편한 국왕 호위군대. Doopedia

5. 「체 게바라의 딸에게 쿠바를 묻다」, 『시사인』, 2012.12.21

6. 「4일 간의 외출」, 지식채널ⓒ, 『EBS』, 2005.10.17

7. 「강원도체육회 이사진 '세대교체'」, 『강원도민일보』, 2013.04.17

8. 5 Centimeters per Second is a 2007 Japanese animated romantic drama film by Makoto Shinkai. Wikipedia

9. 「정부, 개성공단 남북 실무회의 제의 "거부하면 중대조치"」, 『JTBC』, 2013.04.25

10. 「제 발로 걷는 그리움 詩(시)에 담다」, 『강원도민일보』, 2013.05.18

11. 『덕양중학교 혁신학교 도전기』, 『수업을 살리는 교육과정』, 『학교 바꾸기 그 후 12년』, 『주제 통합수업』, 『수업 디자인』, 『무엇이 혁신을 지속 가능하게 하는가』, 『아이들이 가진 생각의 힘』, 『만들자, 학교협동조합』, 『행복한 나, 혁신학교 학부모입니다』, 『우리가 신뢰하는 학교 어떻게 만들 것인가』 etc

12. Kevin Carter was a South African photojournalist and member of the Bang-Bang Club. He was the recipient of a Pulitzer Prize for his photograph depicting the 1993 famine in Sudan. He committed suicide at the age of 33. Wikipedia

13. 이진경, 『철학과 굴뚝청소부』, 그린비, 2005. 대학원 시절 세미나에서 공부한 책이다. 오컴의 면도날(Ockham's Razor)이 기억에 남는다.

14. 서발턴: Subaltern. 원래 '영국 군대의 하급 장교'를 가리키던 말로, 철학자 안토니오 그람시가 '지배계급에 종속되어 발언권을 갖지 못한 하층계급'이란 뜻으로 사용하여 '억압당하는 비주류'를 아우르는 의미로 확장됨

15. 「이노센트 맨(Innocent Man)」, 지식채널ⓒ, 『EBS』, 2013.08.28

16. 짜라투스트라: Zarathustra. 니체의 저서 『짜라투스트라는 이렇게 말했다』에 등장하는 주인공 '짜라투스트라'

17. 「진흥고속지회 김인철지회장 춘천시외버스터미널 조명탑에 올라 고공농성 돌입」, 『민주노총강원지역본부』, 2013.10.03

18. 이 아이들 중 한 아이는 고교진학 후, 오토바이 사고로 세상을 떴다. 가끔 아이 아버지와 서로의 sns를 들여다보며 소통하고 있다.

19. 「전교조·시민사회 "단결권 부정하는 헌법 유린 행위"」, 『민중의 소리』, 2013.10.24

20. 「전교조 '법외노조' 통보, 법률적 근거 없이 이뤄져」, 『오마이뉴스』, 2013.11.12

21. 「WSJ, 韓방송, 정치인 항의에 소설가 강연 통편집」, 『Go발뉴스』, 2013.11.23

22. 입춘첩: 立春帖. 입춘에 한 해의 행운과 건강을 기원하는 글씨를 써서 대문이나 기둥에 붙이는 종이

23. 「정작 감독만 모르는 '특별한 시사회'」. 이성규 감독의 다큐멘터리 영화 〈오래된 인력거(My Barefoot Friend)〉, 『한국일보』, 2013.12.10

24. 지랄탄: 어수선하게 튀며 많은 수가 잇따라 발사되는 최루탄을 속되게 이르는 말
백골단: 시위를 진압하는 사복 경찰을 속되게 이르는 말

25. 「'안녕들…' 모임, 광장으로 "응답하라 1228"」, 『경향신문』, 2013.12.26

26. 「철도노조 파업 철회… 내일 오전 11시 복귀」, 『KBS』, 2013.12.30

• 2014년: 이팝나무 아래 •

1. 「화천군 '미켈란젤로전' 운영」, 『중앙일보』, 2014.01.05.

2. 「로마 초대받은 서민풍 '한국 소나무'」, 『중앙일보』, 2008.09.23.

3. 「최인호 별세, "향년 68세의 나이로… 문화계 애도 물결"」, 『중앙일보』, 2013.09.26

4. 2014년 2월 6일 개봉된 김태윤 감독, 박철민, 김규리 주연 한국 영화. 삼성반도체 노동자로 백혈병을 얻고 산업재해 판정을 받기 위해 법정 싸움을 벌였던 '삼성 황유미 사건' 실화를 바탕으로 제작된 영화

5. '야! 라이딩', 궐련을 이르는 속어 '야리' 등을 뒤섞어 만든, 춘천을 중심으로 한 교사들의 자전거 모임 이름

6. 「빅토르 안은 희생양인가, 모험가인가?」, 『한겨레신문』, 2014.02.16

7. 제주작가회의 4.3, 66주년 문학제. 「나를 슬프게 하는 이름」, 「봄밤」 두 편을 보냈다.

8. 김창균, 「읍은 멸망하지 않는다」, 『녹슨 지붕에 앉아 빗소리 듣는다』, 세계사, 2005

9. 만화방창: 萬化方暢. 따뜻한 봄날에 온갖 생물이 나서 자라 흐드러짐

10. 신대철, 『무인도를 위하여』, 문학과지성, 1977. 「처형 3」 중에서. 저 산, 노을이 비치고/온몸에 금이 가요./사방에서 노을이 떠요./살고 싶어요./사람이 죽으면 노을에 묻히나요?

11. 폴 엘뤼아르 지음, 오생근 옮김, 『이곳에 살기 위하여』, 민음사, 2002

12. 베르톨트 브레히트, 김광규 옮김, 『살아남은 자의 슬픔』, 한마당, 1999

13. 신대철, 앞의 책, 「강물이 될 때까지」에 있는 문장. 신대철 시인은 내가 대신고 1학년일 때 국어 선생님. 이 문장을 늘 기억하며 살았다. 『우리교육』 2001년 1월 호에 「흐린 강물을

건너려면 흐린 강물이 되어야 하나요」라는 산문을 쓰기도 했다.

14. 김진석, 「폭력은 계속된다」, 『한겨레신문』, 2014.05.11

15. 영화 〈늑대와 함께 춤을(Dances with Wolves)〉에서 메리 맥도널이 연기한 백인 여자의 인디 언식 이름

16. 「세월호 속에 비겁한 교사는 단 한 명도 없었다」, 『오마이뉴스』, 2014.05.17

17. 「경찰, 세월호 추모 행진 시민들 강제 연행」, 『오마이뉴스TV』, 2014.05.25

18. 「체육시민연대 12주년 동영상」, 『YouTube』, 2014.05.25

19. 「마이클 샌델 : 월드컵 응원과 반대시위는 동시에 할 수 있다!」, 『허핑턴포스트』. 2014.05.30

20. 고뱅이: '무릎'의 강원도 사투리

21. 「"날 죽이고 가라" 밀양 송전탑 할매 알몸 저항」, 『노컷뉴스』, 2014.06.11

22. 「아르헨티나, 보스니아 코라시냐 자책골로 1대 0 앞서」, 『파이낸셜뉴스』, 2014.06.16

23. 읍 중심부에 유사시 주민 대피시설로 만들어진 곳이다. 지금은 입구에 작은 영화관 산천어시 네마가 만들어져 있고, 안쪽은 산천어축제 때 대형 전시장으로 사용되는 곳이다. 대피 훈련 때 초등학교와 고등학교 학생들 수백 명이 들어가도 절반도 차지 않는 대형 방공호였다.

24. 「4대강 사업의 재앙? 흉측한 벌레 들끓는 금강」, 『오마이뉴스』, 2014.06.21

25. Matt Damon, Robert De Niro, Michael Douglas, Morgan Freeman, Naomi Watts and Christoph Waltz think this matters to people everywhere, 『YouTube』, June 10, 2014

26. 「피파 월드컵 2014 : 리오 시위에서 정의를 위한 브라질 배트맨 십자군」 - Fifa World Cup 2014: Brazilian Batman Crusades for Justice in Rio Protests, 『IBTIMES』, June 18, 2014

27. "개인을 지배하는 국가권력 등 모든 사회적 권력을 부정하고 절대 자유가 행해지는 사회를 추구하는, 압박받고 지배당하는 자들의 자기해방운동… 1919년에 일어난 우리나라의 3·1운 동과 중국의 5·4운동은 이러한 공통의 배경을 가지고 있었다. 신채호의 『조선혁명선언』은 이 공통된 문제의식에 대한 해답이었다.", 한국민족문화대백과사전.

28. 「감히 동문 동문 거리는 놈들」, 『한겨레21』, 2014.07.04

29. 1987년, 첫 학교인 면목고등학교에서 이범규 선생과 '해양소년단 북한강 답사' 팀을 꾸렸다. 해병대 훈련용 고무보트 3대와 모터보트 1대로 24명의 아이들을 인솔했다. 가평 자라섬과 대성리, 양수리에서 야영을 하며 북한강을 노 저어 광나루까지. 족자도에서 1박 할 때 물이 불어 무척 위험한 상황을 맞기도 했다. 지금 생각하면 무모하기 짝이 없는 엄청난 일이었다.

30. 디비전: Division. 활동 참여에 목적을 두고 학교스포츠클럽 참가팀 단위의 예선경기(리그) 개념으로 씀.

31. 「뉴스레터 2호, 열린토론회 제 2회 - 유권자를 넘어 : 세월호 이후의 시민 직접행동과 전망」, 『문화과학』, 2014.07.21

32. 「전국대회 출전 앞둔 유도부 여중생 체중감량 중 숨져」, 『연합뉴스』, 2014.08.01

33. 「상상초월 군 가혹행위… "지난 4월, 육군 28사단 내무반에서 윤 모 일병이 선임병 4명에게 폭행을 당해 숨졌습니다."」, 『KBS』, 2014.08.06

34. 「로빈 윌리엄스 사망… "질식에 의한 자살 추정" 자택에서 시신 발견」, 『중앙일보』, 2014.08.12

   들뢰즈: 질 들뢰즈. 투신 자살한 프랑스인 철학자

   프리모 레비: 아우슈비츠에 수감되었던 체험담으로 세계적 베스트셀러 작가가 된 화학자이며, 자살로 생을 마감함

35. 시일야방성대곡: 是日也放聲大哭. 1905년에 일본의 강요로 을사조약이 체결된 것을 슬퍼하여 장지연이 민족적 울분을 표현한 논설

36. 「미아와 알렉산드라(Twin Sisters)」, 『EBS』, 2014.08.08

37. 「이재오, 부산~여의도 560km 자전거로 대운하 탐방 이재오」, 『동아일보』, 2007.09.23

   「이재오 "4대강 주변 국민은 잘했다 한다. 자원외교도…" 옹호」, 『동아일보』, 2014.11.11

38. 주용중, 「드디어 뭉친 8人의 鐵脚(철각)… "미지의 길에 平和(평화)의 씨앗 심겠습니다"」, 『조선일보』, 2014.07.10

   「시베리아로 퍼진 韓流(한류) 열풍… 小(소)도시까지 한국어 배우기」, 『조선일보』, 2014.10.14

39. 김상욱, 『시의 길을 여는 새벽별 하나』, 푸른나무, 1998

40. 철가방 프로젝트. 앨범 〈모연천강지곡〉 수록.

41. 「이외수 소설가 위암 2기 판정 입원」, 『강원도민일보』, 2014.10.24

42. 燕巖 朴趾源. 「贈白永叔入麒麟峽序」(연암 박지원, 기린협으로 들어가는 백영숙에게 증정한 글)

43. 「정치도 법도 외면한 '쌍용차의 2000일 비극'」, 『뉴스타파』, 2014.11.14

44. Interstellar is a 2014 epic science fiction film directed, co-written and co-produced by Christopher Nolan. It stars Matthew McConaughey, Anne Hathaway, Jessica Chastain, Bill Irwin, Ellen Burstyn, and Michael Caine. Wikipedia

45. 천상열차분야지도: 天象列次分野之圖. 조선 숙종 때 돌에 새긴 천문도의 탁본

46. 라다크: Ladakh. 히말라야 산맥 근처에 위치한 인도의 한 지역으로, 언어나 종교 등에 티베트 문화가 살아 있어 '작은 티베트'로 불림

47. 「MB 개국공신' 정두언 "사자방 국정조사, 반대할 이유 없어"」, 『JTBC』, 2014.11.24., 「'사자방, 십상시' 와중에 MB는 '희희낙락 테니스'」, 『뉴스타파』, 2014.12.02

48. 세월호 관련, 청와대 홈페이지에 '박근혜 퇴진'을 요구하는 글을 올렸다고 40여 명 교사를 징계하겠다는 협박에, 다시 2차로 게시글을 올리고 성명서를 경향신문 광고에 싣는 것에 서명한 것을 국가공무원법 위반혐의로 경찰에서 수사를 받음.

49. 「"2014년 12월 19일은 민주주의 학살당한 날"」, 『미디어오늘』, 2014.12.19,
    이명선, 「'재판 거래' 피해자를 만나다. 통진당 해산 결정은 틀렸다」, 『셜록프레스』,
    2018.10.10

• 2015년: 거례리 사랑나무 •

1. 두경택 선생이 며칠 째 혜성 러브조이 사진을 올리는 것을 들여다보고 있었다. 「러브조이 혜
   성이란, 주기가 무려 8000년… 어디서 볼 수 있을까」, 『중앙일보』, 2015.01.11
2. avaaz.org. 김어준 주진우 무죄선고 청원. 「두 명의 언론인이 감옥에 갈 수도 있습니다.」
3. 창졸간: 倉卒間. 미처 어찌할 수 없이 매우 급작스러운 사이
4. 최삼경, 「평창올림픽이 동네북인가?」, 『프레시안』, 2015.02.27
5. 고광헌, 「평창올림픽의 분산개최가 필요한 5가지 이유」, 『르몽드디플로마티크』, 2015.03.03
   정용철, 「더 이상 광란의 스펙터클은 없어야」, 『르몽드디플로마티크』, 2015.03.04
6. 「South Korea Short on Time and Money Ahead of Olympics」 "Athletes and sports fans
   will gather in South Korea in 2018 for the Winter Olympics. But many are worried the
   northern city hosting the Games won't be ready in time. 『NHK WORLD』, 2015.03.14
7. 풍혈: 風穴. 산기슭이나 시냇가에서 여름이면 서늘한 바람이 늘 불어 나오는 구멍이나 바위 틈
   혹은 고대 중국 시절 북방에서 찬 바람을 일으킨다고 상상하던 곳
8. 「팽목항~광화문 3보1배 30일째, 눈에 들어온 이정표. '광주'가 '광화문'이 될 때까지」, 『오마이
   뉴스』, 2015.03.25
9. 2015년 3월 27일 오후, 송파구 잠실관광호텔 지하 1층에서 금지약물 복용으로 징계 받은 박태
   환 단독 기자회견
10. 피케팅: Picketing. 노동 쟁의 때 조합원들이 사업장 출입구에 늘어서거나 함께 팔을 껴 횡대
    를 짜는 일
11. 「굴뚝 올랐던 봄이 다시 왔다. 스타케미칼 굴뚝농성 300일」, 『한겨레 21』 1055호,
    2015.04.01
12. 「여당, 무상급식 폐지 '홍준표 실험'… 대선 행보 시동?」, 『JTBC』, 2015.03.10
13. 「교육부 "정권퇴진 요구 교사 전원 형사고발"」, 『세계일보』, 2015.04.15
14. 라다크: 2014년 주석 46번 참조
15. 김갑수, 「"가슴을 가진 사람에게 망각은 어렵다"고?」, 『오마이뉴스』, 2015.04.21
16. 다음 뉴스펀딩, 〈백두에서 지리까지, 나는 걸었다!〉
17. 「메이웨더 vs 파퀴아오」, 『SBS』, 2015.05.03

18. 「세월호 특조위 "시행령 인정할 수 없다"」, 『연합뉴스』, 2015.05.06

19. 「세월호 단원고 유가족 자택서 숨진 채 발견」, 『신문고뉴스』, 2015.05.08

20. 에밀 뒤르켐, 『자살론』, 청아출판사, 1994

21. 알프레드 알바레즈, 최승자 옮김, 『자살의 연구』, 청하, 1995

22. 들뢰즈: 질 들뢰즈. 투신 자살한 프랑스인 철학자. 2014년 주석 34번 참조

23. 프리모 레비: 아우슈비츠에 수감되었던 체험담으로 세계적 베스트셀러 작가가 된 화학자이 며, 자살로 생을 마감함. 2014년 주석 34번 참조

24. 체: 체 게바라. 쿠바혁명에서 활약 후 남미에서 피살될 때까지 세계를 떠돌며 혁명에 가담한 혁명가

25. 김광섭, 「세월호보다 더 무겁고 더 깊은 바다에서 인양한 러시아 핵잠수함 쿠르스크호」, 『한겨레』, 2015.04.22

26. 일생패궐: 一生敗闕. '이번 생은 망했다'라는 뜻으로 한암 스님의 자전적 구도기의 제목

27. 림: Rim. 농구대의 수직판에 공을 던져 넣도록 고정된 둥근 테

28. 향촉대: 香燭代. 상에 켜는 촛값 정도의 약소한 성의를 나타내며, 초상을 치르는 집에 부의로 보내는 돈

29. 「작가 신경숙 표절 논란, 해당 구절 비교해 보니… '이럴 수가'」, 『매경닷컴』, 2015.06.17

30. '이산가족'으로서 자기 이야기. Korean diaspora가 아닌, Korean War displaced people or Divided family로 접근했어야 했다. 한국전쟁과 관련하여 '(전쟁, 반공)포로', '피난민', '이산가 족'에 대한 탐구는 내게 남아 있는 날들의 과제다. 김귀옥 교수는 나에게 등불 같은 책을 쓴 것이었다.

31. 1) 이한열 기념사업회 홈페이지.

2) 「이한열 죽음 33년 만에 경찰 수장 '첫 사과'… 민갑룡 청장 "참회합니다"」, 『한겨레신문』, 2020.06.09

32. 코리안 디아스포라: Korean Diaspora. 외국에 거주하는 한국인이라는 뜻으로 쓰이나, 여기 서는 본래 살던 땅을 떠난 이들과 그 후손을 가리킴

33. 『한국전쟁』, 『팽목항에서 불어오는 바람』, 『반공의 시대』, 『손님』, 『발원1.2』, 『싸나희 순정』, 『천사들은 우리 옆집에 산다』, 『뉴스가 지겨운 기자』, 『시의 힘』, 『그의 슬픔과 기쁨』, 『밀양을 살다 : 밀양이 전하는 열다섯 편의 아리랑』

34. 최승현, 「춘천 포니브리지를 아시나요?」, 『경향신문』, 2014.10.10

35. 김성수, 「동거차도의 아버지들… "자식도 못 지킨 죄인이 무슨 명절인가요"」, 『뉴스타파』, 2015.09.25

36. Point Break(폭풍 속으로) is a 1991 American action film directed by Kathryn Bigelow and written by W. Peter Iliff. It stars Patrick Swayze, Keanu Reeves, Lori Petty and

Gary Busey, and the film's title refers to the surfing term "point break", Wikipedia

37. Moots, Steamboat Springs, Cololado. Handbuilt Bicycle Frames. 춘삼이에서 무망 혹은 개백이로 이름을 바꾼다.

38. Spartacus is a 1960 American epic historical drama film directed by Stanley Kubrick, [3] written by Dalton Trumbo, and based on the 1951 novel of the same title by Howard Fast. Wikipedia
배리 스트라우스, 최파일 옮김, 『스파르타쿠스 전쟁』, 글항아리. 2011.

39. 삐에르 부르디외, 최종철 옮김, 『구별 짓기』, 새물결, 2005.

40. Bird on a Wire is a 1990 American action comedy film directed by John Badham and starring Mel Gibson and Goldie Hawn. Wikipedia

41. 착종: 錯綜. 이것저것이 뒤섞여 엉클어짐

42. 「한국사교과서 국정화 확정… '올바른 역사교과서'」 -2017년부터 중·고등학교에 적용… 6년 만에 국정 회귀, 『연합뉴스』, 2015.10.12

43. 캠프 페이지(Camp Page)는 한국전쟁 당시 춘천에 제4 미사일사령부와 주한 미군 군사 고문 단 등이 주둔하기 시작하면서 만들어진 주한 미군의 주둔지. 1983년 5월 5일 중국 민항기 불시착 사건 당시 중국 민항기가 이곳에 착륙한 곳이다. 민항기가 착륙한 모습을 목격했다. 되돌아갈 때는 이륙지점의 시민들을 대피시켰던 기억이 있다. 2005년 대한민국에 반환되었으며 8년간의 정비를 거쳐 2013년 6월에 시민에게 개방되었다.

44. 춘천시 사북면 원평리와 배후령 정상에 표지석이 있다. 고탄 지나 부다리터널 입구에는 표지판이 있다.

45. 각자도생: 各自圖生. 제각기 살아 나갈 방법을 꾀함

46. 끝망아지: 나비나 나방의 애벌레 중 자벌레, 배추벌레, 털 달린 벌레를 제외한 벌레들

47. 「인터넷 세상, 인드라망이 주는 메시지」, 『부산일보』, 2014.02.11

48. 혼이 빠진 정치를 빗댄 말. 「'잠이 보약'이라는 박근혜 대통령의 '혼이 비정상' 어록」, 『한겨레신문』, 2016.11.14

49. 「김진태 "이석기 석방? 폭도들 소요죄 적용해야", "쓰러진 백씨 누군가 덮쳤다"… 과잉진압 논란 물타기까지」, 『오마이뉴스』, 2015.11.19

50. 팩트체크, 「선진국, 집회 시 복면 금지?… 해외 사례 살펴보니」, 『JTBC』, 2015.11.25
「복면금지법 논란, '복면가왕' 빗댄 비난 쏟아져」, 『매일경제』, 2015.11.26

51. 근 한 달을 '빙의'의 날들을 살았다. 유철인 교수가 "김 선생님, 트라우마가 걱정됩니다."라는 글을 남기셨다. 퍼뜩 정신이 들었다.

1. 2016년 1월 6일, 한국 표준시간 10시 30분, 조선민주주의인민공화국 평양 시간으로 오전 10시, 협정 세계시로 오전 1시 30분에 조선민주주의인민공화국의 4번째 핵실험. Wikipedia

2. 인터뷰어: Interviewer. 인터뷰 진행자

  인터뷰이: Interviewee. 인터뷰를 받는 이

3. 라포: Rapport. 상담이나 교육을 위한 전제로서 신뢰와 친근감으로 이루어진 인간관계

4. 고바우: '언덕'의 강원도 사투리

5. 꾸미: 국이나 찌개에 넣는 고기붙이

6. 「'시대 지성' 신영복 교수 별세. 병세 악화하자 스스로 곡기 끊어」, 『중앙일보』, 2015.01.16

7. 「"누가 한국군 위안부로 끌려갔나" 한국군 위안부 문제 재조명한 한성대 김귀옥 교수」, 『프레시안』, 2015.01.08

8. 윤주 시집가는 날, 신승근 시인이 중국공산당의 하방운동(당원이나 공무원의 관료화를 방지하기 위해 일정기간 농촌이나 공장에서 노동하게 함)을 빗대 농사 이야기하는 것을 듣고 새겼다. 관사에서 텃밭 가꾸며 살아야 할 내게 딱 맞는 말이었다.

9. 백수 광부: 白首 狂夫. 〈공무도하가〉에 등장하는 흰 머리를 풀어 헤친 광인으로, 말리는 아내의 말을 듣지 않고 강을 건너다 물에 빠져 죽음

10. 천상열차분야지도: 天象列次分野之圖. 조선 숙종 때 돌에 새긴 천문도의 탁본. 2014년 주석 45번과 동일

11. by Alex Q. Arbuckle 「1965-1975 Another Vietnam」 Unseen images of the war from the winning side. 『Mashable』, 2016.02.05

12. 「북한, 장거리 미사일 발사… 北 "완전성공"·정부 "극단적 도발"」, 『연합뉴스』, 2016.02.07

13. 카라비너: Carabiner. 암벽 등반가들이 쓰는 로프 연결용 금속 고리

14. 뷰시지: Beauty와 Usage의 합성어, 사용함으로써 만들어지는 아름다움

15. 「은수미 의원 눈물 "저의 주인이신 국민, 절대 포기 못 합니다"」, 『팩트TV』, 2016.02.24

16. 「10개 시군에 국회의원 2명, 강원도 총 8명, 서울 면적 9배」, 『강원일보』, 2016.02.29

17. 「"이렇게 그만둘 수 없습니다"… '필리버스터 중단' 반대하는 의원들」, 『한겨레신문』, 2016.03.01

18. 「"망각의 더께가 씌워져 가는 찬란한 봄날. 4.3. 68주년. 강요배 '동백꽃 지다'」, 「"'동거차도', '진실'을 기다리는 세월호 천막. 인양 참관 불허. 애타는 유가족」, 『JTBC』, 2019.04.03

19. The Man Who Planted Trees, 「'나무를 심은 사람' L'Homme Qui Plantait Des Arbres' 1987 (한국어 나레이션)」, 『YouTube』, 2013.04.15

20. Atonement is a 2007 romantic war drama film directed by Joe Wright and starring

James McAvoy, Keira Knightley, Saoirse Ronan, Romola Garai, Benedict Cumberbatch, and Vanessa Redgrave. It is based on Ian McEwan's 2001 novel of the same name. Wikipedia

21. La strada(The Road) is a 1954 Italian drama film directed by Federico Fellini from his own screenplay co-written with Tullio Pinelli and Ennio Flaiano. Wikipedia

22. Yol is a 1982 Turkish film directed by Şerif Gören and Yılmaz Güney. The screenplay was written by Yılmaz Güney, and it was directed by his assistant Şerif Gören, as Güney was in prison at the time. Wikipedia

23. petitions.whitehouse.gov. The U.S. and South Korean governments, against wide opposition of South Koreans (and strong subsequent backlash from local citizens of the deployment site), have agreed to deploy U.S.-made THAAD (Terminal High Altitude Air Defense) system in South Korea.

24. 오지숙 제작, 「네버엔딩스토리0416」, 『YouTube』, 2015.05.29

25. 좌장: 座長. 여럿이 모인 자리에서 그 자리를 주재하는 가장 어른이 되는 이

26. 「성주에 간 김제동 "쫄지 마시라. 성주가 대한민국입니다."」, 성주군청에서 사드배치 결사반대 촛불집회 중 김제동 발언, 『팩트TV』, 2016.08.05

27. 김창금, 「평화마라톤 나눔의 집서 소녀상까지」, 체육시민연대 17일 오전 나눔의 집 출발 소녀상까지 할머니의 슬픔과 고통을 평화 다지면서 나눌 계획 "스포츠는 평화다.", 『한겨레』, 2016.08.16

28. 더블 스컬: Double Sculls. 두 사람이 각각 두 개의 노를 젓는 보트 경주
쿼드러플: Quadruple Sculls. 네 사람이 승선하는 보트 경주

29. 물놀누라: 물결파. 잔잔한 호수에 돌을 던지면 돌이 떨어진 곳을 중심으로 동심원 모양의 물결이 만들어지면서 주변으로 퍼져 나가는 모습

30. docs.google.com. 「김영섭 탄원서」, "사회 정의 구현을 위해 애쓰시는 춘천지방법원 송승훈 재판장님께. 김영섭 선생님은 2015년 3월 28일 국민연금 강화 및 공무원연금 개악 저지 집회와 2015년 5월 2일 국회의사당 정문 앞 시위에 참여하였다는 이유만으로 춘천지방법원 검찰에 의해 징역 10개월 구형 받았습니다…"

31. 권영전·이효석, 「서울대병원 해명에도 더 가열되는 백남기 씨 부검논란」, 『연합뉴스』, 2016.10.03

32. 조정·카누 등 수상스포츠 엘리트 선수들의 훈련 용어. 오전, 오후 훈련을 이르는데, 강화 훈련 기간에 다섯 탕 후, 한 텀(Term) 쉬고 다시 다섯 탕을 주간 훈련 기본으로 한다.

33. 「참사, 죽음… '조국' 덕분에 배운 독일어」 [탈조선인이 베를린에서 보내는 편지] 독일 민중투쟁 성지에 차린 백남기 농민 분향소, 『오마이뉴스』, 2016.10.17

34. 발본색원: 拔本塞源. 좋지 않은 일의 근본 원인을 완전히 없애 다시는 그런 일이 생길 수 없게 함

35. My Name Is Nobody (Italian: Il mio nome èNessuno) is a 1973 comedy spaghetti western starring Terence Hill and Henry Fonda. The film was directed by Tonino Valerii. Wikipedia

36. 길가에 버려지다; Artists, Lee Seung Hwan, Jeon In-kwon, Lee Hyori, 『YouTube』

37. 유종성, 「세월호와 최순실, 진실은 이렇다」, 『프레시안』, 2016.11.14

38. 도모지: 塗貌紙. 조선시대에 가정의 윤리를 어그러뜨린 사람에게 내린 형벌로, 죄인을 묶고 창호지를 얼굴에 여러 겹 발라서 보지도 말하지도 못하는 상태로 서서히 질식시킴

39. 체로금풍: 體露金風. 온몸으로 가을바람을 맞는다는 뜻으로, 풀이하면 '본래의 자기 자신을 드러내는 깨우침'을 의미하는 불교 용어

40. 서부영화 『돌아온 장고』, 아르네 네스의 『생각한다는 것은 왜 고통스러운가요』 등을 떠올리며 '오래 생각하는 인간'이 될 수 있을까를 생각하며 몇 년 전 스스로 잠시 사용하던 별명이다.

41. 오늘의 문장, 매일 마음에 드는 문장을 만나고 싶다는 뜻으로 쓰기 시작한다. 고문(叩門, 남을 찾아가서 문을 두드림)으로 쓸 수도 있겠다.

42. Triton is the largest natural satellite of the planet Neptune, and the first Neptunian moon to be discovered. The discovery was made on October 10, 1846, by English astronomer William Lassell. Wikipedia

43. 김귀옥, 「최태민 교주와 박근혜의 '사이비 반공' 집중 분석」, 『프레시안』, 2016.12.06

44. 「춘천 트럼프 김진태 의원, '따잇'지 표지 전격 장식」, 『딴지일보』, 2016.11.24

45. 「딸 박근혜가 '박정희 유령' 껴안고 자폭- 헌법재판소, 역사의 죄인으로 안 남으려면… 이나영. 중앙대학교 교수」, 『노컷뉴스』, 2016.12.10

46. docs.google.com. 「김진태 선거법 위반 기소 결정 촉구 서명」 "지난 총선 시기 춘천지역 시민단체인 '춘천시민연대'와 '더불어민주당'이 지속적이고 반복적으로 허위사실을 유포해 온 김진태 당시 국회의원 후보자를 공직선거법 상 허위사실공표죄로 2016년 7월 11일 검찰에 고발했었습니다…"

47. Zarathustra: 니체의 저서 『짜라투스트라는 이렇게 말했다』에 등장하는 주인공 '짜라투스트라'. 2013년 주석 16번과 동일

48. 「러시아 군용기 추락… 탑승객 92명 전원 사망 추정」, 『VOA(U.S. Agency for Global Media 산하 기관)』, 2016.12.25

49. 강성현, 「이 시대에 언론의 가치를 중요시하는 사람. 선생님, 시인, 기자인 고광헌을 만나다.」, 『오마이뉴스』, 2013.12.24

1. 이나영, 「촛불 세대에게 배워라」, 정동칼럼, 『경향신문』, 2017.01.01

2. 박상현, 「경찰에 정유라를 신고한 JTBC 기자, 어떻게 볼 것인가」, 기고, "보도하기로 마음먹었으면 관찰자로 남았어야", 『미디어오늘』, 2017.01.03

3. 케빈 카터: 아프리카 수단에서 굶주려 깡마르고 작은 소녀가 땅에 엎드렸을 때 큰 독수리가 마치 먹잇감처럼 노려보고 있는 사진을 찍어 퓰리처상을 받은 사진작가로, 수상 3개월 후 자살함. 2013년 주석 12번 참조

4. 「세월호 1000일, 단원고 생존자 학생들 첫 심경 고백」, 『미디어몽구』, 2017.01.07

5. 정용철, 「기름장어의 영법」, 살며 생각하며, 『아시아경제』, 2017.01.17

6. 전홍우, 「[人터view], 버려진 삶이 버려진 삶을 위해」, 시인이자 교사 김재룡의 삶의 이야기, 『춘천사람들』, 2017.01.24

7. 비로소 아내, 안사람, 집사람, 마누라로 호칭, 호명하던 것을 바꿔 쓰기 시작했다. 나름대로 '북 콘서트' 같은 말을 '책맞이'라고 쓰겠다는 것과 맥락이 닿아 있다고 여긴다.

8. 「특검, 최순실 두 번째 체포… 미얀마 대사 임명 개입 조사」, 『연합뉴스』, 2017.02.01

9. 탄핵반대 집회에 새누리당 의원 참석. 박대통령 특검 조사 회피. 청와대 압수수색 거부. 새누리당에서 자한당으로 당명 변경 등.

10. 김귀옥, 「북풍 근절하는 최초의 정권이 탄생할까?」, 민교협의 정치시평, 김정남 피살과, '북풍'의 추억들, 『프레시안』, 2017.02.24

11. 김애경, 「"끝없이 깨우치며 성장하는 교사의 모습이고 싶다"」, 전교조 강원지부 김영섭 지부장, 『춘천사람들』, 2017.02.22

12. 정욱식, 「중국, 사드 보복 철회하고 '4월의 기회'를 잡으라」, 시진핑 주석에게 보내는 공개편지, 『프레시안』, 2017.03.03

13. 정용철, 「봄의 증거, 움틈」, 『아시아경제』, 2017.03.30

14. docs.google.com, 「체육시민연대 후원 신청서」, www.sportscm.org

15. 김재룡, 「눈물의 힘」, 춘사칼럼, 『춘천사람들』, 2017.04.10

16. 「문재인-안철수 캠프, 경제공약 토론」, 김상조 교수 vs 최성호 교수 출연, 『JTBC』, 2017.04.13

17. 김유민의 노견일기, 「아주 작은 개, 푸페의 죽음」, 『서울신문』, 2017.04.21

18. 김성훈, 「'프로젝트 부'가 진행하고 있는 다큐멘터리 〈인텐션〉 〈저수지 게임〉 〈더 플랜〉」, 『씨네21』, 2016.10.26

19. 심상정, 「스포츠강사 정규직화 추진하겠다」, 『스포츠조선』, 2017.04.27

20. 지니계수: Gini係數. 소득 분포의 불평등도를 측정하는 계수

21. 봉축: 奉祝. 부처님 오신 날에 사용하는 '공경하는 마음을 다해 축하한다'는 의미의 불교 용어

22. 「문재인 대통령, 취임 선서부터 청와대 입성까지」, 『한국일보』, 2017.05.10

    「Inaugural Address to the Nation by President Moon Jae-in」, 『Korea.net』, May 10, 2017

23. 김재룡, 「슬픈 국가에게」, 춘사칼럼, 『춘천사람들』, 2017.05.17

24. 「강원도교육청, 고교 동아리 활성화 등 '숨요일' 운영」, 『뉴시스』, 2017.02.28

25. As Good as It Gets is a 1997 American romantic comedy film directed by James L. Brooks, who co-wrote it with Mark Andrus. The film stars Jack Nicholson, Helen Hunt, Greg Kinnear. Wikipedia

26. 김재룡, 「세상의 모든 이별」, 춘사칼럼, 『춘천사람들』, 2017.06.12

27. 이무롭게: 일정한 기준이나 원칙 없이 하고 싶은 대로 한다는 뜻인 '임의롭게'의 전라남도 사투리

28. 화천읍 강변, 조운정(釣雲亭), 이외수 선생 특유의 젓자락 글씨를 친구 권오영이 정성스럽게 판 알마시카 재질의 흰색 바탕 현판이 걸려 있다.

29. 쌍무기수, 빗자루도사로 불리는 분. 1992년 겨울, 선생님이 만든 광주 경당에서 〈전국체육교사모임〉 겨울연수를 진행했다. 24반 무예 중 본국검, 제독검, 왜검 등과 택견을 배웠던 기억이 새롭다.

30. Okja is a 2017 South Korean-American action-adventure film about a girl who raises a genetically modified superpig. Directed by Bong Joon-ho and co-written by Bong and Jon Ronson. Wikipedia

31. 김재룡, 「나의 배후는 나다」, 춘사칼럼, 『춘천사람들』, 2017.07.15

32. 김재룡, 「역사가 우리를 데려다줄 것이다」, 춘사칼럼, 『춘천사람들』, 2017.08.08

33. 차범근, 「나도 많이 비겁했다」, 차범근의 따뜻한 축구, 『다음스포츠』, 2017.09.04

34. 김재룡, 「국수집에서」, 춘사칼럼, 『춘천사람들』, 2017.09.15

35. 최승호, 『공범자들(Criminal Conspiracy)』, 다큐멘터리, 2017.08.17

36. 「프랑스 "안전 확신 없으면 평창올림픽 불참"」, 뉴스투데이 『MBC』, 2017.09.22

37. 김재영, 「MBC 몰락 10년사 ⑫ MBC 부역자들이 얻은 것은 무엇이었을까」, 『경향신문』, 2017.09.23

38. 「트럼프 'NFL 보이콧' 주장 vs 선수들 '무릎 꿇기' 저항 확산」, 『연합뉴스』, 2017.09.25

39. 원희복, 「민주노총 사무총장 이영주. 도심 한복판에 연금된 박근혜 정권 제거 1순위」, 『경향신문』, 2017.09.27

40. 「평창올림픽 불참 의사를 밝힌 국가들, 온전한 개최마저 위협!」, 썰전, 『JTBC』, 2017.09.29

41. Rita is a Danish comedy-drama TV series created by Christian Torpe for TV 2. It premiered in February 2012 and has run for four seasons in Denmark and internationally on Netflix which was also a co-producer on the third and fourth

season.

42. 천자만홍: 千紫萬紅. 울긋불긋한 여러 가지 꽃이나 그 꽃들의 색깔

43. 메를로퐁티: 데카르트나 사르트르와 반대로 우리의 '몸'의 근본성에 주목한 철학자

44. 김재룡, 「비수구미에서」, 춘사칼럼, 『춘천사람들』, 2017.10.19

45. 「'JSA 의문사' 김훈 중위 부친 "대한민국은 참 부끄러운 나라"」, 『중앙일보』, 2017.09.04
    「"내 꿈에 꼭 오너라"··· 순직 인정 19년 김훈 중위 현충원 안장」, 『연합뉴스』, 2017.10.28

46. 「유아인, 김주혁 깊은 애도, 진심 전해지길」, 『Kstar』(조선일보 일본어판), 2017.11.02

47. 김재룡, 「평창을 위하여」, 춘사칼럼, 『춘천사람들』, 2017.11.15

48. 대한청소년체육회 이사장, 체육시민연대 15주년 후원의 밤, 특별행사 - 2017년체육시민상 수
    여식, 2017.11.29

49. 김재룡, 「이곳에 살기 위하여」, 춘사칼럼, 『춘천사람들』, 2017.12.12

50. 유기택, 『[詩 시나브로] 구름-허림』, 『춘천사람들』, 2016.05.26

51. 「법원, 민주노총 이영주 사무총장 영장 발부」, 『머니투데이』, 2017.12.31

• 2018년: 3·8선의 봄 •

1. www.ipckorea.org

2. 「평창 조직위원 나경원, IOC에 '남북 단일팀 반대 서한' 보내」, 『한겨레』, 2018.01.19

3. 「"아직 끝나지 않았다" 정현 8강 도전」, 『중앙일보』, 2018.01.24

4. 정용철, 「우리는 아무도 제대하지 않았다」, 『아시아경제』, 2018.02.01

5. 「"시간이 아까워 죽겠어요. YTN 사장님 사퇴하세요."」, 『미디어오늘』, 2018.02.05

6. 「단일팀 주장 박종아 "마지막 경기 꼭 이긴다"」, 「북한응원단 없는 단일팀 경기장··· "응원 보
    러 왔는데"」, 『연합뉴스』, 2018.02.18

7. 김재룡, 「개마고원의 여우」, 춘사칼럼, 『춘천사람들』, 2018.03.14

8. 「"평양에 쏟아진 열렬한 박수"··· '봄이 온다' 공연 주요장면」, 『SBS』, 2018.04.01

9. 난분분: 亂紛紛. 눈이나 꽃잎 따위가 흩날려 어지러움

10. 육준수, 「작년 논란 있던 5.18 문학상, 올해 큰 변화 생겨. 본상엔 이종형 "꽃보다 먼저 다녀
    간 이름들" 선정」, 『뉴스페이퍼』, 2018.04.13

11. 김현경, 「진보의 교육정책은 왜 산으로 가는가?」, 세상 읽기, 『한겨레신문』, 2018.04.18

12. 매니페스토: Manifesto. 구체적 계획 등이 명시되어 이행 가능한 선거 공약

13. CHARLIE CAMPBELL, 「'The Korean War Is Over,' Kim Jong Un Begins 'Writing a New
    History' as the First North Korean Leader to Visit the South」, 『TIME』, APRIL 27, 2018

14. 「제32대 서울신문 사장에 취임한 고광헌 사장」, 『서울신문』, 2018.05.03

15. 〈The Battle of Chosin〉, 『pbs.org』, November 1, 2016. The Battle of Chosin Reservoir, also known as the Chosin Reservoir Campaign or the Battle of Jangjin Lake was an important battle in the Korean War. The name "Chosin" is derived from the Japanese pronunciation "Chōshin", instead of the Korean pronunciation. Wikipedia

지극히 미국적인 시각에서 만들어진 다큐멘터리. 게다가 장진호를 일본식으로, 썩을!

16. 꼬드라졌다: 피곤하거나 술에 취해 정신없이 쓰러진다는 뜻인 '곤드라지다'의 전라남도 사투리

17. 〈구술사와 공동체 아카이브 : 구술, 기록, 지역의 만남〉 한국구술사학회, 한국기록관리학회, 한국문헌정보·문화학회 공동주최 춘계학술대회. 한국외국어대학교, 2018.05.25. 10:00~16:30

18. 「이상문 시인 2019 강원문화예술상 수상」, 『강원도민일보』, 2019.10.24

19. 호상: 互相. '상호'의 북한어

20. 「러시아 월드컵 - 스웨덴전 경기 후 인터뷰, 김민우의 뜨거운 눈물」, 『KBS』, 2018.06.18

21. 박수혁·박병수, 「중국군 2만 4천여 명 파로호 수장' 확인… "유해 송환" 목소리」, 『한겨레신문』, 2018.06.26

22. 채혜선, 「기자에게 문자 보낸 탁현민 "조선일보 1년 내내 참 대단"」, 『중앙일보』, 2018.07.01

    원성윤, 「문재인이 탁현민을 내치지 '않는' 5가지 이유」, 『HUFFPOST』, 2017.07.18

23. 김정수, 「흉물로 변한 가리왕산 스키장… 산사태 '발등의 불'」, 『한겨레신문』, 2018.05.07

24. 「'소연가' 락버전 추모곡… 노회찬, 인디밴드 노랑과 듀엣하듯」, 김어준 "완성도가 높다"… 네티즌 "노회찬 님, 보컬 목소리와 잘 어울려」, 『고발뉴스닷컴』, 2018.07.26

25. 임일영, 「군인 부부의 웃음… "생각지 못한 신혼여행"」 - 청와대 영빈관서 배우자와 함께 오찬. '문재인 시계' 선물… 국회·청남대 방문, 『서울신문』, 2018.09.04

26. 정용철, 권성호, [빅퀘스천 : 스포츠, 힐링이 필요해], 『서울스포츠』, 2018.09.10

27. 「인터뷰. 다시 달리는 '지하철 1호선'… 김민기의 '요즘 생각'」, 『JTBC』, 2018.09.13

28. 문사철: 文史哲. 인문학의 3대 대표 학문인 문학과 역사와 철학

    시서화: 詩書畵. 시와 글씨와 그림

29. Critical Mass is a form of direct action in which people meet at a set location and time and travel as a group through their neighbourhoods on bikes. Wikipedia

30. 오가: 크기가 큰 굴비를 10마리씩 엮은 것

    장대: 크기가 작은 굴비를 20마리씩 엮은 것

    둘 다 굴비의 크기를 이르는 말이나, 명칭·거래규격에 대한 표준은 없음

31. Money Heist(Spanish: La casa de papel, transl. The House of Paper) is a Spanish

television heist crime drama series.

32. 2018년 제25호 태풍 콩레이(KONG-REY) : 10월 6일 오전 10시에 대한민국 경상남도 고성군에 중심기압 975hPa, 최대풍속 31m/s, 강풍 반경 560km의 세력 '중', 크기 '대형'의 강한 열대 폭풍의 세력으로 한반도에 상륙했다. Wikipedia

33. 「그물에 걸린 13m 초대형 고래상어, 선원들 사투 끝에…」, 『JTBC』, 2018.10.14

34. Carlito's Way is a 1993 American crime film directed by Brian De Palma, based on the novels Carlito's Way and After Hours by Judge Edwin Torres.

35. 유맹: 流氓. 일정한 거처 없이 이리저리 떠돌아다니는 백성

36. 라벨의 볼레로: 작곡가 라벨의 가장 유명한 오케스트라 작품 '볼레로'

37. 「총리비서실장에 정운현… "이총리가 길동무 돼 달라고 해"」, 『연합뉴스』, 2018.11.05

38. Bobby Robson: More Than a Manager. In the summer of 1995 Bobby Robson was diagnosed with cancer and given just months to live. Miraculously, less than a year later Robson was managing the legendary FC Barcelona.

39. 「법정에서 울먹인 심석희 "두렵지만 조재범 강력 처벌 위해 나왔다"」, 『스포츠서울』, 2018.12.17
「14년 전 대표팀 구타 첫 폭로… 변천사 "머리 잡고 집어던졌다"」, 『중앙일보』, 2018.12.18
「보복 두려워 말 못한 '상처'… 쇼트트랙 폭력 되풀이 안 돼」, 『JTBC』, 2018.12.19
「"나도 맞았다" 줄 잇는 쇼트트랙 '폭력 미투'… 주민진 선수」, 『JTBC』, 2018.12.20

40. Trotsky(Russian: Троцкий) is a Russian biographical eight-episode television mini-series about Leon Trotsky directed by Alexander Kott and Konstantin Statsky.

41. 「日 "국제포경위원회 탈퇴하겠다" 30년 만에 상업 포경 재개 선언」, 『동아일보』, 2018.12.27
김종성, 「일본은 왜 이렇게 '고래사냥'에 집착할까」 국제사회 반발에도 고래잡이 재개… 일본의 포경 역사 살펴보니, 『오마이뉴스』, 2018.12.31

• 2019년: 새가 하늘을 난다 •

1. 시삼백사무사: 『논어』에서 나온 '시삼백(詩三百)을 일언폐지一(言以蔽之)하면 왈(日) 사무사(思無邪)'라는 공자의 말. 『시경(詩經)』에 있는 삼백 편의 시는 한마디로 사악함이 없다는 뜻

2. 「"조재범, 피해 알리지 못하게 감시·협박"… '팬 편지'에 용기」, 『SBS』, 2019.01.08
정용철, 「체육계 '불편한 진실' 오래전 지적」, 『JTBC』, 2019.01.10

3. 정용철, 「스포츠계 미투가 들불처럼 일어나길」, 『경향신문』, 2019.01.14

4. 박기동, 김재룡, 2009, 「봄날은 간다(One Fine Spring Day)」, 『체육사학회지』, 14권 1호.

5. 「청와대로 구치소로… 정치권 '김경수 이슈' 질주」, 뉴스룸, 『JTBC』, 2019.01.31

6. 2019년 2월 북미정상회담(北美頂上會談), 2019 North Korea-United States Summit, 2019년 조미수뇌상봉(朝米首腦相逢). 하노이 정상회담은 2019년 2월 27-28일 베트남 하노이 메트로폴 호텔에서 열린 김정일 위원장과 도날드 트럼프 미국 대통령과의 2일간의 정상 회담이었다. Wikipedia

7. 「하노이 '노딜' 그리고 개성공단」, 목격자들, 『뉴스타파』, 2019.03.06

「이명박 전 대통령 보석. Release of former President Lee Myung-bak's bail」, 『BBC』, 2019.03.06

8. 「북미관계 : 하노이 회담 결렬 후 치열한 신경전이 이어지고 있다」, 『BBC, Korea』, 2019.03.08

9. 우철훈, 「당당함이 짜증으로… 전두환 23년 만의 법정출석, 변한 건 그것뿐」, 『경향신문』, 2019.03.11

10. 2020.4.5. 10:00. 코로나19 때문이 아니라, 자기 유폐로 봄날을 견딘다. 2009년 5월의 기록부터 시작했는데 2019년 3월의 기록에 닿은 것이다. 기록으로 남긴다.

11. JTBC 월화 드라마, 〈눈이 부시게〉, 2019

12. 「어린 생명 또 죽인 '안전 불감증' 천안 초등 축구부 합숙소 화재 8명 사망」, 『서울신문』, 2003.03.23

13. 공지, 「자유한국당 해체! 적폐 청산 국민 촛불」, 『416연대』, 2019.03.14

14. 일락서산: 日落西山. 해가 서산으로 떨어짐

15. 정윤수, 『축구장을 보호하라』, 사회평론, 2002

16. 착종: '이것저것이 뒤섞여 엉클어짐'이라는 뜻. 2015년 주석 41번과 동일

17. 「자한당 축구장 유세' 논란 경남FC, 제재금 2000만원 징계」, 『동아일보』, 2019.04.02

18. 「손석희의 앵커브리핑, '노회찬에게 작별을 고합니다」, 『JTBC』, 2019.04.04

19. 「2005년 낙산사, 2019년 고성·속초… 대형화재 풀무질한 '양간지풍'」, 『한겨레』, 2019.04.05

20. 「제주 4·3평화챌린지 운동, 정치권 확대」, 『제민일보』, 2019.04.02

21. 재능과 개성이 넘치는 4명의 감독, 그들이 만든 4편의 작품. 그 속에서 1명의 뮤즈가 4개의 페르소나로 변신한다. 때론 귀엽게 때론 묘하게, 삶과 사랑을 이야기한다. 이지은, 배두나, 박해수 주연. Netflix.

22. 「전수안 前대법관 "이미선, 국민 눈높이 어긋난다고 누가 단언?"」, 『매일경제』, 2019.04.14

23. 김영권, 「'파로호'를 원래 이름인 '대붕호'로 불러야 할 이유」, 파로호는 '중국군 궤멸'을 기념해 지은 '원혼 서린' 이름, 『오마이뉴스』, 2019.03.29

24. 「A Prayer for Cathédrale Notre-Dame de Paris」, 『CANTERBURY』, April 16, 2019

25. 〈초속 5센티미터〉 秒速5センチメートル, 5 Centimeters Per Second: A chain of short stories

about their distance, 신카이 마코토 원작, 감독의 2007년 일본 애니메이션 로맨스 드라마 영화. "어느 정도의 속도로 살아가야, 너를 다시 만날 수 있을까.", Wikipedia

26. 〈그날, 바다〉 (Intention)는 한국에서 제작된 김지영 감독의 2018년 다큐멘터리 영화. 2014년 세월호 침몰 사고에 기반을 두며 침몰 원인을 알아보기 위해 과학적 분석 및 생존자들의 증언을 이야기한다. 정우성 등이 나레이션으로 출연하였고 김어준 등이 제작에 참여하였다. Wikipedia

27. 톺아보다: 틈이 있는 곳마다 모조리 더듬어 뒤지며 찾아보다

28. 「패스트트랙 충돌… 국회 경호권까지 발동」, 『JTBC』, 2019.04.25

29. 「판문점선언 1주년… DMZ 평화의 인간띠 잇기 행사 열려」, 『한겨레』, 2019.04.27

30. 「北김재룡 총리, 순천·남포 시찰… 첫 단독공개활동」, 『연합뉴스』, 2019.04.29

31. 「김어준의 뉴스공장 2019년 05월 14일 방송 1부, 2부 / 5.18은 계획된 시나리오, 'oh 마이로드' 방송으로 만나요!, 노무현 전 대통령 서거 10주기」, 『TBS』, 2019.05.13

32. 강윤주, 「세계적 구술사가인 이탈리아 알렉산드로 포르텔리 교수 인터뷰」, "기억은 장기전… 현재를 충실하게 살수록 기억은 오래 간다", 『한국일보』, 2019.06.12

33. 홍진수, 「힘껏 발을 구르면 북한이 보인다… 슈퍼플렉스의 '하나 둘 셋 스윙!」, 『경향신문』, 2019.05.27

34. 「"인생 2막" 설계하던 정두언… 파란만장한 '20년 정치인생' 마감」, 가수·음식점 사장·방송인 등 다방면 도전 "오래전부터 우울증 앓아 최근까지도 약 복용", 『매일경제』, 2019.07.16

35. 「日, 한국 '백색국가' 제외 법령 8월 2일 각의 상정할 듯」, 『연합뉴스』, 2019.08.02

36. Sons of Anarchy is an American crime tragedy television series created by Kurt Sutter that aired from 2008 to 2014. It follows the lives of a close-knit outlaw motorcycle club operating in Charming, a fictional town in California's Central Valley. Wikipedia

• 에필로그: 몸의 기억 •

1. 서발턴: '억압당하는 비주류'라는 뜻. 2013년 주석 14번 참조

2. 「PARASITE WINS 4 OSCARS AND MAKES OSCAR HISTORY」, 『OSCAR』, 10, FEB, 2020

3. 자발머리없다: '행동이 가볍고 참을성 없다'라는 의미의 '자발없다'의 속된 말

4. 좌고우면: 左顧右眄. '이쪽저쪽을 돌아본다'는 뜻으로 앞뒤를 재고 망설인다는 말

5. 「이한열 죽음 33년만에 경찰 수장 '첫 사과'… 민갑룡 청장 "참회합니다"」, 『한겨레신문』, 2020.06.09

삶과 교육을 바꾸는
맘에드림 출판사 교육 도서

나는 혁신학교에 간다

경태영 지음 / 값 14,000원

공교육을 바꾸겠다는 거대한 희망을 품고 시작된 '혁신학교'. 이 책은 일곱 개 혁신학교의 이야기를 담고 있다. 지금 우리 교육이 변화하는 생생한 현장의 모습과 아이들이 꿈을 키우고 행복하게 공부하는 희망의 터로 새롭게 자리매김하는 학교들을 이 책에서 만날 수 있다.

혁신학교란 무엇인가

김성천 지음 / 값 15,000원

교육공동체가 만들어내는 우리 시대 혁신학교 들여다보기. 혁신학교 전반에 관한 이야기를 다루고 있는 책으로, 공교육 안에서 혁신학교가 생기게 된 역사에서부터 혁신학교의 핵심 가치, 이론적 토대, 원리와 원칙, 성공적인 혁신학교의 모습을 보이고 있는 단위학교의 모습까지 담아냈다.

학부모가 알아야 할 혁신학교의 모든 것

김성천·오재길 지음 / 값 15,000원

학부모들을 위한 혁신학교 지침서!
'혁신학교에서는 무엇을, 어떻게 가르치고 있는지, 교사·학생·학부모는 어떻게 만나서 대화하고 관계를 맺어가는지, 어떤 교육 목표를 지향하고 있는지 등 이 책은 대한민국 학부모들의 궁금증에 친절하게 답을 한다.

덕양중학교 혁신학교 도전기

김삼진 외 지음 / 값 14,500원

이 책의 1부는 지난 4년 동안 덕양중학교가 시도한 혁신과 도전, 성장을 사실과 경험에 기반한 스토리텔링 방식의 성장기로 전개하고 있다. 그리고 2부는 지역사회와 협력하여 펼치고 있는 교육 프로그램, 배움의 공동체 수업 등을 현장 사례 중심의 교육적 에세이 형태로 담고 있다.

학교 바꾸기 그 후 12년

권새봄 외 지음 / 값 14,500원

MBC 〈PD 수첩〉에 방영되어 화제가 되었던 남한산초등학교. 아이들이 모두 행복하고, 얼굴 표정이 밝은 아이들. 학교 가는 것을 무엇보다 좋아하고, 방학을 싫어하는 아이들. 수업과 발표를 즐겼던 이 학교를 졸업한 아이들이 그 후 12년의 삶을 세상에 이야기한다.

혁신교육 미래를 말한다

서용선 외 지음 / 값 14,000원

혁신교육 정책을 입안하고 추진하는 데 기여해왔던 6명의 교사 출신 연구자들이 혁신교육 발전에 필요한 정책 과제들을 모아 하나의 책으로 제시한다. 이 책은 교육철학, 교육과정, 교육행정과 학교 운영(거버넌스) 등에서 주요 이슈들을 정리하고 혁신교육의 성과와 과제를 보여준다.

좋은 엄마가 스마트폰을 이긴다

깨끗한미디어를위한교사운동 지음 / 값 13,500원

스마트폰은 '재미있고 편리하다'. 그러나 스마트폰 때문에 아이들은 시간을 빼앗기고, 건강이 나빠지고, 대화가 사라지며, 공부와 휴식, 수면마저 방해를 받는다. 이 책은 이러한 사례들을 생생하게 소개하고 부모들에게 아이들의 스마트폰 사용에 어떻게 대응해야 하는지 대안을 제시한다.

진짜 공부

김지수 외 지음 / 값 15,000원

혁신학교가 추구하는 '진짜 공부'와 '진짜 스펙'이 무엇인지 보여주는, 졸업생들의 생동감 넘치는 경험담. 12명의 졸업생들은 학교에서 탐방, 글쓰기, 독서, 발표, 토론, 연구, 동아리, 학생회 활동을 통해 자신들이 생각하지도 못한 진짜 공부를 경험했음을 보여준다. 이 책을 통해 무엇이 진짜 공부인지를 새삼 느낄 수 있다.

행복한 나는 혁신학교 학부모입니다
서울형 혁신학교학부모네트워크 지음 / 값 16,000원

이 책은 학부모가 자신의 눈높이에서 일러주는 아이들의 혁신학교 적응기일 뿐만 아니라, 학부모 역시 학교를 통해 자신의 삶을 고양시켜가는 부모 성장기라는 점에서 대한민국의 모든 학부모들에게 건네는 희망 보고서이기도 하다. 이 책은 혁신학교 학부모로서의 체험을 미리 하는 데 부족함이 없을 것이다.

일반고 리모델링 혁신고가 정답이다
김인호 · 오안근 지음 / 값 15,000원

서울의 한 일반계 고등학교가 혁신학교로서 4년간 도전과 변화를 겪으면서 쌓은 진로, 진학의 비결을 우리 사회 모든 학생, 학부모, 교사, 시민 등에게 낱낱이 소개해주는 책. 무엇보다 '혁신학교는 대학 입시에 도움이 안 된다'는 세간의 편견을 말끔히 떨어 없앤다.

교사, 어떻게 살아야 하는가
김성천 외 지음 / 값 15,000원

오랫동안 교육현장에서 교육과 연구를 병행해온 저자 5인이 쓴 '신규 교사를 위한 이 시대의 교사론'. 이 책은 학교구성원과의 관계 맺기부터 학교현장에서 맞닥뜨리게 되는 여러 가지 문제들과 극복 방법 등 어떻게 개인의 성장을 도모해야 하는지를 두루 답하고 있다.

다섯 빛깔 교육이야기
이상님 지음 / 값 16,000원

충북 혁신학교(행복씨앗학교)인 청주 동화초등학교의 동화 작가 출신 선생님이 아이들과 함께 보낸 한해살이 이야기다. 초등학생의 특성에 맞도록 활동 중심의 교육과정을 재구성하는 한편, 표현 위주의 교육을 위한 생활 글쓰기 교육을 실천하면서, 학교교육을 아이들의 삶과 연결시키고자 노력한 이야기들을 담고 있다.

만들자, 학교협동조합

박주희 · 주수원 지음 / 값 14,500원

이 책은 학교협동조합이 무엇인지, 어떤 유형의 학교협동조합이
가능한지, 전국적으로 현재 학교협동조합의 추진 상황은 어떠한지
국내외 사례를 통해 소개하고 안내하는 한편, 학교협동조합을
운영하는 원리와 구체적인 교육 방법을 상세하게 풀어놓고 있다.

혁신 교육 내비게이터 곽노현입니다

곽노현 편저 · 해제 / 값 17,000원

서울시 18대 교육감이자 첫 번째 진보 교육감으로서 혁신 교육을
펼쳤던 곽노현은, 우리 사회 전반을 아우르는 주요 교육 현안들을
이 책에서 포괄적으로 다루고 있다. 2014년 3월부터 1년간 방송된
교육 전문 팟캐스트 '나비 프로젝트' 인터뷰에 출연한 전문가들과
나눈 대화와 그에 대한 성찰적 후기를 담고 있다.

무엇이 학교 혁신을 지속가능하게 하는가

권성호 · 김현철 · 유병규 · 정진헌 · 정훈 지음 / 값 14,500원

독일 '괴팅겐 통합학교', 미국 '센트럴파크이스트 중등학교', 한국
혁신학교의 사례들을 통해 성공적인 학교 혁신의 공통점을
찾아내고 그것을 지속가능하도록 만들기 위해서 필요한 것은
무엇인지를 보여준다. 독자들은 '좋은 학교'를 만들기 위한 학교
혁신의 세계적인 공통점을 찾을 수 있다.

혁신학교의 거의 모든 것

김성천 · 서용선 · 홍섭근 지음 / 값 15,000원

이 책은 혁신학교에 대한 100가지 질문에 답하면서 혁신학교의
역사, 배경, 현황, 평가와 전망을 구체적인 증거를 통해 설명하고
있다. 이 책은 우리 사회에 필요한 교육은 무엇인지, 교사와
학생들이 더 즐겁게 가르치고 배우면서 성장할 수 있는 교육을
위해 필요한 것이 무엇인지 등을 더 깊이 생각해보게 한다.

혁신학교 효과

한희정 지음 / 값 15,000원

이 책에서 저자는 혁신학교 효과를 살펴보기 위해 혁신학교가 OECD DeSeCo 프로젝트에 제시된 '핵심 역량'을 가르치고 있는지, 학생·학부모·교사가 서로 배우는 교육공동체를 이루고 있는지, 학생의 발달을 위한 다양한 교육과정을 운영하고 있는지 등을 반 학교와 비교하여 설명한다.

더불어 읽기

한현미 지음 / 값 13,500원

이 책은 교사들이 학습공동체를 통해 교직의 전문성과 자율성을 새롭게 발견하며 성장하는 이야기를 다룬다. 이 책에서 저자는 이러한 비인격적인 제도와 환경 아래서 교사들이 행복을 되찾기 위해서는 서로 협력하며 같이 배우면서 아이들과 함께 성장할 수 있어야 한다고 말한다.

I Love 학교협동조합

박선하 외 지음 / 값 13,000원

학교에 협동조합을 만드는 일에 참여했던 학생들의 협동조합 활동과 더불어 자신과 친구들이 어떻게 성장했는지를 이야기한다. 글쓴이 중에는 중학교 1학년 때부터 사회복지사라는 장래 희망을 가지고 학교협동조합에 참여한 학생도 있고, '뭔가 재밌을 것 같다'는 호기심을 가지고 시작한 학생 등 다양한 사례를 담고 있다.

내면 아이

이준원·김은정 지음 / 값 15,500원

'내면 아이'가 자녀/학생과의 관계에서 어떠한 영향력을 행사하는지, 어떻게 갈등을 일으키는지 볼 수 있게 한다. 그 뿌리를 찾아 근원부터 치유하는 방법들은 필자의 경험을 바탕으로 종합한 것이다. 또한 임상 경험을 아주 쉽게 소개하여 스스로 자신의 '내면 아이'를 만나고 치유할 수 있도록 하는 데 중점을 두었다.

어서 와, 학부모회는 처음이지?

조용미 지음 / 값 15,000원

두 아이의 엄마인 저자가 다년간 학부모회 활동을 하면서 알게 된 노하우와 그간의 이야기들을 담은 책. 학부모회 활동을 처음 시작하는 이들이나, 이미 학부모회에서 활동 중이지만 학교라는 높은 벽에 부딪혀 방향성을 고민 중인 이들에게 권한다.

학교협동조합 A to Z

주수원 · 박주희 지음 / 값 11,500원

'학교협동조합'의 설립 및 운영과 관련해 학생, 학부모, 교사들이 궁금해할 만한 이야기들을 질문과 답변 형식으로 풀어냈다. 강의와 상담을 통해 자주 접하는 질문들로 구성했으며, 학교협동조합과 관련된 개념들을 좀 더 쉽고 빠르게 이해하는 데 중점을 두었다.

교육을 교육답게 우리교육 다시 세우기

최승복 지음 / 값 16,000원

20여 년간 교육부 공무원으로 정책을 연구하고 입안해온 저자가 우리 사회가 당면한 교육 문제의 본질과 대안을 명확하게 정리한 책. 저자는 표준화된 교육과정과 평가에 따라 학생들에게 획일성과 경쟁만 강조해왔던 과거의 교육을 단호히 비판하고 학생 개개인에게 맞는 개별화 교육이 필요하다고 주장한다.

혁신교육 정책피디아

한기현 지음 / 값 15,000원

이 책의 저자는 교육 현장은 물론, 행정 프로세스에 대한 경험을 모두 갖춘 만큼 교원 업무 정상화, 학폭법의 개정, 상향식 평가, 교사 인권 보호, 교육청 인사, 교원연수 등과 관련해 교육 현장의 가려운 곳을 제대로 짚어 긁어주면서도 현실성 높은 다양한 정책들을 제안한다.

혁신교육지구란 무엇인가?

강민정 · 안선영 · 박동국 지음 / 값 16,000원

이 책은 혁신교육지구에 관한 거의 모든 것을 아우른다. 시흥시와 도봉구의 실제 운영 사례와 향후 과제는 물론 정책 제안까지 담고 있어, 혁신교육지구에 관심을 가진 사람들뿐만 아니라 혁신교육지구와 관련된 업무를 담당하고 있는 현장의 전문가 및 정책 입안자들에게도 큰 도움이 될 것이다.

공교육, 위기와 도전

김인호 지음 / 값 15,000원

학생들에게 무한경쟁만 강요하는, 우리 교육 시스템과 그로 인해 붕괴된 교실에서 교육주체들은 길을 잃고 말았다. 이 책은 이러한 시스템 속에서 고통을 겪고 있는 교사, 학생, 학부모, 지역사회가 연대하여, 교육과정·수업·평가·진로 등 모든 영역에서 잘못된 교육 제도와 관행을 이겨낼 수 있는 대안과 실천 사례를 상세히 제시한다.

고교학점제란 무엇인가?

김성천 · 민일홍 · 정미라 지음 / 값 17,000원

이 책은 아직까지 우리나라에서는 생소한 개념인 고교학점제에 대한 거의 모든 것을 아우른다. 아울러 고교학점제가 올바로 정착하기 위해 학교 현장의 교사는 물론 학생, 학부모에게도 학점제를 좀 더 깊이 이해하기 위한 좋은 지침서가 되어줄 것이다.

학교, 민주시민교육을 만나다!

김성천, 김형태, 서지연, 임재일, 윤상준 지음 / 값 15,000원

2016년 '촛불 혁명'의 광장에서 보인 학생들의 민주성은 학교에서는 찾아보기 힘들다. 민주시민교육은 법률과 교육과정 총론에 명시되어 있지만 그 중요성을 실제로는 인정받지 못해왔다. 또한 '정치적 중립성'이 대체로 '정치의 배제'로 잘못 해석됨으로써 구체적인 쟁점이나 현안을 외면해왔다. 이 책은 교육과정, 학교문화 등 다양한 측면에서 시민교육을 성찰하고 정책 대안을 제시한다.

학교, 민주시민교육을 실천하다!
교육정책디자인연구소시민모음 지음 / 값 17,000원

학교에서 어떤 식으로 민주시민교육이 이루어져야 하는지를 이야기한다. 특히 학생들의 눈높이에 맞춰 민주주의를 그들의 삶과 어떻게 연결시킬지에 초점을 맞추었다. 18세 선거권, 다문화와 젠더 등 다양한 차별과 혐오 이슈, 미디어 홍수 시대의 시민교육, 통일 이후의 평화로운 공존 방안 등의 시민교육 주제들을 아우른다.

독자 여러분의 소중한 원고를 기다립니다

맘에드림 출판사는 독자 여러분의 소중한 원고를 기다리고 있습니다. 원고가 있으신 분은 momdreampub@naver.com으로 원고의 간단한 소개와 연락처를 보내주시면 빠른 시간에 검토해 연락을 드리겠습니다.

시인 체육교사로
산다는 것

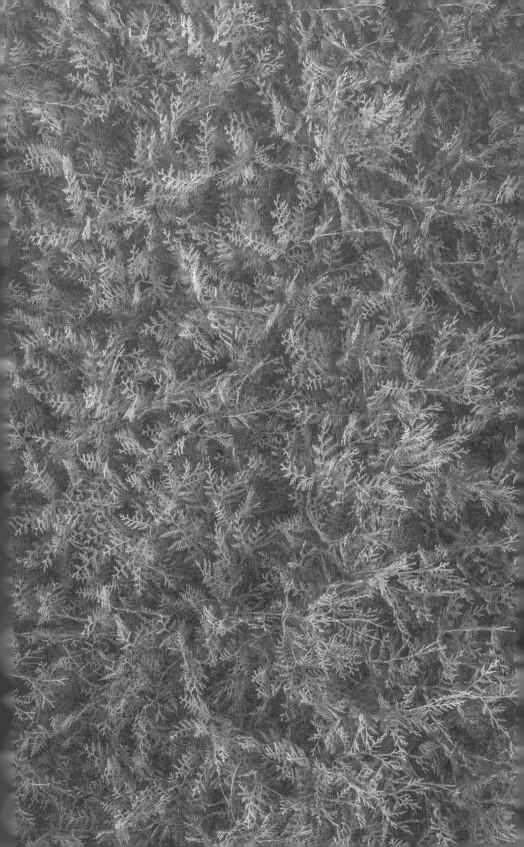